COMMENTAIRE

APPROFONDI

DU CODE CIVIL.

IMPRIMERIE DE J. GRATIOT,
Rue du Foin Saint-Jacques , Maison de la Reine Blanche.

COMMENTAIRE

APPROFONDI

DU CODE CIVIL;

PAR M. A. MAILHER DE CHASSAT,

AVOCAT A LA COUR ROYALE DE PARIS.

« At jus privatum sub tutelâ juris publici latet. Lex enim covet
« *civibus*, magistratus *legibus*, magistratuum auctoritas pendet ex
« majestate imperii et fabrica politiæ, et legibus fundamentalibus.
« Quare si ex illa parte sanitas fuerit, et recta constitutio, leges
« erunt in bono usu; sin minùs, parum in iis præsidii erit. »

Le droit civil tire toute sa force du droit public. En effet, la loi veille
au bien des citoyens, le magistrat veille à l'exécution de la loi;
mais le magistrat tire son autorité de la majesté même de l'État,
de l'organisation politique, des lois fondamentales. Que si tout
est sainement, fortement constitué sous ce rapport, les lois seront
efficaces, secourables; dans le cas contraire, on invoquera vainement leur appui. BACON, *Aphorisme* IIIe.

TOME PREMIER.

A PARIS,

Chez { NÈVE, LIBRAIRE, au Palais de Justice.
{ VIDECOQ, place Sainte-Geneviève.

1832.

PRÉFACE.

Peu de personnes ont eu jusqu'ici l'idée arrêtée de commenter le Code civil. Quelques-unes, sous le titre de *Cours de Droit civil*, nous en offrent, sinon un Commentaire proprement dit, du moins l'esprit et les interprétations générales. Le plus grand nombre s'est attaché à traiter des parties spéciales de ce Code; et il faut reconnaître que ces travaux séparés fournissent les lumières les plus certaines sur la partie qu'ils ont eue pour objet. Mais, outre qu'ils n'embrassent pas toutes les matières du Code civil, rédigés par des hommes différens, à des époques diverses, ils n'offrent ni unité de plan, ni unité de vues, en telle sorte qu'il serait impossible aujourd'hui à l'aide de ces traités, quelque supérieurs qu'ils soient par eux-mêmes, de se former une idée exacte du plan et du véritable esprit du Code civil.

Il y a plus : ils me paraissent être généralement restés dans les voies étroites du pur droit civil. Les principes de ce droit ont été plus ou moins habilement coordonnés dans ces traités, et présentés ainsi, comme l'expression naturelle, le sens propre des articles du Code correspondant à ces principes. On ne saurait méconnaître sans doute l'immense service qu'ils ont rendus à la législation nouvelle. Mais les interprétations fondamentales du Code civil ne se bornent pas à cela ; et s'il appartient au jurisconsulte de déterminer comment les immuables résultats du droit civil sur les contrats et les obligations, par exemple, se présentent, sous une forme plus philosophique, comme simple conséquence de la loi nouvelle, il appartient au jurisconsulte publiciste et au philosophe d'éclairer les sources générales du droit civil lui-même, d'indiquer ses liaisons nécessaires avec le droit public, de tracer la ligne qui sépare les matières propres de ce droit, de celles qui appartiennent réellement au droit public, non-seulement alors que la loi renfermée dans les intérêts généraux, les individus n'en recueillent qu'indirectement les effets, mais encore alors que, comme dans les matières relatives aux successions, par exemple, à l'état des personnes, etc. ; les principes appartiennent au droit public, bien que les effets en soient directement recueillis par les individus. Il lui appartiendra donc nécessairement de rectifier les interprétations fausses ou erronées sorties de cette source et plus ou moins accréditées par la jurisprudence ou l'opinion des auteurs : comme aussi d'améliorer en général les interprétations du Code civil, soit en se rapprochant de son véritable esprit, soit en conciliant prudemment celles de ses dispositions qui le comportent, avec les diverses branches de la législation nouvelle.

Sans perdre donc de vue la tâche du jurisconsulte qui est essentiellement la mienne, j'ai cru devoir faire ressortir mon travail sous trois points de vue généraux.

1° Indiquer les rapports intimes et perpétuels qui unissent le droit civil au droit public.

La conséquence naturelle de la pensée de Bacon, *que le droit civil tire toute sa force du droit public,* est qu'il doit aussi puiser ses meilleures interprétations dans le droit public. Il y a plus : cette fiction, considérée de près, conduit à penser que le droit civil n'est, à proprement parler, que le droit public lui-même appliqué dans des formes spéciales aux intérêts privés (1). De là la conséquence que le droit civil recevra des applications d'autant plus exactes qu'elles seront plus conformes aux intérêts généraux, que leurs liaisons avec le bien de l'État auront été mieux comprises ; et de là encore la nécessité pour tous les fonctionnaires chargés d'appliquer la loi, de se familiariser avec ses sources, de la sentir surtout par ses motifs généraux. Néanmoins,

(1) V. pour le développement et l'application de cette pensée, t. 1, p. 74, n° 3, et les endroits indiqués.

la fiction dont je parle, ayant rempli toutes ses conditions sous ce rapport, il est toujours vrai de dire que les matières de pur droit privé resteront séparées de celles qui font essentiellement partie du droit public.

2° Raisonner la loi.

Je sais qu'on n'a pas toujours le temps de raisonner la loi ; que l'urgence, l'immense concours des affaires, livrent souvent un texte plus ou moins correct ou profond, au caprice de la raison individuelle, à la vanité des discussions, ou à l'aveugle pratique ; et de là l'extrême déférence accordée parmi nous à l'autorité des arrêts. Je ne m'explique pas ici à ce sujet. J'ai fait un grand usage de quelques arrêts de doctrine, qui honorent la science du Droit, et dont j'ai soigneusement donné l'analyse. Je dis que les arrêts ne sauraient, en aucune manière, gêner l'indépendance de la raison. Que les temps, les passions, les ressources diverses de l'intérêt privé, peuvent facilement accréditer l'erreur, même la faire consacrer ; mais que nulle prescription ne saurait jamais s'élever contre le retour aux principes ou au sens primitif et méconnu de la loi ; qu'il appartient toujours à la raison de le découvrir ou de le réhabiliter. Que s'il est vrai de dire qu'en principe, la jurisprudence n'est et ne doit être qu'une émanation de la doctrine, la doctrine à son tour tient essentiellement son caractère et sa force de la raison. Je sais qu'un texte de droit romain paraîtrait s'opposer à ce qu'on recherche toujours les raisons des lois : *Non omnium quœ à majoribus constituta sunt, ratio reddi potest* (L. 20 , ff *de Legib.*) ; *et ideò*, ajoute la Loi 21 (*ibid.*), *rationes eorum quœ constituuntur, inquiri non opportet ; alioquin multa ex his quœ certa sunt subvertuntur.* Et qui le croirait ! On a abusé de ce texte au point d'ériger en principe, qu'il ne faut pas rechercher le motif des lois(1) ; or, admettre une aussi inepte proposition, n'est-ce pas poser en principe qu'on doit abjurer l'usage de sa

(1) V. *Thesaur. juris. civ.*, tit. III ; *Exposit. jurisd. Paganin. gaudent.*

raison pour l'acte auquel il importe le plus de l'appliquer, puisqu'il s'agit d'apprécier la règle et les limites des résolutions qu'elle doit conseiller ? Le sens réel de ce texte que les vrais jurisconsultes ont qualifié depuis long-temps de *bouclier de la sottise*, est qu'on ne saurait se dispenser d'obéir à la loi, sous prétexte qu'on n'en peut pénétrer les motifs, car la loi étant présumée juste, quel que soit son motif, le premier devoir du citoyen est de lui obéir. Mais comment lui prêter l'absurde pensée d'interdire l'étude même de la loi !

3° Indiquer les progrès de la jurisprudence qui s'est formée sous le Code civil ; quelles matières ont reçu d'elle une irrévocable fixité ; quelles sont celles sur lesquelles elle paraît flotter encore. Comment la pensée primitive du Code civil, mieux connue de nos jours, par suite des publications récentes qui ont eu lieu, de divers matériaux inconnus jusqu'ici, et relatifs à sa confection (1), ou même par le résultat naturel des efforts de la raison lancée dans de meilleures voies, on a pu ou même dû s'en écarter, et jusqu'à quel point on l'a pu, sans blesser le grand principe, que la loi n'ayant de vie et de force que par son motif, ce serait violer la loi elle-même que d'en méconnaître l'esprit et le motif. Enfin, comment les interprétations de certaines matières qui tiennent de plus près au droit public, peuvent, sans offrir le caractère et le danger d'abrogations ou de dérogations téméraires, se coordonner néanmoins avec les lois constitutionnelles, criminelles, ou autres, étrangères aux prévisions du Code civil, et sous l'empire desquelles nous vivons.

Tels sont les caractères généraux de mon travail qui, du reste, ne sortira pas des limites ni des formes d'un Commentaire du Code civil.

(1) V. entre autres la *Législation civile* de M. Locré.

COMMENTAIRE

APPROFONDI

DU CODE CIVIL.

TITRE PRÉLIMINAIRE.

DE LA PUBLICATION, DES EFFETS, ET DE L'APPLICATION DES LOIS EN GÉNÉRAL.

Le titre préliminaire du Code civil est-il rigoureusement à sa place? remplit-il exactement son objet? On ne saurait l'affirmer ou le nier d'une manière absolue. L'historique de ce Code nous apprend que c'est en quelque sorte par voie de transaction qu'on s'est déterminé à laisser en tête de ses dispositions ces six articles, qui, bien que formant son titre préliminaire, doivent néanmoins, selon les orateurs du Gouvernement, être considérés comme détachés du Code civil.

La vérité est que l'embarras naissait du fonds même des choses. On voulait jeter en avant quelques traits généraux qui pussent également s'appliquer à toutes les branches de la législation; et c'est même dans cette vue que la commission du Gouvernement avait rédigé, en l'an VIII, le livre préliminaire de son projet, qui présentait une division méthodique et étendue. Or, on ne traite pas d'un seul jet, pour les réduire en textes de loi, toutes les parties du droit; il eut été plus prudent de prévoir, d'une part, que les maximes générales du droit acquèrent rarement un nouveau degré de force et d'autorité sous la forme légale, et qu'il est bien plus de leur essence de rester abandonnées aux applications journalières et discutées de la doctrine; d'autre part, que le Code civil, seul rédigé sous les mêmes influences politiques pouvait permettre de placer en tête de ses dispositions quelques articles généraux destinés à en éclairer le sens et l'application. Mais comment supposer avec M. Portalis (séance du Corps législatif, du 4 vent. an XI), que six articles, dont l'un (le 1er) peut être considéré,

I.   1

à juste titre, comme tenant à l'ordre constitutionnel, et le 3ᵉ comme renfermant des dispositions purement spéciales sur une certaine matière, *servent de prolégomènes à tous les Codes*, alors qu'un seul était disposé et présenté à la discussion des pouvoirs publics? En réalité, cette pensée, toute séduisante qu'elle paraissait, n'était pas susceptible d'exécution. Que si l'on tenait absolument à la ramener aux formes positives de la loi, il fallait alors attendre que la confection des Codes fût terminée, afin de mettre perpétuellement en rapport les diverses matières qu'ils auraient réglées, avec quelques maximes générales placées en tête, et dont elles auraient toujours été censées reproduire le sens et le véritable esprit.

Quant à l'objection de la commission du Tribunat relative à l'ordre des matières, elle ne fut pas réfutée par les orateurs du Gouvernement. Ils se bornèrent à dire que le Code civil embrassant la plupart des matières civiles, il paraissait plus convenable de placer en tête de ce Code les maximes générales qui les dominaient toutes. Au reste, ce qu'il importait le plus à cette époque, c'était d'entrer franchement, et sans délais, dans l'exécution de la grande idée qui faisait depuis des siècles la préoccupation du Gouvernement comme des légistes, et qui consistait à donner une législation uniforme à la France ; c'était cette idée, qu'après tant et de si longues vicissitudes, le premier Consul était jaloux et fier d'accomplir.

Néanmoins, quelque fondés que soient les reproches qu'on a pu faire à ce titre préliminaire, sous le rapport de la place qu'il occupe, du fond des matières qu'il traite, de son peu d'étendue malgré sa destination officielle ; enfin, du défaut de liaison des articles entre eux, il faut reconnaître qu'il a fixé d'une manière éminemment utile quelques points généraux qui devaient avoir une influence réelle et prolongée sur toutes les parties de la législation ; et les nombreux arrêts intervenus depuis trente ans sur l'application des art. 2, 4, 5 et 6, ont prouvé que sans le secours de ces sages dispositions, le chaos n'eût pas manqué de renaître à côté des dispositions claires, philosophiques, et habituellement profondes du Code civil.

Quant à la division même des matières qui font l'objet de ce titre, elle se conçoit aisément de la manière suivante :

Art. 1ᵉʳ, *Promulgation et Publication de la Loi*;
Art. 2 et 3, *Effets de la Loi*.
Art. 4, 5 et 6, *Application de la Loi*;

PROMULGATION ET PUBLICATION
DE LA LOI.

~~~~~~

CHAPITRE PREMIER.
Sources.

___

SECTION Ire.

De la Sanction.

———

SOMMAIRE.

———

1. Pour se former des idées justes sur l'importante matière de la promulgation des lois, il convient, 1º d'expliquer et de rectifier le langage même de la loi ; 2º de rechercher dans l'esprit de la constitution politique du pays, dans les diverses

1.

modifications qu'elle a subies, dans ses rapports avec l'ordre civil, etc., ce qu'on doit réellement entendre par *sanction*, *promulgation*, *publication* de la loi.

2. Le mot *sanction* a trois différentes significations selon M. Toullier(1) : « C'est d'abord la peine ou la récompense, le bien ou le mal attaché à l'observation ou à la violation des préceptes de la loi. C'est, en second lieu, la disposition qui prononce la peine ou la récompense attachée à telle ou telle action. Enfin, c'est, d'après la Constitution de 1791 et la Charte, le consentement du Roi aux décrets du Corps législatif, aux projets de loi adoptés par les deux Chambres ».

5. Mais celle qui a directement trait à la confection de la loi ne se conçoit d'une manière exacte, selon moi, que lorsque, par l'effet d'une division du pouvoir souverain, on peut désigner de ce nom la portion de ce pouvoir dévolue au chef de l'État, et qui consiste à coopérer réellement à la confection des lois par son acceptation ou sa confirmation libre, ce qui emporte virtuellement le droit de refuser la sanction.

4. Telle était la forme d'après laquelle la loi était rendue à Rome, sous les empereurs. « Nous jugeons convenable, disent les empereurs Théodose et Valentinien au sénat (L. 8. Cod., *de Legib.*), que lorsqu'il sera nécessaire par la suite de rendre quelque disposition relative, soit aux affaires publiques, soit aux affaires privées, dans une forme générale qui ne se trouve pas prévue par les anciennes lois, ce projet soit d'abord soumis à l'examen tant des principaux de notre palais que des membres de votre illustre compagnie, pères conscrits ; et lorsque, ainsi discuté, il aura mérité l'assentiment des uns et des autres, il soit rédigé par écrit ; qu'enfin, ce projet soit de nouveau mis aux voix, et après qu'il aura réuni tous les suffrages, il soit lu dans notre consistoire, pour que l'approbation unanime que vous lui aurez donnée *reçoive sa confirmation de notre autorité suprême.* Nous vous faisons donc savoir, pères conscrits, que nous ne promulguerons à l'avenir aucune loi qui ne soit rendue dans cette forme. » — « Humanum esse probamus, si quid de « cætero in publica privatave caussa emerserit necessarium, quod « formam generalem et antiquibus legibus non insertam, expos- « cat, id ab omnibus antea tam proceribus nostri palatii, quam

(1) Cours de Droit civil, t. 1, n° 86.

« gloriosissimo cœtu vestro, patres conscripti, tractari ; et si
« universis tam judicibus, quam vobis placuerit, tunc legata
« dictari : et sic ea, denùo collectis omnibus recenseri : et quum
« omnes consenserint, tunc demum in sacro nostri numinis
« consistorio recitari : ut universorum consensus nostræ sere-
« nitatis auctoritate firmetur. Scitote igitur, patres conscripti,
« non aliter in posterum legem a nostra clementia promulgan-
« dam, nisi supra dicta forma fuerit observata. » On ne saurait
méconnaître dans ces mots : Ut universorum consensus *nostræ
serenitatis auctoritate firmetur*, la véritable sanction du prince.
A la vérité, la loi 3 du même titre, en déterminant les divers caractères auxquels on peut reconnaître les lois générales,
s'exprime ainsi : « Les lois générales qui obligent également
tout le monde sont ou les lois *présentées par nous à votre vé-
nérable compagnie et rendues sur rapport*, ou celles qui sont
désignées communément sous le nom d'*édit*, soit que nous les
ayons rendues de notre propre mouvement, soit sur requête,
soit sur l'appel des sentences de nos juges, ou à l'occasion d'un
procès, etc. » — « Leges ut generales ab omnibus æquabiliter
« in posterum observentur, quæ vel missæ a nobis ad venerabi-
« lem cœtum, oratione conduntur, vel inserto *edicti* vocabulo,
« nuncupantur : sive eas nobis spontaneus motus ingesserit,
« sive precatio, sive relatio, vellis mota legis occasionem pos-
« tulaverit. »

5. On pourrait peut-être induire de ces mots : *Quæ vel missæ
a nobis ad venerabilem cœtum oratione conduntur*, que la loi
discutée et préparée dans les conseils du prince était présentée
ensuite au sénat pour recevoir de lui sa confirmation législative,
et telle paraîtrait être la pensée de Denis Godefroi, dans ses
notes sur cette loi, lorsqu'il dit : *Leges generales* esse his signis
deprehenduntur, *si ad senatum missæ ut confirmentur*, etc. Mais
il faut répondre, ou que Denis Godefroi donne aux mots *oratione conduntur*, une extension qu'ils ne comportent pas, lorsque
d'ailleurs ils s'expliquent si facilement en les rapprochant des
dispositions plus développées de la loi 8 que nous venons de
rapporter, ou que dans tous les cas cette loi 8, quoique rendue
par les mêmes empereurs auxquels nous devons la loi 3, dérogerait néanmoins à celle-ci, par la double raison qu'elle lui
est postérieure, et que son objet propre est de tracer les formes
d'après lesquelles la loi est rendue et promulguée ; or, la sanc-

tion, d'après cette loi, se trouve placée dans les mains du prince. Quant à la faculté qu'avait le prince de refuser la sanction, elle résulte en premier lieu de ce que la puissance législative appartenait réellement aux empereurs, et ensuite de la forme même dans laquelle la loi est rendue.

6. Il en était autrement sous l'ancienne monarchie française, et c'est peut-être avec inexactitude ou du moins sans utilité que M. Toullier a dit (t. 1, n° 61) : qu'autrefois « la sanction et la promulgation étaient confondues dans un seul et même acte, tellement qu'on ne pouvait les séparer l'un de l'autre, comme on peut le voir par la promulgation de nos anciennes ordonnances. » La formule de la promulgation avait uniquement pour objet alors de rendre *publique et obligatoire* une loi complète par elle-même et indépendamment de toute sanction. En voici les termes : « Si, donnons en mandement à nos amés et féaux, les gens tenant nos cours de parlement...; que nos présentes ils gardent..., observent..., fassent garder et observer..., et afin *qu'elles soient notoires à tous nos subjets*, les *fassent lire, publier et enregistrer*, etc. » Elle termine la plupart des anciennes ordonnances; par exemple, celles d'Orléans, de Moulins, de Blois, de 1731 sur les donations, de 1735 sur les testamens, etc. Le titre premier de l'ordonnance de 1667, qui peut être considéré comme traçant des règles sur cette matière, porte : Art. 1er. « Voulons que la présente ordonnance et celles que nous ferons ci-après, ensemble les édits et déclarations que nous pourrons faire à l'avenir, *soient gardées et observées* par toutes nos cours de parlement, grand conseil, etc., et par tous nos autres sujets, même dans les officialités. Art. 2. Seront tenues nos cours de parlement, et autres nos cours, de procéder incessamment *à la publication et enregistrement* des ordonnances, édits, déclarations, et autres lettres, aussitôt qu'elles leur auront été envoyées, sans y apporter aucun retardement, et toutes affaires cessantes, etc. Art. 4. Les ordonnances, édits, déclarations et lettres patentes qui auront été publiés en notre présence, ou de notre exprès commandement porté par personnes que nous aurons à ce commises, seront gardées et observées du jour de la publication qui en sera faite. »

7. Les ordonnances, bien que préparées et discutées dans les conseils du Roi, étaient censées l'œuvre propre du Roi, ce qui excluait, comme on voit, toute idée *de sanction*. A la vérité, les

parlemens pouvaient refuser l'enregistrement des lois rendues et en arrêter ainsi l'effet ; mais je vois dans cette manifestation de leur part, moins le concours régulier d'un corps appelé par les constitutions de l'état à coopérer à la confection des lois, qu'un moyen politique destiné à tempérer, selon les temps, l'exercice trop absolu de l'autorité royale. Quant aux ordonnances elles-mêmes, elles étaient lois, indépendamment de l'enregistrement : c'est ce que témoignent une foule de documens insérés dans le Répertoire de jurisprudence, v° *Enregistrement des lois*. M. Merlin professe cette opinion. « A compter du moment où le pouvoir législatif *a cessé d'appartenir exclusivement* au monarque, dit ce jurisconsulte (*Ibid.*), le droit que les parlemens avaient eu jusqu'alors d'enregistrer les lois, s'est converti en obligation de les faire simplement et sans délai transcrire dans leurs registres. » (V. décr. du 5 nov. 1789). Au surplus, voyez plus bas *promulgation*, n° 4.

8. L'emploi du mot *sanction* a été régulièrement introduit pour la première fois dans notre langue politique, par le décret du 3 novembre 1789 ; mais il faut voir quelle était à cette époque sa véritable valeur. L'Assemblée nationale ayant renversé l'ancienne constitution de l'État, tous les pouvoirs se trouvaient concentrés dans ses mains. Ce fait néanmoins l'avait entraînée au delà de son but, et il fallait régler les attributions du Roi ; mais jalouse de la conquête qu'elle venait de faire, ce fut en arbitre souveraine qu'elle fit la dispensation des pouvoirs. De là son arrêté du 5 octobre 1789 qui pose en principe, « que tous les pouvoirs émanent essentiellement de la Nation et ne peuvent émaner que d'elle (Art. 1er); que le pouvoir législatif réside dans l'Assemblée nationale (Art. 8); que le Roi peut refuser son consentement aux actes du Corps législatif, mais que, dans ce cas, le refus ne sera que suspensif, et que ce refus suspensif cessera à la seconde des législatures qui suivront celle qui aura proposé la loi (Art. 10, 11, 12). » Que devenait la sanction royale dans cet état de choses? Il est évident qu'elle se réduisait à une vaine formalité. Aussi, l'Assemblée nationale se vit-elle obligée d'ordonner elle-même la publication de ses propres décrets, *acceptés ou sanctionnés par le Roi*, et dont il avait vainement ordonné la publication : c'est ce que témoigne le même décret du 3 novembre. Si la sanction du Roi eût été réelle, la promulgation efficace de la loi eût été aussi la suite naturelle de cette sanction. Le décret

du 9 novembre 1789 régla la forme extérieure de la sanction, qui n'en resta pas moins ce que l'avait faite l'arrêté du 5 octobre, une pure illusion. La même pensée politique domina les actes constitutifs ou organiques émanés de cette assemblée et de celles qui la suivirent jusqu'à la chute du trône. Ce vain simulacre de sanction avait amené de graves désordres dans la législation. Le pouvoir royal qui de droit n'était plus défini et de fait se trouvait anéanti, n'avait pas toujours manifesté *son acceptation* ou *sa sanction*, comme disaient les actes du temps, de la même manière; le Roi, dépouillé de son autorité, n'avait pas cru devoir tenir exactement compte de la formule de sanction et de promulgation tracée par le décret du 9 novembre; et plusieurs actes législatifs furent publiés sous le nom de *lettres patentes*, de *proclamation*, de *déclaration*, d'*arrêts du conseil*, etc. Le besoin de consacrer toutes les entreprises nouvelles, celui de fortifier le principe d'où elles découlaient, donnèrent lieu à la loi du 5 novembre 1790, dont les deux principaux objets furent, 1° de déclarer que tous les actes rendus par l'Assemblée nationale, acceptés et publiés par le Roi, sous quelque forme qu'ils eussent été acceptés et promulgués par lui, et indépendamment de celle qu'avait prescrite le décret du 9 novembre 1789, fussent obligatoires (j'examinerai plus loin le mérite de cette loi sous le rapport de la promulgation); 2° de régler le mode de promulgation pour l'avenir. Quant à la sanction, elle resta toujours une adhésion dérisoire du monarque ou un refus inutile. Un décret du 13 juin 1791, qui avait pour objet de régler les fonctions du Corps législatif et de déterminer ses rapports avec le Roi, reproduisit sous une nouvelle forme la disposition de l'arrêté du 5 octobre, quant à la sanction; l'art. 80 de ce décret porte : « Le refus suspensif du Roi cessera à la seconde des législatures qui suivront celle qui aura proposé la loi.» Enfin, la constitution du 3 septembre 1791 réalisant, sous des formes plus développées, la pensée des fondateurs du nouvel état de choses, définit, comme les actes précédens, la sanction du Roi; mais elle en fit aussi connaître d'une manière plus expresse tout le néant. « Dans le cas où le Roi refuse son consentement, porte l'art. 2, sect. 3, chap. 3, ce refus n'est que suspensif; lorsque les deux législatures qui suivront celle qui aura présenté le décret auront successivement représenté le même décret dans les mêmes termes, *le Roi sera censé avoir donné la sanction.* » Dès lors, l'assemblée sanctionnait elle-même son propre ouvrage, et le Roi se trouvait en dehors du pouvoir législatif (1). Quant à la manière dont le Roi devait manifester son acceptation ou son refus, elle était la même que celle qu'avaient déjà déterminée les décrets du 9 novembre 1789 et 17 juin 1791 : « *Le Roi consent et fera exécuter; le Roi examinera* ». (Art. 3, *ibid.*).

9. On ne trouve plus aucune trace *de sanction* dans les divers actes politiques qui se sont succédé depuis la Constitution du 3 sept. 1791 jusqu'à la Constitution du 5 fruct. an III (22 août 1795); la raison en était simple : la Constitution du 16 juin 1793, la loi du 19 vend. an II (10 oct. 1793) qui organise le Gouvernement révolutionnaire, celle du 14 frim. an II (6 déc. 1793) relative à l'envoi, à la promulgation, à l'exécution des lois, à la compétence et à la réorganisation des autorités constituées, et quelques autres de la même nature, conséquences naturelles de l'ébranlement général donné en 1789, n'étaient que l'expression obligée de la situation politique de la France à cette époque, c'est-à-dire, de la situation d'un pays privé de constitution (2), et placé par la force des événemens sous le terrible régime des lois d'exception.

10. Enfin, la Constitution de l'an III parut offrir l'idée de la sanction. « Il appartient au Conseil des anciens, porte l'art. 86, d'approuver ou de rejeter les résolutions du Conseil des cinq cents, adoptées par le Conseil des anciens. » Et l'art. 92 ajoute : « les résolutions du Conseil des cinq cents, adoptées par le Conseil des anciens, s'appellent lois. » Mais comment reconnaître là les véritables caractères de la sanction ? En réalité, la souveraineté résidait toujours et tout entière dans une assemblée unique,

---

(1) M. Toullier dit (t. 1, p. 60, n° 64), « que l'Assemblée constituante *fixa définitivement* le véritable sens des mots *sanction* et *promulgation;* qu'elle appela sanction le consentement du Roi aux décrets du Corps législatif; que cette sanction était le complément de la loi, et qu'elle lui donnait, *comme encore aujourd'hui l'existence.* » On vient de voir en quoi cette dernière appréciation est inexacte. La sanction n'a commencé à devenir réelle dans les mains du Roi qu'en 1814; elle a conservé ce caractère en 1830 (V. *inf.*); jusque là elle n'était qu'une illusion.

(2) Toute société dans laquelle la garantie des droits n'est pas assurée, ni la séparation des pouvoirs déterminée, n'a point de constitution (Décret de l'Assemblée nationale du 3 sept. 1791, art. 16). « La garantie sociale ne peut exister, si la division des pouvoirs n'est pas établie, si leurs limites ne sont pas fixées, et si la responsabilité des fonctionnaires publics n'est pas assurée (Constitution du 5 fruct. an III, art. 22) ».

homogène, divisée seulement en deux grandes sections auxquelles la Constitution attribuait des emplois divers dans la confection de la loi. Le Gouvernement, désigné sous le nom de Directoire, ne participant nullement à cette confection, réduit à des attributions purement secondaires, il était vrai de dire de cette assemblée, comme on avait pu le dire de l'Assemblée constituante, qu'elle sanctionnait ses propres résolutions.

11. La Constitution de l'an VIII offrit une combinaison nouvelle; mais le principe républicain se perpétuant toujours, la sanction resta ce qu'elle était sous la Constitution précédente, c'est-à-dire, un pur artifice intérieur du corps politique en qui résidait sans partage la souveraineté. L'art. 26 avait bien rendu au Gouvernement la proposition des lois, en ajoutant : « qu'en tout état de la discussion des projets (de loi), le Gouvernement pouvait les retirer; qu'il pouvait même les reproduire modifiés. » Mais, en résultat, c'était le Corps législatif seul qui faisait la loi. « Le Corps législatif, porte l'art. 34, fait la loi en statuant par scrutin secret, et sans aucune discussion de la part de ses membres, sur les projets de loi débattus devant lui par les orateurs du Tribunat et du Gouvernement ». Le premier Consul ne tarda pas à sentir toute la réalité et tout le poids de cette disposition. Le titre préliminaire du Code civil, élaboré avec sagesse et lenteur par les jurisconsultes les plus distingués de l'époque, fut présenté par son ordre au Corps législatif. Mais ce corps composé en majorité de républicains, se trouva d'accord avec le Tribunat, dont la majorité partageait les mêmes principes, pour faire échouer le projet du premier Consul; et sans qu'aucune raison solide au fond pût justifier cette détermination contraire aux intérêts du pays, le Corps législatif, faisant simplement usage du levier qu'il trouvait dans la Constitution, rejeta ce titre à une majorité de trois voix.

Cependant le premier Consul impatient d'entraves qu'il n'avait pas prévues, sut éluder le texte précis de la Constitution ; il organisa les communications dites officieuses entre le conseil d'État et le Tribunat; et ces communications produisirent les plus heureux résultats dans la confection du Code civil. Mais le plus important pour lui fut de tromper la fougue de quelques tribuns ennemis qui s'attaquaient bien plus à sa personne, à ses desseins secrets, qu'à ses projets de lois.

12. Aucun des actes par lesquels Bonaparte établit sa puis-

sance, soit comme premier consul, soit comme empereur, n'offre une seule fois le mot de *sanction*. La raison en était simple : la sanction suppose, comme je l'ai dit, une division réelle du pouvoir souverain; or, si cette division n'a jamais existé, ni sous les constitutions antérieures à celles de l'an VIII, ni sous cette constitution, Bonaparte, dont les goûts et le caractère s'accommodaient peu des transactions politiques, ne s'appliqua pas à lui donner une vie qu'elle n'avait jamais reçue; au lieu de s'arrêter dans ces voies intermédiaires, il transporta brusquement les pouvoirs publics des mains du peuple sur sa tête, et convertit ainsi le principe démocratique qui, sous des formes plus ou moins variées, se débattait depuis quinze ans, en un despotisme pur dont il assuma sur lui toute la responsabilité. De là l'emploi continuel des ressources de ce pouvoir constituant, remède extraordinaire, trop souvent fatal à la liberté, aussi bien qu'à la paix publique, mais qui était devenu une nécessité pressante de sa situation autant que de sa politique. C'est ainsi que par son sénatus-consulte, du 16 therm. an X, au milieu de dispositions sous lesquelles disparaissaient les principales garanties de la constitution de l'an VIII, il conféra au Sénat, composé d'hommes de son choix, et dont le nombre était désormais porté à 120 (Art. 63), l'immense pouvoir de régler par des sénatus-consultes organiques, les plus graves intérêts constitutionnels (Art. 54, 55, 56). C'est ainsi que par le sénatus-consulte, du 28 flor. an XII, qui fonda le gouvernement impérial, après de nouvelles extensions données à l'existence politique, comme aux attributions constitutionnelles du Sénat, le Corps législatif vit les siennes altérées au point que ses séances ordinaires se composaient, outre ses membres, des orateurs du conseil d'État, et des orateurs des trois sections du Tribunat (Art. 81); et c'était en cet état seulement qu'il votait sur les projets de loi (Art. 83); que les sections du Tribunat constituaient les seules commissions du Corps législatif, qui ne pouvait en former d'autres que dans le cas énoncé art. 113, tit. 13, de la haute cour impériale (Art. 87); qu'enfin, réunis en comités généraux, les seuls membres du Corps législatif pouvaient bien discuter les projets de loi, mais jamais prendre de délibération (Art. 83, n° 3).

13. La Charte de 1814 donna pour la première fois à la sanction son véritable caractère : « Le Roi seul sanctionne et promulgue les lois, porte l'art. 22. » Elle est reproduite dans le

même état par la Charte de 1830 (Art. 18). Voici ses bases réelles.

14. Indépendamment des excellentes raisons données par la plupart des publicistes, pour que dans les gouvernemens représentatifs le Roi concoure efficacement à la confection de la loi par sa sanction ou son refus absolu, il faut reconnaître que cette forme politique repose sur une idée aussi simple que juste.

Régulièrement, le chef de l'État doit avoir avant tout le monde la pensée de la loi ; si, dans la réalité, ce n'est pas au sein de son conseil qu'elle est née, c'est là seulement, qu'elle peut recevoir ses premiers développemens et les directions les mieux appropriées aux besoins généraux, car lui seul, par sa position et la nature de ses fonctions, peut porter suffisamment ses regards sur les avantages réels comme sur les inconvéniens certains de la loi à venir. C'est même là ce qui m'a toujours fait penser qu'en définitive, et quelque formels que soient les termes de la Constitution, la nature des pouvoirs publics mieux appréciée, doit insensiblement, et comme par l'effet d'un aveu secret de ce qui importe le plus au bien général, laisser constamment entre les mains du chef de l'État l'initiative des lois.

Mais par là même que la pensée de la loi est plutôt, et par essence, la pensée du gouvernement que celle des autres branches du pouvoir politique, il est dans l'ordre des choses que le Gouvernement, en soumettant à la discussion des Chambres ses projets de loi, soit toujours censé livrer sa propre pensée ; qu'il ait par conséquent la faculté non-seulement d'en suivre constamment tous les développemens, soit pour lui conserver son esprit primitif, en repoussant les modifications intempestives, contraires ou dangereuses, soit pour recueillir les améliorations dont elle était originairement susceptible, mais encore de la repousser purement et simplement si elle a perdu ses conditions primitives, ou si les circonstances et les temps étant changés, elle ne serait plus qu'une loi inopportune, inutile ou dangereuse ; et de là la nécessité d'une sanction absolue. Il est vrai même de dire, et je ne crains pas d'ajouter, qu'en ce sens, les Chambres ne sont réellement appelées, dans le cours ordinaire des choses, qu'à développer et à améliorer, à titre de grands conseils du pays, une pensée qui, présumée la meilleure, doit toujours rester celle de son auteur. Car si le Gouvernement, modérateur suprême de toute l'action sociale, est plus à portée que les autres branches du corps politique, de juger de la nécessité, de la bonté et de l'opportunité des lois, il importe aussi au bien général de lui laisser jusqu'à la responsabilité des hautes mesures qu'il a conçues ou adoptées, et qui, sous le nom de lois, ont des résultats si graves et si prolongés sur l'existence entière du corps social. Du reste, le développement de son action, sous ce rapport, trouve ses limites naturelles dans le rejet pur et simple de ses propositions par les autres branches du corps politique lorsqu'elles sont jugées inutiles ou dangereuses.

Tels sont les résultats naturels et nécessaires qui me paraissent sortir de la sanction politique. Toute combinaison par laquelle disparaîtrait l'efficacité réelle de cette sanction, reproduirait à mes yeux ou les formes pures de la république ou les formes pures du despotisme.

SECTION IIe.

De la Promulgation et de la Publication de la Loi.

SOMMAIRE.

1. — *Sens naturel et constant du mot* promulgation, *d'après le droit romain.*
2. — *D'après les auteurs.*
3. — *Prise dans ce sens, la promulgation emporte la publication.*
4. — *De la promulgation sous notre ancienne monarchie.*
5. — *Examen de la question de savoir si l'enregistrement et la publication d'une loi dans une Cour souveraine suffisaient pour la rendre obligatoire dans tout le ressort de cette Cour.*
6. — *Réfutation de l'opinion de M. Portalis que dans quelques Cours souveraines l'enregistrement était le complément de la loi;*
7. — *Et de celle de M. Merlin, que les lois dont l'exécution était purement passive de la part de ceux qu'elles gouvernaient, étaient obligatoires dans le ressort par le fait de l'enregistrement des Cours souveraines.*
8. — *De la promulgation depuis 1789.*

22. — *Suite. Trois époques distinctes pour l'introduction et la promulgation des lois françaises dans les neuf départemens réunis (ancienne Belgique).*

23. — *Les lois politiques ou constitutionnelles sont-elles obligatoires dans les pays réunis, du jour même de leur réunion, et indépendamment de toute publication spéciale ?*

24. — *Variation de la jurisprudence de la Cour de cassation sur cette question.*

25. — *Elle doit être résolue par une distinction.*

26. — *En général, ces lois ne sont obligatoires dans les pays réunis qu'après leur promulgation dans ces pays.*

27. — *Ce principe tire un nouveau degré de certitude de son application aux lois politiques mêlées de quelques dispositions de droit civil.*

28. — *Examen d'une opinion de M. Merlin sur la promulgation des lois féodales dans les pays réunis.*

---

1. L'idée la plus naturelle et la plus constante du mot de *promulgation* est celle de *publication de la loi avec pouvoir d'obliger le sujet.* C'est ainsi que l'entendaient les Romains. « Nous ordonnons l'exécution des dispositions ci-dessus, porte la loi 65 au Code, *de Decurion. et filiis eor.*, alors même que ceux dont nous parlons auraient exercé les fonctions curiales, soit par eux-mêmes, soit par leurs substituts, postérieurement à la constitution de Zénon, d'auguste mémoire, cette constitution prenant sa force obligatoire du jour où elle a été promulguée. » — « Etsi « contigerit eos post divæ memoriæ Zenonis constitutionem, sive « per se, sive per substitutos suos, curiæ competentia munera « subiisse : eâdem videlicetconstitutione divæ memoriæ Zenonis « ex die quo promulgata est, suas vires obtinente ». Tel était aussi le sens qu'avaient donné à ce mot les empereurs Théodose et Valentinien dans la loi 8 au Code, rapportée ci-dessus au mot *Sanction.*

2. Sans doute on peut, même après ces textes, élever encore une distinction entre la promulgtion et la publication proprement dite (V. *infrà*, nos 5, 6, 7, et Doctrine et Jurisprudence *in principio*). Néanmoins, il faut reconnaître que le mot de *promulga-*

tion, employé dans ces textes, à moins pour objet d'exprimer la condition par laquelle la loi devient authentique, que le fait même qui la rend obligatoire, savoir, la *publication*. Au surplus, tel est le sens dans lequel les auteurs ont généralement entendu ce mot. « Il est tellement vrai, dit Voët (Comment. ad Pand., lib. 1, tit. 3, n° 10), qu'une loi non promulguée n'oblige pas, que ceux-là même qui en connaissent l'existence de fait et avant sa publication ne sont pas censés obligés; autrement, il en résulterait que la loi n'obligerait pas également tout le monde, et que chacun, selon qu'il connaîtrait ou qu'il ignorerait la loi, serait lié ou ne serait pas lié par elle. » — « Non promul-
« gatam sanè legem non obligare, sic apud omnes ferè in con-
« fesso est, ut ne illi quidem obligati censendi sint, qui eam jàm
« compositam propediem publicandam esse, non ignorant; cùm
« ità eveniret, legem non omnes æqualiter obstringere, ac sin-
« gulos ex populo, pro suâ quemque legis sanciendæ scientiâ vel
« ignorantiâ diverso uti jure. » — « Il est de l'essence de la loi,
dit Van-Espen (de Promulg. leg. eccles., part. 1, cap. 1, § 2),
que sa *publication* ou sa *promulgation* soit faite dans de tels lieux,
à un tel intervalle, ou durée de temps, que tous ceux que la loi
concerne puissent être moralement instruits de cette loi en vertu
de sa promulgation. » — « De ratione legis est ut ejus publicatio
« sive promulgatio in hujusmodi locis, atque eo temporis inter-
« vallo vel duratione fiat ut per hanc promulgationem moraliter
« universi, quibus lex fertur, ejus notitiam vigore hujus pro-
« mulgationis accipere queant. » Et cette pensée est reproduite
par la plupart des auteurs modernes. « La loi naturelle n'est *promulguée* que par le développement de la raison, dit M. Proudhon
(Cours de droit français, t. 1, p. 10); ainsi, elle n'oblige ni
l'enfant au berceau, ni celui qui est dans un état d'imbécillité ou
de démence; mais dès que le flambeau de la raison nous éclaire,
dès que nous apercevons les divers rapports de ce qui est bien
ou de ce qui est mal; dès que nous avons conçu l'idée du bon
ordre et de ce qui lui est contraire, le législateur suprême qui
appesantit le remord sur le cœur du coupable, nous avertit assez
des devoirs que sa loi nous impose. » Selon M. Toullier (t. 1,
n° 63), le dictionnaire de l'académie a commis une erreur lorsqu'il a défini la promulgation : *Publication de la loi avec les formalités requises*. M. Merlin, au contraire (Répert. v° *Loi*, § 4,
n° 1), invoque l'autorité de cette définition pour soutenir qu'a-
vant la révolution les mots *promulgation* et *publication* étaient

synonymes par rapport aux lois; et après avoir posé en principe (*ibid.*, § 5, n° 1), « que les lois ne peuvent obliger les personnes pour lesquelles elles sont faites que du moment où elles sont parvenues à leur connaissance, ce qu'il justifie très bien par la loi 9 au Code *de Legib.*, il se demande à quelle époque une loi est réputée connue ? et il répond par ces mots de l'empereur Anastase (Loi 65 au Code *de Decurionib.*), s'exprimant au sujet d'une ordonnance précédente de l'empereur Zénon, « qu'elle doit être exécutée du jour de sa publication. » — « Ex die quo promulgata est, vires obtinente ».

5. Cependant, pour être exact, il faut dire que le mot de *promulgation*, pris dans ce sens, emporte nécessairement en soi le fait physique de la publication de la loi, et c'est ce qui résulte des propres termes de la loi 9, qui vient d'être citée. « Les lois les plus dignes de notre vénération, porte ce texte, celles qui ont pour objet la vie des hommes, doivent être comprises par tout le monde, en telle sorte que chacun, ayant une pleine connaissance de ce qu'elles ordonnent, puisse ou éviter ce qu'elles défendent, ou faire ce qu'elles ne défendent pas. » — « Leges sa- « cratissimæ, quæ constringunt hominum vitas, intelligi ab « omnibus debent, ut universi, prescripto earum manifestius « cognito, vel inhibita declinent, vel permissa sectentur ».

4. Sous notre ancienne monarchie, la confusion qui régnait dans les choses ne régnait pas moins dans les termes qui les expriment : Les mots *sanction, enregistrement, promulgation, publication*, n'étaient pas à beaucoup près exactement définis. Essayons d'en déterminer la valeur.

Nous avons déjà établi que dans le vrai sens de notre ancien droit public, la *sanction* n'était pas *l'enregistrement* (*sup*. n° 7); les diverses formules employées par nos rois pour rendre obligatoires leurs ordonnances, édits, déclarations, lettres patentes, etc., attestent seules que la loi sortait complète de leurs mains, que par suite la promulgation était comme une émanation virtuelle de leur puissance législative, et que tous leurs soins consistaient à employer des formes générales et suffisantes de publication. C'est ainsi que dans la formule de l'ordonnance de 1667, avant ces mots : « Si donnons en mandement à nos amés et féaux les gens tenant nos Cours de parlement, etc... que ces présentes ils gardent, observent et entretiennent, fassent garder, observer et entretenir, afin que ce soit chose ferme et stable à toujours, etc. », on lit ceux-ci : « que la même ordonnance ne sera gardée et observée dans tout le royaume, qu'à *commencer du lendemain de Saint-Martin*, 12 nov. *de la même année* »; époque à laquelle seulement elle devenait obligatoire. Il en fut de même de l'ordonnance de 1670 promulguée le ... août 1670, et rendue obligatoire seulement le 1er janv. 1671. L'ordonnance de 1731 sur les donations, celle de 1735 sur les testamens, renferment la même distinction entre la promulgation et la publication; elles sont promulguées, la première au mois de février 1731, la seconde au mois d'août 1735; mais elles ne sont obligatoires *qu'à compter du jour de la publication qui en sera faite*. Enfin, l'édit des présidiaux du mois d'août 1777, portait qu'il ne serait exécuté *qu'à compter du jour de son enregistrement au parlement*. C'était dire que, dans ce cas, l'enregistrement tiendrait lieu de publication.

5. C'était une grande question avant la révolution, dit M. Merlin (Répert. de jurispr., vo *Loi*, § 5, no 2), si l'enregistrement et la publication d'une loi dans une Cour souveraine, suffisaient pour la rendre obligatoire dans tout le ressort de cette Cour »; et, à ce sujet, il cite les paroles de M. Portalis, rapporteur du 1er titre du Code civil, dans la séance du Corps législatif du 4 ventôse an XI : « Dans certains ressorts, disait cet orateur, la loi était censée promulguée, et elle devenait exécutoire pour tous les habitans du pays, du jour qu'elle avait été enregistrée par le parlement de la province. Dans d'autres ressorts, on ne regardait l'enregistrement dans les Cours que *comme le complément de la loi considérée en elle-même*, et non comme sa promulgation ou sa publication : on jugeait que la formation de la loi était consommée par l'enregistrement, mais qu'elle n'était promulguée que par l'envoi aux sénéchaussées et baillages; et qu'elle n'était exécutoire dans chaque territoire, que du jour de la publication faite à l'audience par la sénéchaussée ou par le bailliage de ce territoire ». M. Merlin n'adopte ces principes qu'en partie : il faut faire une distinction, selon lui, entre les lois dont l'exécution était purement passive de la part de ceux qu'elles gouvernaient, et celles qui réglaient les actions, les contrats et les dispositions des hommes; les premières devaient avoir leur effet du jour de leur enregistrement dans les Cours supérieures, quoique les tribunaux inférieurs qui devaient les faire publier dans leurs territoires respectifs, ne les eussent pas encore reçues; et les secondes n'étaient obligatoires dans l'étendue de chaque bailliage

ou sénéchaussée, que du jour qu'elles y avaient été enregistrées et publiées ».

Mais d'abord, la seconde hypothèse de la théorie exposée par M. Portalis sur l'enregistrement des lois, ne me paraît appuyée sur aucun document législatif ou judiciaire. En second lieu, M. Merlin s'est livré à une distinction gratuite entre les lois dont l'exécution était purement passive, et celles qui réglaient les actions, les contrats et les dispositions des hommes. Démontrons ces deux propositions.

6. J'ai déjà établi au mot *sanction*, qu'il n'était pas exact de dire, selon le véritable sens de l'ancien droit public français, que l'enregistrement des Cours souveraines *fût le complément de la loi.* Si des prétentions pareilles ont été élevées par elles, elles sont demeurées de pures prétentions et n'ont jamais été considérées comme un droit réel attribué aux parlemens, de concourir à la confection de la loi. Ici je laisserai parler les anciens documens eux-mêmes.

Une ordonnance de l'an 1344, disent les auteurs du Nouveau Denizart (v° *Enregistrement des lois*, § 2, n° 3), contient de vives plaintes au sujet des lettres contraires à la justice, qu'on ne cessait de surprendre à la religion du prince, et *elle défend expressément aux juges d'y obéir.* L'art. 66 de l'ordonnance de 1453 défend aux juges d'obtempérer aux lettres royaux, qui ne seraient civiles et raisonnables; il les autorise à les déclarer *subreptices, obreptices, inciviles.* Louis XII, par son ordonnance du 22 déc. 1499, défend expressément à tous ses officiers, que, sous prétexte de lettres de dispense, ils ne contrarient ou permettent contredire aux ordonnances, en quelque manière que ce soit, sous peine *d'être eux-mêmes reputés à lui désobéissans, et infracteurs d'icelles ordonnances.* Le roi Jean, dans une ordonnance du 15 mars 1359, considérant les pardons et rémissions qui lui étaient arrachés par importunité, dit : « Nous voulons et vous défendons étroitement que, aux lettres patentes ou closes qui en seront faites ou scellées...... ne à quelconques mandemens de bouche que nous vous en fassions, vous n'y obéissiez en aucune manière, mais icelles lettres comme injustes.... *Cassez et annullez* sans difficulté aucune, *et sans de nous avoir, ne attendre aucun mandement sur ce.* Charles VI par une ordonnance du 15 août 1389, voulant réprimer les abus résultans des évocations, *défend aux juges d'avoir aucun égard aux lettres*, soit

2.

ouvertes ou closes, qui leur seront données à ce sujet, *à moins qu'ils ne les jugent raisonnables* ». Le 10 fév. 1560, François II écrivit au parlement en ces termes : « Pour ce que nous désirons entendre par le même le motif de la modification par vous apposée en la vérification de l'édit de Romorantin, que nous n'avons point encore vu.... Nous voulons et vous mandons que vous ayez à députer deux des présidens de notre Cour, instruits de ce que dessus, pour nous en rendre raison ». En 1550, Henri II publie une déclaration servant de règlement entre le parlement et la chambre des comptes de Paris : le parlement l'enregistre avec des modifications. Quelque temps après le même prince ordonne que son règlement, *ensemble les modifications faites* sur icelui par le parlement de Paris, seront observés entre la Cour de parlement et la chambre des comptes de Provence. L'art. 2 de l'ordonnance de Moulins ne permettait aux Cours de faire qu'une seule fois des représentations, et ordonnait qu'aussitôt après la réponse du Roi, il serait passé outre à la publication. Cependant dans la même année et aux mois de fév. et juil. 1566, Charles IX publia deux déclarations, par lesquelles il défendit au parlement de procéder à la vérification de toutes lettres contraires, *quelque commandement, jussion ou dérogation qui y pût être insérée; lesquelles jussions nous avons dès à présent, comme pour lors, déclaré et déclarons nulles, et de nul effet et valeur.*

Cependant Louis XIV, usant pleinement de son autorité législative, insère dans l'ordonnance de 1667 l'art. suivant (v) : « A l'égard des ordonnances, édits, déclarations et lettres patentes que nous pourrons envoyer en nos Cours pour y être registrées....., seront tenues de nous représenter ce qu'elles jugeront à propos dans *la huitaine après la délibération..... après lequel temps elles seront tenues pour publiées,* et en conséquence seront gardées et observées ». Mais une déclaration de 1715 proclame de nouveau les anciennes concessions des Rois en matière législative ; en voici les termes : « La fidélité, le zèle et la soumission avec lesquels notre Cour de parlement a toujours servi le Roi notre très honoré seigneur et bisaïeul, nous engageant à lui donner des marques publiques de notre satisfaction, et surtout dans un temps où les avis d'une compagnie aussi sage qu'éclairée peuvent nous être d'une si grande utilité, nous avons cru ne pouvoir rien faire de plus honorable pour elle, et de plus avantageux pour notre service même, que de lui permettre de nous

représenter ce qu'elle jugera à propos, avant que d'être obligée
de procéder à l'enregistrement des édits et déclarations que nous
lui adressons; et nous sommes persuadés qu'elle usera avec tant de
sagesse et de circonspection de *l'ancienne liberté dans laquelle nous
la rétablissons*, que ses avis ne tendront jamais qu'au bien de notre
État, et mériteront toujours d'être confirmés par notre autorité ».

Que résulte-t-il de tous ces documens, qu'il serait facile de
multiplier sans donner plus de force à ce qu'ils ont pour but de
démontrer ? Que les rois de France, législateurs absolus du
royaume (1), ont néanmoins reconnu dans tous les temps, que
livrés, comme rois, aux obsessions et aux intrigues, des actes
injustes ou dangereux pouvaient être arrachés à leur faiblesse ou
surpris à leur religion ; qu'il était, dès lors, conforme au bien
public, principe constant de leur gouvernement, de soumettre
ces actes à une vérification libre des Cours souveraines, compa-
gnies éclairées placées entre le trône et le peuple, et dans la
bouche desquelles devait naturellement se placer la vérité. Mais
résultait-il de là un droit réel attribué aux parlemens, un concours efficace de leur part à la confection des lois ? Nullement.
Voici comment s'expriment à ce sujet les auteurs des maximes du
Droit public Français, t. 2, p. 342 : « Celui-là seul a le pouvoir
législatif, de l'autorité duquel dérive la vertu de la loi, au nom
et par l'ordre duquel elle est publiée et s'exécute. Or, les peuples ne voient que le Roi seul dans la formation, la publication
et l'exécution des lois. Même après les arrêts d'enregistrement,
elles ne sont point réputées lois des parlemens ; elles ne portent
point leur nom, et l'autorité en vertu de laquelle ils veillent à
leur exécution, est une émanation et une dépendance de celle du
Roi. *Aucun des attributs de la puissance législative ne se trouve
donc transporté ni séparé.* Le droit de vérification consiste, non
à faire la loi, mais à l'examiner ; et son dernier effort se borne
à refuser de consentir à l'exécution de la loi ».

7. Quant à la distinction proposée par M. Merlin, j'ai dit qu'elle
me paraissait dénuée de fondement. En principe, à moins que la
loi rendue ne portât expressément, comme l'édit de 1777 sur les
présidiaux, *qu'elle serait exécutée à dater du jour de l'enregistrement*, la loi n'était pas exécutoire par le fait même de l'enregistre-

_____

(1) Il est évident que je n'entends pas parler des lois fondamentales de
la monarchie.

ment. « L'enregistrement seul , disent les auteurs du Nouveau Denizart (v° *Enregistrement*, § 6, n° 2), ne peut encore rendre la loi obligatoire, parce qu'il est nécessaire pour cet effet qu'elle soit connue , ce qui ne s'opère que par la publication ». L'enregistrement dans les Cours souveraines emportait sans doute la promulgation de la loi, en déterminait la date , et la rendait obligatoire dans le lieu même où siégeaient ces Cours ; mais comme de tous temps on a respecté le principe qu'à la connaissance seule de la loi est attachée l'obligation de lui obéir , c'était sur un second enregistrement, accompagné de lecture et de publication , dans les tribunaux inférieurs, bailliages , sénéchaussées , élections , etc., et sur l'ordre, non plus du Roi, mais des Cours souveraines elles-mêmes , que la loi devenait obligatoire dans tout le ressort dépendant de ces tribunaux inférieurs. On a remarqué d'ailleurs que l'enregistrement de ces tribunaux n'ayant pas le même objet que celui des Cours souveraines , étant un pur moyen de promulgation , toute remontrance ou délibération de leur part, leur était interdite sur le fond même de la loi ; qu'ils pouvaient seulement vérifier la forme dans laquelle elle leur était envoyée , et différer l'enregistrement , si cette forme se trouvait irrégulière (*Ibid.* §§ 2 et 3).

En partant de ces principes on justifie facilement , et sans le secours d'aucune distinction , les arrêts rendus dans les espèces citées par M. Merlin , et qui paraîtraient avoir jugé d'une manière contraire à une loi déjà promulguée. Bardet (t. 1, l. 3, chap. 16) rapporte , dit M. Merlin , un arrêt du parlement de Paris, du 5 sept. 1628 , qui a déclaré qu'un contrat de constitution de rente au denier douze , passé dans le Vermandois, en juillet 1620 , était valable , et que la rente devait être payée et continuée sur ce pied , quoique par un édit du mois de juil. 1601, enregistré au parlement , le 18 fév. 1602 , mais non envoyé ni publié au bailliage de Laon , les rentes eussent été réduites pour l'avenir au denier seize. Trois autres arrêts rendus , l'un par le parlement de Paris, sur les conclusions de M. Joly de Fleury, le 27 mai 1767 , le second par le parlement de Bordeaux, au mois d'août 1747 , le troisième par le parlement de Toulouse , le 24 avril 1743 , et rapportés par M. Merlin (*Ibid.*), ont jugé, conformément au même principe , que des contrats de rente ou des actes de donations faits selon les lois anciennes , quoique à une époque où ces actes se trouvaient régis par des ordonnances nouvelles, étaient néanmoins valables, attendu que les nouvelles ordonnances, bien que promulguées au lieu du siége du parlement, n'avaient été ni publiées ni enregistrées à la sénéchaussée ou au bailliage dans le ressort duquel avait été passés ces actes. Ces arrêts ont jugé conformément aux principes de la matière, qu'une loi n'est obligatoire dans le ressort d'un bailliage ou d'une sénéchaussée, que lorsqu'elle y a été légalement publiée. Il est vrai, dit Rodier, qu'un arrêt postérieur du même parlement, du 18 juin 1753, a déclaré nul pour contravention à l'ordonnance des testamens, enregistrée en la Cour, le 23 fév. 1737, un testament mutuel fait a Villefranche-de-Rouergue, non écrit par le notaire lui-même, en date du 18 avril 1757, c'est-à-dire, un mois vingt-sept jours après l'enregistrement de l'ordonnance, quoiqu'elle n'eût été publiée au sénéchal de Villefranche que le 3 juin 1737. Mais, continue Rodier, cet arrêt peut n'être pas regardé comme contraire au précédent. Pour en concilier les dispositions il faut appliquer à la publication à faire dans les sénéchaussées, ce que l'art. 5, tit. 1er de l'ordonnance de 1667, dit de l'enregistrement et publication à faire dans les Cours souveraines : « Qu'à défaut d'enregistrement dans six semaines ; *les ordonnances seront tenues pour publiées, et en conséquence seront gardées et observées* comme si elles avaient été enregistrées ». En sorte que, selon Rodier, depuis 1667, soit qu'on ait jugé conformément aux ordonnances non encore enregistrées dans les bailliages ou sénéchaussées, lorsqu'elles auraient dû l'être, soit qu'on ait jugé contrairement à ces ordonnances, on aura toujours bien jugé, et *sempre bene* (1). M. Merlin reconnaît qu'il y a une contrariété évidente entre ces arrêts, et il dit avec raison qu'il faut s'en tenir au premier. Mais il ne donne lui-même nulle part un exemple pour justifier la première partie de sa distinction, savoir : que les lois dont l'exécution est purement passive de la part de ceux qu'elles gouvernent, peuvent être exécutées avant l'enregistrement et publication dans les bailliages ou sénéchaussées pour les espèces nées dans leur ressort; c'est qu'en effet, cette distinction ne repose sur rien de solide; et qu'à moins d'une

_____

(1) Il est évident que la disposition de l'art. 5, t. 1er, de l'ordonnance de 1667, relative surtout au cas où l'enregistrement aurait donné lieu à des remontrances, était tombée en désuétude, et qu'elle ne tenait pas lieu de publication réelle des lois (V. Jousse et autres commentateurs de l'ordonnance).

exception évidente , c'est toujours la grande règle tracée par la
loi 9 au Code *de Legib.* « Leges quæ constringunt hominum
« vitas, intelligi ab omnibus debent, ut universi præscripto earum
« manifestius cognito , vel inhibita declinent, vel permissa sec-
« tentur » ; qui doit dominer la matière et recevoir son application. « En général , disent les auteurs du Nouveau Denizart
(v° *Enregistrement des lois* , § 4, n° 4, et on peut dire qu'ils
résumaient pertinemment les anciens principes sur ce point) :
« Lorsqu'une Cour souveraine a enregistré un règlement, il doit
l'être ensuite par tous les tribunaux ressortissans nûment d'elle.
Ainsi , ce qui est enregistré par un parlement, doit être publié
et mis dans les registres de tous les bailliages et sénéchaussées
royales ou seigneuriales, qui ressortissent nûment en la Cour.»
« L'enregistrement au parlement, disent les mêmes auteurs
(*Ibid.* § 6, n° 4), ne suffisait donc pas pour rendre la loi obligatoire, il fallait encore qu'elle fût publiée...» Une loi publiée à Paris devient notoire à Paris ; mais elle ne l'est dans les
bailliages des provinces , que par la publication faite dans ces
bailliages ; et c'est pour cela que les parlemens, en enregistrant,
enjoignent d'envoyer des copies collationnées dans les bailliages
et sénéchaussées du ressort, pour y être lues, publiées et enregistrées.

8. La sanction et la promulgation habituellement liées lorsque
les pouvoirs publics sont exactement divisés, n'offrent aucune
trace d'existence commune en 1789. J'en ai déjà donné la raison. Tous les pouvoirs se trouvant concentrés dans les mains de
l'Assemblée constituante , et la sanction du Roi n'étant pas une
participation réelle à la confection des lois, mais une vaine formalité d'adhésion, cette assemblée était seule intéressée à l'exécution de ses résolutions, qu'elles parussent sous le nom de lois, de
décrets , d'arrêtés, d'édits, de lettres patentes, de déclarations,
même avec des formules monarchiques, la sanction et la signature
du Roi, etc. De là, toutes les mesures de cette assemblée sur la
promulgation et la publication des lois (1).

(1) On trouve dans les Questions de Droit de M. Merlin, v° *Féodalité*,
§ 1er, une relation curieuse qui atteste le profond anéantissement dans
lequel était tombé le pouvoir royal, dès les premiers actes de l'Assemblée
constituante. Cette assemblée avait aboli , par ses décrets des 4 , 6 , 7, 8
et 11 août 1789, le régime féodal. Cependant ses décrets ne pouvaient pas
faire loi par eux-mêmes ; il fallait qu'ils fussent sanctionnés par le Roi , et

Cependant, ce premier résultat de la révolution qui, déplaçant violemment le pouvoir souverain, avait mis, comme une conséquence naturelle, la promulgation des lois dans les mains de l'Assemblée constituante, fit naître des résistances multipliées de la part des corps judiciaires et administratifs. De là, le décret du 5 nov. 1789, portant entre autres : « Que toute Cour, même en vacation, tribunal, municipalité et corps administratif qui n'auront pas inscrit sur leurs registres, dans les trois jours après la réception, et fait publier, dans la huitaine, les lois faites par les représentans de la nation, sanctionnées ou acceptées, et envoyées par le Roi, seront poursuivis comme prévaricateurs dans leurs fonctions, et coupables de forfaiture. » Un autre décret, du 9 nov., dont j'ai déjà parlé, régla les formes de la sanction et de la promulgation. Il détermina entre autres, « que les lois seraient adressées à tous les tribunaux, corps administratifs et municipalités ; que la transcription sur les registres, lecture, publication et affiches, seraient faites sans délai, aussitôt que les lois seraient parvenues aux tribunaux, corps administratifs et municipalités, et qu'elles seraient mises à exécution dans le ressort de chaque tribunal, à compter du jour où ces formalités y auraient été remplies ».

envoyés, de son ordre exprès, aux tribunaux et aux corps administratifs, pour être transcrits sur leurs registres. En conséquence, elle rendit, le 14 sept. suivant, un décret portant : « Que M. le président se retirerait par-devers le Roi, pour présenter à S. M. les arrêtés des 4, 6, 7, 8 et 11 août... pour lesdits décrets être sanctionnés ». Mais, le 18 du même mois, le Roi adressa à l'Assemblée nationale une lettre contenant des observations sur chacun des articles des décrets, dont la sanction était réclamée. L'Assemblée constituante, étonnée que cette sanction se fît attendre, rendit un décret, le 19 sept., pour demander au Roi la promulgation des décrets précédens. Nouvelle lettre du Roi, en date du lendemain 20 sept., dans laquelle il essaie d'établir une distinction entre la publication et la promulgation : il a ordonné la première ; quant à la seconde, il pense qu'elle n'appartient qu'à des lois rédigées et revêtues de toutes les formes qui doivent en procurer immédiatement l'exécution..... L'Assemblée, lasse de ces tergiversations, après avoir mandé plusieurs fois le garde des sceaux, rend, le 20 oct. suivant, un nouveau décret portant : « Que les arrêtés des 4 août et jours suivans, seront envoyés aux tribunaux, municipalités, et autres corps administratifs, pour y être transcrits sur leurs registres, sans modification ni délai, et être lus, publiés et affichés. » C'était là toute la promulgation. Le Roi rendit, le 3 nov. suivant, les lettres patentes dérisoires qui l'ordonnaient.

9. Pour l'intelligence exacte de ces deux décrets, ainsi que de celui du 20 oct. précédent, et avant d'arriver à l'examen de la loi du 2 nov. 1790 qui s'y rattache, il importe de les considérer sous les rapports politique, judiciaire et administratif, car ils ont été conçus et rédigés dans ce triple objet. J'ai déjà dit que le Roi n'avait pas toujours tenu compte de la formule de sanction et de promulgation qu'ils déterminaient. Mais sous quelque forme qu'il eût manifesté son acceptation, quelque nom qu'il eût donné à l'acte promulgué, décret, arrêté, proclamation, lettre patente, etc., comme cet acte était toujours l'expression pure des volontés de l'Assemblée, il importait essentiellement à cette assemblée de proclamer la validité de tous ces actes; d'un autre côté, il lui importait aussi de leur donner à tous le même degré de solennité, de les rendre également obligatoires pour tous les citoyens, de faire taire les nombreuses difficultés qu'avaient déjà fait naître ces actes, et de prévenir celles qu'ils pourraient faire naître encore, sous le rapport de la publication des lois et de la compétence des pouvoirs, à une époque surtout où l'ordre administratif s'élevant pour la première fois à côté de l'ordre judiciaire, n'offrait pas encore une juridiction exactement définie (1).

10. La loi du 2 nov. 1790 eut pour objet de satisfaire à tous ces besoins. Elle se divise en deux parties : la première valide tous les actes publiés jusque là, sous quelque nom et quelle que soit la forme sous laquelle ils aient été publiés; la seconde trace les formes de publication pour l'avenir. En voici les principales dispositions : « L'Assemblée nationale..... déclare, 1° que tous les décrets rendus jusqu'à présent par l'Assemblée nationale, sur lesquels le consentement est intervenu, sont valablement acceptés ou sanctionnés, quelle qu'en soit la formule par laquelle le consentement du Roi a été exprimé; 2° que tous les décrets acceptés ou sanctionnés par le Roi, promulgués sous les divers titres de lettres patentes, proclamations du Roi, déclarations du Roi, arrêts du conseil ou tous autres, sont également lois du royaume, et que la différence dans l'intitulé des promulgations n'en produit aucune pour la validité de ces lois; 3° que les tran-

(1) Le décret du 22 déc. 1789 pose les premiers fondemens de l'ordre administratif en France; mais c'est l'art. 14 de la loi du 16 août 1790, qui trace pour la première fois une ligne de démarcation entre le pouvoir judiciaire et le pouvoir administratif.

scriptions et publications de ces lois, faites par les corps administratifs, par les tribunaux et par les municipalités, sous quelque titre et en quelque forme que l'adresse leur en ait été faite, sont tous également de même valeur; 4° que ces lois sont obligatoires du moment où la publication en a été faite, soit par le corps administratif, soit par le tribunal de l'arrondissement, sans qu'il soit nécessaire qu'elle ait été faite par tous les deux. Au surplus, l'Assemblée nationale décrète ce qui suit : Art. 1er. A l'avenir, il sera fait, pour chaque décret, deux minutes en papier timbré, sur chacune desquelles le consentement royal sera exprimé par cette formule.... Art. 4. Le ministre de la justice fera imprimer autant d'exemplaires de chaque loi, qu'il en sera nécessaire pour les envois à faire tant aux corps administratifs de département et de district, qu'aux tribunaux de district. Art. 7. Il sera envoyé à chaque administration de département un exemplaire marqué du timbre sec du sceau de l'État, et certifié par la signature du ministre de la justice; cet exemplaire restera déposé aux archives du département, après avoir été transcrit sur les registres de l'administration. Art. 8. Il sera en même temps envoyé à chaque administration de département plusieurs exemplaires de la loi, non timbrés ni certifiés par le ministre de la justice, lesquels seront incessamment adressés par l'administration de département à celles de district qui lui sont subordonnées, après que la première aura préalablement vérifié et certifié sur chaque exemplaire qu'il est conforme à celui qu'elle a reçu timbré et certifié par le ministre. Art. 9. Les administrations de district feront transcrire sur leurs registres et déposer dans leurs archives, toutes les lois qui leur seront envoyées par les administrations de département, certifiées par ces dernières. Art. 10. Les administrations de département feront imprimer des exemplaires de chaque loi, ..., et les enverront aux administrations de district, pour être adressées par celles-ci aux municipalités de leur ressort, après qu'elles auront certifié sur chaque exemplaire la conformité avec celui qu'elles ont reçu certifié par l'administration de département. Art. 11. Les administrations de district feront, dans le plus bref délai, envoi aux municipalités.....; celles-ci dresseront procès verbal sur leurs registres de la réception de chaque loi... Art. 12. Les corps administratifs, tant de département que de district, publieront dans la ville où ils sont établis, par placards imprimés et affichés, toutes les lois qu'ils auront transcrites ; et cette publication sera faite en chaque municipalité par l'affiche des placards qui auront été envoyés aux officiers municipaux par l'administration de district, et en outre, à l'égard des municipalités de campagne, par la lecture publique à l'issue de la messe paroissiale. Art. 13. Les municipalités certifieront, dans la huitaine, les administrations du district, tant de la réception que de la mention faite sur leurs registres, et de la publication. Art. 14. Le ministre de la justice enverra directement à chacun des commissaires près les tribunaux de district un exemplaire de chaque loi, certifié par sa signature et timbré du sceau de l'État. Art. 15. Chaque commissaire présentera la loi au tribunal près duquel il fait ses fonctions dans les trois jours de sa réception, et il en requerra la transcription et la publication. Art. 16. Le tribunal sera tenu, sur la présentation de la loi, d'en faire faire, dans la huitaine, la transcription et la publication, tant par la lecture à l'audience, que par placards affichés ».

Indépendamment du but politique que j'ai indiqué plus haut, plusieurs difficultés s'élevèrent sur l'interprétation de ces lois.

11. Entre les diverses publications faites par les autorités judiciaires et administratives, avant la loi du 2 nov. 1790, celles qui étaient émanées des tribunaux suffisaient-elles pour rendre la loi généralement obligatoire? Les transcriptions et publications des corps administratifs étaient-elles en outre nécessaires? Quelques auteurs, et notamment M. Merlin (Répert. v° *Loi*, § 5, n° 3), ont pensé qu'il avait suffi de la transcription et publication par les tribunaux, que celle-là seule était obligatoire; que la transcription et la publication par les corps administratifs et les municipalités n'étaient que de pure solennité. Cette opinion me paraît trop absolue; on pourrait même aller jusqu'à soutenir qu'elle est inexacte, en ce que la transcription et la publication de la loi, faites indistinctement par les corps judiciaires ou par les corps administratifs, suffisaient pour la rendre obligatoire; que cette interprétation était éminemment commandée par le but politique de ces décrets, et qu'elle a été consacrée par la quatrième disposition de la première partie de la loi du 2 nov. 1790. Mais, du moins, on devra convenir qu'il est plus conforme à l'esprit aussi bien qu'à la lettre de ces décrets de dire que si la publication des lois civiles par les corps judiciaires les rendait seule obligatoires, la publication des lois administratives par les corps administratifs, opérait aussi seule

cet effet. Je sais qu'on oppose un arrêt de la Cour de cassation ,
du 5 juin 18 11 (aff. Gozzani) (1), dont l'un des considérans porte :
« Que sous l'empire des lois, des 9 nov. 1789 et 5 nov. 1790 ,
la publication des lois faite par les tribunaux était suffisante ,
et qu'il n'était point nécessaire qu'une pareille publication eût
été faite par les autres autorités. » Mais que résulte-t-il de là ?
Que la transcription et la publication d'une loi faites par les
corps administratifs, eussent été insuffisantes pour la rendre obligatoire ? Nullement. Il en résulte seulement qu'une loi publiée
par les tribunaux est suffisamment connue pour la rendre obligatoire, et qu'une autre publication par les corps administratifs
serait inutile. Du reste, l'arrêt ne s'explique pas sur la question de savoir si la transcription et la publication faites seulement par les corps administratifs, auraient suffi pour rendre la
loi obligatoire ; et dès lors il ne reste plus qu'à s'en référer
au texte précis de ces deux décrets, qui ne permettent pas de
douter que l'un ou l'autre de ces deux modes de publication
ne doive rendre la loi obligatoire.

12. Mais la difficulté s'est présentée dans toute sa réalité
après la publication de la loi du 2 nov. 1790 ; il s'agissait même
de savoir : si jusqu'à la publication de la loi dans les communes ,
elle pouvait être considérée comme obligatoire ? Et trois arrêts de la Cour de cassation, l'un du 2 vent. an IX (aff. Fré-
ville) (2), le second du 14 frim. an x (aff. Laborie) (3), et le
troisième du 28 flor. an x (aff. Cornier) (4), ont décidé que
la meilleure interprétation à donner aux deux décrets de 1789
et à celui de 1790, était que la seule publication faite par les
corps judiciaires, pouvait rendre la loi obligatoire, que la
promulgation émanée de l'autorité administrative était incapable d'opérer cet effet. Voici ce qu'il importe de recueillir de
l'arrêt du 2 vent. an IX, que l'on peut considérer comme le
meilleur résumé des argumens sur lesquels s'appuie cette opinion. « ... Attendu que les lois de 1789 et de 1790 ne peuvent
être prises que comme exigeant cumulativement la double publication par les tribunaux et par les corps administratifs, en
sorte qu'elles (les lois) ne deviennent obligatoires que du jour

(1) Sirey, t. xi, 1, 273.
(2) Sirey, t. i , 1, 407.
(3) Sirey, t. ii , 1, 105.
(4) Répertoire de jurisprudence , v° Loi, § 5 , 532.

où la double formalité a été remplie, ou comme n'exigeant cette
double publication que distributivement et relativement à la
nature des lois, en sorte qu'elles deviennent obligatoires du jour
auquel elles ont été publiées par celle des autorités qui est chargée de leur application, c'est-à-dire, les lois administratives du
jour de leur publication par les autorités administratives, et les
lois civiles, criminelles et judiciaires, du jour de leur publication
par les tribunaux; que cette dernière manière d'appliquer les
lois de 1789 et 1790, outre qu'elle est plus conforme à la raison, l'est encore, 1° au texte précis de la loi de 1789, qui ne
déclare les lois obligatoires dans le ressort des tribunaux que
du jour de leur transcription et publication dans les tribunaux;
2° au texte de l'art. 10 de la loi du 15 mars 1791, qui déclare
que le mandement de faire exécuter qui se trouve à la fin des
lois n'a, à l'égard des corps administratifs, en ce qui concerne
l'ordre judiciaire, que l'effet d'assurer l'exécution de la loi lorsqu'ils en seront requis; que cette vérité est confirmée par la
disposition de l'art. 7 du tit. 2 de la loi du 14 frim. an II, qui,
quoiqu'elle ne soit point applicable à l'espèce, peut néanmoins
servir à développer l'esprit de toutes les lois antérieures relatives à la promulgation des lois, lequel article porte : *l'application des lois militaires appartient aux militaires, celle des lois
administratives aux administrations de département, et enfin
celle des lois civiles et criminelles aux tribunaux;* que la loi du
13 juin 1791 ne présente rien qui puisse la faire regarder comme
ayant dérogé à celle de 1789, et autoriser à en conclure qu'il
ait encore suffi, depuis la loi de 1790, que les lois eussent été
promulguées par l'autorité administrative, pour devenir exécutoires dans le ressort des tribunaux; qu'en effet, l'art. 86 de
cette loi exige toujours l'envoi à tous les corps administratifs,
tribunaux et municipalités; que si l'art. 87 les déclare exécutoires dans chaque district, c'est après avoir exigé la transcription,
lecture et publication par les tribunaux, corps administratifs et
municipalités; et que ce terme de *district* étant devenu, d'après
les lois d'août et de déc. 1790, une expression qui désignait
également la division territoriale en tribunaux et administrations de district, il s'applique à l'effet de la publication relativement au district des tribunaux, comme relativement au
district administratif, chacun en ce qui le concerne, etc. ».

13. Cependant M. Merlin (Répert., v° *Loi*, § 5, n° 3) a adopté une

opinion contraire; selon lui, « la seconde partie de la loi du 2 nov.
1790 exige impérieusement que la publication se fasse dans toutes
les communes, savoir : dans le chef-lieu de chaque département
ou district, par l'administration de district ou de département qui
y siége, et dans chacune des autres communes, par la municipalité qui lui est propre; tel est notamment, ajoute-t-il, le sens de
l'art. 87 de la loi du 2 nov. 1790 (V. *sup.*); et il cite à l'appui
de cette interprétation, deux décrets d'ordre du jour de la Convention nationale, l'un, du 2 oct. 1793, qui déclare non soumis à
la réquisition les jeunes gens mariés depuis la loi du 23 août 1793
jusqu'au moment de la promulgation de cette loi dans leur com-
mune; l'autre, du 12 frim. an II, qui excepte de la faveur accordée aux prêtres par le décret du 29 brum. an II, ceux dont le
mariage aurait eu lieu *avant la promulgation de la loi dans leurs*
communes respectives ».

Ce n'est pas simplement par ces deux décrets que j'étaie-
rais l'opinion de M. Merlin. Je la fonderais avec plus de confiance et de certitude encore sur les termes mêmes des décrets de 1789 et de la loi du 2 nov. 1790, sur le véritable
esprit de ces actes politiques qui paraissent affecter de préférence
les plus grands moyens de publicité; je la fonderais aussi sur
la rédaction claire et uniforme des décrets de 1789 et de la loi
de 1790 qui ne disent pas, comme paraît le supposer l'arrêt
de la Cour de cassation du 2 vent. an IX, *que les lois ne seront*
obligatoires dans le ressort des tribunaux que du jour de leur tran-
scription et publication dans les tribunaux; mais bien « que les
lois seront adressées à tous les tribunaux, corps administratifs,
et municipalités; que la transcription sur les registres, lecture,
publication et affiches seront faites sans délai, aussitôt que les
lois seront parvenues aux tribunaux, corps administratifs et municipalités, et qu'elles seront mises à exécution dans le ressort de
chaque tribunal, à compter du jour où ces formalités y auront
été remplies ». Ce qui laisse au moins douteuse la question de
savoir : si, pour que toutes ces formalités soient réputées remplies, il n'est pas nécessaire que la transcription et la publication
soient faites cumulativement par les corps administratifs et judiciaires. Comment s'aider ensuite des lois des 15 mars 1791 et
14 frim. an II, rendues postérieurement à celles de 1789 et 1790
pour découvrir le sens de ces dernières lois. N'est-ce pas les faire
rétroagir par voie d'interprétation de doctrine, et blesser ainsi les
principes les plus élémentaires sur la non rétroactivité des lois ?

14. Néanmoins, je pense que toute espèce pareille, qui se représenterait encore devant les Cours judiciaires, serait jugée conformément aux arrêts de la Cour de cassation ; et l'on ne pourrait qu'applaudir à ces jugemens. Il est des époques dans la vie civile et politique des peuples, où la jurisprudence peut et doit améliorer la législation. Ce large système de publication, qui paraîtrait résulter surtout de la seconde partie de la loi du 2 oct. 1790, quoique plus conforme peut-être à l'esprit des lois du temps, n'offre pas de garanties aussi certaines de publicité, que le système d'après lequel la loi devient obligatoire par la promulgation émanée des corps judiciaires ; une pareille publicité, confiée à une foule de fonctionnaires disséminés sur les divers points du territoire, dégénérait en simples faits, dont la certitude n'étant pas constatée ne laissait aucune trace de leur existence (1). D'ailleurs, ce dernier mode dont je viens de parler, suivi sous l'ancienne législation, avait pour lui l'épreuve et la sanction du temps ; il était entré plus avant dans les mœurs de la nation, et n'était pas exclusif du principe consacré aussi par ces mêmes arrêts, que, pour *obliger*, les lois administratives doivent être publiées par l'administration, et les lois judiciaires par les tribunaux ; qu'ainsi nulle autorité n'est liée par une loi dont l'objet rentre dans ses attributions spéciales, qu'autant que cette loi a été publiée par cette même autorité. Remarquez néanmoins que la simple transcription n'eût pas suffi pour rendre la loi obligatoire ; elle devait être, en outre, accompagnée de la lecture et de l'affiche : c'est encore ce qu'a jugé la Cour de cassation, le 9 niv. an III (2). Quant à la preuve positive de l'affiche, il a été jugé qu'elle n'était pas indispensable pour attester que la loi a été publiée ; il suffit de constater par l'acte d'enregistrement l'ordre d'afficher, émané des tribunaux. Cour de cassation, 1er flor. an x (3).

Au reste, les attributions des divers corps constitués n'ayant pas encore reçu des lois une exacte définition, et chacun d'eux croyant trouver dans les dispositions en vigueur un droit égal de promulguer en général les lois et de veiller à leur exécution, une grande confusion s'en était suivie. De là le décret du 27 mars 1791 sur l'organisation des corps administratifs, por-

(1) Jamais on n'a fait le relevé des publications.
(2) Dalloz, t. I, p. 91.
(3) Sirey, t. VII, 2, p. 1045.

tant entre autres : Art. 1er. « Les actes des directoires ou
conseils de district ou de département ne pourront être inti-
tulés ni *décrets*, ni *ordonnances*, ni *règlemens*, ni *proclamations*. Ils porteront le nom d'*arrêtés*..... Art. 10. « Le mandement de faire exécuter qui se trouve à la fin des lois, n'aura
à l'égard des municipalités et des corps administratifs, en ce qui
concerne les objets relatifs à l'ordre judiciaire, à la guerre et à
la marine, que l'effet d'assurer l'exécution de la loi, lorsqu'ils
en seront requis dans les formes prescrites par la constitution ; et,
dans aucun cas, les corps administratifs et les municipalités ne
pourront s'immiscer en rien de ce qui regarde l'exécution des
ordres donnés par le pouvoir exécutif, touchant l'administration, la discipline, la disposition, et le mouvement de l'armée
de terre, de l'armée navale, et de toutes leurs dépendances. »
Le décret du 17 juin 1791, particulièrement destiné à régler les
rapports du Corps législatif avec le Roi, fut conçu dans le même
esprit que les décrets de 1789 et de 1790, quant à la promulgation ; c'était toujours au nom du Roi qu'elle devait se faire : la
loi envoyée à tous les corps administratifs, tribunaux et municipalités, devait être transcrite sur leurs registres, et mise à
exécution dans chaque district, à compter du jour où ces formalités avaient été accomplies (Art. 86 et 87).

15. La loi du 14 frimaire an II (4 décembre 1793) commence
une ère nouvelle pour la promulgation et la publication des lois.
Mais, pour apprécier exactement tous les effets et toute l'étendue de cet acte législatif, il importe de se rendre compte de l'état
politique de la France à l'époque où il a paru ; car on ne doit
jamais perdre de vue que c'est surtout dans les liens intimes qui
unissent le droit public au droit privé, que se trouvent les plus
sûrs moyens d'interpréter les lois civiles. *Sub tutelá juris publici
latet jus privatum*, dit Bacon (Aphoris 3).

La France vivait sous le gouvernement révolutionnaire ; or,
d'après les formes de ce gouvernement, les lois devaient être
exécutées rapidement (L. du 19 vendem. an II, art. 4 et 6), et
la Convention nationale était le centre unique de l'impulsion du
gouvernement (L. du 14 frim. an II, sect. 2, art. 1er) ; de là
la nécessité, 1° de distribuer l'exécution des lois en surveillance
et en application (Art. 3), pour atteindre la promptitude dans
l'exécution ; 2° de multiplier les moyens de publication pour
obtenir les plus fortes garanties de la notoriété de la loi ; et de

là, par suite, 1º l'envoi du Bulletin des Lois, jour par jour, à toutes les autorités constituées et à tous les fonctionnaires publics chargés ou de surveiller l'exécution ou de faire l'application des lois (même loi, sect. 1re, art. 8) ; 2º la promulgation de la loi dans chaque commune à son de trompe ou de tambour (*ibid.* art. 9) ; 3º la lecture des lois aux citoyens dans un lieu public, chaque décadi, soit par le maire, soit par un officier municipal, soit par les présidens de section (*Ibid.*, art. 10).

16. Voici les principaux changemens introduits par cette loi : 1º Elle supprime les deux modes de publicité connus, l'enregistrement et l'affiche ; 2º elle fonde le Bulletin des lois ; 3º la promulgation, jusque-là distincte de la publication, est désormais confondue avec elle ; « dans chaque lieu, porte l'art. 9, la promulgation de la loi sera faite, dans les vingt-quatre heures de la réception, par une publication à son de trompe ou de tambour ; et la loi deviendra obligatoire à compter du jour de la promulgation » ; 4º quant aux moyens de publicité de la loi, je viens de les rappeler. Au surplus, ce qu'il importe particulièrement de remarquer, c'est que ce n'est pas l'envoi du Bulletin dans lequel est insérée la loi qui la rend obligatoire, mais bien sa publication à son de trompe ou de tambour (*Ibid.* art. 9). Mais comment distinguer les lois d'intérêt public ou d'exécution générale qui seules devaient être insérées au Bulletin. Un décret du 30 therm. an II posa les limites de cette distinction : son art. 3 s'exprime ainsi : « Les lois qui auront pour objet un intérêt public ou qui seront d'une exécution générale, porteront cette disposition : « Le présent décret sera imprimé dans le Bulletin des lois ; » Les décrets qui n'auront pour objet qu'un intérêt local ou individuel, porteront cette disposition : « le présent décret sera inséré au Bulletin de correspondance. » Au surplus, il ne faut pas oublier que cette forme de publication par le Bulletin de correspondance, qui consistait dans un exposé publié chaque jour des événemens qui intéressaient le plus l'Etat, a cessé le 4 brum. an IV ; que l'insertion dans ce bulletin n'emportait force obligatoire qu'autant que les actes publiés par cette voie étaient accompagnés de la clause expresse : « que leur insertion dans ce bulletin tenait lieu de publication » (Merlin, Quest. de droit, vº *Droits successifs*, § 1) ; qu'enfin, ces nouveaux modes de publication n'ont été mis en activité que le 23 prair. an II, deux mois après la loi qui les avait fondés ; et que jusque-là c'était toujours la loi

du 2 nov. 1790 qui servait de règle en matière de publication des lois. Arrêts de la Cour de cassation du 2 vent. an IX (aff. Lebec) (1), et du 5 juin 1811 (aff. Gozzani) (2).

17. La loi du 12 vend. an IV renversa à son retour le mode de publication introduit par la loi de l'an II; procédant d'après un autre ordre d'idées politiques (la Constitution de l'an III), la promulgation de la loi reposa sur d'autres bases; les formes absolues du Gouvernement républicain avaient été, sinon essentiellement altérées du moins mitigées par ce dernier acte; les pouvoirs publics admirent une division; le pouvoir exécutif fut délégué à un directoire composé de cinq membres. A la vérité, ce n'était guère encore qu'une haute commission puisée soit dans le sein du Corps législatif, soit en dehors pour promulguer les actes du Corps législatif (Art. 128 et 144), pourvoir à la sûreté intérieure ou extérieure de la République (Art. 144 et 145), surveiller et assurer l'exécution des lois; en un mot administrer soit intérieurement, soit extérieurement (Art. 144, 145, 146, 147 et 148). Mais du moins le principe que le Corps législatif ne pouvait exercer par lui-même, ni par des délégués le pouvoir exécutif (3) avait été posé (Art. 46); dès lors, on put adopter aussi les principes suivans sur la promulgation des lois (Art. 128): Le Directoire exécutif fait sceller et publier les lois et les autres actes du Corps législatif, dans les deux jours après leur réception: (Art. 130). La publication de la loi et des actes du Corps législatif est ordonnée en la forme suivante : « Au nom de la République française (loi) ou (acte du Corps législatif) le Directoire ordonne que la loi (ou) l'acte législatif ci-dessus sera publié, exécuté, et qu'il sera muni du sceau de la République » (Art. 131). Les lois dont le préambule n'atteste pas l'observation des formes prescrites par les art. 77 et 91, ne peuvent être promulguées par le Directoire exécutif, et sa responsabilité à cet égard dure six années. La promulgation redevint dès lors ce qu'elle était avant la loi du 14 frimaire an II, distincte de la publication. On voit que cette constitution, mettait entre la promulgation et la publication la même différence qu'entre la cause

(1) Dalloz, Jurisprudence générale, v° Lois, p. 825.
(2) Sirey, t. XI, 1., 273.
(3) Pour sentir toute l'importance de cette innovation, il faut se rappeler que la Convention avait pu déléguer ses pouvoirs même à des représentans du peuple en mission, dont les arrêtés avaient force de loi.

et l'effet; et qu'elle appelait *promulgation*, l'acte par lequel le Directoire exécutif ordonnait la publication d'une loi. La loi du 12 vend. an IV, procédant donc d'après ces bases, introduisit de graves changemens dans le système de publication. Le Bulletin des lois, fondé par la loi de l'an II, n'avait pas eu pour but, comme je l'ai dit, de fixer l'époque à laquelle la loi serait obligatoire; c'était toujours la publication à son de trompe ou de tambour qui constituait la promulgation et qui emportait par suite la fixation de cette époque (Art. 9). Le Bulletin n'avait été imaginé que comme un moyen de publication plus efficace, en ce qu'il était directement adressé jour par jour à toutes les autorités constituées, à tous les fonctionnaires publics chargés de surveiller l'exécution ou de faire l'application des lois (Art. 8). D'un autre côté, les plus graves inconvéniens résultaient du système de publication adopté par les lois du 2 novembre 1790 et 14 frimaire an II; ces publications à son de trompe ou de tambour dans chaque localité n'offraient habituellement, comme je l'ai dit, que des incertitudes sur l'époque précise de la publication de la loi, et par conséquent de celle à laquelle elle était devenue obligatoire. La loi du 12 vendémiaire an IV eut pour but de remédier à tous ces inconvéniens. Elle supprima la publication des lois par lecture publique, réimpression, affiche, son de trompe ou de tambour, à moins que ces formalités ne fussent formellement prescrites par un article de la loi (1), ou que soit le Gouvernement, soit les diverses administrations ne jugeassent convenable, dans les cas prévus, d'employer surabondamment ces moyens de publication (Art. 11); le Bulletin des lois, simple moyen de publication jusque-là, fut considéré comme établissant désormais la notoriété de droit de l'existence de la loi; en conséquence, elle voulut que les lois obligeassent, *dans l'étendue de chaque département*, du jour auquel le Bulletin officiel où elles seraient contenues, serait distribué au chef-lieu du département, et ce jour devait être constaté sur un registre où les administrateurs de chaque département certifieraient l'arrivée de chaque numéro (Art. 12). Cette disposition

(1) La Cour de cassation a en conséquence jugé deux fois, le 28 vent. an VII, et le 15 pluv. an IX, qu'une loi avait acquis son caractère obligatoire du jour où elle avait été transcrite sur les registres de l'administration centrale, à moins qu'elle n'exigeât elle-même d'autres formalités (Dalloz, Jurisprudence générale, v° *Lois*, p. 819 et 828.

était tellement absolue dans son principe qu'il a été jugé par la Cour de cassation, le 23 frimaire an VII, qu'une loi n'était pas obligatoire, parce que, parvenue d'abord dans un tribunal, elle y était publiée et enregistrée avant que cette formalité n'eût été accomplie au chef-lieu du département. C'était seulement son arrivée, sa distribution et son enregistrement dans ce chef-lieu qui la rendait obligatoire dans tout le département (1).

18. Enfin, cette loi s'abandonnant à un nouveau système de publication, qu'elle crut sans doute supérieur à tous les autres, fonda à son tour un *feuilleton*, moyen de publication accessoire au Bulletin des lois, mais dans lequel devaient être insérés seulement les résolutions et projets de résolutions du Conseil des cinq cents, les rapports et les opinions dont l'impression et l'envoi seraient ordonnés par une [loi (Art. 2). Elle ordonna en outre l'envoi du bulletin et du feuilleton, immédiatement après leur impression, à tous les fonctionnaires publics, dans les termes et les conditions exprimées aux art. 3, 4, 5, 6. Elle ordonna, enfin, l'envoi, de trois mois en trois mois, d'un cahier des lois rendues pendant le trimestre, aux corps judiciaires, administratifs, et aux fonctionnaires désignés (Art. 7). Elle créa, en un mot, par des abonnemens ou des souscriptions dont elle détermina elle-même les bases, des moyens économiques pour mettre tous les citoyens à portée de se procurer le Bulletin des lois et le feuilleton (Art. 8, 9, 10).

19. Des difficultés s'étaient élevées sur l'application de la loi du 5 nov. 1790; quelques tribunaux avaient pensé que les formalités de publication tracées par cette loi s'appliquaient même aux lois publiées antérieurement suivant les formes alors usitées; et la Cour de cassation ayant été appelée à prononcer deux fois sur cette question, entre les mêmes parties et sur les mêmes moyens, la question fut déférée au Corps législatif; mais le 11 mess. an IV, décret par lequel le Conseil..... « Considérant que la loi du 2-5 nov. 1790, qui a prescrit un nouveau mode de publication des lois, n'a pu avoir d'effet rétroactif.... prend la résolution suivante: « Les publications des lois faites antérieurement à la publication de celle du 5 nov. 1790, par simple transcrip-

(1) Dalloz, Jurisprudence générale, v° *Loi*, p. 825 (aff. des héritiers Lebec).

tion sur les registres des corps administratifs ou des tribunaux, suivant les formes usitées avant ladite loi, sont déclarées valables ».

20. La loi du 12 vendém. an IV a-t-elle rendu obligatoires de plein droit les lois antérieures envoyées dans chaque département, mais qui n'y avaient pas été publiées dans les formes déterminées par les lois précédentes? L'art. 2 de la loi du 24 brum. an VII répond ainsi à cette question : « Les lois envoyées dans les anciens départemens, et celles dont la publication avait été ordonnée dans les départemens réunis par la loi du 9 vendém. an IV, et qui n'avaient pas été publiées suivant les formes anciennes lors de l'arrivée officielle de la loi du 12 vendém. de la même année au chef-lieu de chaque département, sont devenues obligatoires du jour de ladite arrivée. » Néanmoins cet article lui-même a donné lieu à diverses interprétations; et, d'abord, qu'entend-il par *lois envoyées dans les anciens départemens* : suffit-il d'un envoi quelconque, pourvu qu'il y ait eu publication dans le département, et alors que des irrégularités ou des omissions auraient eu lieu dans les formes prescrites par les lois précédentes pour les publications? Tel paraîtrait être le sentiment de la Cour de cassation, arrêt du 5 juin 1811 (aff. Piosasco, C. Gaëtan-Gozzani) (1). « Attendu, dit cette Cour, qu'avant et jusqu'à la publication de la loi du 12 vendém. an IV, toutes les lois envoyées dans les départemens, autres que ceux réunis par la loi du 9 du même mois, sont devenues obligatoires dans ces départemens, à partir du jour de cette publication; et ce, nonobstant même l'irrégularité ou omission de quelques unes des formes prescrites jusqu'alors pour la publication des lois, ainsi que le déclare formellement l'art. 2 de la loi du 24 brum. an VII....; qu'au surplus, l'inobservation des formes prescrites par la loi du 14 frim. an II, se trouverait également couverte (à l'égard des lois envoyées dans les départemens antérieurement à la publication de la loi du 12 vendém. an IV) par la disposition de l'art. 2 de ladite loi du 24 brum. an VII. » M. Merlin (Répertoire de jurisprudence, v° *Bulletin des lois*, et Questions de droit, v° *Pays réunis*) restreint néanmoins cette interprétation aux lois dont l'envoi avait été fait avant le 12 vendém. an IV aux administrations

(1) Dalloz, Jurisprudence générale, v° *Loi*, p. 826.

départementales, et M. Dalloz (*Ibid.*) paraît adopter cette restriction. Je ne saurais partager leur avis.

21. Sans doute, le mot *envoyées* dans les départemens, employé par la loi du 24 brum. an VII, doit s'entendre d'un envoi effectif fait, soit aux autorités civiles, soit aux autorités judiciaires, et tel qu'il puisse servir de base suffisante à une publication; mais, sauf cette condition, l'envoi officiel *aux administrations départementales* ne me paraît pas plus indispensable que la formalité de l'insertion au bulletin, avant le 22 prair. an II, que toute autre formalité dont l'omission est dans tous les cas suffisamment couverte, selon les termes mêmes de la loi de brum. an VII, et de l'arrêt de la Cour de cassation, par l'arrivée officielle de la loi du 12 vend. an IV, au chef-lieu de chaque département. Quant à la notoriété de droit que l'on voudrait faire résulter de l'envoi officiel au chef-lieu de chaque département, outre, qu'en fait, cette notoriété est douteuse, il s'agit de lois antérieures à celle du 12 vend. an IV, et auxquelles on ne pourrait sans rétroactivité appliquer, non-seulement la disposition formelle, mais même le principe énoncé en l'art. 12 de cette dernière loi qui paraît, pour la première fois, consacrer cette notoriété. M. Tronchet, dont on rapporte l'opinion (1), ne dit rien autre chose, sinon que l'envoi officiel à l'administration départementale de la loi du 12 vend. an IV, emporte aussi l'envoi officiel *et simultané* à l'administration départementale des lois antérieures non publiées dans les formes, et par suite virtuellement leur publication.

En second lieu, que signifient dans le même article ces mots : *Les lois dont la publication avait été ordonnée dans les départemens réunis?* Pour en déterminer exactement le sens, il faut se reporter à la matière à laquelle a trait cette disposition. Les neuf départemens réunis (l'ancienne Belgique) n'avaient pas pu tomber tout à coup, et sans une transition prudemment calculée, sous l'empire d'une foule de lois, de décrets, d'arrêtés ou autres dispositions législatives qui régissaient le reste de la France entière. De là trois époques distinctes pour l'introduction et la promulgation des lois françaises dans ces contrées.

22. 1° Un arrêté du comité de salut public du 20 frim. an III défendit aux autorités constituées de ces pays *d'y faire publier d'autres lois que celles qui leur seraient envoyées par les représentans du*

_____

(1) Dalloz, Jurisprudence générale, v° *Loi*, p. 827.

peuple en mission. 2° Une loi du 5 brum. an IV ordonna que les arrêtés du comité de salut public et ceux des représentans du peuple en mission, auxquels il n'avait pas été dérogé par le comité de salut public, continueraient d'y être exécutées *jusqu'à l'établissement qui s'y ferait successivement des lois françaises.* Ces deux dispositions n'avaient évidemment pour objet que les mesures politiques indispensables pour l'administration générale de ces pays; néanmoins, elles eurent aussi pour effet de les placer dans une catégorie spéciale, quant à la promulgation des lois. Ainsi donc, les seules lois dont la publication et l'exécution *avaient été ordonnées, étaient obligatoires* dans ces pays; tel était l'objet des deux actes que l'on vient de lire; et l'arrêté du Directoire exécutif du 18 pluv. an IV, tout en conservant le même principe, c'est-à-dire, la nécessité d'un ordre spécial d'envoi et de publication pour rendre la loi obligatoire, ajouta que cet ordre pourrait émaner aussi du Directoire exécutif, des commissaires généraux du Gouvernement revêtus de ses pouvoirs, ou même résulter d'une disposition spéciale de la loi. Mais il renferma de plus cette disposition importante, que le jour de l'envoi de cet ordre ou de cet arrêté spécial serait constaté, conformément à l'art. 12 de la loi du 12 vend. an IV, par un registre où les administrateurs de chaque département *certifieraient l'arrivée de la loi et de l'arrêté.* « Néanmoins, ajoute l'arrêté, le Ministre de la justice continuera de faire, dans les neuf départemens réunis, l'envoi officiel du Bulletin des lois, conformément à la loi du 12 vend., afin d'en faciliter l'étude et la connaissance, et de préparer les fonctionnaires publics et les citoyens à leur exécution, au moment où il en serait fait envoi par un ordre spécial, conformément aux articles ci-dessus ».

Cet état de choses continua jusqu'au 15 frim. an V, jour où le Directoire exécutif prit un arrêté, ainsi conçu : « Les lois et les arrêtés du Directoire exécutif, insérés dans les cahiers du Bulletin des lois, qui, *à compter de ce jour,* parviendront aux départemens réunis, seront obligatoires pour ces départemens, comme pour les autres départemens de la république, à dater de la distribution de chaque cahier au chef-lieu de département, s'il n'y a exception prononcée par des arrêtés spéciaux à l'égard des lois ou d'arrêtés formellement désignés. » Dès lors, les départemens réunis se trouvèrent placés sur la même ligne que les anciens départemens français, quant à la promulgation des lois et l'époque à laquelle

elles devenaient obligatoires. Enfin, parut la loi du 24 brum. an VII,
qui renfermait, comme on l'a vu (Art. 2), deux dispositions ; l'une
relative aux anciens départemens ; l'autre portant, en termes formels, « Que les lois, *dont la publication avait été ordonnée dans
les départemens réunis par la loi du 9 vend. an IV*, et qui n'a-
vaient pas été publiées suivant les formes anciennes, lors de l'arrivée officielle de la loi du 12 vend. de la même année au chef-
lieu de chaque département, sont devenues obligatoires du jour
de ladite arrivée. » Cette disposition doit être considérée comme
interprétative de la loi du 12 vend. an IV, en ce qui concerne
les départemens réunis ; elle détermine en effet, que l'art. 12
de cette loi qui rend obligatoires les lois et actes du Corps législatif, dans l'étendue de chaque département, du jour auquel le
bulletin officiel où ils sont contenus, sera distribué au chef-lieu
du département, s'applique aux lois envoyées dans les départemens réunis *avec ordre ou arrêté spécial de publication*, conformément à l'arrêté du 20 frim. an III, et à la loi du 3 brum. an IV,
alors qu'ils n'auraient pas été publiés suivant les anciennes formes ;
c'est là la première époque de publication pour ces départemens.
Depuis la loi du 12 vend. an IV, jusqu'au 15 frim. an V, les lois
envoyées dans les départemens réunis, toujours avec ordre ou
arrêté spécial d'exécution, sont les seules lois exécutoires dans
ces départemens ; mais alors les conditions de publication éprou-
vent de notables changemens (ce qui paraît avoir échappé à
M. Merlin). Ainsi, on voit bien résulter de l'art. 12 de la loi du
12 vend. an IV, et de l'art. 2 de la loi du 24 brum. an VII, la nécessité de déclarer obligatoires, non-seulement les lois antérieurs à la loi de vend. an IV, mais encore, et à plus forte raison,
les lois spécialement adressées aux départemens réunis, postérieurement à cette loi, à compter du jour de leur arrivée, aux
administrations centrales de ces départemens, et tel est en effet
le sens dans lequel a prononcé la Cour de cassation, le 1er flor.
an VII (Régie de l'enregistrement contre Duvivier)(1). « Considérant, porte cet arrêt, que, d'après l'art. 2 de la loi du 27 brum.
an VII, les lois envoyées dans les anciens départemens, et celles
dont la publication avait été ordonnée dans les départemens réunis par la loi du 9 vend. an IV, et qui n'avaient pas été publiées
suivant les formes anciennes, lors de l'arrivée officielle de la loi

(1) Dalloz, Jurisprudence générale, v° *Loi*, p. 828.

du 12 vend. de la même année au chef-lieu de chaque département, sont devenues obligatoires à compter du jour de leur arrivée ; considérant qu'il doit en être, à bien plus forte raison,
de même, à l'égard des lois envoyées dans les départemens réunis
postérieurement à l'arrivée officielle de la loi du 12 vend. an IV ;
qu'en effet, d'après l'art. 12 de cette loi, les lois et actes du Corps
législatifs sont obligatoires, dans l'étendue de chaque département, du jour auquel le bulletin officiel où ils sont contenus,
est distribué au chef lieu du département ; considérant enfin que
la loi du 24 brum. an VII n'a pas établi un droit nouveau ; qu'elle
a seulement fixé le véritable effet de la loi du 12 vend. an IV,
quant aux lois adressées aux départemens réunis, effet auquel
les doutes et les difficultés qu'on a élevés ne peuvent porter aucune atteinte ; d'où il suit que les actes publics, passés le 13 pluv.
an IV, étaient soumis au droit d'enregistrement fixé par la loi du
19 déc. 1790, et qu'en les affranchissant de ce droit, sous prétexte que cette loi n'était pas obligatoire, lors de ces actes, dans
l'étendue de ce département, les juges du tribunal civil du département de Jemmapes ont violé la loi du 12 vend. an IV, et par
suite celle du 19 déc. 1790, etc. — Casse ».

Mais si l'on réfléchit d'une part, que l'arrêté du Directoire
exécutif du 18 pluv. an IV, ne rend obligatoires les lois spécialement adressées aux départemens réunis pour y être observées ; que « du jour auquel l'arrêté spécial d'envoi aura été,
conformément à l'article 12 de la loi du 12 vendém. an IV,
constaté par un registre où les administrateurs de chaque département *certifieront l'arrivée de la loi et de l'arrêté;* » d'autre
part, que c'est en effet dans ce sens qu'ont jugé et la Cour d'appel
de Bruxelles, le 13 prair. an 11 (aff. Deladeuze), et la Cour
de cassation elle-même en rejetant le pourvoi formé contre
cet arrêt (1), lorsqu'elles ont reconnu, la première : « que l'ordre donné le 5 frim. an IV, de la publication de la loi du 12
vendém. de la même année, n'en constate pas plus l'envoi et
l'arrivée officielle à l'administration de la Dyle qu'aux autres
administrations centrales des autres départemens avant le décès
de Philippe Vandermer, etc. » La seconde : « que le tribunal
d'appel de Bruxelles a pu, sans contrevenir aux lois, ni anticiper
sur l'autorité administrative, prendre pour règle de sa déter-

(1) Dalloz, Jurisprudence générale, v° *Loi*, p. 830.

mination, sur le point de difficulté qui divisait les parties, les époques où, d'après les registres de l'administration de la Dyle, les lois de nov. 1792 et 12 vendém. an IV, *paraissent avoir été adressées à cette administration* »; on sera forcé de convenir, que jusqu'à l'arrêté du 18 pluv. an IV, qui régularise pour les départemens réunis, la tenue des registres, conformément à la loi du 12 vendém. an IV, quant à l'insertion sur un registre, des lois envoyées aux autorités départementales, pour les rendre dès ce moment obligatoires dans toute l'étendue de ces départemens, il ne serait conforme ni à la justice ni à la loi elle-même, de considérer l'envoi fait aux administrations centrales, comme mode exclusif et certain d'arrivée et de publication des lois ; ce mode n'est devenu tel que par l'arrêté du 18 pluviôse an IV ; jusque-là il n'a été qu'un mode probable de constater l'arrivée de la loi et par suite l'époque à laquelle elle est devenue obligatoire. Quoi qu'il en soit, ce n'est qu'au 15 frim. an V que cesse ce second mode spécial et restreint de publication pour les départemens réunis; et c'est à cette époque que le Directoire arrête : « que les lois et les arrêtés du Directoire exécutif insérés dans les cahiers du Bulletin des lois, qui, *à compter de ce jour,* parviendront aux départemens réunis, seront obligatoires pour ces départemens, comme pour les autres départemens de la République, à dater de la distribution de chaque cahier au chef-lieu du département, s'il n'y a exception prononcée par des arrêtés spéciaux à l'égard des lois ou d'arrêtés formellement désignés ».

23. Les lois politiques ou constitutionnelles sont-elles obligatoires dans les pays réunis du jour même de leur réunion, et indépendamment de toute publication spéciale ? Quelques auteurs (1) regardent l'affirmative comme constante. Il y aurait, selon moi, de l'inexactitude et de graves inconvéniens à admettre cette opinion d'une manière absolue ; sans doute, les principales bases de la constitution politique d'un pays peuvent être considérées comme entourées par elles-mêmes d'une notoriété suffisante pour que l'acte de réunion tienne lieu de promulgation aux peuples réunis; on pourrait même donner de ce principe des raisons tirées soit de l'ordre public, soit de la police générale

---

(1) V. Dalloz, Jurisprudence générale, v° *Lois*, p. 829; et Sirey (arrêts cités *infrà*).

du pays qui reçoit l'annexe, soit encore du principe qui permet l'application de plein droit de la loi nouvelle, toutes les fois qu'elle améliore le sort des habitans réunis et qu'il n'en résulte aucun dommage pour la société ou pour les tiers.

24. Ainsi, je conçois que les dispositions générales relatives à la capacité politique des individus, à la manière dont ils doivent concourir à la formation, à l'exercice des pouvoirs publics, aux charges publiques, etc., obligent les pays réunis dès l'instant de l'acte de réunion; par exemple encore, on peut faire résulter de la combinaison des art. 9 de la déclaration préliminaire de la Constitution du 5 fruct. an III, des art. 77 et 81 de la Constitution de l'an VIII, et de l'art. 4 de la Charte, que les dispositions par lesquelles tout acte d'arrestation doit, 1º émaner d'un fonctionnaire ayant pouvoir de le faire; 2º énoncer le motif de l'arrestation et la loi en exécution de laquelle elle est ordonnée; 3º être notifiée à la personne arrêtée; 4º que tous ceux qui contreviendront à ces prescriptions seront coupables de détention arbitraire', etc., sont obligatoires pour les pays réunis du jour de l'acte de réunion; que même une stipulation fondée, par exemple, sur la vénalité des charges, alors qu'il résulte des art. 21 de la Constitution de l'an III, 48 et 49 de la Charte, que les fonctions publiques ne peuvent devenir la propriété de ceux qui les exercent, soit nulle de plein droit, si elle a pris naissance après l'acte de réunion. Pourquoi cela? parce qu'il importe au bien général de repousser toute atteinte, de quelque part qu'elle vienne, qui serait portée aux bases essentielles de l'ordre social, et par suite, de ne protéger aucune stipulation qui pourrait le blesser, même indirectement, alors que cette stipulation serait fondée sur l'ignorance reconnue de la disposition qui la prohibe. Ainsi encore, pour donner une application du second principe, on peut bien dire que par l'acte seul de réunion, et indépendamment de toute promulgation, les habitans du pays réuni, profiteront, comme les anciens Français, soit de la disposition de l'art. 121 de l'ordonnance de 1629, qui porte : « Que les jugemens rendus, contrats ou obligations reçus ès royaumes et souverainetés étrangères, pour quelque cause que ce soit, n'auront aucune hypothèque ni exécution en notre royaume; ains tiendront les contrats lieu de simples promesses, et nonobstant les jugemens, nos sujets contre lesquels ils ont été rendus, pourront de nouveau débattre leurs droits comme eu-

tiers, par-devant nos officiers. » Principe que paraît avoir reconnu la Cour de cassation, le 7 janv. 1806 (aff. Chaillet) (1) , et le 27 août 1812 (aff. Morelli) (2) , bien que ce dernier arrêt se soutienne par d'autres motifs, entièrement indépendans de celui-ci, soit des principes différens que cette Cour, revenue à de meilleures doctrines, a consacrés par son arrêt du 19 avril 1819 (aff. Parker) (3), lorsqu'elle a décidé : « Que l'art, 121 de l'ordonnance de 1629 , disposait en termes absolus et sans exception, que les jugemens étrangers n'auraient pas d'exécution en France ; que ce n'est que par le Code civil et le Code de procédure que les tribunaux français ont été autorisés à les déclarer exécutoires ; *qu'ainsi l'ordonnance de 1629 est ici sans application*. Sur la contravention aux art. 2123 et 2128 du Code civil, et 546 du Code de procédure, que ces articles n'autorisent pas les tribunaux à déclarer les jugemens rendus en pays étranger, exécutoires en France sans examen ; qu'une semblable autorisation serait aussi contraire à l'institution des tribunaux , que l'aurait été celle d'en accorder ou d'en refuser l'exécution arbitrairement et à volonté ; que cette autorisation, qui d'ailleurs porterait atteinte au droit de souveraineté du gouvernement français, a été si peu dans l'intention du législateur, que lorsqu'il a dû permettre l'exécution sur simple *pareatis ,* des jugemens rendus par des arbitres revêtus du caractère de juges , il a eu le soin de ne confier la faculté de délivrer l'ordonnance d'*exequatur* qu'au président , et non pas au tribunal , parce qu'un tribunal ne peut prononcer qu'après délibération , et ne doit accorder , même par défaut, les demandes formées devant lui , que si elles se trouvent justes et bien vérifiées (Art. 116 et 150 du Code de proc.). Que le Code civil et le Code de procédure ne font aucune distinction entre les divers jugemens rendus en pays

(1) Sirey, t . 6, 1 , 129.

(2) Sirey, t. 13 , 1, 226. « Attendu, porte l'un des motifs de cet arrêt , qu'à la vérité, les articles précités (Art. 2123 et 2128 du Code civil) n'autorisent pas, en termes exprès , le Français qui a succombé devant le tribunal étranger , à provoquer un nouvel examen du fond , lorsqu'on demande l'exécution du jugement en France ; mais que cette faculté est consignée dans l'art. 121 de l'ordonnance de 1629, article qui renferme une loi politique non abrogée par les nouveaux Codes, et qui , bien qu'il n'ait pas été publié dans les états de Gènes , y est néanmoins devenu exécutoire , par l'effet seul de leur réunion à l'empire français. »

(3) Sirey, t. 19, 1, 288.

étrangers, et permettent aux juges de les déclarer tous exécutoires ; qu'ainsi, ces jugemens, lorsqu'ils sont rendus contre des Français, étant incontestablement sujets à examen sous l'empire du Code civil, comme ils l'ont toujours été, on ne pourrait pas décider que tous les autres doivent être rendus exécutoires autrement qu'en connaissance de cause, sans ajouter à la loi et sans y introduire une distinction arbitraire aussi peu fondée en raison qu'en principe (1) ».

25. Ainsi, dans ces deux hypothèses, il s'agit pour les peuples réunis d'un droit qui tend à améliorer leur sort, sans nuire à l'ordre social ou à l'intérêt des tiers, et je conçois que par le fait seul de la réunion, et indépendamment de la promulgation de la loi politique, ils seront en possession de ce droit ; c'est-à-dire qu'ils auront, comme les peuples auxquels ils sont réunis, la faculté de faire juger de nouveau dans le pays auquel ils sont réunis, les jugemens rendus à l'étranger, et qui doivent recevoir leur exécution dans leur nouvelle patrie (2).

(1) M. Merlin (Question de Droit, v° *Jugement*, § 14, n° 2), entraîné, à ce qu'il dit, par l'autorité de MM. Maleville sur l'art. 2123 ; Pigeau, *Traité de la Procédure civile*, t. 2, p. 36 ; Carré, *Analyse du Code civil*, t. 11, p. 179 ; Berriat Saint-Prix, *Cours de Procédure civile*, p. 451. M. Mourre (Conclusions du 16 déc. 1809), comme procureur général à la Cour d'appel de Paris, avait pensé que, ni l'art. 2123 du Code civil, ni l'art. 546 du Code de procédure civile, n'avaient dérogé à la jurisprudence, résultant des deux arrêts de la Cour de cassation rapportés plus haut (des 7 janv. 1806 et 27 août 1812), et qui posent en principe que l'art. 121 de l'ordonnance de 1629, *ne s'applique qu'aux jugemens rendus en pays étranger entre un étranger et un Français*. Mais il avoue qu'il n'avait que légèrement effleuré la question, et il ne balance pas à adopter l'opinion contraire consacrée par l'arrêt *Holker contre Parcker*, du 19 avril 1819.

(2) Ce principe a même été implicitement consacré par un arrêt de la Cour d'appel de Turin, du 24 mess. an XIII (Dalloz, Jurisprudence générale, v° *Lois*, p. 829) ; mais on va voir avec quelle circonspection s'exprime cet arrêt que l'on suppose quelquefois avoir jugé formellement le principe : *que les lois politiques sont obligatoires pour les pays réunis du jour de leur réunion*. Par arrêté du 12 germ. an IX, le Piémont avait été érigé en 27ᵉ division militaire. Le 15 prair. an X, décès du sieur Grisella, Piémontais. Par son testament, en date du 29 fruct. an IX, il avait légué à un sieur Defranchi, Génois, la terre de *Camagna* : « si, en QUELQUE TEMPS, ou de quelque manière que ce fût, il devenait habile à recueillir le legs, et venait se domicilier dans le ci-devant Piémont. » Defranchi, se fondant sur la loi française, du 18 août 1790, abolitive du droit d'aubaine, réclame la succession de Grisella. Les héritiers régnicoles lui opposent le § 2, tit. 12,

26. Mais c'est à ces divers cas que je crois devoir restreindre l'application du principe que les lois politiques ou constitutionnelles sont obligatoires pour les pays réunis du jour de l'acte de réunion. Hors de là, les principes généraux doivent reprendre leur empire, et alors je dis avec Van-Espen : (*de Leg. eccles.* promulg., p. 1, cap. 3, § 2), que les lois politiques sont des lois positives, et qu'il est de l'essence de toute loi positive ecclésiastique ou civile, qu'elle soit précédée de la publication, afin que

liv. 6, des Contitutions piémontaises sur le droit d'aubaine : ils ajoutent que la loi du 18 août 1790 n'a été publiée en Piémont que le 16 vend. an IX, après le décès de Grisella. Defranchi répond que cette loi est devenue obligatoire de plein droit par le fait seul de la réunion du Piémont à la France. Il a recours au Gouvernement français, et sur ce recours, deux instructions sont adressées, le 27 fruct. an VII, par le ministre de la justice Abrial ; l'une à l'administration générale du Piémont ; l'autre au ministre plénipotentiaire de la République française à Genève. On y lisait ce qui suit : « Vous m'invitez à proposer au Gouvernement mes vues à cet égard (sur le mémoire de Defranchi). J'ai consulté ses intentions sur cet objet. Le Gouvernement considère le Piémont, depuis qu'il se trouve incorporé à la France, comme étant dès lors soumis aux dispositions qui forment le droit politique de la France. La loi du 18 août 1790, qui a aboli le droit d'aubaine, est une disposition de droit politique : elle doit donc avoir son effet dans la 27ᵉ division militaire, où il ne s'agit plus que d'en faire l'application toutes les fois que l'occasion se présentera ». Jugement du tribunal d'Alexandrie qui déclare Defranchi habile à recueillir l'effet de la disposition testamentaire. Appel, et arrêt ainsi conçu : « Considérant qu'à l'égard des legs absolus, le légataire doit être habile au temps du testament, par une suite de la règle de Caton (L. 1, *de Reg.* Caton ; L. 59, ff. *de Hered. instit.*) ; mais qu'il n'en est pas de même des legs conditionnels par la raison énoncée dans les lois 8 *de Reg.* Caton, et 41, § 2, *de Legat.* 1º. Duquel principe il suit que, dans cette espèce de legs, on exige seulement que l'institué ou le légataire soit capable lorsque la condition arrive et s'accomplit ; jurisprudence consacrée dans les lois 59, § 4 *de Hered. instit.*, et § 1 *de Legat.*, nº 2 ; et, en appliquant cette jurisprudence à l'espèce, attendu que le sieur Grisella a légué au sieur Defranchi la terre de Camagna, si, en quelque temps, ou de quelque manière que ce fût, il devenait habile à recueillir ce legs, et venait se domicilier dans le ci-devant Piémont ; que cette condition s'est incontestablement accomplie, *soit depuis la publication du sénatus-consulte du 24 fruct. an X, qui a réuni le Piémont à la France, soit depuis la publication faite par l'arrêté du 16 vend. an XI de la loi du 18 août 1790, portant abolition de l'aubaine*, puisque très certainement dès ces deux époques, les Génois sont devenus habiles à succéder à des ci-devant Piémontais ; qu'il n'est pas question d'effet rétroactif dans l'espèce où il ne s'agit que de l'accomplissement d'une condition apposée par le testateur ; qu'enfin, Defranchi a déclaré et a prouvé qu'il a son domicile à Casal ; — Confirme ».

la société pour laquelle elle est faite, connaisse cette loi par un
acte certain émané de l'autorité publique, et ne puisse se prévaloir, en aucune manière, de l'ignorance où elle serait de son
existence. Voilà pourquoi on tient pour constant depuis long-
temps, que non-seulement *les lois civiles et politiques*, mais encore les lois ecclésiastiques doivent être publiées séparément
dans chaque diocèse et chaque province, en telle sorte, qu'exposées aux regards de ceux pour lesquels elles sont rendues, ces
derniers ne puissent en prétexter cause d'ignorance. « Semper
« de ratione legis positivæ seu ecclesiasticæ seu civilis fuit, ut ea
« prœcederæ deberet legis publicatio, quâ possit ipsa commu-
« nitas, cui lex fertur, certam et publicæ auctoritati innixam
« legis notitiam accipere nullamque ejus probabilem ignorantiam
« prætendere. Undè et visum fuit, ut non tantùm leges civiles
« et politicæ, sed et ecclesiasticæ jam pridem persingulas res-
« pectivè diæceses et provincias es modo publicari juberentur,
« quo ipsi communitati cui ferebentur, itâ essent palam expositæ
« et propositæ, ut communitas probabilem ignorantiam præten-
« dere nequiret. » Ajoutez que la *promulgation* ou la *publication*
est de l'essence même de la loi : *de illarum legum substantia est*,
disent Ménoch. *de Arbit. jud. consil.* 185 et Grammatic. décis. 47,
n° 9, et elles obligent du jour de leur publication; *et ligant à*
tempore istius publicationis et scientiæ. Pourquoi cela? Parce
que, répond la justice générale aussi bien que les docteurs, la
loi étant une règle pour les actions humaines, elle ne peut remplir son office que par *l'application.* Or, cette application ne
peut se réaliser que par la *promulgation*, en telle sorte que la
règle ne lie qu'autant qu'elle est suffisamment connue, personne
ne pouvant être tenu de se conformer à ce qu'il ne connaît pas.
« Quòd lex, sit regula humanorum actuum, quæ non dirigit nisi
« applicatur, applicatur autem per promulgationem, ut obligare
« nequeat, nisi iis sufficienter proposita quibus fertur, cùm ad
« incognitum nemo teneatur.» (Ven-Espen, chap. 1, § 1, et Zoëz,
ad digest. de Legib., n° 10).

27. En second lieu, les lois qualifiées *politiques* peuvent être
d'une nature mixte et impliquer quelques unes des dispositions
du droit civil; par quels principes se décidera-t-on alors pour
affirmer que la loi sera obligatoire en vertu de l'acte seul de réunion et indépendamment de toute publication, ou seulement par
sa promulgation? sera-ce d'une manière absolue par les prin-

cipes relatifs aux lois politiques, ou par les principes relatifs aux lois civiles? Par exemple, M. Merlin retrace (Quest. de droit, v° *Féodalité*, § 5, aff. Mercy d'Argenteau), une espèce dans laquelle se trouve entre autres résolue la question de savoir : si les lois abolitives de la féodalité ont été abrogées par le fait seul de la réunion d'un pays ou règne la féodalité (l'ancienne Belgique), à un pays où elle est abolie (la France) ; et l'arrêt de la Cour de cassation du 8 janvier 1812 (1), qui statue sur ce point de droit, décide, conformément à l'opinion de M. Merlin, « que dans le comté de Namur, le régime féodal n'a été aboli que *depuis la publication des lois françaises, publication* qui n'a eu lieu qu'après le décret de réunion du 9 vendém. an 4 ».

28. Cette solution me paraît parfaitement exacte; mais voici comment M. Merlin réfute l'argument tiré du principe que, s'agissant de l'application d'une loi politique, l'acte de réunion la rendait obligatoire indépendamment de la publication. « L'abolition du régime féodal, dit-on; était en France un principe constitutionnel; et les habitans du pays de Namur qui ont voté en 1793 leur réunion à la France, ont, par cela seul, adhéré à tous les principes constitutionnels de la république française. L'abolition était en France un principe constitutionnel : Oui, elle l'était en 1791 : la constitution du 3 sept. 1791, portait en toutes lettres : *il n'y a plus de régime féodal;* mais en 1793, la France n'avait plus de constitution; celle du 3 sept. 1791 était anéantie; et celle qui devait la remplacer n'existait pas encore. Les habitans de Namur ont donc, si l'on veut, acquis, par leur réunion en 1793, l'espérance d'être un jour affranchis du régime féodal; mais cette espérance n'a pas été réalisée par leur réunion elle-même. Eh! comment l'eût-elle été par le seul fait de leur réunion ? Elle ne l'aurait pas même été par la constitution qui fut décrétée le 24 juin 1793, si, à cette époque, ils n'eussent pas été replacés par les événemens de la guerre sous la domination autrichienne. Car la constitution du 24 juin 1793, était restée muette sur le régime féodal : elle ne le ressuscitait pas, sans doute, mais elle n'en renouvelait pas l'abolition; et l'on pénètre facilement le motif de son silence sur ce point : c'est que, dans l'exactitude des principes dont l'Assemblée constituante s'était écartée en 1791, le régime féodal tient au mode

(1) Sirey, t. XII, 1, p. 389.

I. 4

de posséder les biens, et que le mode de posséder les biens ne doit pas être réglé par la loi politique d'un état; c'est qu'il ne doit être réglé que par les lois civiles ».

Ainsi, M. Merlin, déterminé par la force du principe général, qu'aucune loi n'est par elle-même obligatoire sans la promulgation, ne voit, dans le régime féodal, que des dispositions de pur droit civil. Je m'étonne que cet habile jurisconsulte, pour justifier un principe vrai sur la promulgation des lois, ait cru devoir en poser un autre qui n'est rien moins qu'exact. Le régime féodal ne saurait, en effet, être considéré comme de pur droit civil; il n'a pas seulement pour objet la manière de posséder les biens, mais encore l'état politique des personnes, puisqu'il détermine un certain ordre de droits et de devoirs, qui ont fait, de tout temps, l'objet des lois politiques du pays. On distingue trois sortes de droits féodaux, selon le Répertoire de jurisprudence (v° *Fiefs*, § 5), les droits féodaux *essentiels*, les droits féodaux *naturels* et *ordinaires*, et les droits féodaux *extraordinaires* ou *accidentels*. 1° La *fidélité* est, suivant Dumoulin, la seule chose qui dérive *essentiellement* d'un fief quelconque. Un fief existe comme tel par cela seul qu'il soumet le propriétaire à l'obligation d'être fidèle au seigneur dominant. *Feudum in solâ fidelitate consistit*. 2° Le plus commun et le premier des droits féodaux *naturels* ou *ordinaires; c'est le serment de fidélité*. 3° Les droits *extraordinaires* ou *accidentels* sont l'effet de l'usage, etc.

Voilà donc la partie politique et principale du régime des fiefs, *celle qui règle les rapports personnels entre le seigneur et le vassal*. Vient ensuite la partie accessoire, celle qui a trait aux biens et qui peut être dite de *droit civil*, puisqu'elle a pour objet des matières civiles; c'est M. Merlin lui-même qui nous indique cette distinction. « Il n'existe plus de fiefs, disait ce jurisconsulte, en qualité de rapporteur de la loi du 15 mars 1790, confirmative de la loi du 4 août 1789, qui avait prononcé l'abolition du régime féodal; donc, *les lois particulières* qui, dans les successions, régissaient les biens ci-devant féodaux deviennent sans objet et sans application; donc, plus de droit d'aînesse ni de masculinité pour les fiefs, etc.....; donc, égalité absolue dans les partages de fiefs entre tous les héritiers du dernier possesseur, etc. » Voilà, si l'on veut, la partie civile du régime féodal. L'on conçoit maintenant comment l'Assemblée constituante, considérant ce régime sous son véritable point de vue, inséra , à titre de loi politique , dans la constitution de 1791 , la disposi- tion par laquelle elle en prononça la suppression ; comment la constitution du 24 juin 1793 (Art. 5 et 18) , celle du 5 fruct. an III (Art. 15 et 351) , condamnèrent formellement toute dé- pendance personnelle entre les citoyens ; comment le sénatus- consulte du 16 therm. an x formula dans ce sens le serment du premier Consul (1) ; enfin , comment le sénatus-consulte , du 28 flor. an XII , porta en toutes lettres (Art. 70) , « que tout décret rendu par le Corps législatif et *tendant au rétablissement du ré- gime féodal* pourrait être dénoncé au Sénat par un sénateur » (2).

Il eût donc été plus exact, selon moi , de reconnaître dans l'espèce la présence d'un régime mixte, composé tout-à-la-fois de dispositions politiques et de dispositions civiles , mais dont la partie principale était évidemment de l'ordre politique ; et que, s'agissant d'appliquer une loi nouvelle , abolitive de ce régime, à ses seuls effets civils, il fallait fonder la force obligatoire de cette loi sur la nécessité de sa promulgation.

SECTION IIIe.

De la Promulgation d'après le Code civil, sous le Consulat et sous l'Empire.

—

SOMMAIRE.

1. — *Le système de promulgation et publication adopté par l'art. 1er du Code civil, n'est applicable qu'aux lois et aux sénatus-consultes; il ne l'est pas aux décrets.*

2. — *Raisons de cette différence, tirées de la nature propre de ces actes.*

(1) « Je jure de maintenir la Constitution, de respecter la liberté des consciences, *de m'opposer au retour des institutions féodales*, de ne jamais faire la guerre que pour la défense et la gloire de la République, et de n'employer le pouvoir dont je serai revêtu que pour le bonheur du peuple, de qui et pour qui je l'aurai reçu ».

(2) Ceux qui voudront se confirmer dans l'opinion que j'énonce pour- ront consulter avec fruit un décret du 9 déc. 1811 abolitif de la féodalité, dans quelques départemens du nord annexés à la France, et où se trou- vent savamment tracés les véritables caractères de la féodalité.

4.

3. — *Les décrets qui, par l'importance de leur objet, se rapprochent de la loi, en suivent aussi les formes de publication.*

4. — *Graves changemens introduits par la Charte en matière de promulgation. La promulgation suit le principe du Gouvernement.*

5. — *Preuves résultant de l'analyse des principaux actes politiques rendus depuis 1789.*

———

1. Le système de promulgation et publication adopté par l'art. 1er du Code civil est seulement applicable aux lois et aux sénatus-consultes; la raison en est simple : la publicité qui entourait la confection de la loi sous la constitution de l'an VIII, permettait de poser le principe, que la loi est présumée connue, dans chaque département, après l'expiration d'un certain délai, depuis sa promulgation; il n'en était pas de même des décrets ou autres actes du Gouvernement préparés et rendus dans le secret. Nous lisons dans l'*Esprit du Code civil* (t. 1, p. 191) que le ministre de la justice consulté sur la question de savoir si l'on devait, sous ce rapport, appliquer l'art. 1er du Code civil, la négative ne lui avait point paru douteuse. Il pensait que conformément à la loi du 12 vendém. an IV, les décrets impériaux ne devenaient obligatoires dans chaque département, que du jour auquel le bulletin officiel où ils étaient contenus était distribué au chef-lieu; que cette loi, sous ce rapport, ainsi que les autres arrêtés des 12 prair. an IV et 16 prair. an VIII, relatifs à l'envoi des numéros du Bulletin des lois, continuait à recevoir son exécution. De là, l'avis du conseil d'État du 12 prair. an XIII (1er juin 1805), qui partage et développe cette opinion. « Considérant, porte cet avis, que la proposition et la discussion publique des lois ont permis de déterminer, dans l'art. 1er du Code civil, un délai après lequel leur promulgation étant présumée connue dans chaque département, elles y deviennent successivement obligatoires; que les décrets impériaux étant préparés et rendus avec moins de publicité, ils ne peuvent pas être frappés de la même présomption de connaissance, et, qu'en effet, ils n'ont pas été compris dans la disposition de l'art. 1er du Code; qu'il faut donc, pour qu'ils deviennent obligatoires,

une connaissance réelle qui résulte de leur publication ou de tout acte ayant le même effet. Est d'avis que les décrets impériaux insérés au Bulletin des lois sont obligatoires, dans chaque département, du jour auquel le bulletin a été distribué au chef-lieu, conformément à l'art. 12 de la loi du 12 vendém. an IV. Et que, quant à ceux qui ne sont point insérés au bulletin ou qui n'y sont indiqués que par leur titre, ils sont obligatoires du jour qu'il en est donné connaissance aux personnes qu'ils concernent, par publication, affiche, notification ou signification, ou envois faits ou ordonnés par les fonctionnaires publics chargés de l'exécution ».

2. Mais c'est surtout ici que se vérifient les grandes maximes : « Que les lois posent des principes généraux, tandis que les décrets en appliquent ou développent les conséquences, en déterminent le mode d'exécution (Répertoire, v° *Loi*, §. 3, n° 2); que le législateur est l'arbitre du droit, mais que les faits appartiennent à l'exécution de la loi et non à la loi même (Portalis, séance du Corps législatif, 22 frim. an x (14 déc. 1801); qu'un décret, par son essence, n'est jamais présumé remplir l'office de la loi (avis du conseil d'Etat du 1er août 1807); et de là, en général, la difficulté de soumettre la loi et le décret à une règle commune et uniforme en matière de publication. La jurisprudence et la théorie se sont montrées constamment d'accord sur ce point; ainsi, tandis que M. Portalis posait solennement le principe (*Ibid.*) : « Qu'il est contre l'essence même des lois, qu'une loi soit personnellement intimée à chaque individu; parce que les lois prennent les hommes en masse et parlent à la société entière. » L'avis du conseil d'État, transcrit plus haut, reconnaît que certains décrets qui ne sont pas insérés au Bulletin des lois, ou qui n'y sont indiqués que par leurs titres, ne sont obligatoires que du jour qu'il en est donné connaissance aux personnes qu'ils concernent, par publication, affiche, *notification* ou *signification*, etc. Ainsi, tandis que le même avis du conseil d'Etat dispose : « Que les décrets insérés au Bulletin des lois sont obligatoires dans chaque département, du jour auquel le bulletin a été distribué au chef-lieu, conformément à l'art. 12 de la loi du 12 vendém. an IV; que ceux qui n'y sont pas insérés ne sont obligatoires, comme il vient d'être dit, que par des voies spéciales de publication; le Gouvernement, déterminé par des motifs particuliers tirés d'une notoriété publique suffisante, du danger de porter atteinte à des transactions civiles et commerciales passées

sur la foi de l'existence d'une certaine possession, a décidé le
26 déc. 1813 (1), « que les Juifs de la capitale devaient être considérés comme placés dans l'exception portée en l'art. 19, tit. 3 du
décret du 17 mars 1808, bien que la décision qui les *concernait*
n'eût pas été publiée en la forme prescrite. » Mais d'un autre
côté, la Cour de cassation a jugé le 31 août 1821 (2), « qu'alors
qu'il serait constant qu'un arrêté pris par un maire eût été notifié
verbalement à la partie qu'il concernait, néanmoins cette partie
ne pouvait être tenue de l'exécuter qu'autant qu'elle en aurait eu
une *connaissance légale*, soit par une publication dans les formes
accoutumées, soit par l'envoi qui lui en aurait été fait officielle-
ment par voie administrative, etc. » M. Pasquier faisait remarquer à la Chambre des Députés, le 25 janvier 1819 (*Moniteur*
du 26 janvier), qu'un des élémens les plus utiles que la France eût
pu faire valoir dans les dernières négociations pour les liquida-
tions étrangères, avait été l'existence reconnue valide d'une
foule de décrets qui n'avaient pas été insérés au Bulletin des lois,
et qui cependant avaient été cités avec fruit dans l'intérêt de la
France. Enfin, la Chambre, à la même séance, avait approuvé
en thèse générale la nécessité des formes prescrites par l'avis du
12 prair. an XIII, pour l'autorité des décrets d'intérêt public ou
privé. Il y a plus : jusqu'à la preuve du contraire, disait M. Cour-
voisier, on doit toujours supposer que toutes les formalités requises pour l'exécution d'un décret, ont été remplies. » Quelle
est donc la cause de cette diversité, ou si l'on veut de cette incertitude, sur les divers modes de publication des actes de l'autorité
publique autres que les lois? Je l'ai déjà dit : il faut la chercher
dans la nature propre de ces actes, dans leur différence radicale
d'avec les lois. La loi est générale et immuable : les formes relatives à sa promulgation pouvant être considérées comme de l'essence
sence même de la loi, elles ont dû participer de son caractère
d'immutabilité. C'est même dans cet esprit qu'avait été conçue
et organisée la promulgation sous la constitution de l'an VIII (3).
Les décrets, au contraire, les avis du conseil d'État et autres
actes d'administration générale, destinés à suppléer la loi pour
les matières qui ne sauraient être réglées par elle, ou à déter-

(1) Sirey, t. XIV, 2, p. 326.
(2) *Ibid.*, t. XXII, 1, p. 52.
(3) V. *infrà* (Doctrine et Jurisprudence *in principio*).

miner en général le système d'exécution qui lui est propre, sont, par leur nature même, placés dans les mains du Gouvernement, seul juge de l'opportunité et du sens d'exécution de la partie réglementaire de la loi. De là cette diversité, cette incertitude dans les formes de publication de ces actes. Le mot *règlement* annonce quelque chose de variable, disait M. Portalis (*loc. cit.*).

3. Cependant, comme on a senti, de tout temps, le besoin de diminuer les graves inconvéniens qui résulteraient d'un tel état de choses, on a essayé de tracer une règle d'après laquelle les décrets d'ordre public ou d'intérêt général , ceux qui par l'étendue et l'importance de leur objet pourraient être assimilés à la loi elle-même, revêtiraient aussi quelques unes de ses formes de publication ; et tel est le principal objet de l'avis du conseil d'État du 25 prair. an XIII , qui rend les décrets impériaux obligatoires du jour de la distribution du bulletin qui les contient dans le chef-lieu de chaque département, conformément à l'art. 12 de la loi du 12 vendém. an IV. Quant aux actes d'un moindre intérêt ou d'un intérêt privé, on a dû toujours concilier l'équité et les principes généraux du droit commun avec la nécessité de laisser au Gouvernement la faculté de déterminer librement le sens propre des lois, même d'en améliorer l'exécution. Ainsi, en matière contentieuse, les décrets ou avis du conseil d'État ne sont obligatoires, aux termes du même décret, que du jour de leur notification aux parties intéressées, etc. Ces principes reçoivent encore leur application sous l'empire de la Charte et des ordonnances sur la promulgation des lois.

4. La Charte (1), introduisant de graves changemens dans l'ordre politique, a dû en amener aussi dans la promulgation des lois et des actes du Gouvernement. L'un de ces changemens consiste surtout en ce que (comme nous le verrons *infrà*, Doctrine et Jurispr. *in principio*), les ordonnances d'un intérêt général sont publiées désormais dans la même forme et les mêmes délais que les lois. Mais il importe surtout de développer et de justifier le principe d'où dérivent ces changemens.

5. « En France, la forme de la promulgation est *constitutionnelle*, » disait M. Portalis (séance du Corps législatif du 4 vent. an XI (23 février 1803) ; et cela était exactement vrai à partir

---

(1) Ces réflexions s'appliquent à la Charte de 1830, comme à la Charte de 1814.

de 1789. Dès cette époque, en effet, la puissance souveraine et par
suite la puissance législative étant passées des mains du monarque
dans celles de l'Assemblée constituante, le principe et les formes
de la promulgation ne furent plus que l'expression de ce fait.
On lisait bien en tête de la formule tracée par le décret du 9 novembre 1789 : « Louis, par la grâce de Dieu et la loi constitutionnelle de l'État, roi des Français, etc.; » et à la fin, « Mandons
et ordonnons, etc.; » mais la partie substantielle de la formule :
« *L'Assemblée nationale a décrété, et nous voulons et ordonnons
ce qui suit, etc.*, » annonçait suffisamment que la mission du Roi
se bornait à faire publier et exécuter une loi à la confection de
laquelle il n'avait pas concouru. Ce principe, qui consacrait la
nullité du pouvoir exécutif du Roi, reçut, comme on l'a vu,
une organisation explicite de la constitution du 3 sept. 1791,
et les formes de la promulgation restèrent naturellement, d'après
cet acte, entre les mains du pouvoir absolu qui seul créait la loi.
Sous la constitution de l'an III, le principe démocratique de 1789
se perpétuant toujours, la promulgation fit encore partie de la
loi constitutionnelle; le Directoire exécutif n'était à cet égard,
comme à beaucoup d'autres, qu'une véritable émanation des deux
Conseils formant le corps politique, pour veiller à l'exécution de
ses résolutions. De là, 1º l'obligation de promulguer la loi deux
jours après sa réception (Art. 128), et le jour même, si la loi
était précédée d'un décret d'urgence (Art. 129); 2º et la formule,
« Au nom de la république, le Directoire exécutif ordonne que
la loi, ou l'acte législatif ci-dessus, sera publié, exécuté, etc. »
Enfin, même sous la constitution de l'an VIII, les formes de la promulgation appartinrent encore à la constitution : « Le Corps
législatif fait la loi (Art. 34) »; « Tout décret du Corps législatif,
le dixième jour après son émission, est promulgué par le premier Consul, à moins que, dans ce délai, il n'y ait eu recours au
Sénat pour cause d'inconstitutionalité. Ce recours n'a point lieu
contre les lois promulguées (Art. 37). » Quelle était la conséquence de l'ensemble de ces dispositions ? C'est que la promulgation se trouvant écrite dans la loi générale était comme virtuellement renfermée dans toutes les lois rendues; que, par suite,
elle était *obligée* pour le pouvoir exécutif; que dès lors les
formes mêmes de publication tombaient dans le domaine de la loi.

Le sénatus-consulte, du 28 flor. an XII, bien qu'il eut dénaturé les formes primitives du gouvernement républicain, avait laissé subsister la formule suivante : N... par la grâce de Dieu, etc.... Le Corps législatif a *rendu le décret suivant*, conformément à la proposition faite au nom de l'Empereur, et après avoir entendu les orateurs du conseil d'État et des sections du Tribunat (Art. 140). Mais ce sénatus-consulte, au milieu d'une foule de dispositions constitutionnelles, dont la plupart eurent pour objet de mettre le Sénat à la disposition du chef de l'État (Art. 57 et suiv.) et d'étendre ses attributions (Art. 60 et suiv.), ne négligea pas de faire passer dans les mains du Gouvernement l'importante matière de la promulgation efficace des lois, je veux dire la sanction elle-même ; l'art. 38 posa d'abord le principe : « que tous les actes du Sénat et du Corps législatif sont rendus au nom de l'Empereur, et promulgués au publiés sous le sceau impérial. » Vinrent ensuite des développemens plus précis. « Les projets de loi décrétés par le Corps législatif, porte l'art. 69, sont transmis le jour même de leur adoption au Sénat et déposés dans ses archives. » — « Le sénat, dans les six jours qui suivent l'adoption du projet de loi, délibérant sur le rapport d'une commission spéciale, et après avoir entendu trois lectures du décret dans trois séances tenues à des jours différens, *peut exprimer l'opinion qu'il n'y a pas lieu à promulguer la loi.* Le président porte à l'Empereur la délibération motivée du Sénat (Art. 71). L'Empereur, après avoir entendu le conseil d'État, ou déclare par un décret son adhésion à la délibération du Sénat, *ou fait promulguer la loi* (Art. 72).

C'est ainsi que le chef de l'État rectifiait la disposition républicaine de l'art. 34 de la Constitution de l'an VIII, et transportait, pour la première fois, depuis 1789, et par une disposition expresse, au Gouvernement, le concours réel à la confection de la loi, en lui attribuant la faculté de refuser la promulgation. Il anéantissait d'ailleurs, par plusieurs autres moyens, la puissance législative dans les mains du Corps législatif. Ainsi, il ne tenait de la Constitution de l'an VIII, que la faculté de présenter, retirer ou de représenter modifié un projet de loi (Art. 26, et 44), la promulgation passive de la loi (Art. 41), la faculté de faire les règlemens nécessaires pour assurer son exécution (Art. 44), en général, les actes de pure administration intérieure ou extérieure et de police générale de l'État (Art. 45, 46 et suiv.); mais depuis l'an VIII, les lois se rapprochant insensiblement, par leur esprit, de la tendance nouvelle qu'affectait le Gouvernement; prirent le soin de placer elles-mêmes dans le domaine des décrets, ce qui devait être essentiellement réglé par elles; c'est ainsi que la loi du 24 avr. 1806, sur le *budget de l'État,* statua, titre de *la Régie des droits réunis :* « qu'il serait pourvu par *des règlemens d'administration publique* à toutes les mesures nécessaires pour assurer les perceptions confiées à la Régie, et pour la répression des fraudes et contraventions; qu'ils pourvoiraient à ce que le commerce des vins et eaux-de-vie à l'étranger ne pût souffrir des dispositions de la présente loi; que *ces règlemens seraient, dans trois ans, présentés au Corps législatif, pour être convertis en loi.* » Que la loi du 22 germ. an XI porta : « qu'il pourrait être fait, sur l'avis des chambres (consultatives de manufactures, etc.), *des règlemens d'administration publique* relatifs aux produits des manufactures françaises qui s'exporteront à l'étranger; que *ces règlemens seront présentés en forme de loi au Corps législatif, dans les trois ans, à compter du jour de leur promulgation.* » Que la loi du 29 flor. an X sur les douanes, celle du même jour, sur la légion-d'honneur, etc., renferment des dispositions semblables.

Quant aux sénatus-consultes, n'étant plus, surtout depuis celui du 29 flor. an XII, qui avait renversé l'ancienne forme de Gouvernement, que l'expression plus ou moins directe des intentions du chef de l'État, il était naturel qu'ils plaçassent sous l'empire des décrets, ce qui ne pouvait dépendre que de la loi.

Enfin, la volonté du chef de l'État circonscrivait elle-même le domaine de la loi, en réglant arbitrairement par des décrets, les matières que l'on était convenu d'appeler *de haute administration* (V. *sup.*, p. 10, n° 12).

Il suit de tout ce qui précède que, depuis le sénatus-consulte du 28 flor. an XII, la promulgation cessa d'être constitutionnelle, c'est-à-dire, qu'elle ne fit plus partie intégrante de la Constitution; que, devenue dans les mains despotiques de l'Empereur, ce qu'elle était devenue dans les mains jalouses des assemblées politiques depuis 1789, elle se trouva pour la première fois constitutionnellement liée par l'art. 22 de la Charte de 1814, comme corollaire de la sanction absolue, au pouvoir royal. De là, diverses graves conséquences. V. *inf. Doctrine et Jurisprudence.*

CHAPITRE II.

—

ARTICLE 1er.

Les lois sont exécutoires dans tout le territoire français, en vertu de la promulgation qui en est faite par le Roi. Elles seront exécutées dans chaque partie du royaume, du moment où la promulgation en pourra être connue. La promulgation faite par le Roi sera réputée connue dans le département de la résidence royale, un jour après celui de la promulgation ; et dans chacun des autres départemens, après l'expiration du même délai, augmenté d'autant de jours qu'il y aura de fois dix myriamètres (environ vingt lieues anciennes) entre la ville où la promulgation aura été faite, et le chef-lieu de chaque département.

OBSERVATIONS PRÉLIMINAIRES.

Par suite de l'organisation des commissions officieuses, une dernière rédaction de l'art. 1er ayant été communiquée à la section du Tribunat, celle-ci l'examina les 9 et 20 messid. an x (8 et 9 juil. 1802). Après avoir discuté trois divers modes de publication, elle s'arrêta au mode progressif, calculé sur les distances ; c'était le mode du projet, mais sous les modifications suivantes, qui en forment en quelque sorte l'esprit :

« 1° Que le délai commence et coure par jours et par heures, en ajoutant, pour éviter toute difficulté sur la fixation du commencement et de l'échéance, que dans le délai ne sera point compris le jour de la promulgation ;

« 2° Qu'il doit être dit que le délai courra de la promulgation faite au lieu *où siège le Gouvernement*, et non à compter de la *promulgation faite à Paris;*

« 3° Que les points de station où la connaissance de la loi doit opérer pour tout un arrondissement, soient les chefs-lieux des départemens pour chacun d'eux, et non les chefs-lieux des tribunaux d'appel pour les arrondissemens qui en forment les ressorts ».

Cette rédaction ainsi arrêtée entre les sections du Tribunat, du Corps législatif et du conseil d'État, adoptée ensuite par le Tribunat, fut présentée par M. Portalis à la séance générale du conseil d'État le 29 vendém. an XI (21 oct. 1802), et adoptée. Elle le fut aussi plus tard par le Corps législatif, et passa ainsi dans le Code civil (V. M. Locré, *Législat. civ.*, t. I, p. 413 et 565).

Un arrêté du Gouvernement, du 25 therm. an XI (13 juil. 1803), afin de déterminer le délai dans lequel la loi promulguée à Paris serait réputée connue dans le chef-lieu de chaque département, contient un tableau des distances de Paris à tous les chefs-lieux de département. Enfin, un sénatus-consulte, du 15 brum. an XIII (6 nov. 1804), porte que les unités de 10 à 20, de 20 à 30 myriamètres ne doivent pas être comptées; d'où il suit que le délai pour une distance de 26 myriamètres est le même que pour une distance de 20.

DOCTRINE ET JURISPRUDENCE.

SECTION 1re.

Interprétation de l'Article 1er coordonné avec la Charte et les divers actes intervenus sur la promulgation et la publication des lois.

SOMMAIRE.

1. — *Sens propre des mots* les lois sont exécutoires.
2. — *Définition de la promulgation.*
3. — *Différence entre la promulgation et la publication.*
4. — *Caractère de la promulgation sous la Constitution de l'an* VIII.
5. — *Caractère de la promulgation sous la Charte.*
6. — *Modes actuels de publicité. Texte des ordonnances des 27 nov.* 1816 *et 28 janv.* 1817.
7. — *Examen de ces ordonnances dans leur rapport avec l'art.* 1er *du Code civil.*
8. — *Suite.*

9. — *L'art. 1er du Code civil, et l'ordonnance du 27 nov. 1816 n'ont pas employé le mot exécutoire dans le même sens.*

10. — *Impossibilité d'appliquer sous les nouvelles ordonnances, les délais des distances déterminées par l'art. 1er du Code civil et l'arrêté du 25 therm. an XI (juil. 1803).*

11. — *Indépendamment de la disposition de l'art. 2 de l'ordonnance du 27 nov. 1816, et de celle de l'art. 1er du Code civil, le Gouvernement pourrait-il fixer arbitrairement la date de la promulgation de la loi?*

Pour l'exacte intelligence de l'art. 1er, il importe de se fixer, 1° sur la valeur propre des termes et des formes de langage employés par le législateur, en les développant selon l'esprit des institutions politiques sous lesquelles a paru le Code civil ; 2° sur le résultat qu'offre aujourd'hui la combinaison de cet article avec les dispositions de la Charte, des ordonnances et autres actes de l'autorité publique qui ont eu pour but d'organiser ou de modifier les principes qu'il renferme.

1. *Les lois sont exécutoires*, cela veut dire qu'elles sont susceptibles *d'être exécutées* en vertu de la promulgation, etc.; d'où il faut conclure qu'elles existent déjà comme lois, même avant la promulgation, mais qu'elles ne sont susceptibles de produire leur effet, c'est-à-dire de lier les sujets que par la seule promulgation (1). Au reste, ce sens reçoit un nouveau degré de précision de la loi elle-même : « *Les lois seront exécutées* », porte le § suivant, du moment « *où la promulgation pourra en être connue* »; ce qui annonce que c'est seulement alors qu'elles sont obligatoires (2).

2. Mais qu'est-ce que la promulgation ? C'est l'acte par lequel

---

(1) Une loi est exécutoire, dit M. Merlin, Répertoire, v° *Loi*, § 2, n° 5, lorsqu'elle est revêtue du caractère d'où dérive pour les citoyens l'obligation de s'y conformer, et pour les organes ou agens de l'autorité publique, le pouvoir de les y contraindre ; et c'est la promulgation qui lui imprime ce caractère.

(2) *Quid*, si la promulgation n'est pas encore connue ? V. *infrà*, p. 65 et suiv.

le souverain atteste au corps social l'existence constitut onnelle
de la loi, ou, si l'on veut, *son authenticité*, et ordonne qu'elle
sera exécutée (1). C'est donc un acte mixte composé tout à la
fois de la notification même de la loi, et de l'ordre de lui
obéir.

3. Cependant la promulgation n'est encore qu'un fait; pour
remplir efficacement son but, elle doit parvenir à la connaissance
de tous les sujets. De là la nécessité de *la publication* qui n'est pas,
comme on le voit, *la promulgation*. Entre divers modes de publication qui tous entraînaient plus ou moins d'inconvéniens, on
s'est attaché à une fiction d'après laquelle : « La loi est réputée
connue lorsque la présomption qu'elle a pu l'être est acquise par
la notification générale qui en est faite (Grenier, procès verb. des
conférences, t. 1, p. 30). Cette disposition forma l'objet du
dernier § de l'art. 1ᵉʳ du Code civ. Mais ce n'était encore là que
la partie théorique du moyen : il fallait réaliser la notification.
Or, cette notification sous la constitution du 22 frim. an VIII,
résultait sans peine de la combinaison de quelques unes de ses
dispositions.

4. La confection des lois, sous cet acte politique, consistait
1º dans la proposition de la loi faite par le Gouvernement; 2º dans
sa communication au Tribunat; 3º dans son acceptation par le
Corps législatif. Alors la loi était complète : car, cette acceptation étant la dernière des conditions essentielles à sa formation, emportait évidemment *la sanction* (Avis du conseil
d'État, du 5 pluv. an VIII). La promulgation était une conséquence même de l'acceptation ou de l'émission de la loi par le
Corps législatif : « Elle (la loi) devait être promulguée le dixième
jour après son émission, à moins que, dans ce délai, il n'y eut
eu recours au Sénat pour cause d'inconstitutionalité (Constitution
de l'an VIII, Art. 37) »; là promulgation était donc forcée. Dès
lors la loi, émise publiquement, était en quelque sorte promulguée publiquement d'avance, et l'acte de promulgation n'avait
plus pour objet que de la déclarer obligatoire, à l'époque où il
était rendu.

Cependant on remarque quel grave inconvénient s'attachait à

_____

(1) Les orateurs du Gouvernement ont beaucoup varié la définition de
la promulgation. M. Portalis l'appelle, d'après plusieurs publicistes, édi-
tion solennelle de la loi, *solennis editio*. Mais où retrouver dans cette définition le caractère obligatoire de la loi ?

ce mode de publication ; car, même après l'expiration du dixième
jour, depuis l'émission de la loi, chaque citoyen ignorait encore si
elle n'était pas frappée d'un recours au Sénat pour cause d'in-
constitutionnalité. Ce n'était donc réellement qu'après l'expiration
des délais déterminés par l'art. 1er du Code civil, depuis l'acte de
promulgation, qu'on obtenait la certitude que la loi existait ou
était suspendue par un recours au Sénat. Ce délai de dix jours
n'étant motivé, d'après la constitution de l'an VIII, que sur le
recours dont il vient d'être parlé, et, ce recours n'existant plus
sous la Charte, quelle raison y aurait-il eu de le maintenir ? Je
ne puis donc partager les regrets de M. Toullier (t. 1, p. 65
et suiv.), qu'on n'ait pas conservé ce délai comme mode de publicité pour la promulgation. Outre qu'en principe on ne saurait
priver, même temporairement les citoyens des bienfaits d'une
loi rendue, il faut dire que la promulgation, depuis la Charte
de 1814, a complètement changé de caractère, que sa certitude
et son efficacité doivent trouver ailleurs leur garantie (V. *suprà*,
p. 58). Développons cette vérité.

5. Aux termes de la Charte, la proposition des lois appartient
au Roi, à la Chambre des Pairs et à la Chambre des Députés
(Art. 22, ancienne Charte, Art. 15, Charte de 1830). Après
avoir subi successivement la discussion publique des deux Chambres, elle est sanctionnée par le Roi (Art. 18). Dès que cette
dernière condition, indispensable à sa confection, est accomplie, la loi existe ; c'e même du jour de la *sanction* qu'elle prend
sa date (Arg. Constit. de 1791, sect. 3, Art. 6; Constit. de
l'an III, Art. 92 ; Avis du conseil d'État du 5 pluv. an VIII).
Mais elle n'est *exécutoire*, et les délais nécessaires à sa publication ne courent que du jour de la *promulgation*. Or, « le Roi seul
sanctionne et promulgue les lois ». (Art 18).

Ainsi, la sanction n'est plus implicitement comprise dans l'acceptation de la loi par le Corps législatif, comme sous la Constitution de l'an VIII; ainsi, la *promulgation* n'est plus en quelque
sorte, une disposition même de la loi, sauf la manifestation ultérieure et obligée de la part du Gouvernement ; ainsi, la promulgation se trouve étroitement liée à la sanction, non parce
qu'il existe aucune homogénéité entre elles, mais parce qu'elles
ont une source commune, et qu'il est conforme au principe du
Gouvernement que la branche du pouvoir qui est présumée posséder dans toute son étendue la pensée de la loi, et à laquelle en

est attribuée sans partage la partie réglémentaire et d'exécution, en détermine aussi les modes de publicité.

De là la conséquence que la promulgation seule pourrait empêcher la révocation *de propre mouvement* de la loi, même sanctionnée; d'où il suit, qu'avant la promulgation, cette révocation pourrait avoir lieu. Or, on n'aurait pu soutenir ce principe sous la Constitution de l'an VIII.

6. Mais quels sont les modes actuels de publicité?

Le principe et la forme de la promulgation ainsi, que de la publication, ont été déterminés par deux ordonnances, dont voici le texte:

Ordonnance du 27 nov. 1816.

« Louis, etc.

L'art. 1er du Code civil déclare que les lois sont exécutoires en vertu de la promulgation que nous en faisons, et du moment où cette promulgation peut être connue; mais l'article n'ayant point expliqué ce qui constitue la promulgation, il s'est élevé des doutes qui, jusqu'à présent, ont été diversement résolus.

Le plus souvent on a regardé la promulgation comme résultant de la sanction que nous avions donnée aux lois, et on les a exécutées, pour le département de notre résidence royale, un jour après celui où notre seing avait fixé leur date, et pour les autres départemens, dans le délai déterminé, d'après cette époque, par l'arrêté du 25 therm. an XI (13 juil. 1803).

Quelquefois on n'a déduit la promulgation que de l'insertion des lois au Bulletin, et de son arrivée au chef-lieu du département de notre résidence. C'est l'interprétation, quoique la plus récente, que nous avons jugé à propos d'adopter dans nos ordonnances des 29 mai et 11 juin derniers, comme établissant davantage la publicité des lois. Mais pour prévenir tout doute à cet égard et établir une règle uniforme, nous avons par la présente, sur le rapport de notre... chancelier, etc., le sieur Dambray, et de l'avis de notre Conseil, déclaré, ordonné, etc.

Art. 1er. A l'avenir, la promulgation des lois et de nos ordonnances résultera de leur insertion au Bulletin officiel. Art. 2. Elle sera réputée connue, conformément à l'art. 1er du Code civil, un jour après que le Bulletin des lois aura été reçu de l'imprimerie royale par notre chancelier, ministre de la justice, lequel constatera sur un registre l'époque de la réception. Art. 3. Les lois et ordonnances seront exécutoires, dans chacun des autres départemens du royaume, après l'expiration du même délai augmenté d'autant de jours qu'il y aura de fois dix myriamètres (environ vingt lieues anciennes) entre la ville où la promulgation en aura été faite et le chef-lieu de chaque département, suivant le tableau annexé à l'arrêté du 25 therm. an XI (13 juil. 1803). Art. 4. Néanmoins, dans les cas et les lieux où nous jugerons convenable de hâter l'exécution, les lois et ordonnances seront censées publiées et seront exécutoires du jour qu'elles seront parvenues au préfet, qui en constatera la réception sur un registre.

Ordonnance du 18 janv. 1817. « Louis, etc... Il nous a été représenté, que dans les cas prévus par l'art. 4 de notre ordonnance du 27 nov. dernier, où il serait nécessaire de hâter l'exécution des lois et de nos ordonnances avant la publication du bulletin officiel et l'expiration des délais prescrits par l'art. 1er du Code civil et rappelés par la susdite ordonnance, il serait à craindre que l'envoi aux préfets des départemens ne donnât pas une connaissance suffisante de ce qui serait à exécuter, s'ils se contentaient d'en constater la réception sur un registre. A quoi voulant pourvoir, nous avons déclaré, ordonné, etc. Art. 1er. Dans les cas prévus par l'art. 4 de notre ordonnance du 27 nov. 1816, où nous jugerons convenable de hâter l'exécution des lois et de nos ordonnances, en les faisant parvenir extraordinairement sur les lieux, les préfets prendront incontinent un arrêté par lequel ils ordonneront que lesdites lois et ordonnances seront imprimées et affichées partout où besoin sera. Art. 2. Lesdites lois et ordonnances seront exécutées à compter du jour de la publication faite dans la forme prescrite par l'art. ci-dessus. Art. 3. Notre amé et féal chancelier, etc., est chargé de l'exécution de la présente ordonnance ».

7. A la lecture de ces ordonnances, on ne peut se défendre des réflexions suivantes :

Comment leurs dispositions peuvent-elles logiquement se coordonner avec celles de l'article 1er du Code civil? Cet article avait été conçu, comme on vient de le voir, pour un ordre de choses dans lequel la promulgation était publique ; chacun connaissant la loi rendue savait d'avance qu'elle serait promulguée dix jours après son émission; le point de départ étant connu, la publication s'en déduisait facilement. D'après l'ordonnance de 1816, au contraire, la promulgation résulte d'un fait inconnu, l'insertion au Bulletin des Lois (Art. 1er), et la publication d'un autre fait tout aussi inconnu, la réception par le ministre de la justice, du Bulletin des Lois de l'imprimerie royale, et la mention sur un registre de cette réception. Ainsi, procédant de l'inconnu au connu, la loi obligeait les citoyens, sans qu'ils eussent reçu d'elle les moyens de la connaître, fiction aussi fausse qu'injuste.

L'article 4 conservant le même principe, celui de la *promulgation occulte*, modifie, seulement pour les cas qu'il prévoit, la manière de la constater, en ce qu'au lieu d'être accomplie par la réception de la loi par le ministre de la justice, et son inscription sur un registre, elle ne l'est plus que par la réception, de la part du préfet, et l'inscription qu'il en fait pareillement sur un registre; mais il introduit cette innovation grave : *Que les lois seront censées publiées et seront exécutoires* du jour même où le préfet les aura reçues et transcrites. C'était enlever toute chance possible aux citoyens de jamais connaître d'avance le jour auquel la loi était obligatoire pour eux. L'ordonnance du 18 janvier 1817 a eu pour but de remédier à cet inconvénient, et elle a établi enfin un mode réel de publication, celui de l'affiche, etc. On doit regretter qu'elle ait restreint ce mode au cas déterminé par l'art. 4 de l'ordonnance de 1816.

8. Il est évident qu'on est resté jusqu'ici dans un chaos de dispositions incohérentes sur la promulgation, faute d'en avoir rigoureusement défini le caractère et les effets. La promulgation emporte, comme nous l'avons dit, deux objets : la notification de la loi, l'ordre de lui obéir; mais elle n'est encore qu'un pur acte de l'autorité, ou, si l'on veut, un principe d'administration publique et de législation, jusqu'à ce qu'elle soit réellement parvenue, *par un fait physique de publication,* à la connaissance de tous les sujets. Cependant, comme on ne saurait imaginer un moyen qui fournisse au Gouvernement la garantie incontestable que la promulgation de la loi est parvenue à la connaissance de tous, il est du moins d'une rigoureuse justice d'employer un mode de publication qui non-seulement ne blesse pas la raison, mais encore qui, par ses résultats, donne pour certain que, si les citoyens ignorent la loi, ils ne le doivent qu'à leur insouciance; qu'étant tenus de s'informer des actes du Gouvernement, qui se rapprochent d'eux par une publicité suffisante, ils ont à se reprocher de n'avoir pas cherché à connaître la loi, et sont dès lors valablement liés par elle. C'est alors que s'établit avec justice et autorité

la présomption légale qu'on a connu la loi ; car on a pu la connaître ; et cette présomption prend le caractère de présomption
juris et de jure, contre laquelle la preuve contraire n'est pas
admise. Cependant, elle n'est que *juris* à l'égard des moyens
d'envois (Avis du conseil d'État du 25 therm. an II) (1). Et de
là, l'application naturelle de la maxime : *Leges est idem scire ,
aut debuisse aut potuisse* (2). L'ordonnance du 27 nov. 1816
nous paraît avoir systématiquement méconnu le caractère essentiel de la promulgation, lorsqu'elle l'a fait résulter d'un fait inconnu ; ce qui implique évidemment contradiction avec la définition même du mot *promulgation* (3).

Mais elle entraîne aussi cette autre conséquence injuste, que
la date de la promulgation n'étant réellement connue qu'après
coup, on est obligé d'obéir à la loi avant de la connaître ; ce
qui est évidemment contraire à sa nature ; car nul n'est tenu
d'obéir à une loi qu'il ne connaît pas. L'ordonnance du 18 janv.
1817 n'a remédié à ce vice que pour un seul cas, comme on l'a vu.

Au reste, il résulte des principes posés plus haut (n° 5 et p. 58)
que le Roi tient de la nature de ses pouvoirs les moyens d'améliorer
sans cesse les formes de promulgation et de publication des lois,
et l'intérêt général doit le porter constamment vers ces améliorations.

9. Enfin, pour compléter les notions qu'il importe d'avoir
sur les termes et la forme logique de l'art. 1ᵉʳ, coordonné avec
la Charte et les autres dispositions législatives qui s'y rattachent,
nous devons ajouter, 1° que le mot *exécutoire*, employé dans

(1) Ainsi, on peut être admis à prouver des événemens de force majeure, tels que des inondations, des ruptures de ponts, etc.

(2) Selon M. Merlin (Répertoire, t. XVI, p. 685), « la promulgation
est à la loi ce qu'est à un contrat ou à un jugement la formule, *mandons et ordonnons*, qui en termine l'expédition ; tandis que la publication
est à la loi, ce qu'est au contrat ou au jugement revêtu de cette formule, le
commandement qui est fait en vertu de l'un ou de l'autre, à la partie
obligée ou condamnée ».

. Ces assimilations ont en général pour objet de jeter de la clarté sur le
sujet, et celle-ci fait sentir avec énergie et vérité la différence essentielle
qui existe entre la promulgation et la publication. Cependant elle ne rem-
plit pas exactement son but, puisqu'elle n'a lieu que d'une manière in-
complète ; car nous avons vu que la promulgation n'est pas seulement
l'ordre d'obéir à la loi, mais encore la manifestation de la loi.

(3) Promulgare, id est, *pro vulgare*, ob *vulgum ponere*, mettre sous les
yeux du peuple.

le premier § du Code civil, n'est pas pris dans le même sens que dans l'art. 3 de l'ordonnance de 1816, et dans l'usage commun du langage. Dans le premier cas, comme nous l'avons dit, la loi revêtue du caractère politique de *loi* par la promulgation, peut être exécutée, mais elle n'est pas encore *obligatoire*, il faut attendre l'accomplissement de la dernière formalité qui lui attribue cet effet, c'est la publication. Dans l'art. 3 de l'ordonnance de 1816, au contraire, le mot *exécutoire* équivaut, d'après le sens obligé de la disposition, à celui-ci : *devra être exécutée.*

10. 2° Qu'en rapprochant la seconde disposition de l'article : « Elles (les lois) seront exécutées dans chaque partie du royaume, etc. » De la dernière.... « La promulgation..... sera réputée connue dans le département de la résidence royale, un jour après l'expiration des délais déterminés pour la faire connaître dans le chef-lieu »; on conçoit très bien comment la *publication* se trouve détachée de la *promulgation*, et comment la loi devient obligatoire pour tous. La loi *promulguée* à Paris le 1er janvier, par exemple, selon les principes posés par la Constitution de l'an VIII, était obligatoire dans cette ville le 3, le 4 elle l'était à Évreux, situé à dix myriamètres de Paris, et ainsi de suite, d'après la disposition précise du Code civil, qui prescrit l'augmentation d'un jour par chaque dix myriamètres de distance du lieu où siége le Gouvernement, et le tableau des distances déterminé par l'arrêté du Gouvernement du 25 therm. au XI (13 juillet 1803); dans l'état actuel des choses, au contraire, la publicité n'est réelle par rapport aux citoyens que dans le seul cas prévu par l'art. 1er de l'ordonnance du 18 janvier 1817. Au reste, ils peuvent jusqu'à un certain point suppléer à cette insuffisance, par la publicité même qui entoure la confection de la loi, par les secours abondans que fournit la presse, l'envoi du bulletin officiel, à la fin duquel ils trouveront indiqué le jour où chaque loi est parvenue au ministère de la justice, et a été signée par le ministre; et, c'est là le véritable jour de la promulgation; enfin, par tous les renseignemens à l'aide desquels ils peuvent s'assurer que la loi est devenue obligatoire.

11. L'art. 2 de l'ordonnance du 27 nov. 1816, porte : « Que la promulgation sera réputée connue un jour après que le bulletin des lois aura été reçu de l'imprimerie royale par notre chancelier ministre de la justice, lequel constatera sur un registre l'époque de la réception ».

On demande, si indépendamment de cette disposition et de celle de l'art. 1er du Code civil, le Gouvernement pourrait fixer arbitrairement la date de la promulgation de la loi, et, par exemple, déterminer qu'elle sera réputée connue et devra être exécutée, même avant la révolution d'un jour franc, à partir de la promulgation, ce qui emporterait évidemment dérogation à l'art. 1er du Code civil ?

Contre cette opinion on soutient que l'ordonnance du 27 nov. 1816, coordonnée avec l'art. 1er du Code civil, trace des règles générales dont le Gouvernement lui-même ne peut plus s'écarter que dans le cas exceptionnel prévu par l'art. 4 de la même ordonnance ; qu'un avis du conseil d'État, du 24 février 1817, sur la question de savoir, « si on doit accorder *un jour franc* entre la promulgation et l'exécution de la loi du 28 avril......., porte : «que les lois ne sont exécutoires qu'un jour entier après celui de la publication du bulletin qui les renferme ; par conséquent le 3, si le bulletin porte la date du 1er, le 6, s'il porte celle du 4 ; qu'ainsi, la loi du 28 avril 1816, n'était réellement exécutoire à Paris que le 6 mai, et non le 5, comme l'ont indiqué les ordonnances du 29 mai, et 11 juin 1816 ». Que cette opinion avait été déjà adoptée par un jugement du tribunal du Havre du 3 janv. 1817 ; qu'à la vérité, la Cour de cassation, appelée à statuer sur la même question, avait décidé le 9 juin 1818 (1), en cassant le jugement du tribunal du Hâvre, « qu'au Roi seul, d'après la Charte, appartenait la promulgation des lois, d'où découlait le principe, que le Roi pouvait fixer à son gré, par des ordonnances spéciales, la date de la promulgation » ; mais que cet arrêt s'appliquait à une espèce antérieure à l'ordonnance du 27 nov. 1816, époque à laquelle on pouvait croire avec le tribunal du Havre, « qu'avant cette ordonnance *la promulgation dont parle l'art.* 1er *du Code civil, n'étant autre chose que la sanction donnée par le Roi à la loi, la loi devait être exécutée dans les délais déterminés par cet article, à compter du jour de la sanction* ».

Mais on doit répondre à ces raisonnemens, que depuis la Charte, la promulgation a pris, comme nous l'avons dit, un caractère différent de celui qu'elle avait sous la Coustitution de l'an VIII. « Le Roi seul promulgue les lois, porte l'art. 18 (et art. 22 ancienne Charte), ce qui emporte nécessairement en soi

(1) Sirey, t. XVIII, 1, p. 292.

deux choses : d'abord une dérogation formelle à l'art. 1er du
Code civil, en ce qui concerne les délais de la promulgation ; et,
pour se convaincre de cette dérogation, il suffit de se reporter
aux développemens que j'ai donnés précédemment, p. 58 et 63.
On ne saurait nier, d'ailleurs, que la loi qui organise les formes
politiques du pays, étant par sa nature d'un ordre supérieur aux
lois civiles qui ne traitent que d'intérêts secondaires, n'ait la
capacité d'entraîner par une abrogation tacite, celles des dispositions du droit civil qui ne pourraient pas se concilier avec
elle. Que dès lors le Roi est juge de l'opportunité comme de
la forme de la promulgation des lois. Cela posé, non-seulement
on ne doit pas considérer les ordonnance des 27 nov. 1816
et 18 janv. 1817, comme le développement ou l'exécution d'un
principe immuable posé par le Code civil, mais il faut ajouter
que, pour avoir tracé quelques règles générales sur la promulgation des lois, elles n'ont pas perdu leur caractère d'ordonnances ; qu'une ordonnance peut déroger à l'autre, attendu qu'étant
toutes d'une égale puissance, la dernière déroge à la précédente
en vertu de la maxime : *posteriora prioribus derogant;* et que le
Roi tient toujours de la Charte, et spécialement de l'art. 18 , la
faculté d'améliorer l'exercice de sa prérogative, en ce qui concerne la promulgation des lois. De là découlent, à mon avis, les
raisons de décider que le Roi peut fixer par des ordonnances spéciales, et indépendamment de toutes dispositions générales résultant d'autres ordonnances , la date de la promulgation des
lois ; que l'avis du conseil d'État, du 24 fév. 1817, a méconnu
ce principe ; qu'il n'y a pas lieu à distinguer, comme l'avait fait
le tribunal du Havre, entre l'époque antérieure à l'ordonnance
du 27 nov. 1816, époque qu'il supposait régie par le Code civil, et
l'époque postérieure à cette ordonnance, puisque nous admettons
que l'art. 22 de l'ancienne Charte a abrogé la dernière partie de
l'art. 1er du Code civil relative à la promulgation , ainsi que les
art. 37 et 41 de la Constitution de l'an VIII qui s'y rattachaient ; que
si l'ordonnance du 27 nov. 1816 fait revivre cette dernière disposition du Code civil, ce n'est pas pour lui donner une force de
loi qu'elle a perdue et qu'elle ne saurait recouvrer que par une
loi nouvelle , mais pour l'incorporer, en quelque sorte, avec ses
propres dispositions, d'où il suit qu'elle peut être abrogée avec
l'ordonnance même dont elle fait partie. Nous concluons de tout
cela que l'arrêt de la Cour de cassation est également fondé dans

les deux hypothèses prévues, soit qu'il s'agisse de la promulgation d'une loi antérieure à l'ordonnance de 1816, soit qu'il s'agisse
de la promulgation d'une loi postérieure. Nous ne considérons,
du reste, les dispositions de l'art. 4 de l'ordonnance du 27 nov.
1816, et celles de l'art. 1er de l'ordonnance du 18 janv. 1817,
que comme des règles générales auxquelles on doit recourir dans
les cas ordinaires et seulement dans le silence de toute disposition spéciale. Quant aux mots, *à l'avenir*, que porte l'ordonnance de 1816, je n'hésite pas à penser, avec M. Favard (Répert.
de la nouvelle législation, v° *Loi*, p. 341), qu'ils doivent s'étendre,
non-seulement aux lois sanctionnées par le Roi depuis l'époque
où elle est rendue, mais encore à celles qu'il avait pu sanctionner
antérieurement, en vertu de l'art. 22 de la Charte, sauf les droits
acquis aux individus en exécution de dispositions différentes.
C'est même là ce qui explique proprement le mot *à l'avenir*.

SECTION II°.

La loi promulguée est-elle exécutoire comme loi en
vigueur, sur la simple notoriété de fait de sa promulgation, et avant l'échéance des délais pour sa publication?

SOMMAIRE.

1. — *Opinion de plusieurs membres du conseil d'État sur
cette question.*
2. — *Sa solution dépend d'un examen approfondi de la nature de la loi. Opinions diverses.*
3. — *Opinion de l'auteur. Deux manières générales d'envisager la loi.*
4. — *Application de la question aux lois impératives ou
préceptives. Distinction entre celles de ces lois qui
intéressent l'ordre public, les tiers, et celles qui,
quoique impératives, n'emportent aucune dérogation
à la loi précédente, ou même ne dérogent qu'aux
intérêts privés de ceux qui consentent à son exécution anticipée.*
5. — *Aux lois prohibitives. Rectification d'une opinion de
M. Merlin sur cette matière.*

1. Une loi promulguée est *exécutoire*, ce qui veut dire qu'elle renferme les deux principes coercitifs qui doivent en assurer l'exécution : l'un qui s'adresse au sujet et lui commande l'obéissance ; l'autre, qui investit les organes ou agens de l'autorité publique de pouvoirs suffisans pour contraindre toutes les volontés à cette obéissance. Néanmoins, la promulgation n'atteint son efficacité réelle, et la loi n'oblige, comme nous l'avons dit, que par la publication, c'est-à-dire, par l'expiration des délais déterminés pour établir la présomption légale que chaque sujet a connu la loi et a dû lui obéir.

On demande si, dans l'intervalle qui sépare le jour de la promulgation, de celui où la publication est réellement accomplie, des particuliers instruits par une simple notoriété de fait de la promulgation de la loi, peuvent considérer cette loi comme en vigueur, à leur égard, et s'y soumettre d'avance, en tenant pour accompli le fait de sa publication ? Voici ce qui en a été dit au conseil d'État lors de la discussion de l'art. 1er du Code civil.

« La promulgation rendant la loi authentique, lui donnant toute sa vertu, et lui imprimant tous ses caractères avant et indépendamment de sa publication (1), il serait injuste de priver de la faculté d'en faire usage ceux qui la connaissent, quoique seulement par la publicité de fait (2). Aussi les tribunaux admettent-ils les actes dans lesquels les parties déclarent qu'elles stipulent d'après une loi promulguée et non encore publiée (3).

« Mais l'exécution de la loi n'est encore que facultative par la notoriété de fait; il n'y a que la publicité de droit qui, en établissant la présomption que la loi est connue, oblige de l'exécuter, et qui donne aux fonctionnaires publics le droit et leur impose le devoir d'en exiger l'exécution (4) ».

2. Mais il faut pénétrer plus avant dans la matière. La solution de cette question suppose, comme principe préalable, que les citoyens peuvent déroger aux lois; car, pour se soumettre d'avance à une loi qui n'a pas encore acquis sa force obligatoire, il faut avoir rompu le lien par lequel on tenait à la loi précédente; de là, la nécessité de quelques distinctions sur la nature même de la loi. J'admets, comme la plus simple, la division du droit romain, en lois impératives ou préceptives, lois prohibitives, lois permissives ou facultatives. *Legis hæc est virtus, imperare, vetare, permittere, punire.* L. 7, aff. *de Legib.* Cependant les auteurs modernes ont mis peu de certitude et de philosophie dans leur manière d'envisager la théorie qui résulte de cette division. M. Delvincourt (t. 1, p. 16), avoue qu'il rejette les lois pénales de sa division; et il en donne deux raisons : la première, qu'il ne s'occupe pas des lois criminelles; la seconde, qu'il n'y a pas, à proprement parler, de loi qui n'ait pour objet que de punir, toute loi de ce genre rentrant nécessairement dans l'ordre

(1) Portalis, procès verbal du 4 thermidor an IX, t. I, p. 11.
(2) Cambacérès, *ibid.*, p. 9.
(3) Le Ministre de la justice, *ibid.*, p. 11.
(4) Portalis, *Exposé des Motifs*, procès verbal du 5 vent. an XI, t. II, p. 287.

des lois impératives ou prohibitives. Quant aux lois facultatives, il en admet de deux sortes : 1° celles qui sont introduites dans l'état de société, et qui, par des motifs supérieurs, s'élèvent même contre les préceptes du droit naturel, comme la prescription ; 2° celles qui contiennent des exceptions à une loi prohibitive, comme par exemple, la faculté réservée à quelques personnes, par les art. 1048 et 1049 du Code civil, de faire des substitutions, contre la règle posée dans l'art. 898 qui les prohibe ». M. Toullier (t. 1, n°s 83 et 84), paraît aussi réduire les lois à deux classes : les lois préceptives et les lois prohibitives. A la vérité, « la loi permet, ajoute-t-il, certaines actions, sans les commander ; par exemple, de faire un testament, d'instituer des héritiers, et on appelle ces lois permissives ; mais elles rentrent dans les deux premières classes ; car elles renferment implicitement la défense de troubler, dans l'exercice de son droit, celui qui ne fait qu'user de la permission de la loi, et l'ordre de respecter les droits qu'il a conférés en vertu de cette permission (n° 85) ». Quant aux lois pénales, proprement dites, il les considère *comme la sanction de toutes les lois* (n° 86), ce qui est évidemment inexact.

3. Ce n'est pas ainsi que nous concevons et que nous embrassons le domaine de la loi. Nous disons que dans l'état social, l'ordre civil n'étant qu'une suite ou un effet de l'ordre politique, tout tombe d'une manière explicite ou implicite sous l'empire de la loi ; que dès lors le droit naturel lui-même, manifesté par des actes extérieurs, n'est plus que l'expression de la loi civile. (V. *infrà*, Commentaire, art. 2, chap. 3, pour les développemens de ce principe).

De là deux manières générales d'envisager la loi :

1° Comme consécratrice ou réprobatrice des facultés et des obligations naturelles d'où résultent les droits et les devoirs individuels ; et sous ce rapport les lois sont :

Ou préceptives, lorsqu'elles ordonnent directement certains actes à l'accomplissement desquels elles attachent une sanction ; et il importe peu qu'elles soient purement confirmatives du droit naturel comme, par exemple, les lois qui ordonnent de nourrir ses enfans, de nourrir ses parens dans le besoin, de remplir ses engagemens, etc., ou qu'elles en soient plus ou moins indépendantes, comme les lois restrictives de la liberté individuelle, celles qui établissent la prescription, etc. ; elles sont dans les deux hypothèses également l'œuvre pure du droit civil;

Ou prohibitives, lorsqu'elles interdisent ou limitent l'exercice de certains actes, quelle qu'en soit la source; par exemple, celles qui défendent à l'homme de se marier avant dix-huit ans accomplis, de disposer de ses biens en état de minorité, sans l'assistance de son tuteur, et l'emploi des autres formalités requises; celles qui défendent à la femme de s'obliger sans l'autorisation de son mari; l'aliénation de ses biens dotaux, etc.

Ou enfin permissives, lorsque plaçant sous leur égide les divers actes du droit naturel, autres que ceux qui font l'objet des lois précédentes, elles les proclament par là même qu'elles les laissent subsister, comme formant la base primitive et essentielle de tout le droit civil, et les entourent de leur sanction. De là la maxime « que la loi permet tout ce qu'elle ne défend pas (Constitution du 3 fruct. an III, art. 7).

Quelques unes de ces dernières lois prennent le nom de *lois facultatives*, lorsqu'elles attachent à l'accomplissement de l'acte qu'elles permettent certaines conditions dont l'omission peut entraîner après coup l'annulation de cet acte; la loi, dans ce cas, n'accordant sa sanction que lorsque les conditions qu'elle prescrit sont remplies, il est loisible aux individus de donner ou de refuser leur adhésion à ces conditions, de s'abstenir par suite de l'acte permis ou de l'accomplir; et c'est de là qu'elles sont dites *facultatives;* telles sont les lois qui permettent de donner par actes entre vifs, de faire un testament, de se marier, etc.

Au reste, ces lois sont, comme les lois *purement permissives*, des résultats évidens de l'ordre civil; on aperçoit aussi que les unes et les autres impliquent quelques uns des caractères des lois impératives et prohibitives, savoir : la pénalité ou la sanction qui les accompagne immédiatement ou qui doit se retrouver dans l'application des diverses dispositions générales du droit; et c'est ici qu'il est vrai de dire avec M. Toullier (t. 1, n° 85) : « que ces lois rentrent dans les deux premières classes, en ce qu'elles renferment implicitement la défense de troubler dans l'exercice de son droit, celui qui ne fait qu'user de la permission de la loi et l'ordre de respecter les droits qu'il a conférés en vertu de cette permission ». Ainsi, celui qui, dans l'état social, exerce un acte de pur droit naturel, par exemple, en satisfaisant la faim qui le presse, trouve un appui dans la loi civile contre celui qui lui arracherait l'aliment dont il se sert; tandis que, d'un autre côté, celui qui veut donner par actes entre vifs, faire un testament, se marier, ne trouve d'appui dans la loi civile, qu'autant qu'il a suivi rigoureusement les formalités qu'elle trace pour l'accomplissement de ces actes. Ces dispositions répressives ou irritantes de la loi supposent donc un ordre de sa part, ou, si l'on aime mieux, une prohibition attachée à l'accomplissement de ces actes permissifs ou facultatifs; et c'est de là même que nous ferons sortir le trait général par lequel nous caractériserons les lois pénales, comme formant la sanction de toutes les lois; nous dirons donc avec Donellus (Comment. *in Pandect.* lib. 1, cap. 3, n° 10), que les peines en droit, ne s'entendent pas seulement de ces dispositions spéciales, accessoires à la loi ou répandues dans toute la législation, qui ont pour but d'infliger un châtiment ou de faire subir une privation, ce qu'on appelle proprement la sanction de la loi; mais qu'il faut aussi comprendre sous le nom de *peine*, toute nullité, déchéance, amende, confiscation, dommages et intérêts, même *toute action* (judicium), qui, dans les affaires civiles, appartient à celui dont on a méconnu les droits, et qui réclame le secours de la justice pour les faire respecter; car, sans cela, les lois civiles manqueraient d'efficacité puisqu'elles seraient dépourvues de sanction. *Hæc pars legis à veteribus sanctio dicta est, quod pœnæ indictione lex sanciretur, id est, muniretur adversus contemptum, et coutumaciam civium* (*L. Sacra,* § *Proindè,* ff *de rer. divis.; L. Sanctio,* ff *de pœn.*). *Pœnam paulò latius hîc accipi volo,* UT CONTINEAT ETIAM JUDICIUM, *quæ in rebus privatis et civilibus, lege datur adversus eos, qui quod debuerunt ex lege præstare, non præstant.*

2° La loi considérée sous un rapport plus élevé encore est la garantie et la sanction de l'ordre civil tout entier. Il importe, en effet quelquefois à la cité et au bien-être de tous, que la loi soit observée, uniquement dans l'intérêt de la loi. C'est dans cette catégorie qu'il faut placer incontestablement les lois sur l'ordre judiciaire, les lois pénales, les lois de police, celles qui intéressent l'ordre public, les bonnes mœurs. Ces lois ont moins directement pour objet l'intérêt individuel que le bien général; et c'est pour cette raison qu'elles sont dites proprement de *droit public.*

4. Ces principes posés, nous traiterons la question proposée de la manière suivante : les lois impératives ou préceptives qui ordonnent certaines choses d'une manière absolue, c'est-à-dire,

sans laisser aux particuliers la faculté de se soustraire à leurs prescriptions, sont-elles susceptibles d'une exécution volontaire de la part de ceux qui ne les connaissent encore que par leur publicité de fait, quoique depuis sa promulgation? Il faut distinguer : si elles ont pour objet directement ou indirectement l'ordre public ou même l'intérêt des tiers, il est évident que la loi nouvelle ne sera pas susceptible d'une exécution volontaire des particuliers, avant l'expiration des délais déterminés pour sa publicité légale; pourquoi cela? Parce qu'une pareille exécution anticipée emporte nécessairement en soi dérogation à la loi précédente ; or, il n'est permis à personne de déroger aux lois qui intéressent l'ordre public (C. civ., art. 6), ou même les tiers (L. 11, ff *de Reg. jur.*). Par exemple les lois qui ordonnent le paiement des impôts, le recrutement de l'armée, la publicité des hypothèques, sont impératives d'une manière absolue. Admettez des lois nouvelles qui apportent des modifications à ces lois; il ne sera pas loisible aux particuliers d'exécuter ces nouvelles lois par anticipation et avant leur publicité légale, attendu qu'ils ne peuvent déroger aux lois existantes qui intéressent l'ordre public ou les tiers. Il en est de même de celles qui règlent l'état des personnes, elles ont aussi l'ordre public pour objet; car il importe à l'ordre public que les mineurs, les insensés, les absens, ceux qui sont frappés de mort civile, les établissemens publics, etc., soient défendus, et que leurs droits soient exercés.

Ainsi, un mineur de vingt-quatre ans, à l'époque où la loi du 20 sept. 1792, qui déclare (tit. 4, sect. 1re) la majorité acquise à vingt et un ans, a été rendue, n'aurait pas pu, quelque connaissance qu'il eut de la publicité de fait de cette loi, faire les divers actes de la vie civile, comme s'il eût été majeur, même avec des particuliers, instruits comme lui de l'existence de fait de cette loi.

Ainsi, la loi du 24 août 1792 qui a déclaré émancipés de plein droit les enfans de vingt et un ans qui ne l'étaient pas précédemment, n'aurait pas pu être exécutée avant sa publicité légale et sur la simple connaissance de fait de son existence, même avec le consentement du père et du fils. C'est, au reste, ce qu'ont jugé, par application de cette même loi, dans l'affaire Rambot (1), la Cour royale d'Aix, le 18 avril 1815, et la Cour de cassation, le 7 mars 1816. Voici le motif qu'il importe de recueillir dans l'ar-

(1) Sirey, t. XVI, 1, p. 418.

rêt de la Cour de cassation : « Attendu qu'il faut considérer que
l'émancipation était accompagnée de formes solennelles, et était
dès lors de droit public ; que, par conséquent, il ne peut dépendre de la volonté présumée des citoyens de s'en affranchir ; qu'une
loi aussi importante que celle du 28 août 1792, et qui changeait
l'état des personnes, n'a pu avoir d'effet qu'après avoir reçu le
complément des formes voulues pour son exécution ; qu'ainsi la
Cour royale d'Aix, en refusant de reconnaître l'autorité de cette
loi avant le complément, ainsi que son application au préjudice
des autres enfans Rambot, saisis par la nouvelle loi du 7 mars 1793,
d'un droit égal à la succession du père commun, s'il décédait sous
l'empire de cette loi, loin de contrevenir aux lois, n'a fait que
se conformer aux principes de la matière ; rejette. » Enfin, les
lois qui déterminent l'ordre des juridictions, la compétence des
tribunaux, la nécessité de l'autorisation du mari, etc., qui statuent, en un mot, par voie de mesure générale, sur une masse
d'intérêts, ou sur un objet d'intérêt public (1), de manière à les
placer sous l'empire de règles spéciales et distinctes de celles du
droit commun, sont de véritables lois impératives, soit qu'elles
tracent directement des préceptes ou des formes, soit qu'elles ne
fassent que régulariser l'état et les formes précédentes, et que,
traitant d'objets qui intéressent l'ordre public, elles ne soient pas
susceptibles de l'exécution volontaire et anticipée de la part des particuliers, qui ne la connaissent que par une simple publicité de fait.

Que si la loi impérative d'une manière absolue, n'emporte aucune dérogation à la loi précédente, ou même ne fait que déroger aux intérêts privés de ceux qui consentent à l'exécuter avant
sa publication légale, rien ne s'oppose sans doute à cette exécution anticipée ; par exemple, une loi du 26 vent. an IV ordonne l'échenillage des arbres dans les termes suivans : Art. 1er.
« Dans la décade de la publication de la présente loi, tous propriétaires, fermiers, locataires ou autres faisant valoir leurs
propres héritages ou ceux d'autrui, seront tenus, chacun en
droit soi, d'écheniller ou faire écheniller les arbres étant sur lesdits héritages, à peine d'amende qui ne pourra être moindre
de trois journées de travail, et plus forte de dix. Art. 6.
« Dans les années suivantes, l'échenillage sera fait, sous les peines

_____

(1) V. Pour connaître quelles sont les lois auxquelles les particuliers
peuvent déroger, V. *infrà*, Commentaire sur l'art. 6.

portées par les articles ci-dessus, avant le 1er ventôse. »Rien n'empêche l'exécution anticipée de ces dispositions, puisqu'elles n'ont
que des intérêts purement privés pour objet. Par exemple encore,
l'art. 111 du Code civil autorise les particuliers à stipuler qu'ils
soumettront leurs différens à un tribunal qui n'a pas de juridiction sur eux; cette disposition est fondée sur le principe que le
tribunal du domicile du défendeur étant celui devant lequel les
poursuites doivent être exercées, le défendeur peut renoncer à un
droit établi en sa faveur, en vertu de la maxime : *uni cuique licet
juri pro se introducto renunciare.* Supposez maintenant une loi qui
abroge la disposition de l'art. 111, et en introduise une nouvelle,
il est évident que cette nouvelle loi pourra être exécutée sur la
simple connaissance de sa publicité de fait, et sans attendre sa publicité légale.

5. La question que nous venons de traiter, appliquée aux lois
prohibitives, offre, selon M. Merlin (Répertoire, t. xvi, p. 686),
bien moins de difficultés : « Que faut-il, en effet, ajoute ce jurisconsulte, de la part des individus contre lesquels sont portées
des défenses contenues dans une loi de cette nature, pour qu'ils
soient censés l'exécuter? Rien autre chose que s'abstenir de ce
qu'elle prohibe. Or, il est certainement libre, en tout temps, à
un particulier de s'abstenir d'une action qui n'est pas encore légalement défendue ». Cette assertion paraît incontestable au premier coup d'œil; cependant, prise dans sa généralité, elle est
loin d'être exacte. Une loi, pour être *prohibitive*, n'empêche
pas toujours une mauvaise action; et ce serait restreindre sans
motifs le cercle des lois prohibitives que de leur donner nécessairement pour objet de réprimer ou de prévenir toujours le
mal proprement dit. Elles peuvent aussi avoir pour cause de
nouvelles combinaisons, de nouvelles vues politiques, économiques ou civiles qu'il appartient au législateur seul d'apprécier,
et qui jugées bonnes dans un temps, peuvent cesser de l'être dans
un autre. Ces lois intéressent dès lors l'ordre public, et leur exécution ne saurait avoir lieu indépendamment du concours exprès
ou tacite de l'autorité publique; comment donc admettre que les
particuliers puissent, dérogeant à ces lois, exécuter par anticipation, et sur la simple connaissance de leur publicité de fait,
d'autres lois qui auraient pour but de les abroger ou de les modifier? Par exemple, la loi qui défend à l'homme de se marier
avant dix-huit accomplis (Art. 148 Code civil), celle qui défend à

la femme de s'obliger sans l'assistance de son mari (Art. 217), celle qui défend l'aliénation des biens totaux pendant le mariage, sont évidemment des lois prohibitives ; dira-t-on que les particuliers auraient la faculté d'exécuter par anticipation, et sur la simple connaissance de leur publicité de fait, des lois nouvelles dont le but serait de les modifier ou de les détruire ? Il est évident que non. Ces lois tenant essentiellement à l'ordre public, les particuliers ne peuvent s'affranchir volontairement de leur exécution, jusqu'à ce que la nouvelle loi ait acquis vis-à-vis d'eux, par sa publicité légale, toute sa force obligatoire. Il faut en dire autant, à plus forte raison, de certaines lois appelées proprement *prohibitives* dans le langage de l'économie publique ou de l'administration intérieure du pays, et qui, déterminées par des vues générales, ont pour but d'empêcher l'exportation ou l'importation de certaines denrées, la libre circulation ou la vente de certains objets, même avec restriction évidente du droit de propriété (1).

Concluons de tout ce qui précède qu'il n'est permis à personne d'exécuter, par anticipation, une loi même prohibitive, que dans le seul cas où cette exécution n'entraînerait aucune dérogation à une loi précédente à laquelle le public ou les tiers se trouveraient intéressés ; et c'est ici que s'applique naturellement le cas rapporté plus haut, savoir : qu'un particulier peut s'abstenir d'avance d'une action mauvaise par elle-même et non encore légalement défendue. Ainsi, par exemple, des particuliers auraient pu valablement fonder des stipulations de dommages et intérêts sur les dispositions prohibitives de la loi du 9 juin 1819 en matière de délit d'injure, sur la simple notoriété de fait de cette loi, et avant sa publicité légale ; car la défense qui formait l'objet de cette loi n'avait pas été aussi régulièrement définie, ni surtout aussi complètement prévue par les lois précédentes.

6. La question, appliquée aux lois permissives ou facultatives, comporte d'autres distinctions. Ces lois, comme nous l'avons dit, autorisent certains faits, et ces faits intéressent encore l'ordre public ou les tiers ; car toutes les lois civiles, et nous comprenons sous ce mot, même les lois criminelles, ayant pour objet de statuer sur l'ensemble des divers rapports qui unissent les citoyens

_____

(1) V. Répertoire de Jurisprudence, v° *Propriété*, n° 1, § dernier, et v° *Grains*.

entre eux, il n'est aucun ordre de ces lois qui ne puisse offrir
un but d'utilité privée uni à une vue d'ordre public ; or, comme
l'utilité privée n'est jamais qu'une conséquence d'une utilité supérieure, celle du bien public, et doit lui rester constamment
subordonnée (car, dit Bacon, le droit civil vit sous la protection du droit public : *Sub tutela juris publici latet jus privatum*,
Aphor. 3), il en résulte que partout où la loi offrira ce double
but, son exécution devra rester subordonnée à l'impulsion ou au
concours de l'organe de l'autorité publique chargé de veiller à la
conservation des intérêts généraux. Ainsi les lois relatives à
l'adoption, à l'émancipation volontaire, aux donations entre vifs,
quoique purement facultatives, intéressant néanmoins, soit par
le fonds, soit par la forme, l'ordre public, les particuliers ne
pourront exécuter les lois nouvelles rendues sur ces matières,
qu'avec l'intervention ou le concours nécessaire des organes de
l'autorité publique.

7. Quant à l'intérêt des tiers, il repose sur le principe que nul
ne peut être dépouillé de sa propriété sans son propre fait : *Quod
nostrum est, sine facto nostro alienum fieri non potest*. L. 11,
ff. *de reg. jur.*

Ceci posé, on distingue : ou la loi permissive autorise ce
qui était précédemment défendu, ou elle ne fait que régler le
mode de l'exercice d'une faculté déjà existante. Dans le premier
cas, on distingue de nouveau : ou la défense portée dans la loi
précédente intéressait l'ordre public, ou elle intéressait les tiers ;
si elle intéressait l'ordre public, il est impossible d'admettre
l'exécution volontaire de la part des particuliers qui ne connaissent encore la loi nouvelle que par la publicité de fait. En effet,
tant que la loi abrogatoire de ce qui était défendu n'est pas légalement publiée, il est évident, d'après les principes déjà développés, que les prohibitions antérieures subsistent, et que les
magistrats chargés de veiller à l'exécution des lois doivent veiller
au maintien de ces prohibitions. Comment concevoir, dès lors,
que des particuliers aient le pouvoir de s'affranchir de règles que
les magistrats sont chargés de faire exécuter ? Admettez, par
exemple, une loi qui dérogeant à celle du 3 septembre 1807
relative au taux de l'intérêt conventionnel, autorise pour l'avenir
la stipulation de l'intérêt à 6 p. % ; cette loi nouvelle sera-t-elle
susceptible d'une exécution volontaire et anticipée, d'après la
seule connaissance de sa publicité de fait ? Il faut répondre que

non, par la raison que la prohibition contenue dans la loi précédente intéresse l'ordre public, et qu'il est du devoir des magistrats de la maintenir jusqu'à l'expiration des délais déterminés pour la publicité légale ; que si elle intéressait les tiers, il faudrait appliquer ici ce que nous avons dit des lois prohibitives ; car ce qu'il importe surtout en cette matière, c'est d'éviter de porter atteinte aux droits des tiers sans leur participation ; or, les lois permissives ne peuvent pas, sous ce rapport, avoir d'autre objet que les lois prohibitives ; mais si elle n'intéresse ni le public ni les tiers, l'exécution anticipée en est permise. Par exemple, le contrat de mariage d'un mineur qui n'aurait pas été assisté des personnes dont le consentement est nécessaire pour la validité de son mariage, renfermerait une nullité évidente (Art. 1398) ; néanmoins cette nullité n'étant relative qu'aux époux et à leurs héritiers, une loi nouvelle qui dérogerait à cette disposition, serait susceptible, après la dissolution du mariage, d'une exécution anticipée.

8. La difficulté consiste donc à bien démêler le but de la loi précédente, afin de savoir jusqu'à quel point l'exécution volontaire de la loi nouvelle pourra lui faire subir une dérogation. M. Toullier (t. 1, n° 108) indique trois cas dans lesquels les particuliers ne sauraient déroger même aux lois uniquement introduites en leur faveur. Ces cas sont, « 1° lorsque la loi a défendu de déroger à ses dispositions ; 2° lorsqu'on peut induire de ses dispositions ou de ses motifs qu'elle est absolument prohibitive ; 3° lorsque les dispositions de la loi ont pour fondement quelque cause publique ou politique, ou l'intérêt d'un tiers ». Ces principes réclament des développemens que leur auteur ne leur a pas donnés.

Lorsque la loi, bien que purement facultative, a défendu de déroger à ses dispositions, il est évident que les particuliers ne peuvent y déroger, même par l'exécution volontaire d'une autre loi qui l'abrogerait, mais qui ne serait pas légalement publiée à leur égard. Quelle en peut être la raison ? C'est que la loi précédente, déterminée par des vues supérieures qui doivent toujours, comme je l'ai dit, dominer les vues particulières, a exprimé la défense de déroger à ses dispositions ; or, cette défense est une des dispositions même de la loi, et son objet est d'assurer l'exécution de la loi, indépendamment de la connaissance du motif, et de déclarer nul tout ce qui pourrait être fait contre ses dispositions. Ces termes irritans : *ne peut, ne pourra*, ôtent, selon Dumoulin (sur la loi **1**, ff. *de verb. oblig.*, nº 2), toute puissance de droit et de fait; d'où résulte l'obligation précise de se conformer à la loi, et une impossibilité absolue de faire ce qu'elle défend : *Negatio præposita verbo* POTEST, *tollit potentiam juris et facti designans actum impossibilem* (1). Par exemple, l'art. 965 du Code civil porte : « Toute clause ou convention par laquelle le donateur aurait renoncé à la révocation de la donation pour survenance d'enfant, sera regardée comme nulle, et ne pourra produire aucun effet ». Cet article exprime la défense de déroger à l'art. 960 en ce qui concerne la révocation de la donation pour cause de survenance d'enfant. Admettez maintenant une loi nouvelle qui abroge cette disposition purement et simplement, ou lui en substitue une autre; sera-t-elle susceptible de l'exécution volontaire et anticipée dont nous venons de parler? Il est évident que non; car, une telle exécution emporte, comme nous l'avons dit, dérogation à la loi précédente; or, il n'est pas au pouvoir des particuliers de déroger à une loi, même facultative, lorsque son texte porte la disposition expresse que *l'on ne pourra pas y déroger*. Exemple pour le second cas: l'art. 1097 porte : « Les époux ne pourront, pendant le mariage, se faire, ni par acte entre vifs, ni par testament, aucune donation mutuelle et réciproque par un seul et même acte ».

Le sens naturel de cette disposition, ainsi que son motif, ne permettent pas de douter que la prohibition ne soit absolue. Toutes donations faites entre époux pendant le mariage étant toujours révocables, quoique qualifiées entre vifs, aux termes de l'art. 1096, il fallait prévenir un inconvénient grave qui aurait rendu vaine cette disposition : les époux pouvaient faire leur testament par un seul et même acte, et se mettre ainsi, à cause de l'indivisibilité de cet acte, dans l'impossibilité de révoquer séparément leurs dispositions. Supposez maintenant une loi qui

(1) Le sens de cette maxime, que Dumoulin restreint aux matières purement prohibitives (*Ibid*), est que ce qui aura été fait contre la prescription de la loi, sera nul, non-seulement comme contraire au droit, puisque la loi le défend, mais encore sous le rapport du fait, c'est-à-dire, que même après l'accomplissement du fait, il n'en résultera jamais un droit quelconque, dérogation précise à cette autre maxime : *Multa sæpè in jure fieri prohibentur quæ si facta fuerint, obtinent firmitatem* (*Cap. xvi, de Regular.*). Cependant le mot *ne peut* n'est pas toujours *irritant* (V. mon article *Loi*, Répertoire du Notar., nº 32).

abroge cet article, et fasse revivre les anciens principes d'après lesquels les époux pouvaient disposer, par un seul et même acte, en faveur l'un de l'autre (V. Sallé, art. 77, Ordonnance de 1735). Il est évident qu'elle ne sera pas exécutoire sur la simple connaissance qu'auraient les parties de sa publicité de fait, et qu'elles devront attendre l'expiration des délais pour sa publicité légale. Que si nous pénétrons les motifs de l'art. 1096 avec lequel est nécessairement coordonné l'art. 1097, il ne nous sera pas difficile d'y puiser la certitude que la prohibition de la loi est absolue. En effet, quel est le but de l'art. 1096? C'est celui qui servait de fondement aux diverses lois romaines consécratrices du même principe ; savoir, d'éviter que les époux, cédant à une tendresse irréfléchi, ne se dépouillent l'un l'autre ; que l'argent ne devienne le prix d'une réconciliation qui n'aurait pour cause qu'une dissension feinte ; que l'époux pervers ne s'enrichisse des dépouilles de l'époux honnête. *Ne conjuges mutuo amore invicem spoliarentur* (L. 1, 2, ff. de Donat. inter vir. et uxor), *ne concordia pretio conciliari videretur* (L. 3, ff. ibid.); *Neve melior in paupertatem incideret, deterior ditior fieret* (L. 3, *ibid.*). Or, ce but est d'un gravité telle qu'on ne saurait supposer aux particuliers la faculté de l'éluder par l'exécution volontaire et anticipée d'une loi nouvelle qui le ferait disparaître de la législation.

9. Quant au troisième cas, nous ne nous occuperons que de ce qui peut concerner les tiers, ayant déjà traité la matière sous le rapport du droit public (*suprà*, n° 7). La loi qui permet de disposer par testament est *permissive* ou *facultative :* « *Toute personne pourra disposer par testament*, etc. » , porte l'art. 967 du Code civil. On demande si un particulier peut, dérogeant à la loi qui détermine la quotité disponible de ses biens, exécuter d'avance et sur la simple connaissance qu'il a de sa publicité de fait, une loi nouvelle qui change les limites de cette quotité? Il faut distinguer : ou la loi nouvelle intéresse les tiers, ou elle n'intéresse que le disposant. Dans le premier cas, la loi nouvelle ne pourra pas être exécutée avant l'expiration des délais déterminés pour sa publicité légale. Voici une espèce dans laquelle la Cour d'appel de Lyon a méconnu ces principes dans ses considérans, tout en jugeant régulièrement au fond. Le 24 germ. an VIII, testament d'Antoine Duvernay, par lequel, profitant de la faculté que lui accordait la loi du 4 du même mois, d'avan-

tager un de ses enfans au préjudice des autres, il lègue par préciput le quart de tous ses biens à Claude Duvernay son fils. Il
y avait alors quatorze jours que la loi du 4 germ. an VIII avait
été promulguée par le chef du Gouvernement; mais le bulletin
officiel qui en contenait le texte, n'était pas encore parvenu à
Lyon, chef-lieu du département du domicile du testateur, et
par conséquent elle n'y était pas encore publiée suivant le mode
déterminé par la loi du 12 vendém. an IV, qui était alors en vigueur. Cependant le testateur ne mourut que le 5 niv. an IX,
époque à laquelle la loi du 4 germ. an VIII avait reçu sa pleine
publicité à Lyon. La demoiselle Denise Duvernay, l'une des filles
du testateur, forma une demande en nullité du testament, sur le
motif qu'il avait été fait avant la publication de la loi du 4 germ.
an VIII, et sous l'empire de celle du 17 niv. an II, qui prohibait
toute espèce de disposition entre enfans. Un jugement du tribunal de Lyon accueillit en effet cette demande; mais la Cour
royale de la même ville en jugea différemment; et, par arrêt du
14 pluv. an XII : « Considérant la juste distinction qu'il faut faire
relativement à l'effet de la publication des lois entre les lois obligatoires et pénales, et celles qui ne sont que facultatives; considérant que les lois obligatoires et pénales ne doivent être exécutées que du jour de leur publication, mais que les lois facultatives
peuvent l'être du jour qu'on en a connaissance ; que, dans l'espèce, Antoine Duvernay a bien pu, le 24 germ., connaissant la
loi du 4 du même mois, user de la faculté de disposer accordée
par cette loi ; qu'encore, bien que la loi du 4 germ. n'ait été enregistrée que postérieurement, et le 28 du même mois, et quoique Antoine Duvernay ait vécu plus de huit mois après avoir
disposé, aucune loi ne lui a imposé l'obligation de refaire son
testament; considérant que la loi du 4 germ. an VIII, en vertu
de laquelle Duvernay a disposé, était en pleine vigueur au jour
de son décès ; la Cour, sans avoir égard aux moyens de nullité
proposés par Denise Duvernay, ordonne que le testament sera
exécuté selon sa forme et teneur ».

10. Cet arrêt admet, comme on le voit, le principe qu'Antoine Duvernay a pu, le 24 germ. an VIII, c'est-à-dire lorsqu'il
ne connaissait encore la loi du 4 du même mois, que par sa publicité de fait, exécuter cette même loi; mais, d'un autre côté,
il considère que la loi du 4 germ. an VIII était en pleine vigueur
au jour de son décès. Il résulte de là une véritable confusion de

principes. Le testament d'Antoine Duvernay était valable, non
pas parce qu'il l'avait fait en exécution de la loi du 4 germ.
an VIII, et avant sa publicité légale ; mais parce qu'il était décédé
à une époque où cette loi était en pleine vigueur, et que c'est
la loi existante à l'époque du décès, qui détermine la quotité disponible ; mais en eût-il été de même, si cette loi n'eût pas été
légalement publiée à Lyon à l'époque de ce décès ? Oui, répond
la première partie des considérans, car il est de principe que les
lois facultatives peuvent être exécutées du jour qu'on en a connaissance. Mais c'est ici une erreur évidente : les lois facultatives
ne sont exécutoires, avant leur publicité légale, que tout autant
que leur exécution ne porte aucune atteinte aux droits des tiers ;
or, dans l'intérêt de qui avait été rendue la loi du 17 niv. an II,
à laquelle dérogeait la loi du 4 germ. an VIII ? Bien évidemment
dans l'intérêt des enfans ; comment donc admettre qu'un testateur pût déroger par une exécution anticipée à une loi créée entièrement dans l'intérêt des tiers ? Mais que faudrait-il répondre
si la loi précédente était faite dans l'intérêt des testateurs, et que
la loi nouvelle le fût dans l'intérêt des tiers ? Par exemple, la loi
du 17 niv. an II, elle-même, dérogeait aux lois précédentes sur
la disponibilité des biens ; un testateur aurait-il pu disposer conformément à cette loi ? Pourquoi pas ? Il en serait autrement de
la loi qui aurait statué simplement sur les formes du testament
(V. plus bas, *Formes des testamens*).

11. Nous arrivons à la seconde hypothèse (*suprà, n° 7*) :
que faudra-t-il décider si la loi ne fait que régler le mode d'une
faculté déjà existante ? On peut reproduire ici la distinction
précédente et dire, que si la matière intéresse l'ordre public, la
loi nouvelle, déterminant de nouvelles formes ou modifiant les
formes anciennes, ne sera pas susceptible d'une exécution anticipée de la part de ceux qui ne la connaissent encore que par sa
publicité de fait. Ainsi, des lois nouvelles qui détruiraient ou
modifieraient les formes relatives à l'adoption, à l'émancipation,
à l'interdiction, à l'exercice de la puissance paternelle, de la
puissance maritale, de tous les droits, en un mot, dont l'exercice
n'a lieu qu'en la présence ou avec le concours nécessaire de l'autorité publique, ne sauraient être exécutées avant l'accomplissement des délais déterminés pour leur publicité légale. Nous en
avons déjà donné la raison : ces formes, comme les droits dont
elles protégent l'exercice, sont placées, jusqu'à leur abrogation

régulière, sous la sauvegarde des fonctionnaires chargés de veiller à l'exécution des lois.

12. Le même principe s'applique au cas où les formes intéresseraient les tiers. Ainsi, supposez une loi qui, dérogeant à l'art. 2129 du Code civil, établisse qu'à l'avenir l'hypothèque conventionnelle pourra résulter d'une simple stipulation, sans désignation spéciale des immeubles qui en sont l'objet; le créancier et le débiteur pourront-ils, s'affranchissant de l'ancienne loi, exécuter celle-ci, sur la simple connaissance qu'ils auront de sa publicité de fait? Il est évident que non. Les tiers acquéreurs ou créanciers postérieurs ont intérêt, jusqu'à ce que l'abrogation résulte de la publicité légale de cette loi, à l'accomplissement des anciennes formalités dont le but principal est de les protéger contre les fraudes ou les surprises.

13. Mais indépendamment de la distinction précédente, il existe une foule d'actes ou de formes déterminés par les lois, auxquels ne sauraient aucunement convenir les principes que nous venons de développer, et qui doivent rester constamment régis par ces lois jusqu'à leur abrogation accomplie par la publicité légale de la loi nouvelle. Par exemple, supposons une loi qui, dérogeant à l'art. 971 du Code civil, déclare valable le testament par acte public auquel n'ont assisté que deux témoins avec le notaire qui l'a reçu. Un habitant de Marseille apprenant, au moment de mourir, que cette loi qui n'est pas encore légalement publiée à Marseille, est promulguée à Paris, déclare user, de la faculté qu'elle lui accorde; il dispose et meurt le même jour. Son testament sera-t-il valable? M. Merlin (Répert. t. 16, p. 688) répond que non; et il en donne deux raisons : la première, qu'il est de principe que c'est par la loi du lieu où se fait un testament que la forme doit en être réglée; c'est l'application de la maxime *locus regit actum;* la seconde, qu'il n'est pas permis au testateur de s'affranchir par une déclaration, de la loi sous l'empire de laquelle il est actuellement placé, d'après la L. 55, ff. de *Legat.*, 1° qui porte qu'il n'est permis à personne de s'affranchir des lois par testament. *Nemo potest in testamento suo cavere ne leges locum habeant.* La solution de M. Merlin est exacte et nous l'approuvons sans doute; mais les raisons qu'il donne nous paraissent deux pétitions de principe : 1° il n'est établi nulle part, et il n'est rien moins

que certain que la maxime *locus regit actum* (1), employée
surtout autrefois pour résoudre quelques questions relatives à
l'effet des statuts, donne aujourd'hui pour résultat que les
particuliers ne puissent pas déroger aux lois qui règlent la
forme des testamens; du moins, s'il en était ainsi, c'est ce
qu'il eût fallu prouver avant tout; 2° la maxime *Nemo potest
in testamento*, etc., etc., n'a pas le but que lui suppose ici
M. Merlin. Son sens naturel, sens que lui donnent tous les docteurs, est qu'il n'est pas permis au testateur de s'élever au-dessus
de la loi, de s'affranchir de ses prescriptions, en ce qui concerne
l'intérêt ou l'ordre public ou l'intérêt des tiers. « Ainsi, dit Denis
Godefroy sur cette loi, il ne pourra pas empêcher que son testament ne soit enregistré; que ses enfans du premier degré surtout ne retiennent la quarte trébellianique; qu'ils soient privés
de leur légitime sans une juste cause; il ne pourra pas faire
remise à l'usufruitier de la caution à laquelle il est tenu; il ne
pourra pas faire remise au préjudice de ses créanciers, de l'obligation de faire inventaire, même en faveur du créancier; il ne
pourra pas enlever à ses héritiers l'action qu'ils tiennent de la loi
tendant au partage de sa succession; il ne pourra pas enfin ordonner que le légataire s'emparera, de sa propre autorité, de ce
qui fait l'objet de son legs, lorsque l'héritier est en possession
des biens de la succession ». Mais, comme on le voit, il reste toujours à savoir si le testateur n'a pas pu déroger à une loi uniquement relative à la forme de son testament, loi qui ne paraît avoir
pour objet qu'un intérêt privé laissé à sa disposition par le droit
commun.

14. Nous aimons mieux nous déterminer d'après d'autres motifs : les lois qui règlent les formes ou les solennités des actes ne
peuvent pas être considérées indistinctement comme statuant
sur des intérêts privés; elles ont plus habituellement pour objet
de tracer les signes certains auxquels ces actes commandent la
foi publique et opèrent des effets sur les personnes et sur les
biens, et voilà pourquoi les formes ou solennités des testamens
sont dites de droit public. (V. infrà , *Formes des testamens*
t. II). Ajoutez que la plupart de ces formes ou de ces solenni-

_____

(1) Nous discuterons plus loin (Formes des testamens, *in principio*, t. II)
la force de cette maxime, et nous essayerons d'en déterminer une exacte
application.

tés, ne peuvent être accomplies que par des officiers publics que la loi institue elle-même, et dont elle a défini les attributions. Ainsi les donations, les testamens authentiques, les contrats susceptibles de produire hypothèque, et une foule d'autres doivent être rédigés par des notaires. Comment supposer, d'après cela, que les particuliers puissent déroger, par l'effet de leur simple volonté, aux lois qui règlent ces formes, et exécuter d'avance et avant la publicité légale, d'autres lois qui les abrogeraient, ou qui substitueraient des formes nouvelles aux formes anciennes? Peut-on argumenter ici d'un droit spécialement limité dans la personne de chaque individu; par exemple, le droit de disposer de ses biens, ou tout autre auquel chacun est libre de renoncer, avec des formes généralement créées dans des vues d'ordre ou de bien public, et dont l'abandon ou l'omission n'appartient exclusivement à personne, par la raison même qu'elle intéresse tous les citoyens? Il est évident que non.

D'un autre côté, il existe une espèce de formes appelées *substantielles*, auxquelles il n'est pas au pouvoir des particuliers de se soustraire tant que la loi qui les consacre n'est pas abrogée; et il y a de ce principe une raison décisive, c'est que ces formes, bien que substantielles à l'acte, sont néanmoins distinctes des droits dont elles garantissent l'exercice. Or, ces droits sont consacrés par d'autres lois qui subsistent encore, même après l'abrogation de la loi nouvelle relative à la forme. Par exemple, le testament olographe exige pour sa confection trois conditions indispensables, la date, l'écriture de la main du testateur, sa signature (Art. 970). Ces conditions sont en même temps les formes substantielles de cet acte; supprimez l'une d'elles et l'acte n'existe plus. Supposez maintenant une loi nouvelle qui dispose que le testament olographe sera valable, indépendamment de sa date, pourvu qu'il soit écrit et signé de la main du testateur. Un habitant de Bayonne qui ne connaît encore cette loi que par la publicité de fait, pourra-t-il faire un testament olographe dans la forme qu'elle trace et avant l'expiration des délais déterminés pour sa publicité légale? Non sans doute. La forme du testament olographe est changée, mais le droit même de faire un testament olographe subsiste, avant comme après l'émission de la loi nouvelle; or, il ne peut exister qu'avec effet, avant la publicité légale de cette loi, c'est-à-dire, qu'avec sa condition nécessaire qui est la manifestation de ce droit dans la forme tracée par la loi précédente;

or, comme la loi précédente n'est pas encore abrogée, il n'est pas au pouvoir des particuliers de s'y soustraire avant la publicité légale de celle qui substitue une forme nouvelle à la forme ancienne.

15. Le même raisonnement s'applique aux contrats. Supposez une loi nouvelle qui dérogeant à l'art. 1326 du Code civil, d'après lequel : « le billet ou la promesse sous seing privé, par lequel une seule partie s'engage envers l'autre à lui payer une somme d'argent ou une chose appréciable, doit être écrit en entier de la main de celui qui le souscrit, ou du moins, il faut qu'outre sa signature, il ait écrit de sa main un *bon* ou un *approuvé* portant, en toutes lettres, la somme ou la quantité de la chose, » déclare valable, pour l'avenir, tout acte unilatéral contenant promesse d'une somme d'argent pourvu qu'il soit signé de l'obligé, bien qu'il ne soit pas écrit en entier de sa main, et qu'il ne porte pas une approbation écrite par lui, en toutes lettres, de la somme promise ; deux particuliers de Toulon, instruits de l'existence de cette loi, par sa simple publicité de fait, s'obligent l'un envers l'autre dans cette forme ; ils y ajoutent la déclaration formelle, qu'en considération de la loi nouvelle qui n'est pas encore légalement publiée à leur égard, ils se dispensent de la forme prescrite par l'art. 1326 du Code civil. Seront-ils valablement liés d'après les formes de la loi nouvelle ? Il faut répondre que non ; par la raison déjà donnée que la forme seule dans laquelle seront constatés à l'avenir les engagemens unilatéraux ou synallagmatiques, est changée par la loi nouvelle ; mais que le fond même du droit, c'est-à-dire le produit moral résultant des quatre conditions requises par la loi, pour former l'obligation, le consentement des parties, la capacité de contracter, l'objet certain qui forme la matière de l'engagement, la cause licite dans l'obligation (Art. 1108), subsiste toujours par la force même de la loi précédente, et indépendamment de la loi nouvelle dont le but n'a pas été d'y déroger ; or, ce droit subsiste, comme nous l'avons dit, avec sa condition nécessaire, c'est-à-dire, sa manifestation dans la forme déterminée par la loi précédente. A la vérité, les parties ont expressément renoncé à faire usage de cette forme ; mais il n'est pas en leur pouvoir de prouver cette renonciation elle-même, puisque leur engagement manque de l'une des formes sans lesquelles il leur est impossible d'établir la preuve de cette renonciation.

16. Au reste, nous répétons ici, relativement aux formes, ce que nous avons déjà établi relativement au fond du droit (*suprà,* aff. Duvernay); savoir : que si la forme sur laquelle statue la loi nouvelle n'intéresse pas l'ordre public ou les tiers, si elle n'est pas substantielle, si elle est purement accidentelle ou accessoire, en telle sorte qu'elle n'intéresse que l'individu même qui veut se prévaloir de l'exécution volontaire et prématurée qu'il a donnée à cette loi, rien ne s'oppose à ce que cette exécution soit déclarée valable; et la raison, nous venons de l'indiquer, est que l'objet sur lequel il a fait porter sa renonciation n'excédait pas les limites de sa puissance. Ainsi, le contrat de mariage admet, comme forme substantielle et sans laquelle il ne saurait subsister : « *que les deux parties déclarent l'une après l'autre à l'officier de l'état civil, qu'elles veulent se prendre pour mari et pour femme, que l'officier de l'état civil prononce, au nom de la loi, qu'elles sont unies en mariage, qu'il en dresse l'acte sur-le-champ* » (Art. 75, C. civ.). Quelle que soit la volonté des parties, d'exécuter avant sa publication légale, une loi nouvelle qui dérogerait à ces formes, des raisons d'ordre public, celles que nous développions tout à l'heure, s'y opposeront également; mais admettez une loi nouvelle qui dérogeant à la disposition de l'art. 151 du Code civil, d'après lequel les majeurs qui veulent contracter mariage, *sont tenus de demander préalablement, par un acte respectueux et formel le conseil de leur père ou de leur mère, ou celui de leurs aïeuls et aïeules,* dans les cas prévus par l'article, dispose qu'à l'avenir les majeurs seront dispensés de remplir cette formalité, pourvu qu'il n'apparaisse pas d'ailleurs d'une opposition formelle de leur père et mère, aïeul ou aïeule ; il est évident qu'un mariage entre majeurs, célébré en exécution de cette loi nouvelle, sur la simple connaissance qu'ils auront de sa publication de fait, auquel d'ailleurs les père et mère aïeul ou aïeule, auront assisté, sera rigoureusement accompli, selon les termes et l'esprit de la loi. La raison en est que la formalité abrogée était purement accidentelle, et que bien que son motif paraisse tenir à des égards, à des bienséances qui intéressent toujours les bonnes mœurs, néanmoins elle avait plus directement pour objet un droit privé appartenant à la famille et dont elle a pu disposer en y renonçant.

17. Une loi qui améliore l'état des personnes est-elle exécutoire indistinctement, immédiatement après sa promulgation? (V. infrà, *État des personnes*).

18. Une loi devenue complète par la sanction du Roi, mais non encore promulguée n'est pas *exécutoire;* c'est ce qui résulte des termes mêmes de l'art. 1ᵉʳ du Cod. civ.; et ce principe universellement reconnu autrefois (1), a été formellement consacré par un arrêt de la Cour de cassation, du 7 août 1807 (2) (aff. Pene). Mais du moins, ne peut-on pas dire, que la loi, dans cet état, ayant acquis son caractère définitif de loi, est susceptible de l'exécution volontaire des particuliers qui la connaissent de fait, et que la promulgation postérieure aura pour effet d'attacher aux stipulations anticipées de ces particuliers, la force obligatoire de la loi promulguée. On dira pour l'affirmative, que dès que la loi est revêtue de la sanction du Roi, elle appartient en quelque sorte aux citoyens; qu'à la vérité, son effet vis-à-vis d'eux ne commence qu'avec la promulgation; mais que cette formalité n'étant qu'un pur accessoire ou une conséquence même de la sanction, elle est inévitable, et que dès lors il n'y a pas de raison suffisante pour refuser à une loi, pourvue d'ailleurs de toutes les conditions essentielles à son existence et qui sera nécessairement promulguée, l'effet d'apposer le sceau de son autorité aux conventions librement contractées par des particuliers qui ont consenti à l'exécuter par anticipation.

Mais il faut répondre, qu'il n'est pas exact de dire que jusqu'à la promulgation, la loi ait acquis, aux yeux des citoyens, une certitude telle qu'elle puisse servir de base, même à leurs conventions anticipées; que jusque-là, le Roi n'a pas encore épuisé toute sa prérogative; que l'assertion d'après laquelle la loi est parfaite par la sanction du Roi, est plutôt le fruit du raisonnement qu'un résultat positif des dispositions de la Charte, qui ne donnent nulle part le caractère définitif de loi avec des effets certains, à l'acte discuté et adopté par les deux Chambres sur la proposition de l'un des pouvoirs publics et revêtue simplement de la sanction; qu'il n'est pas dès lors rigoureusement vrai de dire que la loi soit *loi,* avant sa promulgation (3). Quant aux effets de la promulgation postérieure, ils ne sauraient s'appliquer avec exactitude à des

(1) Une loi non promulguée ne saurait obliger, dit Voët (*Comm. ad Pand.* , lib. 1, tit. 3, n° 10).

(2) Sirey, t. VIII, p. 282.

(3) V. suprà, *Définition de la promulgation.*

conventions régies dès leur origine par des lois ou par un droit certains et non encore abrogés; enfin, la rétroactivité que l'on attribuerait dans ce cas à la promulgation de la loi nouvelle, n'étant justifiée par aucun besoin de la législation, serait en opposition directe avec tous les principes.

SECTION III°.

Des cas dans lesquels la loi détermine elle-même l'époque à laquelle elle sera exécutée. Comment alors doivent être entendus les délais.

—

SOMMAIRE.

17. — *A la disposition de l'art.* 2154 *du Code civil portant :*
          « Que les inscriptions conservent l'hypothèque et le
          privilège pendant dix années, *à compter du jour de*
          leur date.» Opinion de MM. Merlin et Grenier
          sur cette question.

18. — *Jurisprudence contraire à l'opinion de M. Merlin.*

19. — *Résumé général sur toute cette matière.*

———

    1. La loi est obligatoire, ou si l'on veut, doit être exécutée
après l'expiration des délais déterminés pour que sa promulgation
soit réputée connue (Art. 1); mais elle peut déroger elle-même
à sa règle, et ordonner qu'elle sera exécutée à partir de tel jour,
à compter de tel jour, depuis tel jour, dans tel délai, à partir
de tel événement, etc.; on demande, comment dans ce cas, devront être entendus et appliqués les délais, et à quelle époque
commencera l'obligation d'exécuter la loi? Les auteurs ont vainement essayé de tracer des règles sur cette matière (1); et la
jurisprudence n'est pas moins incertaine que les auteurs. M. Toullier se demande (t. 6, n° 684), si dans cette locution, *à comp-*
ter de ce jour, le jour qui sert de point de départ est compris
dans le délai ou s'il en est exclu, et il répond qu'il en est exclu.
Quelle est sa raison? C'est qu'aux termes de l'art. 1159 du Code
civil, ce qui est ambigu, s'interprète par ce qui est d'usage ; or,
il est d'usage que le terme *à quo* ou le jour du terme ne soit pas
compté ». M. Berriat-Saint-Prix, t. 1, p. 146 et 147, partage
cette opinion. Il s'appuie surtout de l'ancienne maxime : « dies
« termini non computatur in termino ». « Il est certain, ajoute-t-
il dans une note, p. 147, n° 1, que le *système* exclusif du jour
à quo a été en effet, et dès long-temps consacré par l'usage, et
qu'il n'est plus contesté ». Cependant les autorités dont il invoque l'appui, peuvent laisser à douter qu'il ait eu réellement en
vue d'autres délais que ceux de la procédure. M. Merlin professe décidément une opinion contraire. Après avoir tracé les variations de l'ancienne jurisprudence sur ce point (Répert., v° *Dé-*

———

(1) V. Tiraqueau, *Retrait lignager*, § 1 ; *Gloss.* 11, n° 17. Cet auteur
n'a su prendre aucun parti dans la longue controverse à laquelle a donné
lieu la question des délais (V. *ibid.*, et M. Merlin, Répertoire, v° *Délai*,
t. XVII, n° 52 et 61).

lai, sect. 1re, § 3, t. 17, p. 34), il examine la question sous l'empire des Codes qui nous régissent, et il se détermine, à l'aide des diverses argumentations répandues dans son répertoire (v° *Prescription*, sect. 2, §§ 1 et 2, n° 4; *Inscription hypothé-caire*, § 8 (*bis*); *Loi*, § 5, n° 9 (*bis*); *Mort civile*, § 1, art. 5, n° 4, etc., et dans ses Questions de droit, v° *Papier-monnaie*, § 3, etc.), à adopter le principe : qu'en général, et sauf l'excep-tion portée à l'art. 1033 du Code de procédure civile relative aux délais des assignations et sommations où le terme *à quo* est exclusif, et celle portée en l'art. 373 du Code d'instruction cri-minelle , dans tous les autres cas le terme *à quo* doit être *entendu* d'une manière inclusive, c'est-à-dire , comme faisant partie du délai.

2. Mais à combien d'incertitudes ne se voit pas livré cet au-teur lorsqu'il arrive aux applications de son principe! D'abord il varie lui-même sur le sens qu'il croit devoir donner aux mots, *depuis tel jour, à compter de tel jour*. Ils sont synonymes selon l'opinion qu'il a consignée dans ses conclusions du 22 avril 1806 (Répert., v° *Loi*, § 5, n° 9, p. 548), et ils ne le sont plus selon celle qu'il a adoptée dans le même ouvrage , v° *Mort civile*, § 1, art. 5, t. 17, p. 165; ici le mot *depuis* est exclusif, tandis que *à partir* ou *à compter de* est inclusif. Il ne varie pas moins sur le fond même de la question. Dans le premier endroit que je viens de citer, il pense que le terme *à quo* ne fait pas généra-lement partie des délais, à l'exception néanmoins de certains dé-lais de procédure ; et il rapporte à l'appui de cette opinion, l'avis de Dumoulin , sur la règle *de Infirmis*, n° 327 ; celui de Brillon, Dictionnaire des arrêts, v° *Délai*, n° 1, et même un arrêt de la Cour de cassation, du 23 messid. an V ; mais il expose une doc-trine diamétralement contraire, t. 17, v° *Délai*, sect. 1re, § 3, p. 34; et, après avoir fait un tableau de la controverse à laquelle avait donné lieu autrefois cette question célèbre, il le termine par ces mots : « Il s'en faut donc de beaucoup qu'avant les Codes qui nous régissent aujourd'hui, la maxime, *dies termini à quo non computatur in termino* fût universellement admise ».

3. Examinant la question sous l'empire des Codes , son em-barras et son incertitude ne sont pas moindres; il emploie toutes les ressources d'une dialectique exercée, et même quelquefois subtile, pour démontrer que la plupart des dispositions du Code civil, sur les délais, doivent être interprétées d'après l'esprit

des lois romaines (1); qu'ainsi, dans la supputation des délais, le terme *à quó*, ou le jour du départ, ne doit pas compter. Mais il se voit arrêté par une foule d'exceptions qui ébranlent toute l'autorité de sa règle. Par exemple, l'art. 26 du Code civil porte : « Que les condamnations contradictoires n'emportent la mort civile *qu'à compter du jour de leur exécution*, soit réelle, soit par effigie ». Le jour même de l'exécution est-il inclusif ou exclusif? En d'autres termes, la mort civile commence-t-elle le jour même de l'exécution, ou ne commence-t-elle que le lendemain? Elle commence le jour de l'exécution, dit M. Merlin, et il importe peu qu'un individu condamné recueille des successions avant ou après le moment de son exécution, il suffit qu'il soit appelé à les recueillir le jour même de son exécution pour qu'il ne puisse ni les recueillir ni les transmettre. Mais peut-on lui dire, c'est là une interprétation purement arbitraire; d'un part, l'effet ne doit jamais précéder la cause; or, la cause de la mort civile est non la condamnation, mais l'exécution; une succession recueillie par le condamné, avant son exécution, peut donc être valablement transmise par lui; d'ailleurs, les mots, *à compter de tel jour* et *depuis tel jour* sont synonymes, comme vous l'établissiez vous-mêmes, avec toute vérité, dans vos conclusions du 22 avril 1806. En second lieu, vous ne pouvez entendre ainsi la loi sans lui donner un effet rétroactif manifeste. Enfin, il s'agit de l'interpétation d'une disposition pénale; or, c'est surtout dans cette matière qu'est applicable la maxime : Que le sens le plus doux doit être préféré, *in pœnalibus causis benigniùs interpretandum est*. L. 155, § 2, ff. *de Reg. jur.* Que répond à cela M. Merlin? « Qu'à la vérité, on ne pourrait pas supposer que le législateur voulût faire remonter l'incapacité du condamné à un moment où sa vie civile est encore pleine et intacte, s'il n'énonçait pas clairement que telle est sa volonté; or, c'est ce qu'il fait lorsqu'il dit : « Que la mort civile est encourue *à compter du jour de l'exécution* ». Mais c'est là, à mon avis, une véritable pétition de principe; car toute la question est précisément de savoir si telle a été, en effet, la volonté du législateur. Quant à la rétroactivité, il ne la nie pas, seulement elle ne dépasse pas, selon lui, le pouvoir du législateur qui aurait pu, à l'exemple du droit romain, faire commencer la mort civile à l'instant

(1) Répertoire de Jurisprud., vᵒ *Prescription*, t. XVII, sect. 2, §§ 1 et 2.

même de la condamnation (Répertoire , t. XVII, v° *Mort civile* , § 1, n° 5). Ainsi, M. Merlin argumente d'un cas exorbitant et contraire au droit commun pour expliquer le sens d'une loi régulière. On voit d'ailleurs qu'il prête d'avance au langage de la loi le sens qu'il importe de découvrir , pour le détourner au besoin d'établir sa règle.

Sans doute la loi aurait pu faire rétroagir sa disposition au commencement du jour de l'exécution ; mais la question, comme nous l'avons vu , est de savoir si elle l'a fait ; or, dans le doute , nous aimons mieux nous en tenir à la solution qui résulte des principes généraux.

4. Ainsi, pour établir une doctrine contraire à celle qui paraît le plus généralement reçue et qu'enseignent la plupart des auteurs ; savoir , que le terme *à quo* n'est pas compris dans les délais de la loi, M. Merlin se voit forcé de méconnaître deux des plus importans principes de l'interprétation des lois ; le premier que je viens de rapporter, qu'en matière de disposition pénale, on doit toujours, dans le doute, se prononcer pour le parti le plus doux ; le second, que la rétroactivité arbitraire de la loi ne saurait jamais se présumer. Quant aux argumentations tirées de l'art. 2260 du Code civil , d'après lequel « la prescription se compte par jour et non par heures ». Des décrets des 23 juil. et 25 nov. 1810 , dont le premier porte : « Que le nouveau Code criminel sera mis en activité dans l'étendue du ressort de chaque Cour impériale, *à partir du jour de son installation* » ; le second, « que le nouveau Code criminel , la loi du 20 avril 1810, et les décrets relatifs à la nouvelle organisation judiciaire, ne seront mis en activité , dans l'étendue du ressort de chaque Cour royale, *qu'au jour de l'installation de la Cour* » ; enfin, de l'arrêt de la Cour de cassation , du 5 déc. 1811, qui , faisant application de ces décrets, casse un arrêt de la Cour d'assises de la Haute-Garonne, par le motif qu'elle aurait appliqué à un délit commis dans le ressort de la Cour impériale de Toulouse , le jour même de l'installation de cette Cour, les peines déterminées par le Code pénal, du 25 sept. 1791, tandis qu'elle aurait dû appliquer celles portées par le nouveau Code criminel. Ces argumentations, dis-je, me paraissent dénuées de force et d'autorité : 1° Argumenter d'une disposition sur la prescription, disposition dérogatoire aux anciens principes, selon M. Merlin lui-même (*ibid.*, v° *Prescrip-*

tion), et aussi, selon Dumoulin (Cout. de Paris, *des Fiefs*, §7, n° 4 (1), pour en faire sortir une conclusion applicable à toutes les matières du droit civil, est non-seulement contraire aux premiers élémens de la logique qui défendent de conclure du particulier au général, mais encore aux principes du droit qui ne permettent pas d'argumenter d'une disposition exceptionnelle pour en tirer une conclusion applicable à d'autres matières : *Quod contra rationem juris receptum est non est producendum ad consequentias; L.* 14, *ff. de Legib.*).

5. Quant aux dispositions par lesquelles les décrets des 23 juil. et 25 nov. 1810 règlent l'application du Code pénal de 1810, et les lois sur l'organisation judiciaire, sans rechercher les motifs d'ordre supérieur qui ont pu dicter ces dispositions, leur expression est précise, et je m'en tiens à cette précision : « Les lois et décrets, dont il s'agit, ne seront mis en activité dans le ressort de chaque Cour impériale, portent ces décrets: *qu'au jour de l'installation de la Cour;* ils le seront donc nécessairement le jour même de leur installation, et non-seulement pour le châtiment des délits commis après, mais encore pour le châtiment des délits commis le jour même de cette installation. Mais, dira-t-on, appliquer ainsi une loi pénale à des délits qui peuvent avoir été commis, avant l'installation des Cours impériales, n'est-ce pas leur donner un effet rétroactif? N'est-ce pas déclarer que tout le jour, formant le terme *à quo,* se trouve compris dans l'époque fixée par la loi? Et qui le nie? C'est précisément, au contraire, parce que la loi a pris soin de décider, par une *disposition expresse,* qu'elle serait appliquée le jour tout entier qu'elle désigne, que dans tout autre cas il ne sera permis que de consulter les principes généraux pour déterminer le sens de sa disposition ; or, la loi, dans l'espèce, a prévu le cas dont il s'agit ; car, après avoir dit : que le Code criminel serait mis en activité dans l'étendue du ressort de chaque Cour impériale, *à partir du jour de son installation,* elle ajoute (Art. 6), que les Cours et Tribunaux appliqueront aux crimes et aux délits les peines prononcées par les lois pénales, au moment où ils ont

(1) « Hoc vulgare est, dit cet auteur, in jure, tempus de momento ad momentum debere computari, nisi de contrario doceatur. » V. les autorités qu'il cite.

été commis. « Néanmoins , si la nature de la peine prononcée par le *nouveau Code pénal* était moins forte que celle prononcée par le Code actuel, les Cours et tribunaux appliqueront les peines du nouveau Code ». Et voilà comment la Cour de cassation , en décidant, le 5 déc. 1811 , que le Code pénal de 1810 était applicable à un délit commis le jour même de l'installation de la Cour impériale de Toulouse, n'a fait qu'appliquer une disposition dont la loi donnait elle-même l'interprétation. Or, qu'est-ce que tout cela a de commun avec cette disposition de l'art. 26 du Code civil, « que la mort civile n'est encourue qu'à compter du jour de l'exécution ». Et pourquoi ne pas interpréter ces mots, d'après le sens naturel qu'ils présentent, sans recourir à aucune fiction contraire au droit ou à l'équité, sans rien emprunter à la rétroactivité elle-même ; savoir, que la privation des droits civils aura lieu le jour de l'exécution, mais partiellement, c'est-à-dire, à partir du moment même de l'exécution ?

6. Au reste, la Cour de cassation a formellement consacré ce principe par son arrêt du 22 avril 1806 (1); il s'agissait de savoir si l'art. 6 de la loi du 25 mes. an III , portant *que la suspension* qu'elle prononce (des remboursemens de toutes les rentes créées avant le 1er janv. 1792), *n'aura lieu qu'à compter de ce jour*, était applicable à un remboursement fait ce jour-là même, avant midi, et l'arrêt prononce qu'il n'est pas applicable. Quel est son motif? « Considérant, porte l'arrêt, qu'en maintenant le remboursement fait aux héritiers Royer, le 25 mess. an III , *avant midi*, le même arrêt (de la Cour royale de Paris) *a respecté les principes sur la non rétroactivité des lois* , rétroactivité qui , étant subversive du droit commun en renversant des droits acquis, ne doit être appliquée que dans des cas où la loi l'a établie d'une manière bien positive ». Et vainement M. Merlin s'efforce-t-il de se faire illusion sur la rétroactivité évidente que l'on donnerait à cette disposition par la décision contraire, en disant : « que la loi ne rétroagit pas, lorsque, par des considérations majeures et extraordinaires, elle se déclare obligatoire avant qu'elle soit promulguée; qu'elle ne commande, même encore dans ce cas, qu'au présent et à l'avenir; que seulement elle feint que tous les citoyens en ont connaissance à l'instant

_____

(1) Sirey, t. VI, 1, p. 277.

7.

même où elle sort de la bouche du législateur; mais que de ce que, pour qu'elle soit obligatoire dès cet instant, elle est obligée de feindre qu'elle est aussitôt connue que décrétée, on doit nécessairement conclure que tant qu'elle n'est pas décrétée, elle n'est pas obligatoire, même dans sa propre intention ». Je vois bien là l'ingénieuse subtilité d'un esprit plein de souplesse; mais je ne concevrai jamais qu'une loi déclarée exécutoire, le jour même où elle est rendue, puisse s'appliquer, sans une rétroactivité qu'elle ne commande pas, à des actes ou à des faits notoirement antérieurs à son émission.

7. L'embarras de M. Merlin n'est pas moindre, lorsqu'il veut faire rentrer le sens des art. 502, 1155, 1975, 2180, 2279 dans l'application générale de son principe que le terme *à quo* fait toujours partie du délai de la loi. L'art. 502 porte : « *Que l'interdiction aura son effet du jour du jugement.* Le jour même du jugement se trouve-t-il compris dans ce délai? » Cela est hors de doute, répond M. Merlin (Répertoire, t. XVII, v° *Délai*, p. 34); en s'exprimant ainsi, l'article est censé annuler les actes faits par l'interdit, le jour même où son interdiction a été prononcée ou rendue publique. Cependant il se fait des objections; et en rapprochant de l'art. 502 la disposition de l'art. 503, d'après laquelle « les actes antérieurs à l'interdiction pourront être annulés, si la cause de l'interdiction existait notoirement à l'époque où ces actes ont été faits ». Il est forcé de convenir que l'art. 502 ne comprend pas dans sa disposition le jour entier du jugement; qu'il y comprend seulement la partie de ce jour qui suit la prononciation ou publication du jugement même. Et la raison qu'il en donne, est qu'il ne faut pas faire rétroagir, au préjudice des tiers, le jugement qui prononce l'interdiction ou la publicité qui lui est donnée. Cette raison est incontestablement celle de la loi; et elle ressort de l'analyse régulière de ses termes.

Ainsi, comme on le voit, si le jour qui sert de point de départ ou le terme *à quo*, dans les art. 26 et 502 du Code civil, entre partiellement dans l'époque à compter de laquelle la loi donne effet à ses dispositions, c'est moins comme l'application d'un principe général et certain sur la matière des délais, que parce que la loi assigne à une cause qu'elle détermine, et qui s'accomplit à une époque fixe, ses effets naturels, selon l'ordre des

temps et des idées. Mais, qui le croirait! après avoir reconnu
que les mots, *à compter de tel jour, dans tel délai*, etc..., les
art. 26, 502 et 1153, etc., servent moins à indiquer le point de
départ d'un délai, que l'époque à laquelle commence un droit ou
un état de chose dont la durée est illimitée, M. Merlin en argumente pour soutenir que le jour du terme *à quo* doit être compris
dans les délais fixés par la loi, et dont l'expiration emporte déchéance. Ainsi, par exemple, de ce que dans l'art. 502, le jour
du jugement est compris partiellement dans l'époque à compter
de laquelle *l'interdiction ou la nomination d'un conseil aura son
effet*, il faut en conclure que dans la disposition de l'art. 1975,
d'après laquelle « la rente viagère ne produit aucun effet lorsqu'elle a été créée sur la tête d'une personne atteinte de la maladie, dont elle est décédée *dans les vingt jours de la date du
contrat* », le jour de départ, formant le terme *à quo*, est compris aussi dans les vingt jours. Il nous est impossible d'admettre
une telle argumentation, qui ne repose sur aucune analogie entre
les matières. La loi, par une raison particulière, expresse ou
non, et elle est expresse dans l'art. 502, a pu faire entrer
le jour même du départ, soit partiellement, soit en totalité,
dans le terme à partir duquel elle règle ou détermine certains
droits, un certain état de chose; mais en conclure de là que
le jour du terme *à quo* est nécessairement compris dans le
délai de *vingt jours* fixé par l'art. 1975, et qui emporte une déchéance si la personne malade est décédée dans les vingt jours
après le contrat, c'est raisonner indépendamment de toute règle,
et s'écarter gratuitement des principes les plus élémentaires en
matière d'interprétation.

8. A mon égard, je reconnais l'impossibilité de soumettre à
une règle générale l'interprétation des diverses locutions employées par la loi pour fixer l'époque à laquelle courront des
délais emportant déchéance, où auront lieu des droits ou un
nouvel état de choses dont la durée est illimitée. Ici, plus que
jamais, je sens le besoin d'appliquer la maxime : Que toute règle,
en droit, est dangereuse. *Omnis definitio injure periculosa est*,
L. 202, ff. *de Reg. jur.* (1).

9. Cependant, comme il n'est pas de matière, même en droit,

---

(1) Daprès les meilleurs auteurs, le mot *definitio*, a ici le sens de *règle*.
(V. Jacques Godefroi, *Opera minora*, p. 1218).

qui ne puisse emprunter des secours d'une saine philosophie ; voici par quelle méthode je croirais pouvoir jeter quelque lumière sur la matière difficile des délais :

1° Lorsque la loi renferme elle-même une disposition expresse et précise, d'après laquelle le terme *à quo* fait partie des délais, il ne peut y avoir de doute, le terme est inclusif (Tiraqueau , *Retract.* , n° 37 ; Berriat Saint-Prix , p. 147). Ainsi, la loi qui accorde tel délai, à partir de. . . . . et y compris tel jour , embrasse évidemment ce dernier jour tout entier. Réciproquement, lorsque les termes de la loi excluent positivement du délai le terme *à quo* , il ne peut encore s'élever de doute. Ainsi , l'art. 1033 du Code de procédure civile, qui porte : « Que le jour de la signification , ni celui de l'échéance , ne sont jamais comptés pour le délai général fixé pour les ajournemens , les citations , sommations, et autres actes faits à personnes ou domicile », exclut positivement le jour de la signification et celui de l'échéance du délai qu'il détermine. Ainsi , l'art. 1ᵉʳ du Code civil, qui déclare « les lois en général , obligatoires *un jour après celui de la promulgation* , indique clairement par-là qu'elles ne sont pas obligatoires le jour même de la promulgation , et que le jour du départ , *dies à quo* , est exclusif du délai ;

2° C'est surtout ici qu'il importe d'appliquer les grandes maximes : que les mots ne sont rien ; que le sujet ou la matière est tout. *Verba rebus inserviunt.* Qu'il faut s'attacher avant tout au sens réel de la loi. *Scire leges non est earum verba, sed vim ac potestatem tenere. L. , ff. de Legib.* Que c'est en rapprochant soigneusement son objet des termes dont elle s'est servie que l'on parviendra à en expliquer rigoureusement la pensée.

Tel était le sentiment propre de Dumoulin sur cette matière (Coutume de Paris , *des Fiefs* , § 10 , n° 3) ; essayons d'en faire jaillir la seule règle dont elle soit susceptible.

10. Il examine le sens de cette disposition de l'art. 10 de l'ancienne Coutume de Paris : « Après que le vassal a donné son dénombrement au seigneur féodal, ledit seigneur féodal est tenu de blâmer ledit dénombrement *dedans quarante jours , après icelui baillé* » ; et il décide que le jour de la remise du dénombrement ou le terme *à quo* , n'est point compris dans les quarante jours. Quel est son motif ? C'est que le délai de quarante jours a été accordé pour faire des recherches , pour se livrer à un travail , même sous peine d'éprouver une perte ou une exclu-

sion, s'il n'est pas accompli dans le délai fixé. Si c'est aujour-
d'hui, par exemple, que le dénombrement est remis, il n'est,
ni selon l'acte, ni conforme à la nature de la matière, d'admettre
que le seigneur s'occupe le jour même de cette remise, de la
lecture, et de l'examen de tout ce que renferme le dénombrement; il est plus naturel de penser que ce sera dans les quarante
jours qui suivront, non compris celui de la remise; et la raison en
est, qu'il s'agit d'une charge imposée au seigneur avec une peine.
Or, dans ce cas, l'interprétation la plus douce doit être préférée,
surtout lorsqu'elle tend à se rapprocher du droit commun. —
« Quibus non obstantibus dicendum puto, quod in hoc § non
« computantur dies catalogi traditi vel accepti in termino. Et
« hi 40 dies non incipiunt currere à puncto traditionis, sed à
« die traditionis, et sic illa die exclusa. Et moveor quia iste
« terminus conceditur ad inquirendum et faciendum aliud quod
« de se est laboriosum, et sub pœna privationis et exclusionis,
« nisi intra terminum fiat : Undè si hodiè traditus sit catalogus ex
« natura actus et materiæ subjectæ, non intelligetur quod pa-
« tronus eâdem incipiat legere et discutere contenta in catalogo,
« sed infrà alios 40 dies, et sic exclusâ die traditionis et termini
« cedentis, quia agitur de onere ejus cui pœna conceditur, et sic
« mitior interpretatio assumenda est; et maximè cum reducatur
« ad regulam communis observantiæ et consuetudinis ».

Cependant, il se fait une objection : il rapproche de la disposition qu'il vient d'interpréter celle de l'art. 7, ainsi conçue :
« Le seigneur féodal, après le trépas de son vassal, ne peut
saisir le fief mouvant de lui, ni exploiter en pure perte, *jus-
ques à quarante jours après ledit trépas* ». Ces deux locutions
paraissent conformes; mais pesées attentivement, elles diffèrent,
et leur différence résulte de la diversité même de leur objet:
« L'art. 7, dit Dumoulin, a un tout autre objet que l'art. 10.
Le premier accorde un certain délai, non pas tant pour que rien
ne se fasse pendant ce temps que pour retarder la saisie du seigneur, et, dans ce cas, le délai compte à l'instant même et
*de moment à moment. Secus in D. § 7. Ubi non conceduntur certæ
induciæ, ut interim nihil fiat, sed retardetur executio manus
dominicæ, et sic ibi computatur tempus statim* DE MOMENTO AD
MOMENTUM. Quant à l'objection que les deux articles expriment
également un jour de départ ou un terme *à quo*, il répond,
d'après Balde (*in Cap. ad hæc, de postul. Præl.*), que ce n'est

pas tant aux mots que l'on doit s'attacher, qu'à la matière elle-même. *Non obstat quod æquè in utroque § præfigitur certum initium cursui temporis, quia respondetur quod ratio subjectæ materiæ magisquam verborum formula debet attendi.*

11. Telle est, en effet, la seule règle dont soit susceptible cette difficile matière ; et c'est elle qui nous servira à résoudre la plupart des cas qui pourront offrir des doutes. Par exemple, l'art. 1153 Code civil porte : « Que les intérêts moratoires sont *dus du jour de la demande* ». Le jour même de la demande, qui forme *le terme à quo*, est-il compris dans les jours dont les intérêts sont dus ? « Cela n'est pas douteux, répond M. Merlin (Répertoire, v° *Délai*, t. 17, sect. 1ʳᵉ, § 3, p. 34), quand cet article dit que les intérêts moratoires *sont dus au jour de la demande*, il entend bien certainement que les intérêts du jour même de la demande sont dus, ni plus ni moins que les intérêts des jours suivans ». Cette raison est de l'ordre de celles dont j'ai déjà signalé le vice; l'auteur affirme sa proposition, précisément par ce qui fait l'objet de la question.

Et d'abord, l'article ne dit pas que les intérêts moratoires sont *dus au jour de la demande*, mais bien *du jour de la demande*, c'est-à-dire, à partir du jour de la demande, ce qui laisse, comme on voit, la question tout entière. Mais j'aime mieux dire, tout en approuvant la décision de M. Merlin, que l'inclusion du terme ici est fondée sur ce que les intérêts moratoires étant dus, aux termes du même article, sans que le créancier soit tenu de justifier d'aucune perte, on peut affirmer que le jugement n'est, en quelque sorte, que déclaratif d'un droit préexistant; on peut même ajouter qu'il est dans l'esprit de l'art. 1153 de considérer cette condamnation plutôt comme la réparation d'un dommage causé au créancier, que comme une peine infligée au débiteur; que, dès lors, le jugement, sans rétroagir ni blesser la justice, ne fait plus que fixer un terme pour faire commencer le cours judiciaire des intérêts moratoires. On ne saurait, en outre, fonder sur aucune raison solide l'exclusion de ce terme de la condamnation.

L'art. 1975 porte : « Que le contrat par lequel la rente a été créée sur la tête d'une personne atteinte de la maladie dont elle est décédée dans les vingt jours de la date du contrat, ne produit aucun effet ». On demande si le jour même où le contrat a été passé fait partie des vingt jours, ou s'il en est exclu? Un

arrêt de la Cour de Rouen, du 13 déc. 1821 (aff. Neuville (1)),
a jugé qu'il ne devait pas en faire partie ; qu'en conséquence, un
contrat, passé le 24 mai 1820, alors que le créateur de la rente
était décédé le 13 juin suivant, devait rester sans effet, par
la raison que cette individu était décédé dans les vingt jours du
contrat, en excluant le jour où il avait été passé. M. Merlin s'é-
lève, avec raison, contre cet arrêt, qui ne fera pas jurisprudence
selon lui; mais ce n'est pas, ainsi qu'il essaie de l'établir, parce
que la solution contraire serait conforme au véritable esprit des
lois romaines, ce qui est au moins douteux (2), et ne jette
d'ailleurs aucune lumière sur la question ; ce n'est pas davantage, parce que les art. 26, 502, 1153 du Code civil, déterminent des délais dans lesquels, par des raisons particulières que
j'ai déjà développées le jour du départ, se trouve compris, que
le terme *à quo*, dans l'art. 1975, c'est-à-dire, le jour du contrat,
sera inclusif, ou devra faire partie des vingt jours; c'est par
une autre raison donnée, quoique sans développemens ni justi-
fications, par M. Merlin lui-même, savoir; que le jour du terme
à quo doit être compris dans les délais fixés par la loi, *et dont
l'expiration emporte déchéance.*

Je dirai donc, en soumettant à une exacte analyse l'art. 1975
qu'il a eu pour but de consacrer l'existence d'un droit au profit
du crédit-rentier, que néanmoins l'existence de ce droit est subordonnée à la condition qu'il détermine, savoir : que le créateur de la rente ne décédera pas dans les vingt jours de la date
du contrat, de la maladie dont il serait déjà atteint; que néanmoins cet événement étant incertain, et la nullité qu'il entraînerait ne pouvant avoir d'autres causes que le dol ou l'erreur, qui
ne se présument jamais, il y a réellement *déchéance* d'un droit
certain aux yeux de la loi, si l'événement prévu se réalise ; et
je sens dès lors la nécessité de rendre inclusif le terme *à quo*,
puisqu'il s'agit de la conservation d'un droit consacré par la loi
elle-même. Mais au lieu de fonder, comme M. Merlin, le principe tiré de la déchéance d'un droit pour rendre inclusif le terme
à quo, sur une argumentation vague de quelques lois romaines,
ou sur l'argumentation plus vague encore des art. 26, 502, 1153
du Code civil, je le fonde sur un autre principe qu'il pose en-

(1) Sirey, t. XXII, 2, p. 224.
(2) V. Berriat Saint-Prix, p. 146 et 147.

core lui-même, au mot *Prescription*, sect. 1re, § 1er, n° 3, et sect. 2, § 2, n° 5; savoir : que les délais qui emportent déchéance sont de véritables prescriptions (1), et qu'il résulte des art. 2260 et 2261 du Code civil, dérogatoires en cela aux principes du droit romain, que le jour de départ formant le terme *à quo*, qu'il s'agisse des prescriptions acquisitives, ou des prescriptions libératoires, doit être compris dans les délais.

12. Je donnerai néanmoins des limites à l'application de ce principe, et je ne l'admettrai que tout autant que les matières conserveront toujours une exacte analogie entre elles et que je pourrai faire l'application de cet autre principe de l'interprétation des lois, qu'il n'est permis d'argumenter par extension d'un cas à l'autre, que lorsqu'il y a similitude réelle entre eux c'est-à-dire, identité exacte dans leurs motifs (*Traité de l'Interprétation des lois*, § 98). Ainsi, l'art. 2109 du Code civil qui déclare que le cohéritier ou copartageant conserve son privilége sur les biens de chaque lot ou sur le bien licité, pour les soultes et retour de lots, ou pour le prix de la licitation, par l'inscription faite à sa diligence, *dans soixante jours à dater de l'acte de partage ou de l'adjudication par licitation;....* L'art. 2111 qui porte, « que les créanciers et légataires qui demandent la séparation du patrimoine du défunt conformément à l'art. 878 au Titre des Successions, conservent, à l'égard des créanciers des héritiers ou représentans du défunt, leur privilége sur les immeubles de la succession, par les inscriptions faites sur chacun de ces biens *dans les six mois à compter de l'ouverture de la succession* », déterminent l'un et l'autre un délai emportant déchéance; or, il est évidemment dans l'esprit de ces dispositions, comme il l'est dans celle de la prescription libératoire, que le terme *à quo* soit compris dans les délais. En effet, quel est le principal vœu de la loi dans cette détermination? C'est d'affranchir dans le premier cas, la succession d'une action relative aux soultes, retour de lot, ou prix de la licitation; et, dans le second, d'une action en séparation des patrimoines. Je pourrai donc légitimement raisonner d'un cas à l'autre et affirmer que dans ces deux articles, le terme *à quo* est pris inclusivement; car, il y a identité dans les motifs.

Pareillement, l'art. 2135 « confère aux mineurs et aux inter-

_____

(1) V. les autorités qu'il cite.

dits une hypothèque, indépendamment ,de l'inscription, sur
les immeubles de leur tuteur, à raison de sa gestion, du jour
de l'acceptation de la tutelle, aux femmes pour raison de leur
dot et conventions matrimoniales, sur les immeubles de leur
mari, *et à compter du jour du mariage*. La femme n'a hypothèque pour les sommes dotales qui proviennent de successions à
elle échues, ou de donations à elle faites pendant le mariage,
qu'à compter de l'ouverture des successions, ou du jour que
les donations ont eu leur effet ». Ici, outre que l'expression
du jour est précise, et que soutenir que le terme *à quo* est
néanmoins exclusif, et que l'hypothèque n'existe sur les biens
du tuteur, ou du mari *ou de l'action*, que le lendemain du
jour de l'acceptation de la tutelle, du mariage, ou de l'ouverture de la succession, serait ou absurde ou contraire au
sens évident de la disposition, il faut dire que l'intérêt de
la loi s'attache surtout au mineur, à l'interdit, à la femme mariée ; et que le but direct de sa disposition étant d'assurer la
conservation de leurs droits, l'interprétation d'après laquelle
le terme *à quo* est inclusif, est réellement celle que la loi
avoue (1).

13. L'art. 680 du Code de procédure civile porte : « La saisie immobilière sera en outre transcrite au greffe du tribunal où
doit se faire la vente, et ce, *dans la quinzaine du jour de la
transcription au bureau des hypothèques*, outre un jour pour
trois myriamètres de distance entre le lieu de la situation des
biens et le tribunal ». Cette expression *dans la quinzaine du*

---

(1) C'est pour n'avoir pas pu poser un principe régulateur sur cette matière
que M. Merlin montre tant d'incertitude dans sa doctrine sur les délais.
Ainsi, après avoir donné comme certain (Répertoire, v° *Délai*, sect. 1, § 3,
t. XVII, p. 34), que les dispositions du Code civil où sont indiqués des jours,
comme formant les points de départ de droits ou de facultés qu'elles confèrent, de privations qu'elles prononcent, ou de délais pendant lesquels doivent être accomplies certaines formalités, ou intentées certaines actions, à
peine de déchéance, sont de véritables *prescriptions*, ce qui amène la con-
quence que le terme *à quo* est inclusif ; il se demande, au mot *Prescription*
(Répertoire, sect. 1, § 1, n° 3, t. XVII, p. 399), si la déchéance d'un droit
ou d'une faculté par le laps du délai, à la durée duquel en est circonscrit
l'exercice, est une véritable prescription ? Il ajoute ensuite : « Cette
question n'est pas aussi indifférente qu'elle pourrait le paraître, au premier
abord, etc. ; et il rapporte une foule d'espèces dans lesquelles la jurisprudence n'est pas moins incertaine que les opinions des auteurs.

jour de la transcription, etc., emporte-t-elle l'exclusion du jour du départ? Ainsi, une saisie immobilière transcrite au bureau des hypothèques le 17 juin, est-elle valablement transcrite au greffe du tribunal le 2 juillet? La Cour royale de Nancy a jugé l'affirmative, le 25 avril 1820, et la Cour de cassation a rejeté le pourvoi dirigé contre cet arrêt, le 16 janv. 1822 (1). Ces deux cours se sont déterminées par des motifs différens; la Cour royale de Nancy a considéré que si le jour même de la transcription au bureau des hypothèques, était compris dans la quinzaine, *le poursuivant n'aurait pas eu une partie du jour pendant lequel la première opération aurait été faite;* qu'il serait dès lors privé d'une portion du délai qui lui est accordé par la loi, ce qui est contraire à son vœu ». La Cour de cassation a pensé qu'il résultait de l'art. 680 que le délai pour faire la transcription soit au bureau du conservateur, soit au greffe, *ne commençait à courir que le jour qui suivait la confection de l'acte qui devait en précéder un autre* ». M. Merlin s'élève fortement contre ces deux arrêts (Répertoire, t. XVII, sect. 2, § 2, p. 458). 1° Il argumente des art. 26, 1153 et 2135 du Code civil, etc.; je ne saurais pas plus admettre cette argumentation dans ce cas que dans le cas qui précède, et j'en ai déjà donné les raisons : ces articles statuent sur des matières qui n'ont pas d'analogie entre elles. D'ailleurs, les formules spéciales employées par la loi dans ces divers cas, aident puissamment à en déterminer le sens. 2° Il argumente de l'art. 2260 du Code civil, pour soumettre l'art. 680 du Code de procédure civile à sa règle sur la déchéance; mais l'art. 2260 qui dispose que la prescription *se compte par jours et non par heures,* est évidemment rétroactif dans sa disposition; d'ailleurs, il paraît introductif d'un droit nouveau, du moins quant aux prescriptions libératoires (2); or, comment argumenter d'un point de droit controversé, même sur une matière déterminée, comme la prescription libératoire, pour en tirer une prétendue règle qu'on appliquerait indistinctement à tous les cas dans lesquels la loi fixe un délai pour accomplir un fait, une formalité, même avec déchéance, sans égard à l'objet de la loi, à l'esprit de sa disposition, à sa rédaction propre, à l'ensemble du titre ou du corps

(1) Sirey, t. XXII, 1, p. 262.
(2) M. Merlin (Répertoire, v° *Prescription*, t. XVII).

de loi dont elle fait partie, ou même aux dispositions générales et analogues répandues dans les diverses branches de la législation, et avec lesquelles il faut nécessairement la coordonner? 5° Enfin, M. Merlin argumente d'un arrêt de la Cour de cassation, du 17 juin 1817, qui décide qu'une inscription prise le 14 avril 1799 aurait dû être renouvelée avant le 14 avril 1809, le jour même où l'inscription a été prise devant être considéré comme inclusif ou appartenant aux dix années pendant lesquelles dure l'inscription. Mais c'est toujours, à mon avis, le même vice d'argumentation; quelle homogénéité existe-t-il entre les prescriptions libératoires dont les dispositions législatives forment incontestablement un droit spécial, et l'objet de l'art, 680 du Code de procédure civile, relatif à une des circonstances de la saisie immobilière et appartenant aussi à un droit spécial? L'arrêt de la Cour de cassation me paraît avoir jugé conformément aux principes ce qu'il a jugé, mais je n'en argumente nullement pour étendre sa décisisn à des cas qui n'ont un rapport ni direct, ni indirect, ni même apparent avec celui qui lui était soumis.

14. En résumé, sur ce point, je ne raisonnerai par analogie des règles sur la prescription aux divers délais déterminés par la loi, et emportant déchéance, que lorsque la forme logique et grammaticale de la loi, son esprit, et surtout la matière dont elle s'occupe, me le permettront. Appliquant ce principe à l'art. 680 du Code de procédure civile, je dirai que le but de la transcription prescrite par cet article étant de mettre le greffier à portée de vérifier si les objets désignés dans le cahier des charges déposé entre ses mains, aux termes de l'art. 697, sont bien réellement les mêmes que ceux qui ont été saisis, et, par suite, de faire avec exactitude le tableau contenant extrait de la saisie, prescrit par l'art. 682, il me paraît résulter de l'esprit de cette disposition, comme de l'ensemble des dispositions de la loi sur la saisie immobilière, que le jour de la transcription au bureau du conservateur ou le terme *à quo*, ne compte pas dans la quinzaine dont parle la loi. Quel est en effet le véritable but de la loi dans cette fixation de délai? Est-ce de faire prononcer une déchéance? Nullement. La déchéance, dans ce cas, n'aurait qu'un objet nuisible à toutes les parties, sans que personne eût un intérêt fondé à s'en prévaloir. D'après ces considérations, et par ce motif, donné par la Cour royale de Nancy, que le pour-

suivant n'aurait pas les quinze jours que la loi lui accorde, je pense que la doctrine consacrée par la Cour de Nancy et la Cour de cassation est fondée ; et que, dès lors, le jour de la transcription au bureau du conservateur est exclusif de la quinzaine pendant laquelle la transcription au greffe doit avoir lieu.

15. Mais en serait-il de même dans le cas prévu par l'art. 730 du même Code? Cet article est ainsi conçu : « L'appel du jugement rendu sur la demande en distraction sera interjeté avec assignation *dans la quinzaine du jour de la signification à personne ou domicile*, etc. » Le jour de la signification à personne ou domicile est-il *inclusif* ou *exclusif* dans le délai que la loi détermine? La raison de douter est, qu'aux termes de l'art. 1033, ni le jour de la signification ni celui de l'échéance, ne sont comptés pour les délais des actes faits à personne ou domicile. Néanmoins, je pense que le jour de la signification est ici *inclusif*, et doit compter dans la quinzaine déterminée pour l'appel. Ma raison est l'objet même de la loi qui me paraît emporter une dérogation implicite à l'art. 1033 du Code de procédure civile. De quoi s'agit-il, en effet? du recours contre un jugement rendu dans une matière spéciale, la saisie immobilière ; or, la présomption de la loi reposant tout entière sur la régularité du jugement, et son esprit étant de simplifier les formes de la saisie immobilière, et d'en abréger les longueurs plutôt que d'en multiplier les incidens et d'en augmenter les *délais*, il est plus conforme à cet esprit de faire courir les délais de l'appel du jour même de la signification; et c'est dans ce sens que la Cour royale de Besançon a jugé la question, le 27 déc. 1807 (aff. Griffon) (1).

16. L'art. 17 de la loi du 22 frim. an VII, porte : « Si le prix énoncé dans un acte translatif de propriété ou d'usufruit de *biens immeubles*, à titre onéreux, paraît inférieur à leur valeur vénale à l'époque de l'aliénation, par comparaison avec les fonds voisins de même nature, la Régie pourra requérir une expertise, pourvu qu'elle en fasse la demande *dans l'année à compter du jour de l'enregistrement du contrat* ». Dans ce délai, le jour du départ (celui de l'enregistrement) ou le terme *à quo* est-il inclusif ou exclusif? Il est inclusif, dit M. Merlin (Répertoire, t. XVII, p. 441), et argumentant toujours de l'art. 2260 du Code civil, il blâme un arrêt de la Cour supérieure de Bruxelles, du 22 no-

(1) Sirey, t. XV, 2, p. 190.

vemb. 1822, qui, formée en Cour de cassation, avait jugé dans un sens contraire. Or, sur quoi s'appuyait l'arrêt de la Cour de Bruxelles? Précisément sur le système que combat M. Merlin. « Attendu, porte cet arrêt, que d'après un usage constant, reconnu par les auteurs et consacré par la jurisprudence, la préposition *à compter du jour*, est toujours exclusive du terme qu'elle désigne comme point de départ, *pourvu que la qualité du sujet ou les expressions de la loi n'exigent pas qu'on la comprenne dans le délai;* que la manière dont est construite la phrase dont elle fait partie audit article, ni aucune circonstance quelconque, n'indiquent que le législateur, en employant ces mots : «*à compter du jour*», dans l'art. 17 précité, aurait voulu leur donner un effet contraire, et comprendre dans l'année qu'il détermine le jour de l'enregistrement du contrat, etc. » Je n'approuve pas plus que M. Merlin l'assertion que la préposition *à compter du jour*, soit, d'après un usage constant, toujours exclusive. Mais un motif que je recueille dans ces considérans, comme s'élevant à toute la hauteur de la matière, c'est cette double condition : *que la qualité du sujet ou les expressions de la loi n'exigent pas qu'on la comprenne dans le délai.* J'ajouterai une troisième considération qui me paraît décisive; c'est le principe posé par Dumoulin sur l'art. 10 de l'ancienne Coutume de Paris, et que j'ai déjà rappelé; que lorsque la loi a accordé un certain délai pour faire des recherches, pour se livrer à un travail, même sous peine d'éprouver une perte ou une exclusion, il n'est pas naturel que celui que concerne l'obligation (ou auquel le délai est accordé) s'occupe le jour même donné par la loi comme point de départ, de ces recherches, de ce travail, etc. Appliquant donc ce principe à l'espèce, on peut dire que la Régie étant soumise à un examen, à des vérifications, à des recherches, etc., et tenant de la loi un délai dont elle doit profiter, aux termes du droit commun, le jour de l'enregistrement est nécessairement exclusif de ce délai, et n'en fait pas partie.

17. L'art. 2154 porte : « Les inscriptions conservent l'hypothèque et le privilége pendant dix années, *à compter du jour de leur date.* Leur effet cesse, si ces inscriptions n'ont été renouvelées avant l'expiration de ce délai. » Dans ce délai doit-on comprendre le jour même où l'inscription a été prise et celui auquel expire ce délai. Rien de plus incertain que les opinions des auteurs, et la jurisprudence elle-même sur ce point. Trois opinions différentes se sont formées sur cette question, dit M. Merlin

(Répert., v° *Inscription hypoth.*, § 8 (*bis*). Suivant la première, ou ne doit compter, dans le délai décennal, ni le jour où l'inscription a été prise, ni le dernier jour de ce délai, en sorte que l'inscription prise le 31 mars 1814 pourrait être renouvelée le 1er avr. 1824. Cette opinion a été consacrée par un arrêt de la Cour royale de Paris, du 21 mai 1824 (aff. Paley) (1). Suivant la seconde, on doit comprendre dans le délai et le jour où l'inscription a été prise et le jour où le délai expire ; en sorte qu'une inscription prise le 31 mars 1814 ne pourrait plus être renouvelée, même le 31 mars 1824 ; et c'est ainsi que l'a jugé un arrêt de la Cour royale de Colmar, du 30 juil. 1813 (aff. Dettviller) (2). Enfin, suivant la troisième, le dernier jour du terme se trouverait à la vérité compris dans le délai décennal, mais non le jour où l'inscription aurait été prise : ainsi, une inscription, prise le 31 mars 1814, aurait été valablement renouvelée le 31 mars 1824 ; mais elle l'aurait été inutilement le 1er avril. Cette opinion a été adoptée par deux arrêts de la Cour supérieure de justice de Bruxelles, des 19 oct. 1815 et 9 avr. 1821 (3). M. Merlin se prononce pour la seconde, d'après laquelle le jour de l'inscription est inclusif. Elle rentre, comme on voit, dans sa doctrine sur les délais. « On se rappelle que la Cour de Colmar, dit cet auteur, s'est fondée, pour embrasser cette opinion, sur l'art. 2260 portant, *que les prescriptions se comptent par jours et non par heures.* Cet article établit en effet, implicitement, comme je le prouve à l'article *Prescription*, que le jour à compter duquel une prescription quelconque commence à courir, doit être compris dans l'espace de temps requis par la loi pour qu'elle remplisse son objet, et de là nul doute que l'on ne doive s'en tenir à l'arrêt de la Cour de Colmar ».

M. Grenier (*Hypoth.*, t. 1, n° 207) n'approuve pas cette manière d'argumenter de l'art. 2260. Il examine l'arrêt de la Cour royale de Colmar et la manière dont il a calculé les délais ; puis il ajoute : « Est-ce bien le cas de se déterminer, dans l'espèce, par les art. 2260 et 2261 ? Je ne le pense pas ». Et, après avoir exposé les raisons qui servent de base à cet arrêt et rapporté celles qui le combattent, il adopte l'opinion contraire. Mais je remarque parmi ces motifs que, « *dans le doute, la loi doit être inter-*

(1) Sirey, t. xv, 2, 228.
(2) *Ibid.*, t. xv, 2, 23.
(3) Répertoire, § 8 *bis*, p. 449.

prétée plutôt dans le sens de la conservation du droit ; que dans celui de sa déchéance ».

18. Les monumens de la jurisprudence se sont multipliés depuis cette solution , et tous ont consacré l'avis contraire à celui de M. Merlin. Tels sont, entre autres , les arrêts de la Cour royale de Caen , du 18 déc. 1823 (aff. Feret), confirmé par un arrêt de rejet de la Cour de cass. du 5 avr. 1825 (1) ; de la Cour royale de Limoges, du 3 juil. 1824 (aff. Tarrade) (2) ; de la Cour royale de Caen , du 19 fév. 1825 (aff. Poignant) (3) ; enfin, de la Cour royale de Bordeaux , du 23 janv. 1825 (aff. Viand) (4). La plupart se sont appuyés sur ces deux motifs : que si le jour qui sert de point de départ n'était pas exclusif ou pris en dehors du délai décennal, le créancier inscrit n'aurait pas la totalité des dix années que la loi lui accorde, puisqu'il serait privé d'une portion du jour auquel l'inscription a lieu ; le second, qu'il n'est pas vrai de dire qu'aux termes de l'art. 2147, le jour de l'inscription soit utile à l'inscrivant, par la raison qu'il n'est pas primé par l'inscription prise antérieurement le même jour, attendu qu'au contraire ce jour lui est inutile, puisque , quelque diligence qu'il fasse, il ne peut jamais obtenir aucune priorité sur celui qui prendrait son inscription long-temps après lui dans le même jour, etc.

Mais je crois devoir rapporter textuellement les motifs donnés par l'arrêt de la Cour royale de Caen du 19 fév. 1825, comme les plus développés sur la matière : « Considérant que le but de la loi, en matière d'hypothèque, a été la publicité et la garantie de la foi publique ; que l'intention du législateur, en adoptant l'art. 2154 du Code civil , a été beaucoup plus de poser un terme aux recherches des tiers que de créer une prescription ; que si les expressions de cet article étaient obscures, il faudrait les entendre dans le sens le plus favorable au créancier inscrit , et que l'esprit le moins exercé saisit à la première lecture , parce que la loi est faite pour toutes les classes de la société, et que c'est surtout des lois protectrices de la bonne foi qu'il faut étendre les dispositions ; mais que l'article dont il s'agit n'offre pas cette ambiguité, puisqu'il dit formellement *que les inscriptions conservent le privilége et l'hypothèque pendant dix ans, à compter*

(1) Sirey, t. XXVI , 1, 152.
(2) *Ibid.*, t. XXVI , 2 , 174.
(3) *Ibid.* , t. XXVI , 2 , p. 65.
(4) Répertoire , v° *Inscription hypoth.* , p. 316.

du jour de leur date; il n'est personne d'un esprit droit et peu exercé aux subtilités du barreau, qui, à la première lecture, n'entende cette disposition comme s'il y avait *à compter* du jour de leur date exclusivement; pour l'interpréter autrement, il faudrait y lire ces mots : *y compris le jour de leur date;* on ne peut trouver le motif de difficulté dans ce complément de l'article : *leur effet cesse, si ces inscriptions n'ont pas été renouvelées avant l'expiration de ce délai :* pourquoi, en effet, cette disposition changerait-t-elle le sens de la première? Il n'y en a aucune raison ; seulement elle détermine ce qui doit être fait dans le délai dont le point de départ et la durée viennent d'être fixés. Que ce qui arriverait, en suivant la système contraire, suffirait seul pour le faire proscrire, car l'effet de la loi est aussi un des plus sûrs moyens d'interprétation. Or, en supposant que le jour de l'inscription, dût compter dans les dix ans, et que l'inscription, prise le 1er janv. 1800, dût être renouvelée le 31 déc. 1809, il faudrait que celle-ci le fût le 31 déc. 1819, et ainsi de suite, de telle sorte qu'après cinq renouvellemens, l'hypothèque n'aurait pas été réellement conservée pendant autant de fois dix ans qu'il y aurait eu de renouvellemens, mais qu'il y aurait quatre jours de moins que les cinquante années, ce qui serait contraire à l'esprit comme au texte de la loi, au sens naturel qu'il présente, et tromperait les tiers que l'inscription a pour but d'avertir; qu'il faut donc dire que le jour de la date est le point de départ; que c'est à partir de ce point, et en le laissant en dehors, que les dix ans doivent être calculés; et il suivra de cette interprétation simple et naturelle, que la date de l'inscription indiquera au créancier la date du renouvellement, avertira le tiers du jour de la déchéance, si elle n'est pas renouvelée, et conciliera sans effort et sans calcul les deux dispositions comprises dans l'art. 2154 du Code civil. En raisonnant par analogie, que toutes les fois que le législateur a fixé des délais dans le Code de procédure, en se servant des mots *à compter* ou *à partir* de tel jour, ce jour terme n'a pas été compris dans le délai; qu'il existe une foule d'arrêts qui l'ont ainsi décidé, et la jurisprudence est maintenant fixée sur ce point. Qu'il faut donc dire que l'inscription prise le 18 mars 1799 a été conservée par les renouvellemens successifs qui ont eu lieu les 18 mars 1809 et 18 mars 1819 ».

En résumé, je n'admets pas la règle absolue de M. Merlin,

d'après laquelle, dans toutes les locutions par lesquelles la loi indique des jours, comme formant des points de départ pour des droits qu'elle confère, des facultés qu'elle accorde, des privations qu'elle prononce, d'un état de choses qu'elle règle, de délais dans lesquels doivent, à peine de déchéance, être remplies certaines formalités, être intentées certaines actions, ou peuvent arriver certains événemens (Répert. t. 17, v° *Délai*, p. 34), le jour de départ est pris inclusivement, et fait partie du temps ou des délais indiqués; mais je n'admets pas davantage la règle contraire d'après laquelle le jour qui sert de point de départ à ce temps ou à ces délais, serait toujours pris exclusivement; et c'est, comme je l'ai déjà dit, pour avoir voulu tracer une règle uniforme, dans un sens ou dans l'autre, sur une matière qui n'en était pas susceptible un sujet qui ne la comportait pas, que les auteurs se sont formé des opinions contraires, et que par suite la jurisprudence est devenue si incertaine. Il en est de quelques matières de droit, comme d'une foule d'autres matières de philosophie, sur lesquelles s'exerce l'esprit humain : c'est principalement et avant tout la nature des choses qu'il importe de consulter. Le seul, Dumoulin, me paraît s'être élevé à la hauteur de cette méthode (V. *suprà*, p. 102; n° 10).

J'ajouterai néanmoins quelques observations à celles qui précèdent.

1° L'art. 1035 du Code de procédure civile me paraîtrait mal interprété, si, raisonnant par argument *à contrario*, on disait que, par là même que ses dispositions s'appliquent déterminément aux délais fixés pour les ajournemens, les citations, les sommations et autres actes faits à personne ou domicile, tous actes non faits à personne ou domicile sont exclus de sa disposition, et que, dans tout délai prescrit pour les significations ou actes faits d'avoué à avoué, par exemple, le jour du terme *à quo*, est nécessairement inclusif. L'art. 1033 pose une règle spéciale propre seulement au cas qu'il détermine; or, il n'est pas permis d'en argumenter, parce qu'on n'argumente pas d'un droit exceptionnel ou exorbitant. *Quod contra rationem juris introductum est, non est producendum ad consequentias* (L. 14, ff. *de Reg. jur.*). Il faudra donc résoudre tous les autres cas par les principes généraux. Ainsi, nous dirons que, dans ces expressions de l'art. 157 du Code de procéd. civ. « l'opposition ne sera recevable que pendant huitaine, à compter du jour de la signification à avoué » ;

8.

le jour de la signification ou le terme *à quo* est pris exclusivement (V. Carré, t. 1, p. 390).

2° Pour donner mon opinion sur le fond même de la question, et ne pas paraître traiter avec dédain une controverse dans laquelle se sont trouvés mêlés des jurisconsultes, tels que Tiraqueau, Mornac, Guypape, l'avocat général Talon, etc., je dois dire qu'en général, dans ces locutions de la loi : *depuis tel jour, à partir ou à compter de tel jour, de tel événement, de tel acte, à dater du....*, et autres équipollentes, l'opinion de ceux qui considèrent le jour du départ, ou le terme *à quo*, comme exclusif, me paraît préférable pour deux raisons : 1° Parce que, dans toutes les langues, les prépositions correspondantes aux mots français *de, du, depuis, à partir de*, etc., et autres semblables, présentent, comme en français, l'idée de l'exclusion du terme d'où l'on part; et cette exclusion est fondée sur les opérations mêmes de l'esprit humain, dans la formation des idées; avant qu'un terme serve de point de départ, il faut nécessairement qu'il existe; or, le jour qui sert de point de départ d'un délai n'existe que par l'expiration de sa dernière heure. La disposition dans laquelle on prendrait ce jour inclusivement, comme appartenant au délai ou au temps à courir, offrirait donc à l'esprit, indépendamment d'une déviation du sens ordinaire de mots clairs dans l'usage, une sorte de rétroactivité qui répugne à l'essence même de la loi. De là, la nécessité de ce principe, *que le temps court immédiatement et doit être compté par moment : De momento ad momentum.* 2° Cependant, comme dans l'usage, il serait habituellement impossible de donner, comme point de départ, un point précis du jour *à quo*, on a été forcé de considérer pour tous les cas, comme point précis, le dernier instant de ce jour, ce qui a rendu dès lors exclusif ce même jour. *Quamvis, de jure regulariter*, dit Dumoulin (Coutum. de Paris, art. 10 et 11, n⁰ˢ 2 et 3), *tempus statim currat de momento ad momentum, tamen* CONSUETUDINE *communiter observatur quod dies* A QUO *præfigitur terminus non computetur in termino.*

Au reste, je ne considère l'analyse que je viens de donner que comme une pure satisfaction de l'esprit, et je m'en référerai toujours à la seule règle que j'ai cru devoir poser sur cette matière, savoir : que, pour saisir avec exactitude le sens des dispositions législatives sur le temps ou sur les délais, il importe, avant tout, de s'assurer de la matière qu'elles traitent, du but propre de la disposition, et d'appliquer alors avec fermeté ce principe de droit qui, dans le doute, domine bien des règles (1) : *Non lex est quod scriptum est, sed quod legislator voluit, quod judicio suo probavit et recepit.* Ainsi, par exemple, bien que l'art. 1041 du Code de procédure civile porte que : « Le présent Code sera exécuté à dater du 1er janv. 1807 : en conséquence, tous procès qui seront intentés depuis cette époque, seront instruits conformément à ses dispositions, etc. ». Qui oserait soutenir que le 1er janv., formant le terme *à quo*, est exclusif, selon l'usage le plus communément reçu ? L'ensemble de cette disposition, le but dans lequel elle a été conçue, qui consistait évidemment à donner un point de départ certain à l'existence légale et obligatoire du Code de procédure civile, ne permettent pas de douter que le jour *à quo* ne soit inclusif. C'est au reste ce qui se trouve explicitement reconnu dans l'avis du conseil d'État du 6 janv. 1807.

Question particulière.

Une loi qui établit un nouveau mode de publication, doit-elle être publiée dans la forme qu'elle prescrit, ou dans la forme précédente ? Il est évident qu'étant sur la même ligne que les autres lois, elle est soumise comme elles à toutes les conditions de publicité qui les rendent seules obligatoires. Voici comment développait ce principe M. Tronchet, rapporteur de la loi du 24 brum. an VII, dans la séance du conseil d'État du 11 vend. an VII : « Toute loi, pour devenir obligatoire, doit être connue, et conséquemment promulguée : la forme de la promulgation est arbitraire ; elle appartient au droit positif, et peut être changée par le législateur ; mais la forme établie par une loi préexistante, ne peut être abrogée que par une autre loi. Le nouveau règlement qui a pour objet d'abroger l'ancien, ne peut recevoir le caractère et la force de loi, que du mode de promulgation établi par la loi qu'elle abroge, et qu'elle ne peut abroger que pour l'avenir. Avant de pouvoir abroger la loi ancienne, il faut qu'elle devienne elle-même loi, et elle n'en peut recevoir le caractère par la nouvelle forme qu'elle établit, cette forme ne pouvant exister avant que la loi existe elle-même ; d'où il suit que la loi nouvelle ne peut recevoir son existence que de la forme établie par

(1) Donellus, Comment. *ad Pandect*, t. 1, c. 13, n° 2.

la loi même qu'elle doit abroger, et qui ne peut cesser qu'au moment où la seconde prendra son existence. La raison seule me dit que, si je n'ai été jusqu'à ce jour soumis qu'aux lois qui m'étaient notifiées dans une telle forme, il faut que je sois averti, dans cette même forme, de la loi qui vient d'en établir une nouvelle ».

RÉSUMÉ GÉNÉRAL SUR LA PROMULGATION.

Il résulte de tout ce qui précède :

Qu'en droit, le principe politique a fait passer dès 1814, dans les attributions du pouvoir royal, avec la coopération nécessaire à la confection de la loi, par l'initiative et la sanction, spécialement par la sanction, en 1830, la promulgation de la loi ; que la sanction et la promulgation constituent d'une manière distincte et indépendante l'une de l'autre, sa prérogative ; que si ce pouvoir ne peut éluder l'application du principe qu'il tient de la Charte, quant à la promulgation des lois, il reste du moins le maître absolu d'en poser les bases et d'en régler l'exécution ; selon les vues politiques et administratives que lui suggère habituellement l'exercice de sa prérogative ;

Qu'en fait, la partie réglementaire de la promulgation est susceptible de grandes améliorations ; qu'il importerait surtout aujourd'hui de découvrir un moyen propre à rendre aux citoyens les avantages que leur offrait la Constitution de l'an VIII, sous le rapport de la publicité de la promulgation ; car, il est impossible d'admettre que la simple signature du ministre, apposée avec la date de la promulgation sur le bulletin officiel, atteigne réellement ce but.

Quant à l'époque à laquelle les lois deviennent obligatoires, on a vu d'une part, que le principal objet de l'ordonnance du 27 nov. 1816, avait été (sauf la substitution du principe occulte au principe de la publicité de la promulgation, qui émanait de la loi politique), de conserver dans son entier le système des délais admis par l'art. 1er du Code civil, et les divers actes réglementaires rendus pour son exécution ; que la jurisprudence s'était exactement conformée à l'esprit de cette ordonnance ; d'autre part, que si les ordonnances d'un intérêt général sont obligatoires aux mêmes conditions, dans les mêmes formes et les mêmes délais que les lois, il n'en saurait être de même de celles qui n'ont pour objet que des intérêts secondaires ; et la raison en est que tout ce qui, par sa nature, se rapproche de l'élément administratif, participe nécessairement de la mobilité ou de l'instabilité de ses formes ; car, ainsi le veulent eux-mêmes les intérêts généraux et particuliers.

Enfin, on a vu que les diverses locutions employées par la loi, dans de certains cas, et d'après ses vues générales, pour déterminer distinctement l'époque à laquelle elle deviendra obligatoire, rentrent dans le domaine de la philologie et de la doctrine, c'est-à-dire qu'elles restent soumises à la perpétuelle discussion des esprits versés tout à la fois dans les formes philosophiques du langage, les matières juridiques et les habitudes de la jurisprudence.

ART. 2.

La loi ne dispose que pour l'avenir ; elle n'a point d'effet rétroactif.

OBSERVATIONS PRÉLIMINAIRES.

Il est curieux de suivre le mouvement politique des esprits depuis 1789 jusqu'à la confection du Code civil, sur l'effet rétroactif de la loi. C'est là qu'on aperçoit la liaison intime et journalière qui unit le droit civil au droit public, et comment, dans la plupart des cas, l'un n'est que la prompte et vive expression de l'autre.

En 1789, le principe de la non rétroactivité des lois se montrait ce qu'il est en réalité, un principe de pur droit civil, que la raison ou l'indispensable nécessité de maintenir la société sur les bases éternelles de l'ordre, auraient gravé dans tous les esprits, à défaut de la loi 7, au Code *de Legib.*, dont on s'autorisait dans l'application. Cependant la commotion générale donnée à la société française à cette époque, introduisit, comme conséquence forcée, la rétroactivité dans les lois. Le principe dominant des institutions nouvelles, était l'égalité absolue, l'égalité naturelle. Or, comment admettre qu'un tel principe subsistât jamais à côté des fictions nombreuses plus ou moins habilement calculées, sur lesquelles reposait alors la société, et qui avaient pour elles la sanction du temps aussi bien que le formidable appui des intérêts contraires? Il devait en triompher promptement ou demeurer une pure théorie. De là, les lois violentes et rétroactives des 5 brum. et 17 niv. an II.

Cependant l'expérience ne tarda pas à démontrer que, quelles que soient les formes des gouvernemens, ce n'est jamais impunément qu'on porte atteinte au droit sacré de propriété; et la Convention nationale elle-même, effrayée de son propre ouvrage, rapporta, par ses décrets des 9 fruct. an III et 3 vendém. an IV, les lois rétroactives de l'an II.

Les esprits vivaient encore sous la terreur des maux profonds qu'avait causés la rétroactivité pendant sa courte durée, lorsque fut rédigée la Constitution de l'an III; et contre l'essence de cet acte politique, dont l'objet propre était de régler les intérêts généraux de la société, mais qui eut le mérite réel et trop méconnu de nos jours, quoique secondaire, de rétablir une foule de notions obscurcies par les lois ou les mesures révolutionnaires, il détermina par son art. 14 : « Qu'aucune loi ni criminelle ni civile ne peut avoir d'effet rétroactif. »

La Constitution de l'an VIII, plus fidèle à son véritable objet, se contenta de régler les nouvelles formes politiques sous lesquelles devait vivre la France. C'est dans cet état que s'offrit aux esprits, en l'an VIII, la matière de la rétroactivité.

A cette époque le calme avait succédé à la tempête; et il faut le dire, les notions les plus exactes sur le droit civil ne tardèrent pas à reprendre tout l'empire qu'elles avaient momentanément perdu. C'est ainsi, qu'en envisageant le principe de la non rétroactivité des lois sous son véritable point de vue, dans la séance du conseil d'État du 4 therm. an IX, on proposa de le reléguer dans le domaine de la doctrine, soit parce qu'il est assez appuyé de lui-même par la raison, l'intérêt public, et indépendamment de toute sanction de la loi positive, soit parce que, s'il doit être jamais violé par le législateur, c'est qu'ainsi l'aura nécessairement commandé un plus grand intérêt social; et ce fut par des considérations étrangères au principe lui-même, et uniquement parce que, converti en loi, « il devient aussi un précepte aux juges; qu'il est de plus une garantie pour les citoyens, en ce qu'il les assure qu'ils ne seront jamais recherchés pour des actes qui n'étaient pas encore défendus par la loi (1); » que l'on se détermina à le laisser subsister, à titre de loi, comme l'avaient fait les rédacteurs du projet de la commission, en tête du Code civil.

Je dois ajouter que les vues sages qui ont présidé à cette détermination n'ont jamais été troublées par les efforts ardens et réitérés qui furent faits alors, non sur le fond même de la matière, mais uniquement pour entraver le Gouvernement dans. l'exécution de l'admirable idée à laquelle nous devons le Code civil.

C'est ainsi que les objections de quelques tribuns : « Qu'une disposition qui parle au présent : «la loi ne dispose que pour l'avenir, etc. »; s'appliquait naturellement aux lois antérieures, et qu'on allait faire revivre par là toutes les institutions abolies par les lois de la révolution » (2). « Que le juge pourra s'autoriser de cet article, pour se refuser à l'exécution d'une loi nouvelle qui rétroagirait, et méconnaître ainsi l'autorité législative, etc. »; ont été justement considérées comme des objections frivoles et indignes d'une réfutation solide.

Les idées ainsi arrêtées, voici dans quels termes M. Portalis présenta l'art. 2 à l'adoption du Corps législatif le 4 vent. an XI (23 fév. 1803) (3); cet exposé en forme, en quelque sorte, tout l'esprit :

« L'office des lois est de régler l'avenir : le passé n'est plus en leur pouvoir. Partout où la rétroactivité des lois serait admise, non-seulement la sûreté n'existerait plus, mais son ombre même. La loi naturelle n'est limitée ni par le temps, ni par les lieux, parce qu'elle est de tous les pays et de tous les siècles. Mais les lois politiques, qui sont l'ouvrage des hommes, n'existent pour nous que quand on les promulgue, et elles ne peuvent avoir d'effet que quand elles existent. La liberté civile consiste dans le droit de faire ce que la loi ne prohibe pas : on regarde comme permis tout ce qui n'est pas défendu. Que deviendrait donc la liberté civile, si le citoyen pouvait craindre qu'après coup il serait exposé au

(1) M. Faure (*Ibid.*).
(2) M. Locré, *Législation civile*, t. 1, p. 507.
(3) *Ibid.*, p. 565.

danger d'être recherché dans ses actions, ou troublé dans ses droits acquis, par une loi postérieure?

Ne confondons pas les jugemens avec les lois. Il est de la nature des jugemens de régler le passé, parce qu'ils ne peuvent intervenir que sur des actions ouvertes, et sur des faits auxquels ils appliquent les lois existantes; mais le passé ne saurait être du domaine des lois nouvelles, qui ne le régissaient pas. Le pouvoir législatif est la toute puissance humaine. La loi établit, conserve, change, modifie, perfectionne; elle détruit ce qui est, elle crée ce qui n'est pas encore. La tête d'un grand législateur est une espèce d'Olympe d'où partent ces idées vastes, ces conceptions heureuses qui président au bonheur des hommes et à la destinée des empires; mais le pouvoir de la loi ne peut s'étendre sur des choses qui ne sont plus, et qui par là même sont hors de tout pouvoir.

L'homme, qui n'occupe qu'un point dans le temps comme dans l'espace, serait un être bien malheureux s'il ne pouvait pas se croire en sûreté, même pour sa vie passée; pour cette portion de son existence, n'a-t-il pas déjà porté tout le poids de sa destinée? Le passé peut laisser des regrets; mais il termine toutes les incertitudes. Dans l'ordre de la nature, il n'y a d'incertain que l'avenir, et encore l'incertitude est alors adoucie par l'espérance, cette compagne fidèle de notre faiblesse. Ce serait empirer la triste condition de l'humanité que de vouloir changer, par le système de la législation, le système de la nature, et de chercher, pour un temps qui n'est plus, à faire revivre nos craintes, sans pouvoir nous rendre nos espérances.

Loin de nous l'idée de ces lois à deux faces qui, ayant sans cesse un œil sur le passé et l'autre sur l'avenir, dessécherait la source de la confiance, et deviendraient un principe éternel d'injustice, de bouleversement et de désordre. Pourquoi, dira-t-on, laisser impunis des abus qui existaient avant la loi que l'on promulgue pour les réprimer? Parce qu'il ne faut pas que le remède soit pire que le mal. Toute loi naît d'un abus. Il n'y aurait donc point de loi qui ne dût être rétroactive. Il ne faut point exiger que les hommes soient avant la loi ce qu'ils ne doivent devenir que par elle.

DOCTRINE ET JURISPRUDENCE.

—

DÉFINITION, PLAN ET DIVISIONS.

Un des principes les plus salutaires de l'ordre social est sans doute *la non rétroactivité des lois*. On peut même dire qu'il est plutôt un principe d'ordre public que d'ordre privé; et les applications feront voir qu'en effet c'est surtout par des considérations générales, tirées habituellement de l'ordre politique ou du bien public, que doivent se résoudre la plupart des cas qui paraissent se rattacher au pur droit privé.

Pour jeter du jour sur cette grave matière, il importe :

1° De déterminer les caractères généraux et la puissance réelle de la loi ;

2° De pénétrer exactement ses motifs ;

3° De vérifier le langage et les monumens de la jurisprudence, car les arrêts ne disent pas toujours ce qu'ils semblent dire.

—

CHAPITRE Ier.

La loi par essence, et comme précepte de raison dans l'ordre social, ne rétroagit pas. Les lois dites interprétatives, les lois morales ou supplétives de lois absentes, ne forment pas, à proprement parler, des exceptions à cette règle.

CHAPITRE II.

Exceptions tirées du dispositif ou de la volonté expresse de la loi.

CHAPITRE III.

La loi, considérée comme principe fondamental de toute association politique, agit de deux manières :

1° Sur les élémens généraux de l'association même, pour en améliorer incessamment toutes les conditions ; dans ce cas, son action s'étend sur le passé sans rétroagir ;

2° Directement sur les individus, pour les mettre en communication des avantages résultant de l'association ; dans ce cas, son action ne s'étend sur le passé que tout autant qu'elle ne porte pas atteinte aux droits acquis, en vertu de la loi précédente.

CHAPITRE IV.

Application des principes précédens aux diverses matières de droit qui présentent le plus habituellement des questions d'effet rétroactif.

CHAPITRE PREMIER.

La loi par essence, et comme précepte de raison dans l'ordre social, ne rétroagit pas. Les lois dites interprétatives, les lois morales ou supplétives de lois absentes, ne forment pas, à proprement parler, des exceptions à cette règle.

—

PRINCIPES GÉNÉRAUX.

Les lois rétroagissent moins qu'on ne le pense communément. Un examen approfondi des principes de la matière donnera facilement la preuve de cette vérité.

La loi a été créée dans un but d'ordre, et il est de son essence de ne régler que les événemens à venir. *Leges et Constitutiones futuris certum est dare formam negotiis*, dit la loi 7, au Code *de Legib.*, *non ad facta præterita revocari*. Denis Godefroi explique ainsi le mot *certum est;* c'est-à-dire, qu'il est de la nature des lois que, dans le doute elles ne soient pas censées rétroagir. *Id est, ea legum natura est, in dubio* ID; c'est-à-dire, la non rétroactivité, *in legibus inesse creditur*. En effet, comment supposer qu'un précepte qui ne prend le caractère définitif de loi que par la promulgation (*suprà*, p. 61, n° 1 et suiv.), c'est-à-dire, par l'acte qui atteste tout à la fois son existence et sa force obligatoire au corps social, puisse néanmoins exercer son empire sur des actes antérieurs qui n'ont jamais fait l'objet de ses prévisions? Par exemple, les lois pénales ont pour but de punir certains actes; mais comment admettre que les citoyens soient punis aujourd'hui pour un délit commis hier, alors que le fait réprouvé n'était pas encore délit? De telles lois ne seraient pas seulement injustes, dit Blackstone, Comm. t. 1, p. 69, elles seraient cruelles. De là la disposition précise de l'art. 4 du Code pénal: « Nulle contravention, nul délit, nul crime, ne peuvent être punis de peines qui n'étaient pas prononcées par la loi avant qu'ils fussent commis ».

Les lois civiles, dit la loi 41, au Digeste, *de Legib.* ont pour objet l'acquisition, la conservation ou la perte de tout ce qui peut faire partie de notre domaine. En effet, ou elles déterminent comment une chose devient notre propriété, comment chacun conserve son droit ou sa chose, comment il l'aliène ou la perd. « Totum autem jus consistit aut in acquirendo, aut in « conservando aut in minuendo : aut enim hoc agitur quemad-« modum quid cujusque fiat, aut quemadmodum quis rem vel « jus suum conservet, aut quomodo alienat, aut amittat » ; et cet objet est rempli du moment de leur émission.

Or, comment supposer que la loi me dépouille par sa disposition d'aujourd'hui, de ce qui se trouvait réglé hier d'une manière différente par l'effet d'autres dispositions qu'elle n'avait pas encore anéanties. Le droit étant nécessairement fondé sur la raison, il faut dire que là où la raison serait renversée le droit n'existerait plus.

SECTION Ire.

Les lois dites interprétatives ne sont pas proprement rétroactives.

—

SOMMAIRE.

8. — Quid, *si les contrats ont été passés, ou si les jugemens ont été rendus sous l'empire d'une loi dont le sens est tellement obscur, ou si contraire au vœu présumé du législateur, qu'une loi interprétative est devenue indispensable pour en déterminer l'objet?*

9. — *Résumé de ce qui précède.*

10. — Quid, *si la loi interprétative embrasse des cas nouveaux omis par la loi interprétée? Distinction indiquée par Bacon sur cette question.*

———

1. Ces principes posés, apprécions-en les conséquences : et d'abord, examinons quelques lois qu'on est dans l'habitude de considérer comme exceptionnelles au principe de la non rétroactivité.

Je commence par *les lois interprétatives ;*

Quelques jurisconsultes, MM. de Maleville (1), Merlin (2), Dalloz (3), s'attachant trop scrupuleusement à ces mots qui, dans le projet du Code civil, terminaient l'art. 2 : « Néanmoins, la loi interprétative d'une loi précédente *aura son effet* du jour de la loi qu'elle explique, etc. », paraissent adopter l'opinion que la loi interprétative régit directement tous les faits antérieurs jusqu'à la loi interprétée, sauf néamoins ceux qui se trouveraient réglés par transactions, sentences passées en force de chose jugée, etc., et d'où résulteraient des droits acquis. J'ai toujours vu du danger à donner des effets aussi absolus à la loi interprétative. Que disent les principes ? que la loi interprétative remonte à la loi interprétée pour s'unir avec elle et ne former, ainsi unies, qu'un seul et même corps de dispositions. Justinien décidant que sa douzième Novelle sur les effets de la légitimation servira de règle, même pour les successions ouvertes antérieurement à cette loi, pourvu qu'il n'en ait été autrement disposé par transactions ou sentences passées en force de chose irrévocablement jugée, fonde sa décision sur ce qu'il est constant que les dispositions interprétatives ajoutées aux lois précédentes doivent avoir leur effet comme si elles appartenaient aux lois interprétées. *Cùm*

(1) Analyse, t. 1, p. 9.
(2) Question de Droit, *Chose jugée*, § 8, *et passim.*
(3) Jurisprudence générale, v° *Loi*, p. 836.

omnibus manifestum sit oportere ea quæ adjecta sunt per inter-
pretationem, in illis valere in quibus interpretatis legibus sit
locus. Gail, dans ses *Observationes practic.* lib. 2, observ. 9,
n° 6, retrace la même pensée. Après avoir dit que la loi
déclarative ou interprétative s'applique au passé, *Constitutio,*
quando juris antiqui declaratoria est, concernit etiam præ-
terita, donne cette raison de la loi 21, § 1, ff. *qui testamenta*
facere possunt, que ce n'est pas faire une nouvelle disposition
que d'expliquer une disposition déjà faite ; *et est ratio quod*
is qui declarat nihil novi dat. Voët ne s'exprime pas différemment (Comment. *ad Pendect. de Legib.* , n° 17) : *Ad præ-*
teritam legem trahendam, quoties non tam novi quid lege nova
injungitur, quam potius dubiæ legis anterioris interpretatio fit.
Enfin, Franzke (Comment. *ad Pandect. in ppio*) définit ainsi
la loi interprétative : « expression plus claire de la volonté du
législateur, développement donné au sens d'une loi ambiguë :
Clarior voluntatis legislatoriæ expressio et in legem intellectu
ambiguam explicationis sententiæ illatio. Cet auteur va même plus
loin : il n'importe, selon lui, que la loi interprétative change,
ajoute ou retranche quelque chose à la loi interprétée, elle reste
toujours pure interprétation de celle-ci, à cause du but que s'est
proposé le législateur en donnant cette interprétation : *et quan-*
doque non nudam continet declarationem sensus prioris legis, sed
insuper aliquid mutat, nunc addendo nunc mimendo ; et tamen
nihilominus vera est et manet interpretatio RATIONE FINIS*, quem*
legislator hujusmodi declaratione seu interpretatione intendit (1) :
Quelle peut être la raison logique de toutes ces décisions ? C'est
que conformément au principe que j'ai posé ailleurs (*de l'Inter-*
prétation des lois, p. 110), l'interprétation n'est que la conséquence même de la disposition qu'elle interprète ; et que toute
interprétation suppose nécessairement un texte dont elle développe le sens.

2. La jurisprudence bien entendue vient à l'appui de ces principes. Qu'a prononcé la Cour de cassation par son arrêt du
2 therm. an IX, rapporté par M. Merlin (Répert., v° *Divorce,*
sect. 4, § 10, p. 777)? « Attendu que la loi du 24 brum. an VII
a fait cesser tous les doutes qui avaient pu se former sur l'épo-

---

(1) J'apprécierai plus loin le mérite de cette assertion, qui, dans sa
généralité, manque d'exactitude.

que à laquelle les lois envoyées dans les départemens réunis, et qui n'y avaient pas été publiées dans l'ancienne forme, étaient devenues obligatoires; et qu'ainsi le tribunal civil de la Meuse-Inférieure *a violé les art.* 11 *et* 12 *de la loi du* 12 *vend. an IV, interprétés par la loi du* 24 *brum. an VII, etc.* ». Elle s'est exprimée de la même manière le 22 vend. an IX (*ibid*). « Vu les art. 1 et 8 de la loi du 28 août 1792, et le décret du 6 germ. an II, rendu en interprétation de ladite loi; *attendu qu'il y a violation formelle de cette loi et du décret du 6 germ. an II, etc.* Casse ». Enfin, elle a employé une forme absolument semblable, le 22 mars 1806 (aff. Macmahon, *ibid*, p. 805) : « Vu la loi du 20 sept. 1792, sur le divorce; vu l'art. 1er de la loi du 26 germ. an II; attendu qu'il résulte du texte précis de cette loi que l'intention du législateur a été, après avoir établi par le Code Napoléon, une législation nouvelle sur le divorce, d'interdire désormais toute demande en nullité des divorces prononcés antérieurement, et revêtus d'ailleurs des formes extérieures et matérielles prescrites par les différentes lois; que ces dispositions générales, fondées sur des vues d'ordre public et sur des motifs politiques du plus haut intérêt, s'appliquent spécialement aux divorces prononcés pour cause d'émigration ou d'absence; divorces que les art. 15, 16 et 17 du § 2 de la loi du 20 sept. 1792 n'assujettissaient à aucun délai d'épreuve, et à aucune autre formalité préalable que celle de la représentation d'un acte authentique constatant l'émigration ou l'absence; et qu'ensuite l'art. 3, du § 3 de la même loi, permettait à l'époux divorcé de contracter, immédiatement et sans délai, un nouveau mariage; attendu que c'est, en effet, dans ce sens que *la loi du* 20 *sept.* 1792 et celle *du* 26 *germ. an* II, ont été expliquées et interprétées, spécialement à l'égard des émigrés et absens rentrés, par l'avis du conseil d'État, *du* 11 *prair. an* XII, approuvé par l'Empereur, le 18 du même mois, etc. »

3. Peut-on conclure de là, avec M. Merlin (*ibid*, p. 776), que la Cour de cassation a cassé ces jugemens ou arrêts, *par le seul motif qu'ils étaient contraires à des lois interprétatives qui n'avaient été rendues que depuis leur prononciation?* Nullement. On a pu remarquer, au contraire, que cette Cour a toujours eu soin d'unir dans le dispositif de son arrêt la loi interprétée à celle qui l'interprétait; elle a toujours vu, en principe, la violation de la loi interprétée; et elle a consacré en même temps la

violation de la loi interprétative, parce qu'en bonne législation le vrai sens de la loi co-existant avec elle, bien qu'il ne soit mis au jour que par une loi postérieure, si la loi interprétée est violée, la loi interprétative l'est nécessairement avec elle. C'est, au surplus, un principe qu'elle a dissertement consacré le 4 mars 1817 (1); il s'agissait de savoir si un acquéreur qui cherchait vainement, à l'aide de son contrat, à se mettre en possession d'un terrain qui lui avait été vendu, était fondé à refuser de payer son prix sans caution. Un arrêt de la Cour royale d'Aix avait prononcé l'affirmative; mais la Cour de cassation : « Vu la loi 11, ff liv. 19, tit. 10, §§ 1 et 2, *ex empto actione is qui emit*; vu aussi la loi 18, § 2, ff *de pericul. et Commod. rei vendit*; vu encore la loi 20 au Code *de Pactis*; vu enfin les art. 1603 et 1653 du Code civil; attendu... (plusieurs motifs en fait)...; que, cependant, la Cour d'Aix a cru devoir le condamner à payer son prix, nonobstant l'empêchement qu'il éprouvait de se mettre en possession, empêchement qui pouvait et devait être considéré comme un véritable *trouble*, qu'il était facile de faire cesser, en ordonnant la mise en cause du sieur Giraud, à laquelle le demandeur avait formellement conclu, et qui aurait tout éclairci; qu'en prononçant ainsi, sans exiger même de la dame Perret qu'elle fournît une caution pour la restitution du prix, le cas échéant, *cette Cour a violé les lois romaines et les art. 1603 et 1653 du Code civil, qui n'ont fait que renouveler les dispositions desdites lois, et en fixer le véritable sens et la juste application; Casse, etc.* ».

4. Quant aux dispositions de la loi du 27 nov. 1790 et de la Constitution de l'an III (Art. 256), d'après lesquelles, « la Cour de cassation est tenue de se conformer aux lois qui seront rendues en forme d'interprétation par le Corps législatif, dans tous les cas où, après une cassation, le second jugement sur le fond, sera attaqué par les mêmes moyens que le premier »; quel est leur but? c'est de reconnaître qu'à l'occasion d'une loi dont le sens douteux a amené une divergence parmi les corps judiciaires, il en est un que le législateur consacre comme le sens réel et primitif de la loi interprétée, comme le seul qu'elle soit censée avoir toujours eu depuis son origine, et auquel doivent se rallier désormais tous les avis; et, comme, sous peine d'absurdité, il

_____

(1) Sirey, t. XVII; 1, 214, aff. Saunier.

n'est pas permis de supposer l'existence d'une loi dépourvue de sens, jusqu'à l'émission de la loi interprétative, il faut bien admettre que celui qui résulte de la loi interprétative est le seul sens obligatoire de la loi interprétée; dès lors la Cour de cassation est tenue de suivre ce dernier sens. C'est encore ce qu'elle a formellement reconnu le 19 oct. 1808 (1). Le sieur Chaudurié avait présenté, le 8 mess. an XIII, à l'enregistrement un acte de vente d'immeubles, passé devant notaire, à l'Ile-de-France, pour le prix de 16,920 piastres; le receveur perçut 1,106 fr. 5 cent. de droit proportionnel, se croyant autorisé par la loi du 22 frim. an VII. Cependant, deux avis du conseil d'État approuvés l'un le 10 brum. an XIV, l'autre le 12 déc. 1806, décidèrent que ces actes étaient simplement passibles d'un droit fixe. Action en restitution du droit proportionnel perçu, de la part de Chaudurié qui se fonde sur les deux avis du conseil d'État. Le 19 juin 1807, jugement du tribunal civil de Lorient qui ordonne la restitution. Pourvoi de la Régie. Elle prétend que des avis du conseil d'État, postérieurs à la loi du 22 frim. an VII, ne peuvent autoriser la restitution de droits perçus en vertu de cette loi. Mais le défendeur répond que les avis du conseil d'État sont une *interprétation* de la loi, et prouve que c'est la loi elle-même qui a été violée par la perception. La Cour : « Attendu qu'en décidant que l'acte dont il s'agit n'était passible que d'un droit fixe, le jugement attaqué s'est conformé aux dispositions de la loi du 22 frim. an VII, et à l'interprétation donnée à cette loi par les avis du conseil d'État, approuvés par sa Majesté, le 10 brum. an XIV et le 12 déc. 1806, rejette, etc. » La Cour de cassation reconnaît évidemment par-là que la loi interprétée est réputée avoir toujours eu le sens que lui donne la loi interprétative.

5. Telle était aussi la pensée de Bacon sur cette matière : « Toute loi déclarative, par-là même qu'elle est déclarative, dit cet auteur (Aphorisme 51), se réfère nécessairement au passé, bien que cela ne résulte pas de ses termes; en effet, l'interprétation ne commence pas au moment même où elle est donnée; elle commence avec la loi même qu'elle interprète, et dont elle est la contemporaine. Le législateur ne doit donc rendre de lois déclaratives *que dans le cas où ces lois peuvent, sans injustice, se*

_____

(1) Sirey, t. IX, 1, p. 47.

reporter vers le passé ». — « Lex declaratoria omnis , licet non
« habeat verba de præterito , tamen ad præterita , ipsa vi de-
« clarationis , omniò trahitur. Non enim incipit interpretatio
« cùm declaratur , sed efficitur tanquam contemporanea ipsi legi.
« Itaque leges declaratorias ne ordinato , nisi in casibus ubi leges
« cum justitia retrospicere possint ».

6. Quant à cette proposition de Franzke : « Que si la loi
interprétative EST innovative , sous quelques rapports , elle n'en
devra pas moins être littéralement exécutée , comme interprétation de la première loi (*suprà* , p. 127 , n⁰ 1) , proposition qui résulte aussi de la doctrine trop absolue de M. Merlin ; je ne saurais l'admettre sans distinction.

Dans mon esprit , l'idée de la loi est inséparable de la justice
et de la raison. Si la loi précédente était obscure, ambiguë , ou rédigée de manière à donner naissance aux fausses interprétations,
pourvu qu'elle renfermât virtuellement le sens qu'il importait
de découvrir , et qui est devenu plus tard l'objet de la loi interprétative , je reconnais sans peine que cette dernière loi ,
bien qu'elle renverse toutes les interprétations précédentes ,
devra être considérée comme exprimant la pensée réelle et primitive de la loi interprétée , et , comme elle , se trouvera dès lors
sa contemporaine, la raison , aussi bien que les principes du droit,
veulent que la loi interprétative , unie ainsi à la loi interprétée ,
régisse toutes les espèces jugées depuis l'émission de la loi interprétée , et les attributions de la Cour de cassation lui feront
un devoir de casser , dans ce cas, tout ce qui aura été jugé dans un
sens contraire sous l'empire de la loi interprétée. Mais si la loi
interprétative est réellement innovative ; si elle altère , sous
quelques rapports , la loi interprétée , je me refuse à reconnaître
en elle le pouvoir de lier par ses prescriptions nouvelles , autrement que par une rétroactivité formelle , des faits réalisés et
jugés sous l'empire de la loi interprétée, quelles que fussent les
erreurs des interprétations admises. Je n'adopte pas cette raison
de Franzke : « Qu'elle soit réellement l'interprétation de la loi
précédente » , *à cause du but que s'est proposé le législateur en
rendant la loi interprétative.* — « Vera est et manet interpretatio
« ratione finis , quem legislator hujusmodi declaratione seu inter-
« pretatione intendit ». Je ne vois là qu'un procédé qui blesse la
raison autant que la dignité de la loi , qu'un subterfuge indigne
du législateur qui doit aux autres hommes les exemples les plus

9.

incontestables de la droiture et de la bonne foi. Dans ce cas, et lorsque en fait l'innovation ou l'altération est formelle, la loi interprétative, en ce qui concerne l'innovation ou l'altération, n'étant interprétative que de nom, et la Cour de cassation ne trouvant plus dans ses attributions l'obligation de rappeler au sens primitif d'une loi violée des décisions qui s'en seraient écartées, doit laisser subsister ces décisions de la même manière qu'elle laisserait subsister des décisions rendues sur des matières qui ne se trouveraient régies par aucune loi, et c'est ainsi qu'elle a statué, par son arrêt du 28 therm. an XI (aff. Delarivière (1)), sur la question de savoir si le décès des enfans, après la mort de leur mère dotée ou donataire, ne fait pas revivre le droit de retour en faveur de leur aïeul? (V. *infrà*, p. 144, 2e alinéa).

7. Au reste, cette Cour a consacré plusieurs fois le principe écrit dans la Novelle XIX, dont j'ai transcrit les termes, et qui faisait partie de l'art. 2 du projet du Code civil, savoir, que tout ce qui se trouve définitivement réglé par voie de jugement, de transaction ou autrement, et constitue un droit acquis sous l'empire de la loi interprétée, est à l'abri de toute atteinte de la loi interprétative (Arrêts des 13 brum. an IX, et 18 therm. an X.) V. Dalloz, Jurisprudence générale, v° *Loi*, p. 836; Merlin, Question de Droit, v° *Chose jugée*, § 8; *Donation* § 8; *Domaine public*, § 5; *Inscription hypothécaire*, § 2; *Propriété littéraire*, § 2; et Répertoire, v° *Divorce*, sect. 4, § 10.

8. Mais, dira-t-on, quelle base servira d'appui aux contrats ou aux jugemens rendus sous l'empire d'une loi dont le sens est tellement obscur ou si contraire au vœu présumé du législateur, qu'une loi interprétative est devenue indispensable pour en déterminer exactement l'objet? Il faut distinguer: s'il s'agit de contrats volontairement consentis entre parties capables, sur la foi d'un certain sens donné à la loi qui les régit, on dira, d'une part, pour en soutenir la validité, que le sens donné par les parties à la loi peut être erroné, mais que rien ne s'oppose à ce que, même dans cet état d'erreur, il fasse la loi commune des parties; d'autre part, que les parties ont pu volontairement s'imposer une loi spéciale, alors même qu'on n'en trouverait ni l'esprit ni le principe dans aucun texte de la législation posi-

---

(1) Question de Droit, v° *Réversion*, § 1.

tive, pourvu qu'elle ne soit d'ailleurs réprouvée par aucune autre loi, et, à plus forte raison, ont-elles pu suivre un sens simplement plausible d'une loi existante, dont plus tard une loi interprétative vient découvrir le véritable sens. S'il s'agit de jugemens rendus en dernier ressort, ou la partie contre laquelle ils sont rendus s'est pourvue en cassation, avant l'émission de la loi interprétative ou elle ne s'est pas pourvue; si elle s'est pourvue et qu'elle ait échoué dans son pourvoi, même sur le fondement de l'interprétation vicieuse donnée à la loi, la décision est irréparable, non-seulement parce qu'il n'existe plus aucun recours, mais encore parce que la cassation n'est admise contre un jugement, qu'autant qu'il a expressément violé une loi existante à l'époque où il a été rendu; or, la loi interprétative qui restitue plus tard son véritable sens à la première loi, n'existait pas encore; et dès lors le sens erroné de celle-ci, admis jusque-là par les corps judiciaires, constitue un véritable droit qui lie, à l'égal d'une loi clairement énoncée, tous les intérêts auxquels il s'applique; telle est la force de la maxime : *Error communis facit jus* (L. Barbarius Philippus, 5 ff *de offic. Prœt.*).

Que si la partie ne s'est pas pourvue, soit avant, soit après la loi interprétavive, elle a à s'imputer d'avoir accepté, comme la vérité même, ce qui a été jugé à son égard; elle s'est de plus, dans ce dernier cas, formellement désistée du moyen que lui présentait la loi interprétative de faire rentrer dans le sens qu'elle donne à la loi interprétée, toutes les solutions à intervenir sur les faits ou les événemens antérieurs à son émission, et qui n'étaient devenus l'objet ni de transactions, ni de jugemens passés en force de chose jugée. Enfin, si ce jugement est du nombre de ceux contre lesquels tout recours est interdit, ce sera un mal particulier qui devra céder à l'intérêt général, dont le vœu est que les procès ne soient pas éternels et que les propriétés ne restent pas trop long-temps incertaines.

9. **En résumé**, c'est par les principes de la logique aussi bien que par ceux du droit que je déterminerai les véritables caractères de la loi interprétative; et je dirai qu'une telle loi n'étant qu'un procédé légal du législateur par lequel il met au jour sa première pensée, elle suppose indispensablement l'existence de cette première pensée, c'est-à-dire de la loi qui est censée la retracer, alors qu'elle ne remplirait pas cet objet. Dès lors], tous les principes que je viens de développer s'appli-

quent naturellement et sans contrainte ; et il n'y a nul effet rétroactif à faire remonter la loi interprétative à la loi interprétée,
puisque cette dernière n'a pu, sans absurdité, renfermer d'autre
pensée que celle de la loi qui l'interprète.

Mais, *quid juris*, si la loi interprétative embrasse des cas nouveaux omis par la loi interprétée ? Régira-t-elle les faits intermédiaires réalisés depuis la première loi, absolument comme si ces
cas eussent fait partie de celle-ci ? Bacon s'exprime ainsi sur cette
question (Aphoris. 48) : « Il existe une autre espèce de cas
omis ; ce sont ceux qu'une loi, rendue en interprétation d'une
loi précédente qui ne les a pas prévus, embrasse en remontant
jusqu'à elle. C'est proprement l'office des lois ou des statuts qui,
comme on dit, regardent en arrière ; mais on ne doit rendre
ces sortes de lois que rarement et avec la plus grande circonspection, car, un regard en avant, et un regard en arrière, ne
saurait convenir aux lois. *Est et aliud genus supplementi casuum
omissorum, cùm lex legem supervenit, atque simul casus omissos
trahit. Id fit in legibus, sive statutis, quæ retrospiciunt, et vulgo
loquuntur. Cujus generis lege, rarò, et magna cum cautione ad
hibendæ : neque enim placet janus in legibus.*

Ces derniers mots, *Neque placet janus in legibus*, nous ré-
vèlent la pensée réelle de Bacon ; il faut admettre une distinction : sans doute, les cas qui s'appuyent sur le droit naturel,
l'équité, la bonne foi, même sur des considérations générales
tirées du bien public, se trouveront virtuellement, et par la
force des analogies, compris dans la loi interprétée, alors que
ces cas n'auraient pas été formellement prévus par elle ; et,
d'après mes principes, la loi interprétative ne faisant que proclamer alors l'existence dans la loi interprétée, de cas que la
morale, la bonne foi, ou l'état social, ne permettent jamais de
bannir de la législation, il faut dire que dans la réalité, il n'y
a pas rétroactivité à les considérer comme existans dans la loi
interprétée ; car, en l'absence de dispositions précises de la loi
civile, on ne saurait concevoir de droit acquis à personne, contre
les principes du droit naturel, ou les élémens incontestables de
l'ordre, et du bonheur social. Les exemples qui viennent à
l'appui de cette doctrine, sont les mêmes que ceux dont je vais
appuyer celle de la non-rétroactivité des lois, que j'appelle morales, d'ordre public, etc., bien qu'elles se reportent sur des
faits antérieurs.

Mais, en l'absence de ces conditions, et s'il s'agit de cas nouveaux et dépourvus de la base dont je parle, si ces cas ne sont
plus que de pures innovations, des corrections ou abrogations
de la loi précédente, je me refuse, par les motifs que j'ai
déjà donnés, à les considérer comme virtuellement renfermés
dans la première loi; la loi interprétative ne remplira plus, aux
yeux de la raison, la mission d'interpréter une loi qui n'a dû
jamais renfermer le sens qu'elle lui prête, la bonne foi se ré-
voltera toujours contre un pareil procédé; et, en l'absence
d'une disposition expresse de la loi interprétative qui fasse,
dans cette hypothèse, remonter l'effet de ses *prescriptions* jusqu'à la loi interprétée, son action devra toujours, en ce qui concerne les *dispositions* nouvelles, rester rigoureusement bornée
aux faits à venir; tout écart de ces principes me paraîtrait avoir
encouru, à juste titre, la censure de la Cour de cassation.

SECTION IIe.

Les lois morales, d'ordre public, etc, ne sont pas
proprement rétroactives.

SOMMAIRE.

1. — *Ces lois sont essentiellement renfermées dans toute
législation. Leur nature et leurs effets.*
2 — *Preuves tirées de la Jurisprudence de la Cour de
cassation.*

1. Il est une autre espèce de lois que j'appellerai *lois morales,
d'ordre public*, etc., et qui, par leur nature, se reportent sur
les faits passés sans rétroagir; car il est de l'essence d'une bonne
législation, d'admettre comme base antérieure à toutes les lois,
et comme renfermés dans leurs dispositions, les principes généraux sans lesquels elles perdraient elles-mêmes virtuellement toute
autorité, leur caractère réel de force et de durée. Domat expose
ainsi la nature et les effets de ces lois: « Quoique les lois arbitraires,

dit cet auteur (*Traité des Lois*, chap. 12 , n° 2), n'aient leur
effet que pour l'avenir , si ce qu'elles ordonnent se trouve conforme au droit naturel , ou à quelque loi arbitraire qui soit en
usage , elles ont , à l'égard du passé , l'effet que peuvent leur
donner leur conformité et leur rapport au droit naturel et aux
anciennes règles ; et elles servent aussi à les interpréter , de
même que les anciennes règles servent à l'interprétation de celles
qui sont nouvellement établies » ; et au liv. préliminaire , tit. 1er,
sect. 1re , n° 14. « Les lois doivent servir de règle au passé
quand elles ne font que rétablir une loi ancienne , ou une règle
de l'équité naturelle , dont quelque abus avait altéré l'usage , ou
qu'elles résolvent des questions pour lesquelles il n'y avait aucune loi , ni aucune coutume ».

2. Ces principes sont si éminemment sociaux , que la Cour de
cassation, quelque précises que soient les dispositions de loi
par lesquelles ses attributions ont été fixées (1) , n'a jamais hésité
d'en faire l'application ; mais dans ce cas elle a eu soin , soit
d'unir aux anciens principes méconnus, la disposition du droit
nouveau qui s'y rattachait ; soit d'invoquer les principes d'ordre
et de raison qui sont inséparables de toute association humaine.
Faisait-elle rétroagir ainsi la disposition du droit nouveau ?
Nullement ; elle pouvait, sans blesser la raison ou les principes
du droit par un tel procédé , condamner d'anciens vices, d'anciens abus qui trouvaient leur condamnation naturelle et réelle
dans les principes éternels d'ordre et de bien public. C'est conformément à ces idées qu'elle a statué, le 15 mai 1815 (2), dans
l'espèce suivante : Après la mort du sieur Morel , sa veuve fut
nommée tutrice de son fils. Celui-ci ayant recueilli , dans la succession de son père la propriété d'une maison et de bâtimens
en dépendant, la veuve Morel en fit la vente à un sieur Maucomble , le 23 mess. an XI. Cette vente eut lieu en l'absence de
toute formalité de justice ; seulement la veuve Morel déclara
se faire fort pour son fils , et s'obligea de rapporter sa ratification à l'époque de sa majorité. Le 26 niv. an XII, revente de ces
immeubles par Maucomble au sieur Dufay, sans autre garantie
que celle de ses faits et promesses. En l'an XIII, la dame Morel
cesse de gérer la tutelle de son fils ; elle est remplacée par le

_____

(1) Loi du 27 nov. 1790 ; Constitution de l'an III , art. 256 , etc.
(2) Dalloz, Jurisprudence générale , v° *Loi*, p. 837 ; Sirey, t. XV , 1, 280.

sieur Lahoussaye. Ce nouveau tuteur se pourvoit devant le tribunal des Andelys pour faire prononcer la nullité de la vente faite au préjudice de son mineur. Le 29 mai 1809 jugement qui déclare cette demande, quant à présent, non recevable. Appel de la part du mineur, qui, devenu majeur, refuse de ratifier la vente faite par sa mère, et persiste à en demander la nullité. Le 1er juillet 1813, arrêt par lequel, 1° cette vente est déclarée nulle ; 2° la veuve Morel, alors remariée au sieur Duthuit, est condamnée à rendre à son acquéreur Maucomble la somme qu'elle en a reçue ; 3° Maucomble est également tenu de remettre à Dufay la somme qu'il en a touchée ; 4° une demande en dommages et intérêts que Maucomble et Dufay avaient formée contre la veuve Morel est rejetée. Le sieur Dufay se pourvut en cassation ; et la section civile cassa l'arrêt en ces termes : « Vu l'art. 1120 du Code civil ; considérant qu'en vendant l'immeuble de son fils, la veuve Morel a promis de rapporter la ratification de ce dernier, à l'époque de sa majorité ; que la veuve Morel, n'ayant pas rempli cet engagement, était évidemment tenue, aux termes de l'article ci-dessus, à une indemnité envers son acquéreur, à moins qu'il ne résultât des circonstances de l'affaire que cet acquéreur n'eût éprouvé aucun dommage, ou que celui réellement souffert ne fût imputable à sa mauvaise foi ; considérant que l'arrêt n'est fondé sur aucune de ces exceptions admises par l'équité ; qu'il juge, en thèse générale, que l'engagement de rapporter la ratification de son fils, personnellement contractée par la veuve Morel ne l'obligeait à rien ; en quoi il viole l'article ci-dessus, *article conforme aux principes qui ont existé de tout temps, et dont on ne peut par conséquent écarter l'application* ; Casse, etc. ».

Peut-on voir là une application rétroactive du Code civil ? Nullement. Le Code civil n'a pas été proprement violé. Ce sont les principes éternels de justice et de bonne foi qu'il ne fait que rappeler et consacrer de nouveau : « Si la personne (pour laquelle ou s'est porté fort) ne ratifie pas, dit Pothier, *Traité des Obligations*, n° 75), la convention est nulle à son égard ; mais si je me suis fait fort d'elle, si j'ai promis de la faire ratifier, cette promesse de la faire ratifier est une convention que j'ai eue, en mon nom, avec la personne avec qui j'ai contracté, par laquelle je me suis, en mon nom, obligé envers elle au rapport de cette ratification ; et faute par moi de la rapporter, en ses dommages et intérêts, c'est-à-dire, **en tout ce quelle souffre**

ou manque de gagner, par le défaut de ratification ». Quant
à l'équité, l'arrêt ne dit ni ne fait entendre nulle part que le
Code civil aura effet de loi nouvelle et interprétative par un motif d'équité; l'équité, au contraire selon lui, doit s'entendre,
non de l'application des anciens principes en matière de réparation des dommages, mais bien *des exceptions apportées à ces
mêmes principes.* Que déclare donc l'arrêt? Il déclare existant
et en pleine vigueur les anciens principes sur les contrats et
sur les effets des engagemens pris de bonne foi; il déclare
qu'ils ont reçu leur confirmation de l'art. 1120 du Code civil,
et qu'ainsi, reproduits par cet article, cet article a été violé.
Peut-on voir là un véritable effet rétroactif. Le sens de l'arrêt
n'est-il pas plutôt, que la Cour royale avait violé les principes
d'éternelle justice qui ordonnent de réparer le tort qu'on a
causé par son fait? Est-il besoin d'appliquer rétroactivement
une loi à des faits antérieurs à sa promulgation, et de faire
ainsi violence à la raison pour reconnaître qu'une décision judiciaire a méconnu des règles anciennes et certaines, reproduites
par une disposition de la législation nouvelle et en prononcer
la cassation? Non sans doute. Ce n'est donc pas tant à l'expression dont s'est servie la Cour de cassation lorsqu'elle a parlé
de la violation de l'art. 1120, expression motivée peut-être par
la nature spéciale de ses attributions, qu'il faut s'attacher, qu'au
fond même de sa décision, dont le but était évidemment de faire
une application réelle et directe des anciens principes aussi bien
que de l'art. 1120, et d'en proclamer la violation.

C'est au surplus toujours en ce sens, et en employant une
forme plus précise encore, que cette Cour a rendu les arrêts des
20 nov. 1812 (aff. Reggio) (1) : « Vu la loi 16, ff *de fide jussorib.*,
et l'art. 2012 du Code civil; Attendu que le jugement dénoncé,
en décidant qu'un vendeur s'était fait restituer pour cause de
minorité, contre la vente qu'il avait consentie sous le cautionnement d'un tiers, la caution se trouve déchargée par la raison
que l'obligation principale ne subsiste plus, a ouvertement violé
la loi VI *de fide juss.* dans le sens où cette loi a toujours été
interprétée, toujours appliquée, *et qu'elle a été rappelée dans
l'art. 2012 du Code civil*; Casse, etc. ». Et 2 janv. 1808 (2) ainsi
conçu: Vu les art. 2022 et 2023 du Code Napoléon; et attendu

(1) Sirey, t. XVI, 1, 140.
(2) Journal du Palais, t. XX, p. 305.

que l'arrêt dénoncé a contrevenu au droit constamment observé
dans le ressort du ci-devant parlement de Paris, et aux art. 2022
et 2023 du Code Napoléon *qui l'a maintenu;* Casse, etc. (1) ».
Elle a même été plus loin le 26 juin 1827 (aff. Savornin) (2) en
prononçant sur la question de savoir, si l'art. 2250 du Code civil
portant que l'interpellation faite au débiteur principal interrompt la prescription contre la caution, doit s'appliquer à un
cautionnement souscrit avant le Code civil et sous l'empire d'une
jurisprudence contraire à ses dispositions : « Vu les art. 2, 2250
et 2281 ; Attendu que la créance et le cautionnement dont il s'agit
remontent au 22 nov. 1784 ; que plusieurs poursuites ont été depuis' dirigées contre le débiteur principal, mais qu'aucune ne
l'ont été contre les cautions, jusqu'au 6 janv. 1823, et qu'à cette
époque il s'était écoulé près de trente neuf années, temps plus
que suffisant pour opérer la prescription en faveur de la caution ;
Attendu que l'arrêt attaqué constate que, d'après les anciens
principes suivis au parlement de Provence, la prescription continuait de courir au profit de la caution simple, quoiqu'elle eût
été interrompue contre le débiteur principal ; qu'à la vérité,
l'art. 2250, disposant que l'interpellation faite au débiteur principal ou sa reconnaissance interrompt la prescription contre la
caution, a changé la jurisprudence qui s'observait au parlement
de Provence et dans plusieurs autres parlemens ; *mais qu'il n'a
disposé que pour l'avenir, et que l'application n'en pouvait être
faite à l'espèce actuelle sans rétroactivité;* qu'en effet l'art. 2, du
Code civil s'exprime ainsi : « La loi ne dispose que pour l'avenir;
elle n'a point d'effet rétroactif ». *Que ce principe d'éternelle justice est absolu, et n'admet d'autre exception que celle que la loi
pourrait établir;* que loin de trouver dans l'art. 2250 précité une
exception qui aurait eu pour objet d'en faire rétroagir les dispositions, le législateur a gardé le silence à cet égard, mais qu'il
s'est prononcé plus tard, en statuant, par l'art. 2281, que les
prescriptions commencées à l'époque de la publication du Code
civil seront réglées par les anciennes lois, toutefois en exceptant
celles dont la durée était de plus de trente ans ; exception unique

---

(1) V. aussi les arrêts de la même Cour, des 1er août 1815 (Sirey,
t. xv, 1, 377); 15 janv. 1816 (*Ibid.*, t. xvi, 1, p. 81); 4 janv. 1825
(Journal du Palais, t. LXXIII, p. 55), qui ont jugé dans le même sens et sous
la même forme.

(2) Sirey, t. XXVIII, 1, p. 61.

sur cette matière, et qui ne peut être étendue à d'autres cas. De tout quoi il résulte que l'arrêt attaqué n'a ni violé ni faussement appliqué les articles invoqués, mais en a fait au contraire une juste application; rejette etc. ».

Bien que le point résolu par cet arrêt s'appuie sur un double motif, les termes dans lesquels il déclare : « Que l'art. 2250 a changé l'ancienne jurisprudence, mais qu'il n'a disposé que pour l'avenir et que l'application n'en pourrait être faite à l'espèce actuelle, sans rétroactivité, etc. », sont trop clairs; ils expriment d'une manière trop complète un principe souverain en matière de rétroactivité, pour ne pas y voir une ôpinion de doctrine de la Cour de cassation. Enfin, il résulte nettement d'un autre arrêt de la même Cour du 29 août 1820 (aff. Turpin) (1), qu'une série d'arrêts toujours semblables sur la même question donnerait au droit fondé sur cette jurisprudence le même caractère de stabilité que s'il reposait sur une loi expresse. (2)

<hr>

SECTION IIIe.

La loi nouvelle s'applique, sans rétroagir, à des faits anciens que ne régissait aucune loi; même à des faits régis par une simple jurisprudence.

<hr>

SOMMAIRE.

1. — *Exposition du principe.*
2. — *Preuves tirées de la Jurisprudence.*
3. — *Dangers qui peuvent en accompagner l'application.*
4. — *Cas particulier de rétroaction.*

<hr>

1. Alors qu'aucune loi n'existerait sur une matière, ou, ce qui revient au même, alors que la jurisprudence et les opinions des auteurs seraient tellement partagées et incertaines, que l'on pourrait, à juste titre, affirmer que cette matière est dépourvue

(1) Sirey, t. xx, 1, 87.
(2) Mais V. *infrà*, p. 144 *in fin c*.

de règle comme de loi, la loi nouvelle pourrait être appliquée à ces faits anciens, sans rétroagir; en effet, elle ne détruirait ni ne blesserait les droits acquis de personne; elle porterait uniquement les bienfaits d'une législation régulière sur des faits anciens qui s'en trouvaient dépourvus.

2. C'est ainsi que le tribunal de la Seine a adopté, par son jugement du 25 vent. an XIII (1), les conclusions du procureur impérial, dans lesquelles on lisait : « Est-il vrai, Messieurs, que le Code civil ne doive avoir aucune influence sur vos décisions dans les contestations sur les droits qui lui sont antérieurs? Cela est vrai, sans doute, quand il existe, pour décider les questions, des lois claires et positives, ou, ce qui n'est guère moins respectable, une jurisprudence constante et invariable. Mais, lorsqu'on ne vous présente pour motif de décision que des lois obscures, où chaque partie trouve ce qu'elle veut, que des arrêts qui s'anéantissent les uns par les autres, que des auteurs qui ne sont point d'accord; lorsqu'il se présente alors un Code destiné à fixer à jamais nos relations civiles et sociales, qui, repoussant cet esprit novateur auquel nous devons tant de funestes essais, n'a fait que réunir les lois que l'expérience des siècles a rendues éternelles, comme celles de la nature; un Code, rédigé par les hommes les plus recommandables par leurs vastes lumières, sur la rédaction duquel tous les savans, tous les magistrats de l'empire, ont été appelés à donner leur avis; ce Code ne devra-t-il pas être le guide le plus sûr, l'autorité la plus respectable que nous puissions vous offrir? Et lui préférer une jurisprudence versatile ou des auteurs qui se contredisent, ne serait-ce pas imiter la folie de ces navigateurs, qui, après l'invention de la boussole, s'obstinaient à suivre les étoiles qui les avaient si souvent égarés ».

C'est ainsi qu'un arrêt de la Cour royale de Limoges, du 10 févr. 1813 (2), statuant sur la question de savoir, si l'art. 816 du Code civil qui autorise la demande en partage entre cohéritiers, bien que l'un d'eux ait joui séparément de partie des biens de la succession (s'il n'y a titre civil ou prescription) doit, dans le silence des lois antérieures, et attendu la dissidence des auteurs, s'appliquer aux successions ouvertes avant le Code

(1) Sirey, t. v, 2, p. 94.
(2) Ibid., t. xv, 2, 122.

civil, consacre cette solution en se fondant entre autres sur le motif suivant : « Considérant que l'art. 816 du Code Napoléon, exige le même temps de possession pour suppléer un partage écrit ; que cet article peut être invoqué, si non comme loi, lorsqu'il s'agit d'un partage antérieur à sa publication, du moins comme raison écrite, il conviendrait de s'y référer s'il n'y avait plus d'autre moyen de se décider, etc. (1) ».

5. J'avoue néanmoins que si un tel procédé offre l'immense avantage de replacer les hommes et les faits sous l'empire régulier de la justice et de la loi, de les arracher ainsi aux incertitudes, aux erreurs, au chaos de la jurisprudence antérieure, elle offre d'un côté l'inconvénient grave de mettre la Cour de cassation dans la nécessité de méconnaître ses attributions réelles pour remplir celles de Cour supérieure d'équité ; or, l'exercice de ces attributions peut n'être pas toujours exempt d'arbitraire. C'est ainsi que cette Cour a appliqué arbitrairement, par son arrêt du 29 août 1820, déjà cité *suprà*, sect. 2, n° 2 (2), le Code civil, à des faits anciens qui ne paraissaient régis par aucune législation ou jurisprudence certaine.

Il s'agissait de savoir si la dot d'une mère, tutrice, et dont la tutelle avait commencé long-temps avant le Code civil, mais s'était prolongée sous ce Code, pouvait être soumise à une action *en retenue* de la part des mineurs, comme tacitement obligée à la gestion de la tutelle de leur mère, jusqu'à ce que celle-ci eût rendu son compte. La question, déférée à la Cour royale de Bordeaux, avait été jugée dans un sens favorable aux mineurs. L'arrêt se fondait notamment sur l'opinion de quelques auteurs tels que Faber et Lapeyrère ; du reste, il s'agissait de faits de tutelle antérieurs au Code civil ; mais la Cour de cassation a cassé cet arrêt par les motifs suivans : « Vu les art. 431, 1291, 1295, 2073, 2074, 2075, 2093, 2118, 2119, et spécialement l'art. 2169 du Code civil, ainsi conçu : « Faute par le tiers détenteur de satisfaire pleinement à l'une de ces obligations, chaque créancier hypothécaire a droit de faire vendre sur lui l'immeuble hypothéqué *trente jours après* commandement fait au débiteur

----

(1) V. aussi deux arrêts qui ont jugé dans le même sens ; Lyon, 5 mars 1820 (Sirey, t. XXIV, 2, p. 1), et Amiens, 10 janv. 1821 (Sirey, XXII, 2, p. 88.

(2) Aff. Turpin.

originaire, et sommation faite au tiers détenteur de payer la dette exigible, ou de délaisser l'héritage ». Considérant, en droit, qu'à quelque époque que la tutelle ait commencé, c'est sur les dispositions du Code civil que, depuis le jour de sa publication, les Cours et tribunaux doivent régler les droits respectifs des tuteurs et des mineurs, à moins qu'ils ne l'eussent été autrement, avant cette publication, soit par des lois positives, soit à défaut de lois expresses, par une série d'arrêts toujours semblables formant jurisprudence. Considérant, en fait, que les lois romaines accordaient aux mineurs une hypothèque tacite sur les biens de leurs tuteurs, mais ne les autorisaient pas à retenir ceux desdits biens dont ils seraient en possession jusqu'à l'apurement du compte de tutelle. Qu'il est vrai que plusieurs jurisconsultes avaient pensé que pour assurer les effets de ce gage tacite, il conviendrait d'autoriser les mineurs à retenir la dot de la mère, tutrice, jusqu'à l'apurement de son compte tutélaire ; qu'ils avaient dit avec le président Faber, *placet dotem retineri*, mais que cette opinion qui n'avait pas sa source dans la loi, avait été combattue par d'autres jurisconsultes, également recommandables, et n'avait pas été, ainsi que cela résulte du silence même de l'arrêt dénoncé, consacrée par la jurisprudence des arrêts. Que de là il suit : 1º que ce droit de rétention n'ayant été admis ni par la loi, ni par la jurisprudence avant la promulgation du Code civil, les dispositions de ce Code contenues aux articles ci-dessus cités, et qui s'opposent expressément à ce que les mineurs puissent retenir la possession des immeubles appartenans à leurs tuteurs, ou prétendre avoir privilége sur leurs meubles hors des cas prévus par l'art. 2073, étaient applicables à la cause ; 2º qu'en autorisant dans l'espèce les défendeurs à retenir la dot mobilière de la dame de Gageac leur mère, et en prononçant en conséquence un sursis aux poursuites à fin de paiement de partie de cette dot faites par son cessionnaire en exécution de l'art. 2169 du Code, la Cour royale a commis un excès de pouvoir et violé lesdits art. du Code civil ; casse, etc. ».

La Cour, comme on le voit, pose en principe : Qu'à quelque époque que la tutelle ait commencé, c'est sur les dispositions du Code civil que, depuis le jour de sa publication, les Cours et tribunaux doivent régler les droits respectifs des tuteurs et des mineurs, à moins qu'ils ne l'eussent été autrement, avant cette publication, soit par des lois positives, soit, à défaut de lois expresses, par une série d'arrêts toujours semblables formant jurisprudence.

La sagesse de la Cour de cassation rassure sans doute sur une telle décision, qui en réalité n'est pas rétroactive, puisqu'elle n'enlève ou ne blesse aucun droit acquis sous l'empire de la loi précédente; mais il est évident que perdant de vue dans cette circonstance, les justes limites de ses attributions, elle a plutôt prononcé en Cour d'équité, qu'en Cour supérieure chargée d'éclairer les doctrines générales et de veiller à la rigoureuse application des lois. (La lecture de l'arrêt cassé, qui statue purement en fait, ne permet pas de concevoir une autre opinion).

Mais, d'un autre côté, elle a pu, et sans s'écarter de ses attributions naturelles, laisser subsister un arrêt de la Cour d'appel de Lyon rendu sur la question si controversée autrefois et parlà même dépourvue de loi et de jurisprudence, de savoir: Si le décès des enfans, après la mort de leur mère dotée ou donataire, ne faisait pas revivre le droit de retour en faveur de leur aïeul? Voici les termes de son arrêt, qui est du 28 therm. an XI: « Attendu que le droit romain n'est reçu dans les ci-devant provinces dites régies *par le droit écrit*, qu'avec les modifications qu'y ont apportées les coutumes et la jurisprudence; que les différences de jurisprudence entre les tribunaux souverains qui se sont partagé ces provinces et la variation de cette même jurisprudence, en différens temps, dans quelques uns de ces mêmes tribunaux, prouve qu'il n'y a pas de loi précise sur la matière; d'où il suit que le tribunal d'appel de Lyon n'a violé aucune loi, en déclarant que le droit de retour ne devait pas avoir lieu en faveur des demandeurs.

Il y a plus: alors que la jurisprudence antérieure serait constante sur d'anciens faits, la loi nouvelle ne rétroagirait pas en statuant sur ces faits; c'est ce qu'établissait M. Tronchet à la séance du 14 mess. an IV au Conseil des anciens, en ces termes: « Un simple usage, une simple jurisprudence contraire, quelque ancienne qu'elle soit, ne peut limiter le pouvoir du juge; il ne peut être lié par l'erreur de ses prédécesseurs, il ne peut être lié par sa propre erreur....... Combien ne pourrait-on pas citer d'exemples de vieilles erreurs consacrées par la jurisprudence et détruites par la seule autorité de la jurisprudence? Pour n'en citer qu'un seul qui a beaucoup d'analogie avec la question actuelle, peu de personnes ignorent le célèbre jugement du parlement de Paris, du 17 mai 1762, qui a proscrit l'erreur qui s'était enracinée sur l'effet que l'usage donnait aux stipulations de propres de côté et ligne, usage par lequel on faisait d'une convention entre deux parties contractantes une loi de famille qui changeait l'ordre des successions entre les héritiers des enfans issus de leur mariage. Ce changement produisit une réclamation aussi forte et peut-être plus forte que celle qu'a excitée la nouvelle législation sur l'exclusion et la renonciation des filles mariées. On se pourvut en cassation : on prétendit que c'était attaquer *avec effet rétroactif* des conventions qui avaient toujours été entendues et exécutées d'une manière différente. Mais la demande fut rejetée, et avec raison ».

4. Mais ce ne serait qu'en rétroagissant que la loi nouvelle qui abrogerait une loi précédente, sur le fondement qu'elle est injuste ou contraire aux principes d'une bonne législation, anéantirait ce qui s'est passé sous son empire. La Cour de cassation avait méconnu ce principe le 3 août 1812; elle avait cassé par défaut, comme violant la loi du 9 brum. an VI abrogative de celle du 27 août 1792, concernant les domaines congéables, un jugement en dernier ressort portant que les effets produits par la seconde de ces lois pendant qu'elle était en vigueur, n'avaient pas été anéantis par la première (1); mais revenant sur cette opinion erronée elle a prononcé ainsi qu'il suit, le 16 juill. 1828 (2) : « Vu les art. 2 du Code civil, 11 de la loi du 27 août 1792, 1er et 2 de celle du 9 brum. an VI; Attendu que le rachat de la rente dont il s'agit ayant eu lieu en exécution de la loi du 27 août 1792, il a été légalement fait; Attendu que la loi du 9 brum. an VI abroge sans autre explication, et par conséquent *n'abroge que pour l'avenir,* celle du 27 août 1792; et que dès lors qu'elle ne prononce rien sur les rachats faits conformément à l'art. 11 de ladite loi, elle maintient tous les effets desdits rachats; qu'il suit de là qu'en jugeant que la loi du 9 brum. an VI avait annulé le remboursement fait en l'an III, par les auteurs des demandeurs, à la dame Kergariou, l'arrêt attaqué a donné, contrairement à l'art. 2 du Code civil, un effet rétroactif à cette loi, et a violé l'art 11 de la loi du 27 août 1792; Casse, etc. ».

(1) Répertoire de Jurisprudence, v° *Rente convenancière.*
(2) Bulletin civil de la Cour de cassation, t. XXX, p. 170.

SECTION IVe.

SOMMAIRE.

Lorsque les motifs de la loi nouvelle sont les mêmes que ceux d'une affaire ou d'un acte précédent consommé, elle s'étend, sans rétroagir, à cette affaire ou à cet acte.

Enfin, la même doctrine, toujours appuyée de la distinction faite plus haut, nous donne pour solution certaine que lorsque le motif d'une loi est évidemment le même que celui qui sert de fondement à une affaire précédente, la loi doit s'appliquer naturellement à cette affaire. *Ubi eadem ratio*, dit Tulden (in Cod. de Legib. et Constit., n° 4), *ante decretum militat, quæ illud expressit, trahi illud ad ante gesta.* Et en cela il n'y aura pas proprement de rétroactivité. Tel serait le cas où une loi autoriserait certaines choses, accorderait des primes pour certains actes d'une utilité générale; elle s'appliquerait sans difficulté aux actes antérieurs faits dans le même sens. Quelle en est la raison? C'est que ces choses ou ces actes sont favorables, et qu'il importe au bien public d'en proclamer la validité. *Quod in propositis speciebus*, dit le même auteur (*Ibid*). *Propter favorem admittendum videtur, si modò id factum est, de quo placitum sensit.*

CHAPITRE II.

Exceptions tirées du dispositif ou de la volonté expresse de la loi.

SECTION 1re.

Comment doit être entendue, et dans quelles limites doit être renfermée la rétroactivité expresse.

SOMMAIRE.

---

1. Nous venons d'examiner diverses natures d'exceptions au principe de la non rétroactivité des lois ; 1° les lois interprétatives ; et nous avons démontré qu'on ne saurait reconnaître dans ces lois le véritable caractère de l'effet rétroactif. 2° Les lois qui, selon la doctrine de Domat statuent sur un point de justice

ou d'équité naturelle, soit qu'elles fassent revivre quelque loi
positive tombée en désuétude, consacrent d'anciens principes
d'ordre ou de justice universelle, soit qu'elles statuent en l'a-
bsence de toute loi positive précédente; et nous avons vu de
combien d'arbitraire et de dangers était accompagnée l'application
de cette doctrine. 3° Les lois qui, par leur esprit, et à cause de
l'identité des motifs, embrassent nécessairement les faits ou actes
antérieurs consommés.

Mais il est un autre ordre d'exceptions fixées par les termes
ou la forme extérieure de la loi rétroactive et qui trouvent leur
justification dans le principe même qui l'a dictée. Ainsi, la
loi 7, au Code *de Legib.*, pose d'abord le principe de la non-
rétroactivité des lois : *Leges et Constitutiones futuris certum est
dare formam negotiis, non ad facta præterita revocari;* mais
elle ajoute aussitôt : *Nisi nominatim, et de præterito tempore et
adhuc pendentibus negotiis cautum sit;* à moins qu'elles n'aient
expressément statué sur le passé ou sur des affaires encore en suspens »; Il est donc au pouvoir de la loi de rétroagir sur les événemens passés. Cependant, comme un tel pouvoir est contraire
à l'essence même de la loi (*suprà*, p. 124, *in principio*), c'est
comme nous l'avons dit, dans l'étude attentive des motifs sur
lesquels elle repose qu'il faudra chercher la réalité et l'étendue de
sa rétroactivité; or, ces motifs peuvent être classés facilement
sous quelques points de vue généraux.

2. 1° Rétablir des lois précédentes oubliées, ou des règles
de justice et de morale publique qui ne peuvent être méconnues
sans crime ou sans injustice.

Ainsi, les empereurs Zénon et Anastase déclarent, par les
lois 8 et 9, au Code *de Incest. nupt.*, nuls les mariages contractés antérieurement, au mépris des lois précédentes, entre
beaux-frères et belles-sœurs, et illégitimes les enfans provenus
de ces mariages (L. pénul. et ult. Cod. *de Incest. nup.*). Ainsi,
les empereurs Léon et Anthémius déclarent, par la loi 16
au Code *de Sacrosanct. eccles.*, complètement annulé tout ce
qui a été fait contre la religion pendant les temps de tyran-
nie. Ainsi, l'empereur Constantin condamne et annule, par
la loi 3 au Code *de Pact. pignor.*, les pactes commissoires qui
avaient été précédemment faits entre les créanciers et les débiteurs : « Quoniam inter alias captiones præcipuè commissoriæ
« (pignorum) legis crescit asperitas, placet infirmari eam, et

« in posterum omnem ejus memoriam aboleri. Si quis igitur
« tali contractu laborat, hac sanctione respiret, *quæ cum præ-*
« *teritis*, præsentia quoque repellit, et futura prohibet (1) ».
Ainsi, dit Bacon (Ahpor. 48), celui qui, par ruse ou par fraude
élude ou trompe les termes ou l'esprit de la loi, mérite d'être
enlacé par la loi postérieure : *Qui verba aut sententiam legis
captione et fraude eludit et circumscribit, dignus est qui etiam
à lege sequente innodetur.* Il en est de même, dit aussi Voët,
en parlant des affaires passées soumises à l'effet rétroactif (Comm.
ad Pandect. de Legib., n° 17), de celles qui, par leur nature,
se trouvent infectées d'iniquité ou de turpitude ; c'est l'injustice
manifeste dont elles sont souillées qui commande la rétroactivité :
Si modò id suadeat insignis injustitia.

3. 2° Confirmer l'effet d'actes antérieurs; expliquer ou faire
ressortir les intentions réelles que ces actes ont eu pour but d'exprimer, lorsque certaines formalités omises pourraient s'opposer
à leur exécution. Ainsi, la loi du 4 sept. 1807 a validé toutes les
inscriptions hypothécaires antérieures qui ne renfermaient pas
l'époque de l'exigibilité, à la charge par l'inscrivant de réparer
cette omission, dans un délai déterminé. Une telle loi rétroagis-
sait sans doute, à quelques égards; mais la rétroactivité était
fondée en justice. Quel est le motif réel qui fait repousser la
rétroactivité? C'est le trouble, le désordre qu'amène un tel effet
de la loi dans les transactions sociales; or, les lois confirmatives
d'actes déjà existans, ont au contraire, pour but, l'ordre et la
consolidation de ce qui existe; elles doivent donc être pleinement
exécutés, comme lois de justice. *Leges*, dit Bacon (Aphor. 49),
*quæ actorum et instrumentorum veras intentiones, contra formu-
larum aut solemnitatum defectus, roborant et confirmant, rectissimè
præterita complectuntur. Legis enim quæ retrospicit, vitium vel
præcipuum est, quod perturbet.* AT HUJUSMODI LEGES CONFIRMA-
TORIÆ, AD PACEM ET STABILIMENTUM EORUM QUÆ TRANSACTA
SUNT SPECTANT. *Cavendum tamen est, ne convellantur res judicatæ.*

4. 3° Coordonner diverses branches de droit privé à des vues

---

(1) Par le pacte commissoire le créancier stipulait que si le débiteur ne
le payait pas au jour convenu, le gage lui demeurerait en toute propriété,
pour lui tenir lieu du paiement de sa créance. L'iniquité consistait, le plus
souvent, en ce qu'un gage très précieux était destiné à garantir le paiement d'une somme très modique.

générales de l'ordre politique ou à des principes certains de bien public.

La mission du législateur consiste à rechercher et à combiner dans un but d'utilité générale tous les élémens d'ordre et de prospérité publique, et c'est dans ce but, que les diverses natures de droit placées sous sa main, peuvent en recevoir des modifications ou même des altérations. Cependant, il est certaines limites qu'il ne saurait franchir; ainsi, bien qu'il puisse modifier, sous plusieurs rapports, le libre exercice du droit naturel, il ne saurait néanmoins en violer les bases fondamentales. De là le principe, que le législateur ne saurait lui-même porter atteinte aux *droits acquis* parce qu'il doit le premier l'exemple du respect aux propriétés. Tel est, indépendamment des autres dangers de l'effet rétroactif, le motif de l'exception donnée par Justinien, dans sa Novelle XIX, à l'effet des lois interprétatives: *exceptis illis negotiis quæ contigit ante leges à nobis propositas aut decreto judicum aut transactione determinari.*

La tâche du jurisconsulte, en ce qui concerne l'effet rétroactif des lois qui reposent essentiellement sur les motifs supérieurs dont nous venons de parler, consistera donc à démêler la force et l'étendue de ces motifs, pour juger s'ils commandent réellement la rétroactivité, jusqu'à quel point ils la commandent; et comme à ces motifs se trouvent souvent mêlés des motifs tirés de l'ordre privé et reposant sur des contrats, il examinera, s'il n'est pas plus exact de reconnaître, dans certains cas, que la rétroactivité, principe désastreux par lui-même, tromperait le vœu de la loi; et s'il n'est pas dès lors plus conforme à son esprit et à son vœu de faire prévaloir la foi due aux contrats.

5. L'Assemblée constituante prononça, dans sa séance du 4 aout 1789, l'abolition de la servitude personnelle, de la mainmorte et de la féodalité. Cette mesure renfermait-elle un principe de rétroactivité? Non, répond M. Merlin (Répertoire, v° *Loi*, § 9, n° 2); « une loi ne rétroagit pas réellement, lorsqu'en faisant revivre une loi écrite dans le Code éternel et imprescriptible de la nature, elle efface par sa toute-puissance, les actes, qui, pendant le sommeil de celle-ci, ont porté atteinte aux droits les plus sacrés de l'homme. » C'est là une raison de pure philosophie qui peut être à la convenance du législateur, mais qui ne saurait être celle du jurisconsulte. Ce dernier doit plutôt dire que, s'il y a réellement effet rétroactif, ce que l'on pourrait

soutenir ici, à beaucoup d'égards (1), l'effet rétroactif est justifié par des motifs supérieurs tirés de l'ordre politique, dont l'objet probable est une amélioration générale de l'état social, considération devant laquelle doivent fléchir tous les intérêts privés. C'est même, en partant de ce principe, que la loi du 14 nov. 1792, abolitive des substitutions fidéicommissaires a été législativement interprétée. On demandait, par des pétitions au Tribunat et au Gouvernement, le rapport de l'art. 2 de cette loi, comme prononçant rétroactivement l'abolition des substitutions antérieures non encore ouvertes par l'effet de conditions suspensives, bien que les auteurs de ces substitutions fussent décédés. Qu'a répondu le Gouvernement? A-t-il nié la rétroactivité? Nullement; il a seulement dit : « que la raison civile devait céder à la raison politique; que l'intérêt général de l'État, qui doit toujours prédominer dans l'esprit du législateur, devait faire taire tous les intérêts particuliers; et qu'au surplus, la loi du 14 nov. 1792 n'avait fait, en rétroagissant sur les substitutions antérieures pour les abroger entièrement, que ce qu'avait fait précédemment l'ordonnance de Moulins de 1566, pour réduire à quatre degrés les substitutions perpétuelles qui avaient été fondées avant l'ordonnance d'Orléans de 1560 ».

Cette dernière raison était assurément mauvaise; car, on ne saurait s'autoriser d'un abus pour en introduire un autre; mais la véritable raison est celle qui précède.

6. La loi du 17 niv. an II, qui proclamait l'égalité absolue des partages, en matière de succession, alla plus loin. Un nouveau système politique venait d'éclore; le désir de rallier toutes les opinions, et de coordonner tous les intérêts à ce système, suggéra à la Convention nationale la pensée de consacrer la rétroactivité de cette loi, jusqu'au 14 juil. 1789, époque à laquelle il avait pris naissance. Mais ce n'était là qu'une illusion de bien public; frappée bientôt de la confusion et des graves désordres qu'amenait cette mesure, elle se hâta d'en suspendre les effets par son décret du 5 flor. an III, et de l'abroger, dans toutes ses parties, par ses décrets des 9 fruct. an III, et 3 vend. an IV.

7. 4° Le besoin de pourvoir immédiatement aux abus graves qu'entraîne l'exécution de la loi précédente, peut être quelquefois un motif suffisant, non-seulement pour l'abroger, mais en-

(1) V. infrà *Contrats*, art. 2.

core pour détruire, en rétroagissant, les effets qu'elle a pu produire jusque-là, et enlever ainsi, par des raisons d'ordre supérieur et d'intérêt général, des droits acquis.

Par exemple, la loi du 12 vent. an VIII, dérogeant aux lois précédentes sur l'émigration, *considère comme émigrés* les individus simplement inscrits sur la liste des émigrés, indépendamment du fait réel de l'émigration ; elle déroge en d'autres points non moins graves à ces mêmes lois, quant à la restitution de leurs biens ; car elle part du principe, que tous les inscrits étant de *fait réputés émigrés*, l'état est propriétaire de leurs biens, et que dès lors, non-seulement il ne rendra pas certaines natures de ces biens, comme, par exemple, les bois, mais encore que les restitutions qu'il voudra opérer, auront lieu à titre de pure grâce, et non de justice. C'était évidemment rétroagir ; car, aux termes des lois précédentes (lois des 4-25 brum. et 26 flor. an III), non-seulement on distinguait entre les véritables émigrés et ceux qui justifiaient n'avoir jamais émigré, ce qui ramenait leurs obligations à une pure production de pièces constatant qu'ils n'avaient pas quitté le sol français, mais encore on restituait à l'émigré définitivement rayé tous ses biens non vendus, de quelque nature qu'ils fussent, le prix des biens vendus, même les actions en revendication contre les acquéreurs tombés en déchéance faute du paiement de leur prix. Quel motif avait pu déterminer cette loi rétroactive ? Voici ce qu'en dit M. Merlin (Quest. de droit, vº *Mort civile*, § 2) : « N'allons pas croire que cette loi se soit ainsi expliquée sans des vues profondes et dignes de la haute sagesse du Gouvernement qui l'a proposée. Au premier coup-d'œil qu'il a jeté sur l'énorme recueil que composaient les différentes listes des émigrés, le Gouvernement a senti que, s'il ne prenait pas, pour le jugement des demandes en radiation, une marche différente de celle qui avait été observée jusqu'alors, jamais il n'atteindrait au terme d'un travail aussi pénible, aussi rebutant, et auquel était encore attaché le grave et malheureux inconvénient de démoraliser une partie de la nation, par le grand nombre de faux que l'on se permettait dans les certificats de résidence. Frappé de cette idée, le Gouvernement en a conclu que ce n'était plus comme juge, mais comme magistrat politique qu'il devait à l'avenir statuer sur les demandes en radiation ; qu'il importait surtout d'y statuer le plus promptement possible ; et que, pour y parvenir, il fallait, quant au fait de l'émigration, ranger tous les inscrits sur la même ligne, *les assimiler tous les uns aux autres*, *les considérer tous comme ayant réellement émigré*, afin de pouvoir *rayer, par forme de grâce*, ceux dont la rentrée dans leur patrie *lui paraîtrait ne pas devoir en compromettre la tranquillité*, et de pouvoir repousser, *par mesure de sûreté générale*, ceux dont le retour lui paraîtrait dangereux ».

8. Nous avons vu les termes de la loi 7 au Code *de Legib.* : *Nisi nominatim et de præterito tempore* ET ADHUC PENDENTIBUS NEGOTIIS CAUTUM SIT. M. Merlin (*Effet rétroactif.* sect. 3, § 1er, no 2) commente ainsi ce texte : « Voilà donc les choses encore en suspens, mises en opposition avec les choses passées. On ne peut donc considérer, comme passé aux yeux de la loi, que ce qui n'est plus en suspens ; tout ce qui est encore en suspens, se trouve donc atteint par la loi, lors même qu'elle dispose purement et simplement, et que, par là, le passé est soustrait à son empire ».

Je pense que c'est là une interprétation erronée, qu'il n'y a, dans cette loi, nulle opposition à établir, entre les choses passées et les choses en suspens ; et que, pour les unes comme pour les autres, une disposition expresse de la loi est indispensable pour légitimer l'effet rétroactif. Telle est aussi la pensée de Voët (Comment. *ad Pandect. de Legib.*, no 17). « Nisi *nominatim* et « *de præterito tempore*, et *de præsentibus negotiis*, *legislator* « *expresserit.* Quod potissimum fit, si favorabilia legibus novis « constituantur, quæ *ad casus etiam præsentes*, *sed necdum* « *decisos*, *aut transactione sopitos extendi iniquum non est*, « *favoribus scilicet ampliandis* ».

Ainsi, la loi 21 au Code, *de S. S. Eccles.*, après avoir prohibé toute aliénation des vases sacrés, des ornemens et autres objets dependant du service divin, après avoir autorisé la revendication de ceux de ces objets qui auraient pu être ainsi aliénés, et en avoir excepté les aliénations qui auraient eu pour cause le rachat des captifs, ajoute expressément : que cette disposition s'appliquera, non-seulement aux affaires à venir, mais encore aux affaires pendantes ; *hoc obtinente non solùm in futuris negotiis, sed etiam in judiciis pendentibus.*

Ainsi, la loi 22 au Code (*eod. tit.*), après avoir affranchi de certains droits connus sous le nom *d'inscriptions lucratives*, les églises, monastères, hôpitaux, et autres établissemens ou communautés qu'elle désigne, tout en laissant subsister ces droits, à

l'égard des autres personnes, ajoute, § 1, que ses dispositions
auront effet, non-seulement pour les affaires à venir, *mais encore*
pour les affaires actuellement pendantes et non encore terminées,
soit par jugement, soit par voie de composition amiable. « Quam
« oportet non solùm in casibus, quos futurum tempus creaverit,
« *sed etiam in adhuc pendentibus et judiciali termino, vel ami-*
cabili compositione, necdum sopitis, obtinere.

Enfin, la Novelle 19 ne laisse aucun doute à cet égard. Justinien avait décidé en termes formels, par deux Constitutions
précédentes (L. 10, *Cod. de natur. lib.* et L. 7, *Cod. de Legib.*),
que les effets de la légitimation, réglés par ces Constitutions,
s'appliqueraient même aux successions ouvertes antérieurement,
sauf ce qui aurait été réglé sur ce point par voie de transaction
ou de jugement. Néanmoins ces dispositions n'ayant pas paru
assez claires à quelques esprits, il avait été obligé de rendre
une troisième Constitution (Novelle 12) qui répétait absolument,
quoique en d'autres termes, le sens de ces dispositions, savoir :
« Que si quelqu'un, après avoir eu d'une épouse légitime des
enfans légitimes, et, après la mort de celle-ci ou son divorce,
a des enfans d'une autre femme avec laquelle il peut se marier; ces
enfans, s'il s'unit ensuite avec elle en mariage, seront aussi légitimes ». — « Si quis legitimam uxorem habens, et legitimos ex
« ea filios deinde ea moriente, aut matrimonio repudio soluto,
« habuerit filios ex aliqua, ad quam nuptiæ non interdicuntur :
« postquam verò hi nati sunt, dotalia confecerit in eam docu-
« menta : legitimos etiam ita ei natos filios existere ». Cependant cette troisième Constitution ne rappelait pas, d'une manière expresse, que ses dispositions s'appliquaient même aux
enfans dont le père existait ou qui était décédé, et alors que la
contestation n'avait été terminée, ni par jugement, ni par transaction : « *Sed quia in ipsa nostra Constitutione* non adjecimus
« aperte valere hujusmodi legislationem, etiam in illis quorum
« patres adhuc supersunt, aut defuncti quidem sunt, contentio,
« autem nequè judiciali sententiæ, neque amicabili interven-
« tione decisa est ». Et de là, quelques personnes avaient conclu que cette troisième Constitution ne s'appliquait pas aux enfans dont il s'agit, nés antérieurement à la promulgation des
Constitutions précédentes. Elles s'appuyaient même du défaut d'insertion dans le Code de cette disposition rétroactive
exprimée dans la première et la seconde Constitution. Mais Jus-

tinien traite d'absurde cette opinion, *quod absurdè arbitrati sunt.*
En effet, ajoute-t-il, c'est avec toute raison que nous avons
placé cette disposition dans la première et la seconde Constitution, et non dans la troisième : Dans des lois particulières, il
était peut-être nécessaire *d'énoncer en termes formels cette disposition rétroactive.* Mais dans une collection de lois, publiée sous
le nom de Code, elle a dû disparaître pour ne pas augmenter inutilement une telle collection ; quant à la troisième Constitution,
elle ne renferme aucune disposition relative au temps auquel
elle s'applique, parce qu'il est clair, pour tout le monde, que
ce qui se trouve ajouté par voie d'interprétation à des lois précédentes, est censé faire partie de ces mêmes lois. « Justissime
« namque et primæ et secundæ hoc subtraximus Constitutioni,
« et tertiæ non adjecimus. In particularibus namque positis le-
« gislationibus necessarium erat fortè hanc accipere in præterito
« legislationis relationem : in omni verò coacervatione legum
« codicis cognominis nostri rectè abscindere talia proposuimus :
« quatenùs non multitudo superflua in Codice scriberetur. Ter-
« tia vero Constitutione non adjecimus aliquid de temporibus,
« cùm omnibus manifestum sit, oportere ea quæ adjecta sunt,
« per interpretationem in illis valere, in quibus interpretatis
« legibus sit locus ».

9. Il résulte clairement des termes de cette Novelle, comme
il résulte des lois précédentes, que les affaires pendantes ou présentes et les affaires passées, sont mises absolument sur la même
ligne ; et qu'à l'égard des unes comme à l'égard des autre, la rétroactivité, n'est fondée que lorsqu'elle repose *sur une disposition expresse de la loi.* De quoi s'agit-il en effet? de savoir si une
loi qui ne s'exprime pas sur la rétroactivité, s'applique à des affaires pendantes ou engagées et non encore terminées, comme aux
affaires passées. Mais c'est demander en d'autres termes, si des
affaires introduites sous l'empire d'une loi qui en formait la règle
absolue, même quant à leurs effets à venir, a cessé de les régir
par la simple émission d'une loi nouvelle contraire à celle qui
précède, c'est demander si les garanties les plus solides des
transactions sociales, c'est-à-dire les lois existantes, peuvent être
ébranlées par des lois nouvelles qui n'expriment nullement la
volonté d'opérer ce terrible effet. Tous les auteurs distinguent,
pour l'application rétroactive des lois, le fond du droit, de l'instruction et de la procédure. Relativement à l'instruction et à la

procédure, la loi nouvelle est applicable immédiatement ; mais a
le fond du droit reste toujours soumis à la loi précédente ; c'est à
celle-ci qui l'ayant régi d'abord, continue à la régir encore. .
« Quoties nova constitutio aliquid circa negotii ordinationem n
« disponit, dit Brunneman (*in Cod. de Legib. in Leg.* 7), tum n
« semper leges et consuetudines, quæ tempore contractûs exsti-
« terunt, attendendæ sunt, et valet hæc regula etiam quoad effec-
« tus actus præteriti, et executionem illius in futurum expec-
« tatam ; sed nova constitutio trahitur ad præterita negotia quando o
« disponit super ordinatione judicii ». — « Hinc est, dit aussi
« Tulden, en exprimant la même pensée (*ad Codic. de Legib.*
« n° 4), ut lex non pertineat ad præterita negotia, nisi de or-
« dine judicii præscriberet, nam quamvis negotium antecedat le-
« gem non tamen lis de eo instituta. Igitur, *negotii quidem defini-*
« *tio æquitate juris, quod tum vigebat*, sed litis Instructio lege
« nova dirigentur ». C'est conformément à ces principes qu'a été
rendu l'arrêté du gouvernement du 5 frut. an IX, portant : « Que
tout ce qui touche à l'instruction des affaires, tant qu'elles ne sont
pas terminées, se règle d'après les formes nouvelles, *sans blesser*
le principe de non rétroactivité que l'on n'a jamais appliqué
qu'au fond du droit ». C'est même par ces principes qu'on peut
résoudre la question de savoir : si une affaire jugée en première
instance, sous l'empire de la loi alors existante, mais pendante à
une Cour supérieure sous l'empire d'une loi nouvelle, devra être
jugée d'après cette dernière loi ? Et il faut décider avec Tuldem
(*ibid.*), qu'elle devra être jugée d'après l'ancienne loi. La raison
en est que le juge supérieur appelé à décider si le jugement a été
bien ou mal rendu, doit nécessairement examiner ce jugement
d'après le droit qui régissait l'espèce à l'époque où il a été rendu.
et même en considération du lieu où ce droit était suivi. « Qui
« judex appellationis cum statuere debeat, rectè an perperàm lata
« sit sententia, utique eam examinare debet jure quod eo tem-
« pore obtinebat, itemque quod eo loco ».

10. On conçoit maintenant, comment M. Merlin s'étant écarté
du sens précis de la loi 7 au Code, *de Legib.*, je ne puis considérer avec lui, comme chose en suspens, ni le mariage projeté
et même publié sous l'empire de la loi du 20 sept. 1792, entr
un garçon de quinze ans et une fille de treize (âge auquel ils peu
vent se marier d'après cette loi), pour décider que s'ils ne son
pas encore mariés au moment où a paru le Code civil, ils ne li

pourront plus que dans les termes mêmes de ce Code, c'est-à-dire lorsque le garçon aura atteint dix-huit ans et la fille quinze ans accomplis (Art. 144); ni l'hypothèse d'après laquelle une fille âgée de douze ans, dans un pays de droit écrit, a fait un testament, lorsque l'art. 903 du Code civil est venu déclarer *que le mineur de moins de seize ans ne pourrait aucunement disposer,* pour décider que le testament sera valable si elle est morte avant la publication de cet article, et qu'il sera caduc si elle lui a survécu; ni enfin, la capacité de recevoir fixée par une loi précédente et changée par une loi postérieure. Je ne vois dans tous ces cas aucune affaire en suspens, à moins que l'on n'abuse de l'acception naturelle de ce mot, acception si bien fixée par les lois précédentes, pour lui faire dire autre chose que ce qu'il dit réellement. Ces hypothèses ne m'offrent que des situations, des aptitudes, des capacités individuelles qui peuvent bien devenir plus tard la source de droits réels, mais qui ont nécessairement besoin du concours de l'autorité publique ou de l'accomplissement de certains faits pour produire des résultats appréciables et certains. Au surplus, le savant auteur dont je combats en ce moment l'opinion, nous a fourni lui-même le moyen le plus sûr de fixer les incertitudes dont abonde cette matière : c'est en déterminant rigoureusement les limites de ce qu'on appelle *les droits acquis,* que l'on parvient à tracer le véritable caractère de l'effet rétroactif; car, toute loi qui agit sur le passé n'est pas pour cela rétroactive; il faut encore qu'elle emporte *lésion de droits définitivement acquis aux individus qu'ils concernent.* Mais qu'entend-on par *droits acquis?*

11. Voici comment s'exprime à ce sujet Tobias Jacob Reinharht, dans ses *Selectæ observationes ad Christianæum* (t. 1, Observ. 49, n° 5) : « Toutes les affaires qui seront terminées, quant à leur essence, avant la loi rendue, bien que leur accomplissement et leurs effets dépendent d'un seul fait qui doive se réaliser après la loi nouvelle, seront mises au nombre des choses passées et jugées d'après les lois antérieures, et non par la loi nouvelle, à moins que l'état de ces affaires ne permette de les rectifier et de les accomplir dans le sens de la loi nouvelle ». — « Quæcumque negotia jam « ante legem novam latam, quo ad essentiam suam, fuerunt perfecta, licet consummationem suam suos effectus ab actu demùm « post legem novam futuro eoque non extensivo, ad huc expec- « tent, ea ad præterita omninò referenda sunt, adeòque ex an-

« terioribus legibus, nequaquam verò ex novâ lege latâ, dijudi-
« canda, modò non integrum sit negotium juxtà novæ legis placita
« emendandi et perficiendi ».

12. « Les droits acquis, dit à son tour M. Merlin (*Effet ré-*
troact., sect. 3, § 1, n° 3) sont donc ceux qui sont entrés dans
notre domaine, et que ne peut plus nous ôter celui de qui nous
les tenons ». Ajoutez que ces choses ne sont réellement entrées
dans notre domaine, que lorsqu'elles peuvent devenir l'objet de
transactions civiles. « Ainsi, dit encore le même auteur (*ibid.*),
les droits qui dérivent immédiatement d'un contrat, ceux que
nous a conférés un testament dont l'auteur est décédé; ceux qui
se trouvent dans une succession ouverte, et dont nous a saisis
la loi en vigueur au moment de son ouverture, sont des droits
réellement acquis ». De là la question suivante : Un droit purement facultatif est-il entré dans notre domaine et forme-t-il
un droit acquis ? Non, répond M. Merlin, il ne prend définitivement ce caractère que par l'exercice qui en a été fait; c'est
alors seulement qu'il devient notre propriété. Ici l'auteur développe une théorie ingénieuse sans doute, mais à laquelle je
ne saurais reconnaître la certitude et la solidité que réclame
l'importante matière des *droits acquis*. Voici ses termes : « En
effet, il en est des *facultés* accordées par la loi, comme des
facultés accordées par les individus. Tant que celles-ci ne prennent pas le caractère de droits contractuels, elles sont toujours
et essentiellement révocables. Or, le législateur ne contracte
jamais lorsqu'il accorde une faculté; il permet, mais il ne
s'oblige pas; il conserve donc toujours le pouvoir de retirer
sa permission; et ceux à qui il la retire avant qu'ils en aient
fait usage, n'ont aucun prétexte pour s'en plaindre ». Mais
qu'entend M. Merlin par *droit facultatif*? Serait-ce par exemple, le droit qui appartient au créancier d'une obligation alternative, d'exercer son choix sur l'une ou sur l'autre chose
comprise dans l'obligation (Art. 1189, 1190 Code civil), et de
ramener ainsi, par l'effet de ce choix, à l'objet précis qu'il li
détermine, le résultat de l'obligation ? Dans ce cas sa pensée
serait susceptible d'une rectification : le véritable objet de l'o-
bligation, est incertain sans doute, jusqu'au choix fait par le
créancier; c'est seulement par ce choix que son droit est fixé;
mais le droit en lui-même résultant de l'obligation alternative,
n'est pas incertain. Loin de là, il est très-certain; il est même

droit acquis, et passe à ce titre, dans le domaine du créancier ; seulement, son objet se résoudra, par l'effet du choix de celui-ci, dans la chose qu'il aura préférée. « Lorsque plusieurs choses ont été promises sous une alternative, dit Pothier (*Oblig.*, n° 246), *quoiqu'elles soient toutes dues* , il n'y a qu'une seule obligation qui peut être acquittée par le paiement de l'une de ces choses ». *Si illud aut illud legatum sit,* dit d'une manière plus précise encore, la loi 27 ff *de Legat.* 2° , *unum legatum est.* M. Merlin voudrait-il parler d'une stipulation fondée sur une condition potestative? Par exemple , Titius institue contractuellement Mœvius, s'il se marie dans deux ans. Mais est-ce bien là ce que M. Merlin entend par facultés essentiellement révocables, jusqu'à ce qu'elles aient pris le caractère de droits contractuels ? Je ne le pense pas. De tels droits sont irrévocables de la part de l'obligé ; ils sont donc de véritables droits contractuels de la part du créancier. A la vérité, ils ne feront définitivement partie de son domaine , que lorsqu'il aura rempli la condition imposée ; s'il meurt sans l'avoir remplie, ils sont censés ne lui avoir jamais appartenu ; une loi nouvelle peut, avant l'accomplissement de la condition, modifier ou même rendre impossible cet accomplissement ; mais toujours est-il que ces droits ne sont pas essentiellement révocables. Enfin , M. Merlin me paraît plus probablement avoir entendu parler , non *de droits facultatifs,* dans la rigoureuse acception du mot , et tels que je viens de les caractériser d'après les lois ; mais bien *de facultés,* d'actes de *pure faculté et de simple tolérance* , selon les termes de l'art. 2232 du Code civil ; or , quelle est la nature de ces actes, même en les désignant par le mot abusif *de droits facultatifs ?* « Le droit de pure faculté attaché à la personne des particuliers, dit M. Guyot, (Répertoire de jurisprudence, v° *Droits facultatifs*), consiste dans une liberté purement naturelle de disposer de ses biens et de ses actions suivant les lois auxquelles on est soumis, et de faire ou de ne pas faire certaines choses ». « La pure faculté , dit encore le même auteur (*ibid.*) , consiste *en fait* , parce qu'elle ne suppose pas un droit ni une action propre et particulière qui préexistent : C'est pourquoi les auteurs disent qu'elle est de fait et non de droit , et qu'elle dépend uniquement de la volonté de celui à qui elle appartient. Ainsi, un chanoine qui n'opte pas une prébende, quand il le peut, ne perd pas le droit d'en opter une autre, dans la suite ».

Il est donc évident que ces actes ne sont, en réalité, que des faits qui, quelque nombreux qu'ils soient, ne peuvent jamais fonder ni possession ni prescription (Art. 2232); or, comment concilier ces conditions avec ces expressions de M. Merlin : « Tel n'a jamais été un droit purement facultatif, à moins qu'il n'ait été exercé ; et que par l'exercice qui en a été fait, la chose qui en est l'objet ne soit devenue notre propriété ? » Le même auteur ne nous donne aucun exemple à l'appui de cette autre proposition que « tant que les facultés accordées par les individus ne prennent pas le caractère de droits contractuels, elles sont toujours et essentiellement révocables ». Ces facultés résultent-elles d'un contrat ? J'ai démontré plus haut qu'elles n'étaient pas révocables ; résultent-elles d'un fait ? Alors il est évident qu'elles ne sont pas accordées, qu'elles sont de simples tolérances, et non susceptibles de révocation proprement dite. Au surplus, je donne à la proposition de M. Merlin le sens naturel qu'elle présente à l'esprit ; savoir : Que de même que des facultés accordées par des individus sont toujours révocables par eux, tant que ces facultés n'ont pas pris le caractère de droits contractuels, de même les facultés accordées par la loi peuvent toujours être retirées par elles, à moins que les individus n'en aient fait usage.

13. Mais cette assimilation, quelles que soient les formes dans lesquelles elle est énoncée, me paraît dépourvue d'exactitude. Les droits acquis résultant des dispositions de la loi, reposent, à mon avis, sur une théorie complètement distincte de celle sur laquelle se fondent les droits acquis résultant des stipulations, et la raison en est, que les droits ou facultés, fondés sur les stipulations, faits circonscrits et bornés aux seuls intérêts individuels, n'ont rien de commun avec les facultés accordées par la loi, lesquelles peuvent embrasser l'ordre social tout entier ; de là, la nécessité d'envisager séparément les unes et les autres, pour tracer ensuite avec plus de certitude les limites de l'effet rétroactif à leur égard. Sans doute, les dispositions de la loi se mêlent toujours plus ou moins aux stipulations civiles en ce sens qu'elles prohibent, ordonnent, permettent, règlent, en un mot l'usage des volontés individuelles sur l'objet de ces mêmes stipulations ; et l'on doit même ajouter que, selon que les droits acquis émaneront plus directement, plus essentiellement de la loi que du contrat, ou réciproquement du contrat plutôt que de la loi, ils tireront leur caractère et tous leurs effets, plutôt de l'un que de l'autre.

Par exemple, on demande si l'institution contractuelle tire sa force réelle du contrat, si, dès lors, les effets de ce contrat doivent être réglés plutôt par la loi du temps de l'institution, que par celle du temps du décès de l'instituant ; car, on sait que l'institué n'est saisi de rien , que tout son droit se borne à une espérance certaine de succéder , que l'objet de son institution peut être totalement anéanti , par l'effet, d'aliénations à titre onéreux faites sans fraude par l'instituant, que dès lors l'institué pouvant en réalité ne rien recueillir, on ne voit pas comment la loi de l'époque de l'institution régirait utilement les effets d'un tel contrat ? Mais il faut répondre que l'institution contractuelle reçoit son existence réelle du contrat qui en renferme les stipulations ; que la loi coexistante avec ce contrat, n'a d'autre but que d'en autoriser et d'en régler les clauses et les effets ; qu'il y a , dès lors , droit acquis au profit de l'institué , dès le jour même où il prend naissance. Mais, dira-t-on , en quoi consiste ce droit acquis, puisque l'objet de l'institution peut s'évanouir par le fait même de l'instituant ? Il consiste dans l'engagement pris actuellement par celui-ci d'assurer irrévocablement à l'institué le titre et la qualité d'héritier, et ce droit acquis passe dans le domaine de l'institué le jour même du contrat. C'est ce qu'ont jugé plusieurs fois la Cour de cass. et les Cours royales (entr'autr. cass. 23 fév. 1818 ; Limoges, 26 juin 1822). Il y a plus : le principe que c'est plutôt le contrat que la loi qui sert de fondement à l'institution contractuelle , et que c'est dès lors la loi contemporaine de cet acte qui doit en régler les effets, est tellement certain, que la quotité des biens dont a pu disposer l'instituant, au préjudice de l'institution contractuelle , se détermine, non par la loi existante à l'époque du décès , mais bien par celle en vigueur à l'époque de l'institution. Le contrat n'aurait pas été pleinement respecté si la loi qui le protégeait dans toutes ses parties , à sa naissance, n'avait pas dû prévaloir sur la loi existante au décès de l'instituant. C'est ce qu'ont jugé encore , et avec toute raison, la Cour d'appel de Limoges, le 2 fruct. an XII (aff. Jabouille) , et la Cour de cassation par un arrêt de rejet dans la même affaire , le 5 nov. 1806 (1). La Cour de Turin a jugé dans le même sens, le 15 mars 1806 (2).

Au contraire, si la stipulation était conçue de manière à ce

(1) Sirey, t. VII, 1, p. 3.
(2) *Ibid.* , t. VI, 2, p. 457.

qu'il n'existât pas réellement de droit acquis à l'époque du contrat, ce serait la loi du décès qui devrait prévaloir. Ce principe a
été consacré par la Cour royale de Toulouse, le 13 mai 1813 (aff.
Saucholou), et par la Cour de cassation (même affaire), le 25
nov. 1816 (1). Il s'agissait de savoir, si une institution d'héritier faite dans un contrat de mariage en 1761, pour le cas où
l'instituant décéderait *ab intestat*, pouvait avoir effet, alors que
le décès de l'instituant avait eu lieu sous le Code civil? La Cour
royale de Toulouse qui adopta la négative, motiva principalement son arrêt : « Sur ce que Bernard Saucholou, institué en 1761,
n'ayant aucune espèce de droit acquis sur la succession de son père,
antérieurement aux lois des 5 brum. et 17 niv. an II, ne pouvait
réclamer l'utilité de l'institution faite par Jean Saucholou et Ca-
therine Monnié, au profit du premier de leurs enfans mâles,
dans le cas où ils décéderaient *intestat*. » Et la Cour de cassation,
consacrant ces principes en d'autres termes, reconnut que l'institution faite par Jean Saucholou, n'était point une institution
contractuelle ; qu'elle se réduisait en une simple disposition pour
cause de mort qui pouvait être révoquée, par acte de dernière
volonté ; que par cela même cette disposition essentiellement révocable, a pu être et a été en effet annulée par les lois intervenues sur la matière ; et que Jean Saucholou est décédé *ab intestat*, quant à ce, sous l'empire du Code civil, etc. »

Mais on le remarque, il s'agit dans tous ces cas, non de pures
facultés révocables accordées par des individus, proposition
qui, dans les termes rigoureux du droit n'offre pas un sens déterminé, mais bien de stipulations consommées, avec ou sans droit
acquis. Quant aux facultés accordées par la loi, elles tiennent à un
ordre d'idées complètement distinct. (V. *infrà*, p. 176, sect. 1re).

SECTION IIe.

Comment les droits acquis résultent plutôt du contrat
que de la loi, et réciproquement.

SOMMAIRE.

(1) Sirey, t. XVII, 1, p. 141.

temps du décès des parties, au cas où le contrat est simplement tacite.

2. — *Au cas où les parties sont présumées avoir accepté la loi ou l'usage en vigueur, comme règle de leurs conventions.*

3. — *Distinction, quant à l'application, sous l'ancienne Jurisprudence, du principe, que si la loi régit comme contrat les conventions des parties, la loi postérieure ne saurait rétroagir, et récipoquement, entre la capacité ou l'incapacité des époux, relativement aux meubles et conquêts de la communauté, et le douaire l'usufruit ou autres gains de survie.*

4. — *Quant à l'application du même principe sous la loi du 17 niv. an II.*

5. — *La Jurisprudence a confirmé l'interprétation d'après laquelle l'art. 13 de la loi du 17 niv. an II a détruit cette distinction.*

6. — *Opinion nouvelle de M. Merlin tendant à appliquer cette interprétation même au cas où des époux se seraient mariés sans contrat, après la loi du 17 niv. an II. Cette opinion, d'abord partagée par quelques Cours, est définitivement rejetée par la Cour de cassation.*

7. — *L'interprétation précédente (n° 5) est-elle applicable au douaire des enfans?*

8. — *Caractères généraux des droits acquis.*

9. — *Distinction entre l'obligation conditionnelle et le legs conditionnel. Les droits sont acquis dans le premier cas; ils ne le sont pas dans le second. Pourquoi.*

10. — *Mais, si par l'effet du changement de législation, l'accomplissement de la condition, dans ce dernier cas, est devenu impossible, elle est censée accomplie et les droits sont acquis.*

—

1. Ce principe, que lorsque le contrat confère le droit acquis, ce sont ses dispositions autorisées et soutenues par la loi coexistante

11.

avec lui qui doivent prévaloir, et non la loi existant à l'époque du
décès, est d'une telle force, qu'il s'applique même au cas où le
contrat serait simplement tacite. La Cour royale de Lyon et la
Cour de cassation ont consacré cette application, la première le
19 déc. 1817 (aff. Sauzey), et la seconde, en rejetant le pouvoi
formé contre cet arrêt, le 9 mars 1819 (1). Voici l'espèce :

Divers étages d'une maison, située à Lyon, appartenaient à
différens propriétaires; deux actes de partage remontant, l'un
à 1639 et l'autre à 1693, réglaient la propriété respective de chacun d'eux; mais ils ne contenaient aucune disposition sur la question de savoir, à la charge duquel des copropriétaires devait être
mise l'obligation de réparer le toit. Il est vrai de dire néanmoins
que les usages locaux la mettaient à la charge du propriétaire de
l'étage le plus élevé; et c'est ainsi qu'elle avait été exécutée pendant plus de cent ans. Cependant, en 1815, on se fonde sur l'article 664 du Code civil pour soutenir, qu'aux termes de cet article, *les titres de propriété ne réglant pas eux-mêmes le mode de
réparations et reconstructions*, elles doivent être faites conformément à ses dispositions; c'est-à-dire, quant aux réparations
du toit, à la charge de tous les propriétaires, chacun en proportion de la valeur de l'étage qui lui appartient. C'est dans cet état
qu'ont été rendus les deux arrêts dont je viens de parler. Voici
les termes de celui de la Cour de cassation : « Vu l'art. 664 du
Code civil; attendu que l'acte de partage de 1693, qui a réglé
les droits des divers propriétaires de la maison dont il s'agit au
procès, a gardé le silence sur le mode de réparation du toit de
cette maison; attendu qu'il a été reconnu, par la Cour royale de
Lyon, que, dans ce cas, l'obligation de faire ces réparations et
d'en supporter les frais, pesait exclusivement d'après la loi ou
l'usage reçu dans le Lyonnais et suivi jusqu'à la publication du
Code civil, sur le propriétaire de l'étage le plus élevé; que cette
obligation onéreuse pour ce propriétaire, a été prise en considération lors du partage de 1693, et compensée par d'autres conditions; *que dès lors*, *ce serait porter atteinte à un contrat parfait*,
et faire rétroagir le Code civil, que d'en appliquer à l'espèce,
l'art. 664; etc., etc.... Rejette ».

2. Enfin, ce principe s'applique non-seulement au cas où,
comme dans l'espèce précédente, les faits ne permettent pas de

_____

(1) Sirey, t. XIX, 1, p. 303.

douter que les parties n'aient tacitement accepté comme règle de leurs conventions, une loi ou un usage existant à l'époque du contrat; mais encore à celui où elles sont présumées avoir tacitement accepté, comme règle de ces mêmes conventions, la loi ou l'usage existant à l'époque où elles ont paru (1); dans ce dernier cas, elles sont présumées avoir converti *en contrat* la loi existante, et de là, résultent immédiatement des droits acquis placés hors de toute atteinte de la loi postérieure (2); par exemple, un homme et une femme s'étaient mariés, *sans contrat*, avant la révolution; l'un d'eux est mort, soit sous l'empire de la loi du 17 niv. an II, soit sous l'empire du Code civil; on demande si le survivant pourra réclamer des avantages, gains de survie ou autres, etc., par suite du prédécès de son conjoint; à quel titre il les réclamera et en vertu de quelle loi? Si ce sera en vertu de la loi ou du statut en vigueur à l'époque de son mariage, ou de la loi existante à l'époque du décès de son conjoint? Il faut répondre que les époux, dans ce cas, sont présumés avoir tacitement accepté, comme conventions matrimoniales, les dispositions de la loi ou du statut sous l'empire duquel ils se sont mariés; que, dès lors, cette loi ou ce statut réglera leur mariage, non comme loi, mais bien comme *contrat;* qu'il y aura par suite *droit acquis*, du jour même du mariage, au profit du survivant, et qu'il ne sera pas au pouvoir d'une loi postérieure d'anéantir ce droit acquis, effet naturel, pur et simple d'une stipulation.

Remarquez, pour l'exacte application de ce principe, que c'est toujours à la question de savoir, si la loi s'applique comme *loi* ou comme *contrat*, qu'il faut s'attacher. Ainsi, il était constant autrefois, que la convention tacite des époux, qu'*ils adoptaient à défaut de contrat de mariage, les lois ou les dispositions statutaires sous l'empire desquelles ils se mariaient,* ne s'entendait et ne se présumait que de la capacité ou de l'incapacité d'état des époux

---

(1) Le contrat tacite est le même que le contrat exprès, moins la solennité de l'expression. Il suppose donc, comme celui-ci, le consentement; d'où il suit que l'individu qui ignore, n'est pas capable du contrat tacite: il n'en est pas de même du contrat présumé: celui-ci est fondé sur l'équité, l'utilité commune, etc., et tout individu, réunissant d'ailleurs les qualités nécessaires pour la validité du contrat, en est capable, indépendamment du consentement. Instit. *de Oblig. quæ quas. en Contr.*, § 1; Heineu, *Institut.*, § 778.

(2) V. infrà *Contrat de pur Droit civil.*

relativement aux meubles et conquêts de la communauté, elle ne
s'entendait nullement du douaire, de l'usufruit ou autres gains de
survie, etc., (1). De là, la question de savoir, si c'était la loi en
vigueur à l'époque du mariage, ou celle existant à l'époque du
prédécès de l'époux, qui devait régler ces derniers droits? Car
si c'était la loi du décès, évidemment ils n'étaient pas *droits acquis* à l'époque du mariage, et la loi de l'époque du décès pouvait,
sans effet rétroactif, en réduire la quotité ou même les anéantir;
de là, la judicieuse réflexion de M. Merlin (Répert., v° *Gains
de survie*, § 2, p. 418), « que si relativement aux droits nuptiaux de cette nature, la loi ne peut pas être considérée comme
un contrat tacite, si elle n'a pas entre les époux la force d'un contrat exprès, si elle conserve entre les époux son caractère de
loi, bien évidemment elle peut être changée par une loi postérieure »; et c'est sur ce fondement que par deux arrêts du parlement de Paris, des 23 déc. 1580 et 17 oct. 1587, rapportés dans
le recueil de Louet, lettre *C*, § 6, il a été jugé que le douaire
coutumier d'une femme mariée sans contrat, devait être réglé
par la coutume réformée à l'époque du décès de son mari, sans
égard à la coutume sous l'empire de laquelle le mariage avait été
célébré.

4. Quelle était la conséquence de cette doctrine? C'est que
la loi du 17 niv. an II avait pu, sans rétroactivité, par la seconde partie de son article 13 (2), réduire, par exemple, de
moitié en faveur des enfans nés de père et mère encore exis-

_____

(1) Tel était le sentiment exprès de Dumoulin, *Conseil* 53; de Louet,
Lettre C, § 6; de Pothier, *Communauté*, n° 415. V. aussi M. Merlin,
Répertoire, v° *Gains de survie*, § 2, p. 418; et Question de droit,
Tiers Coutumier, p. 108.

(2) Voici les termes de cet article : « Les avantages singuliers, ou réciproques, stipulés entre les époux encore existans, soit par leur contrat
de mariage, soit par des actes postérieurs, ou qui se trouveraient établis
dans certains lieux par les Coutumes, statuts ou usages, auront leur plein
et entier effet, nonobstant les dispositions de l'art. 1er auquel il est fait
exception en ce point.

Néanmoins, s'il y a des enfans de leur union, ou d'un précédent mariage,
ces avantages, au cas qu'ils consistent en simple jouissance, ne pourront
s'élever au-delà de moitié du revenu des biens délaissés par l'époux décédé ; et, s'ils consistent en des dispositions de propriété, soit mobilières,
soit immobilières, ils seront restreints à l'usufruit des choses qui en seront
l'objet, sans qu'ils puissent excéder la moitié du revenu de la totalité
des biens ».

tans à l'époque de sa promulgation, l'usufruit que la coutume
de Louvain accordait au survivant des époux sur la totalité des
biens du premier mourant; et pour quelle raison ? Parce que,
comme il vient d'être dit, la loi existant à l'époque du mariage, ne réglant pas les droits nuptiaux dont il s'agit comme
contrat, mais bien comme *loi*, ces droits n'étaient plus réellement des droits acquis, ils n'étaient qu'une pure expectative légale
qu'une loi postérieure pouvait anéantir sans blesser aucun droit
acquis, et dès lors sans rétroactivité. La conséquence ultérieure de cette décision était que les lois des 9 fruct. an III et 5
vend. an IV, abrogatives de l'effet rétroactif dont était entachée
la loi du 17 niv. an II, ne s'appliquaient pas aux dispositions de
cette dernière loi, relatives aux droits nuptiaux, tels que
douaire, usufruit, gains de survie et autres, puisqu'à leur
égard, il n'y avait pas eu d'effet rétroactif.

5. Cependant, une lecture attentive de l'art. 13 de la loi du 17 niv.
an II, de l'art. 10 de la loi du 22 vent. suivant (1), exprimant
l'un et l'autre une assimilation entière entre les droits de survie
purement statutaires, et les droits de survie contractuels, des
lois des 9 fruct. an III et 5 vend. an IV, laissant, quoique abrogatoires de plusieurs dispositions des lois précédentes, subsister cette assimilation, de l'art. 6 de la loi du 18 pluv. an V
portant : « Que les avantages entre époux, maintenus par les
art. 13 et 14 de la loi du 17 niv. *sur l'universalité des biens de
l'auteur de la disposition*, ne s'imputent point sur le 6e ou le 10e
déclaré disponible entre toutes personnes, par l'art. 16 », ne
permettant pas de douter que ces lois n'aient considéré, par une
interprétation extensive des anciens principes, fondée sur une
convention présumée des époux, comme rétroactive, la disposition de l'art. 13 de la loi du 17 niv. an II, relative aux droits
nuptiaux, douaire, usufruit, gains de survie ou autres, conférés
aux époux par les lois ou statuts, à défaut de contrat de mariage : la jurisprudence a pu depuis, s'autoriser de cette interprétation, pour considérer ces avantages matrimoniaux, comme

---

(1) Sur la demande faite à la Convention nationale, « Que les avantages, conférés par les statuts aux époux, fussent maintenus comme ceux
qui étaient l'effet de la stipulation », La loi du 22 vent. répond (Art. 10) :
« Que cette identité sort évidemment des termes de l'art. 13 de la loi du
17 niv., qui maintient les dispositions même statutaires, *sous la foi
desquelles les époux s'étaient engagés* ».

formant des droits acquis résultant des stipulations tacites présumées existantes dès l'époque du mariage, et mis par là hors de toute atteinte de la loi postérieure. C'est, en effet, dans ce sens qu'ont été rendus trois arrêts de la Cour de cassation, l'un du 29 niv. an VI (aff. Lebeuf) (1), l'autre du 27 germ. an XII (aff. Pulzeis) (2), et le troisième du 8 prair. an XIII (aff. Goossens) (3). Voici le texte de ces deux derniers arrêts, qui statuent d'une manière générale sur la question : « Attendu, porte l'arrêt du 27 germ. an XII, que la coutume de Looz, sous l'empire de laquelle le mariage d'Arnold Boes a été contracté, donnait à l'époux survivant la propriété des meubles du prédécédé; qu'il ne faut pas confondre les avantages entre époux avec les droits purement successifs; que d'après la coutume de Looz, l'avantage dont il s'agit, étant acquis à l'époux survivant à cause du mariage, et sans qu'il fût au pouvoir du prémourant de l'en priver par testament, *formait un avantage entre époux irrévocable de sa nature;* que si cet avantage avait été réduit à l'usufruit par les lois des 5 brum. et 17 niv. an II, c'était par l'effet rétroactif rapporté par celle du 9 fruct. an III, par les art. 9 et 12 de celle du 3 vend. an IV, et par l'art. 1er de celle du 18 pluv. an V; que si cette dernière loi déclarait que les avantages et autres dispositions irrévocables, stipulés entre époux antérieurement à la publication de la loi du 5 brum. an II, auraient leur plein et entier effet, conformément aux anciennes lois, tant sur les successions ouvertes jusqu'à ce jour, que sur celles qui s'ouvriraient à l'avenir, il y avait et il y a même raison de décider ainsi pour les avantages de cette nature résultant des coutumes, que pour ceux provenant de dispositions expresses, puisqu'ils sont de même nature, également irrévocables et stipulés de même, les époux étant censés avoir adopté en ce point les dispositions de la coutume sous l'empire de laquelle le mariage avait été contracté; qu'il suit de là que par le prédécès de son époux, Arnold Boes, avait irrévocablement acquis la propriété des meubles par elle délaissés, et qu'en le décidant ainsi, le jugement attaqué n'a contrevenu à aucune loi ; rejette, etc. ; « Attendu porte l'arrêt du 8 prair. an XIII, que les expressions littérales et les dispositions

(1) Répertoire, v° *Gains de survie*, § 2.
(2) *Ibid.*
(3) *Ibid*

combinées de la coutume de Louvain, tit. XII, *des Droits des Gens mariés*, art. 13 et 14; tit. XV *des Testamens*, art. 2; et tit. XVI, *des Bâtards*, art. 1er, ne peuvent laisser aucun doute sur l'irrévocabilité des avantages ou gains de survie que cette coutume accorde au survivant des époux, quant à l'usufruit des immeubles et à la propriété des meubles et choses réputées de même nature; que, dans l'espèce, les droits et avantages ainsi irrévocablement acquis à la veuve Goossens, dès le jour de son mariage, contracté sous l'empire et sur la foi de la coutume de Louvain, n'auraient pu recevoir d'atteinte qu'autant que la loi du 17 niv. an II aurait rétroagi sur les unions formées avant sa promulgation; mais que l'effet rétroactif qu'elle devait avoir ayant été révoqué par les lois de fruct. an III et vend. an IV, les droits et avantages sont restés dans leur état primitif d'irrévocabilité; qu'en droit, il importe peu que les conditions du mariage de la veuve Goossens n'ayant pas été stipulées par écrit, la coutume de Louvain, que, les époux ont tacitement prise pour règle des effets de leur union, ayant néccessairement la même force qu'aurait eu un contrat civil, les lois de niv. an II et pluv. an V, ne faisant aucune distinction à cet égard, et celle de vent. an II plaçant sur la même ligne le cas où il n'existe pas de contrat civil, et celui où il en a été fait un; que d'ailleurs, selon l'esprit des coutumes de la ci-devant Belgique, qui assurent au survivant des époux la propriété du mobilier et l'usufruit des immeubles de l'époux prédécédé, ces avantages ne sont pas des droits successifs, mais de véritables gains de survie assurés aux époux dès le moment de leur mariage; attendu que la Cour d'appel de Bruxelles n'a pas jugé ni même préjugé que les actions sur la banque de Vienne et sur l'empereur d'Allemagne, soient de nature mobilière; qu'elle a seulement dit que le demandeur ayant aliéné la portion qu'il prétendait avoir dans ces actions, il n'était point en état de faire juger cette question hors la présence de son cessionnaire; attendu que l'arrêt dernier attaqué n'est que la suite et le complément du premier, et qu'on ne peut, sans se faire illusion, méconnaître, ni la question qui restait à juger, d'après le premier, ni le motif de la décision du dernier; attendu que les lois concernant le régime hypothécaire n'ont aucune espèce de relation avec l'affaire; qu'ainsi, elles sont inutilement invoquées par le demandeur, et que d'ailleurs la jurisprudence du pays ne laisse aucun doute sur la nature mobilière des domaines acquis sans adhéritance, et qu'à l'égard des rentes non réalisées, elles sont comptées et réputées pour biens meubles par la coutume de Louvain ; rejette, etc.) ».

On pourrait peut-être dire, pour être exact dans l'appréciation de ces arrêts, qu'indépendamment de quelques principes généraux dont ils s'appuient, ils paraissent se déterminer aussi par l'esprit particulier des coutumes de Looz et de Louvain, dans lesquelles ils reconnaissent, comme droit certain, que les avantages des époux, mariés sous leur empire, ne sont pas des droits successifs, mais bien de véritables gains de survie assurés aux époux, dès le moment même du mariage. Mais deux autres arrêts de la même Cour, l'un du 26 niv. an vi (aff......), l'autre, du 4 août 1806 (aff. Mayeu), ont positivement décidé : que le droit que la coutume de Normandie donne à la veuve dans la succession de son mari, doit être considéré comme un avantage matrimonial que la loi du 17 niv. an ii n'a point aboli ; et trois arrêts de Cour royale, l'un, de la Cour d'Angers, du 30 août 1806 ; l'autre de la Cour de Bruxelles, du 23 déc. 1806 ; et le troisième de la Cour de Trèves, du 5 janv. 1807, cités par M. Chabot (Quest. transit. v° *Douaire coutumier*, p. 555), étendant leurs décisions à d'autres espèces de gains de survie, ont mis le sceau à cette jurisprudence. Telle est aussi l'opinion développée de M. Grenier (*Testamens*, t. ii, p. 470).

6. Cette interprétation extensive des principes antérieurs, résultant surtout de l'art. xiii de la loi du 17 niv. an ii, de l'art. 10 de la loi du 22 vent. suivant, des lois abrogatives des 3 fruct. an iii et 3 vend. an iv, de l'art. 6 de la loi du 8 pluv. an v, des réponses législatives données par les lois des 22 vent. et 9 fruct. an ii, et qui consistait en ce que *les avantages conférés par les statuts aux époux étaient maintenus, comme ceux qui résultaient de stipulations expresses*, avait amené M. Merlin (Répert. v° *Gains de survie*, § 4) à abandonner une ancienne opinion qu'il avait émise (Conclusions du 28 mess. an xii), et à penser, qu'en suivant toutes les conséquences de cette interprétation, et considérant que l'abrogation de l'effet rétroactif de la loi du 17 niv. an ii, avait nécessairement rendu aux anciennes dispositions statutaires, tout l'effet qu'elles obtenaient précédemment (ce que cette abrogation n'aurait pu faire, si les anciennes dispositions statutaires avaient régi les mariages célébrés sous leur empire, non comme *contrat*, mais comme *loi*, qu'en détruisant

des droits acquis), il fallait décider, que même après la loi du 17 niv. an II, des époux mariés *sans contrat*, étaient censés encore avoir tacitement adopté, comme conventions matrimoniales, les anciens statuts; qu'il résultait de là *des droits acquis*, comme précédemment, droits auxquels le Code civil, sous l'empire duquel ils s'ouvraient, n'avait pu porter atteinte. Outre l'argument tiré de l'abrogation dont il vient d'être parlé, M. Merlin s'efforçait d'établir que les avantages matrimoniaux résultant des statuts n'étaient ni donation, ni transmission à titre successif; qu'ils étaient un effet pur et simple de la loi statutaire, prise comme convention des époux, pour régler leur communauté; que dès lors, ces avantages ne se trouvaient pas compris dans l'abolition prononcée par l'art. 61 de la loi du 17 niv. an II, ainsi conçu : «.... Toutes lois, coutumes, usages et statuts relatifs à la transmission des biens par succession ou donation sont également déclarés abolis, sauf à procéder au partage des successions échues depuis et y compris le 14 juil. 1789, et de celles à venir, selon les règles qui vont être ci-après établies ».

Il s'appuyait aussi du rapprochement des art. 1, 13 et 14 de cette loi pour soutenir que les dispositions de l'art. 13 se référaient aux avantages *stipulés*, et non aux avantages *coutumiers*; qu'au contraire, l'art. 14 s'entendait des uns et des autres, etc.; son but était évidemment d'établir que les effets de l'abrogation prononcée par les lois des 3 fruct. an III et 3 vend. an IV, étaient complets, et que rien, dans l'économie de la loi du 14 niv. an II, ni dans les dispositions des lois postérieures, ne s'opposait à cette interprétation rigoureuse.

Mais ce système adopté d'abord par la section des requêtes, le 20 oct. 1806 (aff. Stasseyns), par la Cour d'appel de Metz, le 21 juin 1808 (aff. Leclerc), et la Cour de Nanci, le 2 mars 1812 (1), a été définitivement condamné par trois arrêts de la section civile de la Cour de cassation des 20 oct. 1807 (aff. Stasseyns, *suprà*), 6 mars 1811 (aff. Leclerc, *suprà*), et 8 janv. 1814 (même aff. Leclerc) (2). Voici le texte de ce dernier arrêt rendu, sections réunies, qui contient un résumé des meilleurs moyens à opposer à la doctrine de M. Merlin, et qui doit, par les excellens

(1) Répertoire de Jurisprudence, v° *Gains de survie*, § 4, p. 432 et suiv.
(2) Répertoire, t. xv, p. 357.

motifs qu'il renferme, fixer irrévocablement la jurisprudence sur
ce point. « Vu l'art. 61 de la loi du 17 niv. an II, les art. 13 et 14
de la même loi, l'art. 49 de celle du 22 vent., et l'art. 24 de celle
du 9 fruct. de la même année; considérant que de la combinaison
de ces lois il résulte que le législateur, en maintenant, pour le
passé, tous les avantages résultant entre époux, soit de conventions expresses, soit de la disposition des coutumes ou statuts locaux, n'a entendu maintenir pour l'avenir, que ceux de la première espèce, et nullement ceux dérivant des coutumes et statuts
expressément abolis par l'art. 61 de la première de ces lois; qu'en
effet, ces divers avantages sont évidemment des transmissions
statutaires qui, si elles ne peuvent être rangées dans la classe des
donations ou des *successions* proprement dites, participent néanmoins de ces deux espèces de transmissions; que cette définition
des avantages statutaires entre époux se trouve justifiée au besoin
par le rapprochement des art. 1er et 13 de la loi du 17 niv., puisqu'en maintenant, par ce dernier article les avantages résultant
entre époux déjà mariés et encore existans, soit des conventions,
soit des coutumes et statuts, le législateur déclare faire exception
en ce point à l'art. 1er, lequel ne statue littéralement que sur les
donations ou les *successions;* qu'en admettant, avec la Cour de
Nanci, que les droits de communauté légale eussent survécu à la
disposition abrogatoire de la loi du 17 niv., on ne pourrait tirer
aucune conséquence pour le maintien des gains de survie qui en
diffèrent essentiellement, puisque la communauté n'est qu'une
association des biens appartenant *aux deux époux,* et que le partage égale de ces biens, lors même que les masses y ont été iné-
gales, n'est pas réputé par la loi un avantage au profit de l'époux
dont la mise a été inférieure, tandis que les gains de survie opèrent nécessairement une transmission quelconque *des biens de*
l'époux prédécédé au profit *de l'époux survivant,* et constituent
par conséquent un véritable avantage en faveur de ce dernier;
que cette manière d'envisager les gains de survie a été expressément appliquée par le législateur à l'égard des *douaires coutu-*
miers, dans sa réponse à la vingt-quatrième question de la loi du
9 fruct. an II, par laquelle il déclare ces *douaires* formellement
abolis par l'art. 61 de celle du 17 niv.; qu'on ne peut avec raison
argumenter de ce que, dans sa réponse à la dixième question de
la loi du 22 vent. an II, le législateur énonce que *le système res-*
trictif de la loi n'est pas pour les dispositions entre époux, parce

que les expressions mêmes de la question, comme celles de la réponse, indiquent suffisamment que l'une et l'autre n'avaient pour objet que les mariages *antérieurs à la loi;* enfin, que la considération prise de l'intérêt de plusieurs époux mariés depuis la loi du 17 niv., qui, se reposant sur la foi des anciens statuts, ont cru pouvoir s'abstenir de faire des contrats de mariage où ils eussent pu stipuler les avantages dont il leur convenait de se gratifier, est absolument sans force, parce que ces époux ont su ou dû savoir que la loi nouvelle en même temps qu'elle leur assurait une liberté presque illimitée de s'avantager par des stipulations expresses, avait, d'un autre côté, aboli pour l'avenir toutes les transmissions résultant des statuts; qu'il suit de là que la Cour de Nanci, en accordant, dans l'espèce, à la veuve Leclerc, mariée sans contrat de mariage postérieurement à la loi du 17 niv., les gains de survie qu'elle réclamait en vertu de la seule disposition de la ci-devant coutume Luxembourg, a formellement violé l'art. 61 de ladite loi du 17 niv.; casse, etc. »

7. C'est donc, comme nous l'avons dit, en nous assurant constamment que les dispositions de la loi sont converties en contrat tacite par les parties, que nous sommes sûrs de trouver *les droits acquis* auxquels ne peut porter atteinte la loi postérieure ; et c'est ce principe qui nous aidera à résoudre la question de savoir si le raisonnement qui vient d'être employé relativement au douaire ou aux autres gains de survie de l'un des époux, dans l'hypothèse précédente, est applicable au douaire des enfans. Il est évident que non ; et quelle en est la principale raison? C'est qu'il n'existe pas, et qu'il ne peut pas même exister *de droits acquis* à leur égard ; le contrat tacite ne pouvant pas être supposé de la part d'enfans qui n'existent pas. Telle est l'opinion de M. Merlin, rapportée ainsi en forme de résumé par M. Chabot (Quest. transit. v° *Douaire coutumier*, p. 359) : « Les deux arrêts invoqués par les défendeurs (des 29 niv. an VI et 27 germ. an XII), disait M. Merlin, dans ses conclusions du 29 messid. an XII, ont bien décidé que, pour les époux *entre eux*, les dons statutaires avaient la même force que les dons conventionnels; mais ce principe n'est pas applicable aux enfans, parce qu'on ne peut pas dire qu'il y ait eu, relativement à eux, lors du mariage du père et de la mère, *convention tacite*, puisqu'ils n'existaient pas ».

8. Au surplus, pour ramener à un point précis les divers élémens de la doctrine relative *aux droits acquis* et à la puissance

réelle de la loi, en matière d'effets rétroactifs, il faut dire que ces
droits résultent toujours de faits accomplis ou consommés; qu'ils
peuvent avoir leur source dans une concession directe de la loi
à laquelle s'est uni un fait qui en réalise le but; comme, par
exemple, lorsque par l'effet du décès d'un individu, une succession passe en vertu d'un testament, ou même de la loi seule sur
la tête d'un autre individu; mais qu'en général le fait résultant
de stipulations privées, expresses ou tacites, offre le caractère
le plus certain des droits acquis contre lesquels toute loi postérieure est impuissante.

9. Et remarquez à cet égard, qu'il importe peu que la stipulation dépende d'une condition qui peut ne pas se réaliser ou ne
se réaliser qu'après un changement survenu dans la législation.
Sans doute, jusqu'à l'accomplissement de la condition, une simple espérance forme l'objet de la stipulation, *ex conditionali sti-
pulatione tantùm spes est debitum iri* (§ 4, *Inst. de Verbor. oblig.*);
mais la condition accomplie a un effet rétroactif au jour même
de l'engagement (C. civ. art. 1179), et le droit qui en résulte est
censé acquis au créancier, du jour même du contrat. La loi 78,
ff. *de Verbor. oblig. in principio*, en donne la raison : *quia in sti-
pulationibus, id tempus spectatur quo contrahimus;* et voilà pourquoi, en cas de mort avant l'accomplissement de la condition,
nous transmettons à nos héritiers cette espérance, comme *droit
acquis; eamque ipsam spem in heredem transmittimus, si priusquam conditio exstiterit, mors contigerit* (§ 4, *Inst. de Verbor.
oblig.*) En serait-il de même d'un legs conditionnel, et le trans-
mettrions-nous à nos héritiers, si nous mourions avant l'accomplissement de la condition ? Non; et pourquoi cela ? Parce que,
disent Cujas et Pothier (*Oblig.* n° 220), le legs n'est fait qu'à la
personne du légataire, et la condition ne peut exister qu'à son
profit; il n'en est pas de même de celui qui contracte : il stipule
pour lui et pour ses héritiers. La condition peut donc exister au
profit de ses héritiers, même après sa mort. Néanmoins, il y a
également *droit acquis* dans les deux cas; mais dans le premier
le droit est transmissible; il ne l'est pas dans le second.

Ainsi donc, si je suis institué héritier, légataire universel ou
particulier, sous une condition de laquelle dépende mon institution ou mon legs; par exemple, dans le cas où je donnerai dix
mille francs à l'héritier légitime, si tel vaisseau arrive d'Améri-
que, etc., au décès du testateur, je n'aurai encore qu'une expec-

tative; et je ne serai définitivement saisi de la succession ou du legs que par l'arrivée de la condition. Que si je meurs dans l'intervalle et avant l'arrivée de cette condition, je n'ai été saisi de rien : je n'avais pas encore de *droit acquis*, et mon institution ou mon legs est caduc (Art. 1041).

10. Mais *quid*, si dans le même intervalle, la législation change, en telle sorte qu'elle *rende* l'accomplissement de la condition impossible, et la fasse ainsi faillir; ce changement *rendra-t-il* l'institution ou le legs pur et simple, et aura-t-il pour effet de saisir immédiatement l'héritier institué ou le légataire, comme si la condition se fût accomplie? Par exemple, une institution nominative d'héritier faite par un individu décédé en nov. 1792, néanmoins subordonnée au cas où un tiers ne disposerait pas autrement des biens compris en l'institution, est-elle devenue pure et simple par l'effet des lois des 7 mars 1793 et 17 niv. an II (Art. 23), qui ôtent au tiers, soit le droit de disposer, soit le droit d'élection? L'effet de ces lois est-il le même que celui de la mort ou de tout autre événement de force majeure qui mettrait le tiers hors d'état de disposer ou d'élire, et réaliserait ainsi la condition négative de l'institution? Il ne faut pas en faire un doute; et ce principe a été nettement consacré par un arrêt de la Cour de cassation du 13 therm. an XIII (1), qui a décidé, en outre, que la disposition rétroactive de l'art. 24 de la loi du 17 niv. an II, qui annulait l'institution elle-même, se trouvant comprise dans l'abrogation de l'effet rétroactif prononcée par la loi du 9 fruct. an III, l'institution avait repris son caractère d'irrévocabilité; que tel était même le sens propre de l'art. 7 de la loi du 18 pluv. an V.

CHAPITRE III.

La loi, considérée comme principe fondamental de toute association politique, agit de deux manières différentes :

1° Sur les élémens généraux de l'association même, pour en améliorer incessamment toutes les conditions ; dans ce cas, son action s'étend sur le passé, sans rétroagir.

_____

(1) Sirey, t. VI, 1, p. 114.

2° Directement sur les individus pour les mettre en communication des avantages résultant de l'association. Dans ce cas, son action ne s'étend sur le passé que tout autant qu'elle ne porte pas atteinte aux droits acquis en vertu de la loi précédente.

SECTION Ire.

La loi agissant sur les élémens généraux du corps social ne rétroagit pas.

SOMMAIRE.

1. — *Les concessions de la loi ne confèrent pas de droits acquis.*
2. — *Application de ce principe à l'ancien douaire coutumier en Normandie. Jurisprudence contraire des arréts.*
3. — *Ce n'est pas par les règles du droit civil, mais par des considérations de droit public que doivent être résolues les difficultés que présente cette matière.*
4. — *Application du même principe aux substitutions, au droit d'aînesse, aux renonciations à successions futures, au retrait lignager, au droit de dévolution existant autrefois dans certains pays.*
5. — *Aux institutions sociales proprement dites.*

1. Ce qu'il importe surtout en cette matière, c'est de démêler soigneusement le fait consommé d'où résulte *le droit acquis*, d'un état, d'une situation, d'une aptitude, d'une expectative, etc., pures concessions de la loi, qui n'autorisent que de simples espérances; car les concessions de la loi peuvent revêtir jusqu'à un certain point la forme *des droits acquis*, sans l'être réellement; et ce n'est qu'une étude approfondie de ses motifs, des vues générales qui l'ont dictée, qui peut éclairer la raison sur le but précis

de ses dispositions, et déterminer le vrai caractère de la concession (1).

2. Par exemple, on a long-temps et longuement discuté la question de savoir si le tiers coutumier que la Coutume de Normandie accordait aux enfans, avait été aboli par la loi du 17 niv. an II. Quatre arrêts de la Cour royale de Caen (2) avaient jugé la négative; deux arrêts de la Cour royale de Rouen (3) avaient adopté l'affirmative. La Cour royale de Caen se fondait entre autres, sur ce qu'il y avait *droit acquis* aux enfans du jour du mariage de leurs père et mère; et elle faisait résulter cette opinion des termes mêmes de l'art. 399 de la Coutume, ainsi conçu : « *La propriété du tiers est acquise aux enfans du jour des épousailles* ». Il est curieux de voir M. Merlin (4) faire les plus pénibles efforts pour démontrer, soit par le rapprochement des divers articles de la Coutume de Normandie, soit par la jurisprudence des arrêts et les opinions des auteurs, qu'il n'y a réellement pas de droit acquis aux enfans; que les termes de l'art. 399 de la Coutume ne disent pas ce qu'ils semblent dire; que les Coutumes de Senlis et de Paris, rédigées à peu près dans les mêmes termes et absolument dans le

---

(1) Je ne m'occupe pas d'une matière traitée par quelques jurisconsultes (entre autres Bentham, MM. Blondeau et Dalloz), à l'occasion de l'effet rétroactif, savoir : Du *pouvoir ou de l'action de la loi* sur les *attentes formées*, sur les espérances plus ou moins légitimes nées de la législation établie ou de l'utilité générale. C'est-là une matière purement législative. Il s'agit de mettre la loi nouvelle dans le plus parfait accord avec la loi existante pour qu'elle n'en soit en quelque sorte que la conséquence ; avec les mœurs et l'opinion générale, même en réformant la législation précédente, pour qu'elle atteigne son plus haut degré d'utilité ; avec les espérances légitimes pour qu'elle rencontre l'exécution la plus facile ; avec la raison commune, pour que son précepte ne trompe pas les esprits vulgaires, car c'est surtout pour eux qu'elle est écrite ; il s'agit, en un mot, de la perfection même de la loi. Or, cette tâche est étrangère au jurisconsulte ; mais ce qui ne lui est pas étranger, c'est de fixer le véritable caractère de la loi rendue, de déterminer sa portée réelle, de donner à ses effets leurs véritables limites, en indiquant comment, conçue dans un but général ou purement secondaire, elle trace des conditions sociales, des règles d'administration publique, ou confère directement des droits acquis.

(2) Le premier, du 25 niv. an X (aff. Lemoine); le second, du 6 prairial, (aff. Deslandes); le troisième, du 27 brum. an XI (aff. Malenfant), et le quatrième, du 25 frimaire an XI (aff. Houel).

(3) Répertoire, v° *Tiers Coutumier*, p. 4, n° 3.

(4) Question de droit, t. VI, v° *Tiers Coutumier*, § 2, t. IX (*ibid.*), et Répertoire (*ibid*).

I.			12

même esprit que celle de Normandie, sur ce point, n'ont jamais présenté ce sens ni reçu cette application, etc. Quant à la Cour de cassation qui a consacré quatre fois cette doctrine, la seule vraie sans doute, elle s'est bornée à dire (arrêt du 4 thermid. an XII),.... « que le tiers coutumier en Normandie avait été aboli par la loi du 17 niv. an II...; que cette application de l'abolition des statuts locaux à la disposition de l'art. 399 de la Coutume de Normandie sur le tiers coutumier, est d'autant plus nécessaire, que cet article 399 et l'art. 401 du texte de la Coutume, et les art. 89 et 90 du règlement des placités, reportant l'ouverture et les effets du tiers coutumier à l'époque de la mort du père, montrent clairement que le droit de *tiers coutumier* n'était qu'une créance privilégiée sur la succession, *qu'une expectative conditionnellement subordonnée* à la renonciation à l'hérédité, *qu'un bienfait éventuel* qui a été révoqué par la loi du 17 niv. an II, promulguée auparavant l'événement de la mort du père Lemoine, et par conséquent avant que son fils eût atteint la pleine propriété *du tiers coutumier;* casse et annule, etc. (1) ».

3. Mais, à ne consulter que les seules dispositions du droit civil, on serait encore loin d'avoir détruit les argumens de la Cour royale de Caen ; et on pourrait raisonnablement soutenir que le doute subsiste toujours. Deux considérations prises d'un ordre plus élevé déterminent mon opinion.

1° Ni la raison ni les principes du droit ne sauraient avouer de droits acquis au profit d'enfans qui n'existent pas. M. Merlin a plusieurs fois prêté à ce principe toute la lucidité et toute la force de sa méthode habituelle de discussion. On avait bien reconnu précédemment que l'art. 2 de la loi du 14 nov. 1792, qui prononce l'abolition des substitutions non ouvertes antérieurement à sa promulgation, emportant nécessairement en soi la conséquence que les conditions encore pendantes sous lesquelles les substitués, *déjà nés ou conçus*, étaient appelés par des testamens

(1) Les trois autres arrêts des 26 mess., 2 fruct. an II, et 27 frim. an XIII, sont à peu près fondés sur les mêmes motifs : « Considérant, porte l'arrêt du 2 fruct., que quoiqu'il paraisse, par l'art. 399 de la Coutume de Normandie, que la propriété du tiers appartient aux enfans du jour du mariage, néanmoins elle ne leur appartenait réellement qu'après la mort du père ; que jusqu'alors *solum habebant spem succedendi ;* que leur *action* pour le tiers ne commençait à naître que par la mort naturelle ou civile du père, étant incertain s'ils lui survivraient, ou s'ils répudieraient sa succession. »

dont les auteurs étaient alors décédés, demeuraient sans effet, et qu'une telle interprétation donnait à la loi un effet rétroactif évident (Loi du 9 fruct. an II); mais sur quoi fondait - on l'effet rétroactif? Sur ce qu'un fait (le décès du testateur) attribuait à des enfans *déjà nés ou conçus* le résultat de la substitution, d'où naissaient de véritables *droits acquis*, et cela était incontestable. Quant à la condition, elle était, d'après les principes que j'ai développés plus haut, censée remonter à l'institution elle-même. On conçoit, dès lors, comment la loi postérieure n'a pu enlever que violemment, et par un véritable effet rétroactif, des droits ainsi fixés sur la tête des enfans; et pourquoi le Corps législatif, sollicité de rapporter l'art. 2 de la loi du 14 nov. 1792, qui pour abolir les substitutions antérieures, non encore ouvertes, avait rendu sans effet les conditions encore pendantes sous lesquelles les substitués déjà nés ou conçus étaient appelés par des testamens dont les auteurs étaient alors décédés, a répondu entre autres : « que la raison civile devait céder à la raison politique; que l'intérêt général de l'Etat, qui doit toujours prédominer dans l'esprit du législateur, devait faire taire tous les intérêts particuliers. »

2° Il est plus exact d'envisager toutes les concessions de la loi de la nature de celle qui précède, comme des conditions politiques sur l'état des familles, sur la transmission, la vocation des biens, etc., et ayant pour but principal le développement ou la perpétuité de certains principes admis comme bases fondamentales de l'ordre et du bonheur social. Ainsi, le tiers coutumier, disposition statutaire de cette nature, pouvait bien affecter d'une certaine manière les biens du père de famille et devenir même le principe et la cause de certains arrangemens entre parens, qui n'eussent pas eu lieu sans l'espoir assuré d'en voir réaliser constamment toutes les conséquences. Mais cette disposition, bien qu'elle autorisât les transactions civiles qui se passaient sous son empire, restait toujours dans le domaine législatif; elle ne conférait pas *de droits acquis;* et il n'y avait que des imprudens qui, perdant de vue son véritable caractère, et oubliant que, pure disposition politique, elle pouvait être anéantie par une disposition politique contraire, fondaient sur elle, comme sur un sol immuable, leur avenir et celui de leurs descendans.

Ainsi, les substitutions créées dans un certain but politique, celui de maintenir quelques familles dans un état de splendeur et de puissance analogue à un certain ordre politique, ne conféraient de droits acquis aux individus appelés que dans le cas dont j'ai parlé plus haut; et la loi du 14 nov. 1792 a pu, sans effet rétroactif, abroger les substitutions antérieures à sa promulgation, dont les droits n'étaient pas encore ouverts (1). Ainsi, les aînés avaient autrefois une expectative légale et certaine sur les préciputs que leur assignaient les Coutumes ; et quelques unes d'entre elles interdisaient même aux testateurs la faculté de déroger à ce droit. Néanmoins, comme ce n'était là qu'une disposition conçue dans un certain but et pour servir d'appui à de certains principes politiques, la loi du 28 mars 1790 a pu, sans rétroactivité, décider qu'à l'avenir, et quelles que fussent les dispositions testamentaires des parens à cet égard, les aînés partageraient également avec leurs frères et sœurs. Il faut en dire autant des renonciations à successions futures autorisées autrefois par certains statuts (2), du retrait lignager, du droit de dévolution subsistant dans quelques pays, tels que le Hainaut, le Brabant, Liége, Limbourg, et plusieurs villes d'Alsace, supprimé par la loi du 8 avril 1791.

4. Appliquant toujours le même principe, et ne voyant dans les concessions de la loi qui n'ont pas directement pour objet la personne ou les droits de l'individu, que son action permanente et essentiellement progressive ou variable sur les élémens généraux du corps politique, il faudra dire :

1º Que les lois des 4 août 1789 et 15 mars 1790 ont supprimé sans rétroactivité le régime féodal (3) ;

2º Que les lois des 4 août et 5 nov. 1789, 19 juin 1790, et 27 sept. 1791, ont supprimé également, sans rétroactivité, l'ancienne noblesse, et les priviléges dont elle était la cause ou le principe ;

3º Qu'en un mot, la suppression des anciens corps judicaires, et des priviléges attachés par la loi aux fonctions de judicature, n'a pareillement entraîné aucune rétroactivité.

5. La loi, maîtresse sans partage de fonder les institutions générales de la société, agit simplement dans la sphère de sa

(1) Mais elle a rétroagi à l'égard de celles dont les droits étaient ouverts (V. infrà *Substitution*).

(2) V. inf. *Contrats*, auxquels se mêlent des considérations d'ordre public.

(3) V. Néanmoins *infrà*, Contrats, auxquels se mêlent des considérations d'ordre public.

puissance , lorsque , cédant à de nouvelles vues qui n'ont pour bases présumées que le bien public, elle anéantit ces institutions , ou les remplace par d'autres. L'intérêt individuel peut se trouver froissé , sans doute , de ces mesures nouvelles ; mais c'est dans l'intérêt général qu'elles ont été créées , et il est rigoureusement vrai de dire qu'elles n'ont pas rétroagi.

Après les résolutions célèbres , du 4 août 1789 , l'Assemblée constituante discuta (le 13 oct. suiv.) la grande question de savoir , si l'ancien clergé était propriétaire des biens qu'il possédait , ou s'il les possédait comme biens nationaux ? L'abbé Maury soutint que le clergé était réellement propriétaire de ces biens ; l'évêque d'Autun établit , au contraire, que la nation devait en être reconnue et déclarée propriétaire.

Mais Thouret alla plus loin : il supposa que le clergé fût réellement propriétaire des biens ecclésiastiques (1) ; et , dans cette hypothèse , il établit que , non-seulement il n'était pas injuste , mais qu'il était même d'une exacte et saine politique que la nation pût en disposer. Voici ses propres paroles :

« En ce moment de régénération , les personnes , les choses , tout est soumis , dans l'État , à la nation exerçant le plus grand de ses pouvoirs. Aucune institution vicieuse ne doit survivre , aucun moyen de prospérité publique ne doit échapper au mouvement général qui reconstitue les parties de l'empire. Il faut distinguer, entre les personnes, les particuliers ou individus réels, et les corps qui , les uns par rapport aux autres, et chacun relativement à l'État , forment des personnes morales et fictives. Les individus et les corps diffèrent essentiellement par la nature de leurs droits et par l'étendue d'autorité que la loi peut exercer sur ces droits. Les individus *existans indépendamment de la loi , et antérieurement à elle , ont des droits résultant de leur nature et de leurs facultés propres ; droits que la loi n'a pas créés , mais qu'elle a seulement reconnus , qu'elle protège , et qu'elle ne peut pas plus détruire que les individus eux-mêmes.* Tel est le droit de propriété relativement aux particuliers. Les corps, au contraire , *n'existent que par la loi :* par cette raison , elle a , *sur tout ce qui les concerne , et jusque sur leur existence même , une*

_____

(1) Le développement des propres idées de Thouret va démontrer que le mot de *Propriétaire* ne saurait être pris ici dans un sens absolu , et conforme aux notions du droit civil.

autorité illimitée. Les corps n'ont aucun droit réel par leur nature, puisqu'ils n'ont pas même de nature propre. Ils ne sont
qu'une fiction, une conception abstraite de la loi, qui peut les
faire comme il lui plaît, et qui, après les avoir faits, peut les
modifier à son gré. Ainsi, la loi, après avoir créé les corps,
peut les supprimer; et il y en a cent exemples. Ainsi, la loi
a pu communiquer aux corps la jouissance de tous les effets
civils; mais elle peut; et le pouvoir constituant surtout a le droit
d'examiner, s'il est bon qu'ils conservent cette jouissance, ou
du moins jusqu'à quel point il faut leur en laisser la participation. Ainsi, la loi, qui pouvait ne pas accorder aux corps la
faculté de posséder des propriétés foncières, a pu, lorsqu'elle l'a
trouvé nécessaire, leur défendre d'en acquérir. L'édit célèbre
de 1749 en est la preuve. De même, la loi peut prononcer aujourd'hui qu'aucun corps de main-morte, soit laïque, soit ecclésiastique, ne peut rester propriétaire de fonds de terre; car
l'autorité, qui a pu déclarer l'incapacité d'acquérir, peut, au
même titre, déclarer l'inaptitude à posséder. Le droit que l'État
a de porter cette décision sur tous les corps qu'il a admis dans
son sein, n'est pas douteux, puisqu'il a, dans tous les temps,
et sous tous les rapports, une puissance absolue, non-seulement
sur leur mode d'exister, mais encore sur leur existence. La
même raison qui fait que la suppression d'un corps n'est pas
un *homicide*, fait que la révocation de la faculté accordée aux
corps de posséder des fonds de terre, ne sera pas une *spoliation* ».

Telle est la rigueur des principes en cette matière. Leur application peut entraîner quelquefois des secousses; elle peut
même reposer sur des erreurs de temps, des apparences plus
ou moins spécieuses de bien public; toujours est-il que la loi
n'a pas excédé les limites naturelles de sa puissance, et qu'elle
n'a porté nulle atteinte à des droits acquis.

Ainsi, appliquant les mêmes principes, il faudra dire : que
la loi nouvelle qui supprimerait les majorats, supprimerait sans
rétroagir les pures expectatives qui dérivent de cette institution,
par exemple, les substitutions qui ne seraient pas encore ouvertes, des biens affectés aux majorats.

Que la loi qui substituerait purement et simplement à la légion-
d'honneur un autre ordre, entraînerait virtuellement, et sans
rétroagir dans la suppression de l'institution primitive, l'aptitude

accordée par la loi du 23 avril 1831, aux membres de cet ordre, d'être compris sur les listes électorales aux conditions qu'elle détermine, et tous les autres effets attachés à cette institution.

SECTION IIe.

La loi, agissant directement sur les individus, ne rétroagit que tout autant qu'elle ne blesse pas des droits. acquis.

SOMMAIRE.

1. — *Liens nécessaires qui unissent l'homme à la loi civile.*
   Ce n'est que par l'effet des stipulations, ou par suite de certains faits consommés, que la loi, agissant directement à son égard, lui confère des droits acquis.
2. — *Conséquence générale du principe que l'homme dépend de la loi civile.*
3. — *Preuve tirée du droit romain.*
4. — *Autre conséquence du même principe.*
5. — *Lorsque le fait de la translation d'un droit à l'individu est consommé, il est dès lors droit acquis, et ce ne serait qu'en rétroagissant que la loi postérieure y porterait atteinte.*

1. Les concessions de la loi embrassent l'homme, ses actions et ses propriétés; elles embrassent aussi tous les actes qui ont pour but de garantir les uns et les autres. Tant que ces concessions n'ont pas été transformées *en droits acquis,* par l'effet de stipulations ou de certains faits consommés, et mises dès lors hors des atteintes de la loi postérieure, elles demeurent, comme je l'ai dit, dans le domaine législatif; et il est au pouvoir d'une telle loi de retirer, de modifier ou d'anéantir, sans effet rétroactif, ce

qui a été concédé, à titre de pure faculté, par la loi précédente (1).

2. Une des conséquences immédiates de ce principe, est que l'homme naît sous les auspices de la loi; que l'exercice du droit naturel et des actes les plus indépendans de la vie sociale n'est, dans la vérité, qu'une concession virtuelle ou un produit éminent de la loi, comme l'exercice des actes qui émanent directement de sa volonté en est une concession formelle; c'est même à ces conditions qu'elle peut remplir efficacement sa haute destinée, c'est-à-dire, disposer, coordonner dans le meilleur système, les divers élémens de la prospérité publique; et de là la protection qu'elle accorde *aux droits acquis* eux-mêmes contre ses propres atteintes.

3. Ce principe, que la loi civile couvre de sa sanction explicite ou implicite tous les actes de la vie de l'homme en société, est d'une telle vérité, que les Romains n'ont pas hésité à placer la bonne foi elle-même, en ce qui concerne l'exécution des contrats, sous la dépendance et la modération de la loi civile. Triphoninus (L. 31, ff *deposit.*) examine comment doit être appréciée la bonne foi en matière de dépôt. Voici ses expressions : « La bonne foi qui est exigée dans les contrats doit être observée avec une rigoureuse équité. Mais d'après quelle norme l'apprécierons-nous? Sera-ce d'après le droit naturel, d'après les préceptes du droit civil ou du droit prétorien? Par exemple : un individu condamné à la peine capitale t'a confié en dépôt cent pièces; il est ensuite déporté, et ses biens sont vendus publiquement. Devras-tu lui restituer son dépôt? devras-tu plutôt le remettre à l'autorité publique? Selon le droit naturel et des gens, ce serait à lui que tu devrais le remettre, puisque c'est de lui que tu le tiens; mais si nous consultons le droit civil, loi supérieure à tous les intérêts (*legum ordinem*), c'est entre les mains de l'autorité publique que tu dois le remettre. Il est juste, en effet, que celui qui a encouru l'animadversion publique souffre publiquement les maux de la pauvreté, afin que son exemple serve à détourner les autres hommes des mauvaises actions dont il s'est rendu coupable. « — Bona fides quæ in contractibus exigitur, æquitatem summam « desiderat. Sed eam utrum æstimamus ad merum jus gentium, « an verò cum præceptis civilibus et prætoriis : veluti, reus ca-

---

(1) V. *suprà*, p. 74, n° 3.

« pitalis judicii deposuit apud te centum, is deportatus est, bona
« ejus publicata sunt; utrum ne ipsi hæc reddenda, an in publi-
« cum deferenda sunt? Si tantum naturale jus et gentium intuemur,
« ei, qui dedit, restituenda sunt: si jus civile, et legum ordinem,
« magis in publicum deferenda sunt: Nam malè meritus, publicè,
« ut exemplo aliis ad deterrenda maleficia sit, etiam egestate la-
« borare debet. »

4. Une autre conséquence non moins certaine dérive encore
du même principe. La loi ayant pour but spécial de protéger la
liberté naturelle et la propriété, est, dans la réalité, sans pouvoir
contre ces deux faits; et j'en donne sur-le-champ la raison : c'est
qu'elle ne saurait agir contre sa propre nature. (Voyez plus loin,
État des personnes).

5. Mais dès que l'individu a fait usage de la concession de la
loi ; dès que l'acte ou le fait qu'elle détermine pour la formation
d'un droit a été accompli, dans les conditions rigoureuses tracées
pour son existence, en telle sorte, que la translation de ce droit
ait dû nécessairement s'ensuivre, la loi a perdu toute action sur
ce fait; et ce ne serait qu'en blessant des droits acquis qu'elle
rétroagirait. (V. *sup.*, p. 157 et suiv., et inf., *Effets des contrats*).

SECTION IIIe.

Caractères généraux des droits acquis applicables
aux deux sections précédentes.

SOMMAIRE.

1. — *Les droits acquis peuvent résulter des rapports exis-
     tant entre la loi et les citoyens. Ces rapports sont
     ou généraux ou spéciaux.*
2. — *Dans le premier cas, la loi, statuant sur des rapports
     purement politiques ou d'ordre public, ne confère
     pas de droits acquis.*
3. — *Que si sa disposition, bien que générale dans sa
     forme, emprunte néanmoins l'esprit des stipula-
     lations privées, elle confère immédiatement des
     droits acquis.*

1. Au reste, pour jeter de nouvelles lumières sur la théorie difficile des droits acquis, je crois devoir poser les principes suivans :

Indépendamment des rapports généraux par lesquels tous les particuliers se trouvent liés, soit dans leur personne, soit dans leur propriété, soit dans leurs actes, à la loi civile; il est des rapports spéciaux qui s'établissent entre la loi et les citoyens, d'où résultent des moyens immédiats et certains de se fixer sur la nature de ces droits.

2. 1° La loi peut statuer comme on l'a vu, sur des intérêts généraux d'ordre politique ou public. Ces dispositions de sa part n'étant en quelque sorte, que des règlemens relatifs au gouvernement ou à l'administration générale de la société, ne s'adressant qu'à elles, ne sauraient conférer de droits acquis à personne. De telles dispositions qui n'ont qu'un seul objet, le bien de l'État, sont précaires de leur nature; car il est de l'essence de toute bonne administration qu'aucune pensée, même celle du bien présent, ne soit pas définitive; *les droits acquis* au contraire, sont définitifs de leur nature, puisqu'ils portent le caractère définitif de la propriété. Ce que je viens donc d'appeler disposition politique ou règlement général d'administration pour la société entière, je l'appellerai concession, état, situation, expectative, aptitude, etc., par rapport aux individus. Telles sont les lois sur l'état des personnes, sur les conditions de successibilité, de disponibilité des biens, etc. (V. *supra*, sect. 1, 2, présent Chapitre) (1); et on sent sur le champ, que pour que de ces dispositions générales résultent *des droits acquis* aux individus, il est nécessaire qu'un événement subséquent se réalise et concoure avec ces dispositions encore subsistantes, pour former *le fait consommé* qui confère un droit acquis à l'individu intéressé à ce fait. Par exemple, je dois hériter de mon ascendant paternel dans de certaines proportions déterminées par la loi actuelle; si je perds cet ascendant pendant que cette loi est encore en vigueur, j'aurai, du jour de son décès, un droit acquis sur ses biens, dans la proportion dont il vient d'être parlé. Réciproquement, je puis disposer par testament, dans une proportion déterminée par la loi en vigueur à l'époque où je fais mon testament. Si cette loi subsiste encore au moment de mon décès, il y aura dès lors *droit acquis* au profit de ceux que j'aurai désignés, pourvu toutefois que les autres conditions pré-

(1) Telles sont encore les lois fondamentales des diverses branches de l'administration publique, par exemple, les lois sur l'assiette, le recouvrement de l'impôt, sur les douanes, l'instruction publique, le recrutement de l'armée, etc.

vues par les lois, tant à leur égard qu'au mien, se trouvent exactement remplies.

3. 2° La loi peut statuer dans des vues plus restreintes en empruntant, sinon la forme du moins l'esprit des stipulations privées, parce que de deux ou de plusieurs intérêts qui se trouvent en présence, il en est un qu'elle veut faire prévaloir pour le bien de l'État (1).

Mais on sent que dans ce cas, la disposition de la loi ne s'appliquant plus d'une manière générale à tous les individus, comme membres du corps social, n'ayant plus simplement pour objet une meilleure forme politique, une amélioration présumée dans l'état des personnes, dans l'exercice des droits civils, etc., stipulant en quelque sorte au nom d'un intérêt contre l'autre, elle ne sera plus la maîtresse de revenir, comme dans le cas précédent, sur ce qui aura fait l'objet de ses premières dispositions. La loi dérogeant à elle-même, a contracté au nom de l'État; elle a offert en compensation de droits acquis dont elle a exigé le sacrifice, d'autres droits qui ne sauraient être d'une nature différente; et la bonne foi dans le scrupuleux accomplissement de toutes ses dispositions doit être d'autant plus grande, que les mesures d'exécution d'un contrat consommé en son nom et à la confection duquel l'une des parties intéressées n'a pas été libre de se soustraire, sont nécessairement restées dans les mains de l'autorité publique. On conçoit dès lors comment contre des droits ainsi acquis, toute rétroactivité serait une violente injustice.

4. Il peut arriver même que les dispositions de la loi portent le caractère évident de la stipulation civile, et c'est son objet propre qui détermine cet effet. Telles sont les lois rendues en matière de domaines engagés (2), d'exploitation de mines (3), de propriété, d'usage ou de servitude attribués aux communes dans les forêts nationales (4), etc. Et voilà pourquoi dans les con-

---

(1) Telles sont les lois qui statuent sur la dette publique par voie de remboursement, réduction ou conversion des créances sur l'État. Les lois des 5 déc. 1814 relative à la remise des biens non vendus des émigrés, et 27 avril 1825, qui leur alloue une indemnité; celle du 30 avril 1826 concernant l'indemnité des colons de Saint-Domingue, etc., sont de la même nature.

(2) 4 sept. 1792, 14 vent.-18 mess. an VII, 16 pluv. an VIII, etc.

(3) 28 juil. 1791, 13 pluv. an IX, 21 avril 1810, etc.

(4) 28 août 1792, 28 brum. an VII, 28 vent. an XI, etc.

testations nées sur ces matières, l'État figure en nom contre les parties intéressées, soit devant les tribunaux, soit devant le conseil d'État. Il est évident que du moment où les conditions prescrites par ces lois sont accomplies, elles confèrent des droits irrévocablement acquis contre lesquels toute loi postérieure est impuissante.

5. La loi peut, dans des vues générales d'ordre et de bien public, renfermer des dispositions à titre gratuit; et les règles ordinaires relatives aux contrats de bienfaisance, en ce qui concerne *les droits acquis*, pourront leur être appliqués. Mais remarquez que la rétroactivité n'aura lieu dans ce cas que tout autant que les droits seront réellement acquis; or, ils ne pourront être dits tels, que lorsque toutes les conditions prévues par les lois qui les confèrent auront été exactement remplies. Par exemple, la loi du 11 sept. 1807, dispose, que lorsque par des services distingués, de grands fonctionnaires de l'empire, tels que ministres, maréchaux et autres grands officiers auront droit à une récompense extraordinaire, et que la situation de leur fortune le rendra nécessaire, le *maximum* de leurs pensions, de celles de leurs veuves et enfans, pourra être élevé jusqu'à 20,000 fr. On a demandé, dans ces derniers temps, si des pensions accordées en vertu de cette loi et qui ne seraient pas fondées sur trente années de service, aux termes d'un décret du 13 sept. 1806, rendu en exécution de la loi du 15 germ. an XI, sur les pensions, pourraient être supprimées sans rétroactivité par une loi nouvelle? Pour déterminer qu'il y a rétroactivité, il importe de s'assurer d'abord que les droits sont réellement acquis; or comment sont-ils acquis? Ils ne le sont évidemment que lorsque toutes les conditions prévues par les lois précédentes pour donner droit aux pensions ont été exactement remplies. D'après le sens et le vœu bien entendu de la loi que l'on vient de lire, avant d'être apte à recevoir la récompense extraordinaire qu'elle détermine, il faut avoir droit à la pension elle-même. Tant que ce droit à la pension n'est pas acquis, il est impossible de faire l'application de la récompense extraordinaire, puisque cette récompense consiste précisément dans l'augmentation de la pension; et on ne saurait, sans faire violence aux termes et s'écarter des règles ordinaires de la logique, induire de la disposition relative à la récompense un droit aux pensions indépendamment des lois qui les ont créées, et qui en ont déterminé précédemment les bases et les conditions.

On ne saurait donc voir de rétroactivité dans la loi nouvelle qui supprimerait des pensions déjà accordées, qu'à l'égard des personnes qui rempliraient d'ailleurs toutes les conditions prévues par les lois précédentes sur les pensions, et auxquelles auraient été accordées des récompenses extraordinaires; quant à celles qui ne les rempliraient pas, n'existant pas de droit acquis à leur égard, il n'y aurait nulle rétroactivité dans la suppression qui en serait prononcée, et toute la question se réduirait à ramener la loi à sa saine interprétation, en faisant cesser, en fait, les abus introduits par une interprétation vicieuse de ses dispositions.

6. Enfin, ajoutons que, pour avoir une idée juste *des droits acquis* en cette matière, il importe surtout de démêler le but propre de la loi, de s'assurer si elle est moins un contrat qu'un moyen de gouvernement ou l'accomplissement d'un but politique, ce qui peut quelquefois entraîner les pouvoirs publics, sous le prétexte spécieux de la raison d'état dans des voies rétroactives, résultat grave qui signale quelquefois sans doute une plaie profonde du corps social, mais qui le plus souvent prépare ou suit une crise politique, et n'est en définitive qu'une atteinte violente portée au droit de propriété.

7. Ainsi, la raison d'état seule a pu dicter cette disposition de la loi du 24 août 1793 (Art. 6): « Le grand-livre de la dette publique sera le titre unique et fondamental de tous les créanciers de la république. » C'est encore elle qui seule a pu motiver l'art. 98 de la loi du VI vendém. an VI : « Chaque inscription au grand-livre de la dette publique, tant perpétuelle que viagère, liquidée ou à liquider, *sera remboursée pour les deux tiers...; l'autre tiers sera conservé en inscriptions au grand-livre et payé sur ce pied, à partir du deuxième semestre de l'an v. » Mais la raison d'état fortement débattue, lors de la présentation de la loi du 1er mai 1825 sur la dette publique et l'amortissement, vint échouer devant la raison publique et le danger ou la honte de violer les engagemens pris au nom de la loi. L'art. 4 se borna à rendre facultatives de la part des particuliers les conversions de rente en 3 et 4 1/2 p. %.

8. Ce fut la raison d'état sans doute qui dicta la loi du 5 déc. 1814, par laquelle furent rendus en nature, aux émigrés, tous les immeubles confisqués pour cause d'émigration, qui se trouvaient encore dans les mains de l'État. Mais le principe de cette remise n'ayant été posé ni directement ni indirectement, les cours judiciaires

furent sur-le-champ divisées sur l'esprit, le but réel et l'application de cette loi ; et on les vit, pendant long-temps, puiser, avec efforts, leurs raisonnemens dans la doctrine, invoquer tour à tour les principes du droit commun ou ceux qu'elles supposaient devoir servir spécialement à l'interprétation de cette loi, pour admettre ou repousser soit les héritiers de l'émigré au temps de son décès, soit ses héritiers au jour de la *promulgation* de la loi, et par des raisons semblables admettre ou repousser ses créanciers.

9. Ce que la loi du 5 déc. 1814 n'avait osé faire, parce qu'elle crut pouvoir rester dans des voies transactionnelles en matière politique, fut accompli par la loi du 27 avril 1825. Cette loi partit nettement du principe opposé à celui qui avait servi de base aux confiscations. La loi du 28 mars 1793 qui prononce (Art. 1), « le bannissement à perpétuité des émigrés du territoire de la république, leur mort civile, et la confiscation de leurs biens », suppose évidemment le principe, que l'émigration est un délit ; et contre l'essence propre de la loi, elle crée et applique une peine à des individus qu'elle met, par le fait même de leur absence du territoire, en état de prévention (1). La loi du 27 avril 1825, admet au contraire le principe de quelques publicistes (2), « que chacun peut quitter librement le pays où il est né, transporter son domicile et sa fortune dans un autre, et qu'il n'y a en cela ni crime ni délit », et faisant sortir de ce principe toutes les conséquences qu'il renferme, ne tenant plus aucun compte de la raison d'état qui dominait les résolutions de 1793, elle en pose un second, d'après lequel les confiscations ayant été injustement prononcées, n'étant plus que des spoliations, il y a lieu à la restitution en entier en faveur de ceux qui les ont souffertes, et à les replacer au même et semblable état où ils étaient avant les confiscations. Cependant, prenant en considération les graves dangers qu'entraînaient pour la paix publique les recherches *des biens confisqués* dans les mains des tiers, elle s'en tient définitivement à ce principe de Grotius : « Que le Roi (ou le souverain) peut, en vertu de son droit de *domaine éminent*,

(1) Le titre 12 de cette loi, qui condamnait à la peine de mort l'émigré pris les armes à la main, reposait sur un tout autre principe.

(2) Grotius, liv. ii, chap. 5, § 24, n° 2 ; Puffendorf, liv. viii, chap. 11, § 2 ; Vatel, liv. i, chap. 19, § 224.

enlever au sujet *même ses droits acquis ;* mais sous deux condi‑
tions ; la première, que l'utilité publique l'exigera ainsi ; la secon‑
de, que l'Etat indemnisera le sujet autant qu'il sera possible, de
tout ce dont il a été privé ; *sciendum est posse subditis jus quæsi‑
tum auferri per regem, ex vi supereminentis dominii : sed ut id
fiat, ex vi supereminentis dominii, primum requiritur utilitas
publica, deindè, ut, si fieri potest, compensatio fiat ei qui suum
amisit, ex communi* (1).

10. Telle est donc la grande différence qui existe entre la loi
du 27 avril 1825, et celle du 5 déc. 1814 : celle-ci n'émane d'au‑
cun principe certain ; elle a pour cause une simple vue politique,
une pure intention de paix et de conciliation ; en d'autres termes,
elle manque de cause. De là les doutes perpétuels de la jurispru‑
dence sur son application. C'est une loi de justice, disaient les
cour royales de Paris (2), de Besançon, etc. (3) ; c'est une loi de
grâce, une pure libéralité du souverain, disaient les Cours de
cassation (4), de Rouen (5) etc. ; et chacune d'elles tirait les con‑
séquences naturelles du principe qu'elle avait posé. Ainsi, on
disait dans le premier sens : l'émigré ne peut avoir deux suc‑
cessions ; l'une qui serait ouverte au temps de son décès, l'autre
à l'époque de la promulgation de la loi. S'il ne peut avoir qu'une
succession, c'est la maxime, *le mort saisit le vif,* qui doit, aux
termes du droit commun, en former l'unique règle ; dès lors,
l'émigré rendu à la vie civile par l'ordonnance du 21 août 1814,
non-seulement recouvre ses biens fonds non vendus, à titre de
justice, et par le simple effet de sa réintégration dans ses droits
civils, mais encore, il est censé n'en avoir jamais perdu la pro‑
priété ; mais dès lors aussi, et en vertu du même principe, re‑
naissent toutes ses créances antérieures à son émigration, et tel
était en effet le langage que tenait le Garde des sceaux, en pré‑
sentant à la Chambre des Pairs (séance du 26 janv. 1816), le pro‑
jet de loi tendant à une prorogation de sursis des créances des
émigrés, jusqu'au 1er janv. 1818 : « La loi du 5 déc. 1814, disait

(1) Grotius, liv. 2, chap. 14, n° 7.
(2) 29 juil. 1816, aff. d'Épinay Saint-Luc (Sirey, t. XVI, 2 , p. 378).
(3) 28 nov. 1820 (Sirey, t. XXI, 2 , 311).
(4) 25 janv. 1819 (Sirey, t. XIX, 1, p. 76), et 9 mai 1821 (*ibid.*), t. XXI,
1, p. 357.
(5) 22 juil. 1819 (Sirey, t. XIX , 2 , p. 313).

ce magistrat, en remettant la confiscation aux émigrés ou à leurs parens, a *fait revivre le gage de leurs créanciers;* » dès lors aussi il fallait décider que toutes les péremptions ou déchéances prononcées contre ces créanciers par les lois sur l'émigration, étaient uniquement prononcées dans l'intérêt du fisc; qu'elles demeuraient étrangères à l'émigré que la loi n'avait pas eu en vue, et pour lequel elles n'avaient pas été créées, etc. (1).

Mais que ne répondait-on pas à ce système !

En principe, les confiscations étaient valables puisqu'elles avaient été prononcées par une loi. Celle du 5 décembre 1814 avait bien pu en faire cesser l'effet pour l'avenir, mais non pour le passé. La mort civile des émigrés ayant été réelle jusqu'à l'époque de leur réhabilitation (Ordonnance du 21 août 1814), on ne saurait admettre la fiction que les biens rendus par la loi du 5 déc. suivant, remontent pour s'unir, comme en ayant toujours fait partie, aux successions des émigrés ouvertes antérieurement à cette loi. Ce serait là une rétroactivité manifeste réprouvée par l'art. 2 du Code civil; d'où il suivait que ces biens avaient été rendus à titre de pures libéralités; qu'à plus forte raison, les dispositions des émigrés décédés antérieurement à la loi, quelque précises et spéciales qu'elles fussent, quant aux biens auxquels ils pouvaient avoir éventuellement droit, étaient radicalement nulles, comme portant sur la chose d'autrui. Enfin, une dernière conséquence de ces principes, était que les émigrés, purement donataires de l'état, ne pouvaient, à aucun titre, être soumis aux actions de leurs créanciers antérieurs à l'émigration ; une novation légale s'était opérée entre ceux-ci et l'État par l'effet des lois sur l'émigration, notam-

---

(1) L'argumentation tirée des lois des 9 juil. et 9 déc. 1790, combinées avec la loi du 9 fruct. an II, sur la restitution des biens aux religionnaires fugitifs, aux dates effectives de l'ouverture des successions ; de celles des 21 prair. an III et 20 prair. an IV, relatives à la restitution des biens de condamnés révolutionnairement à leurs héritiers au moment du décès ; de celle du 22 fruct. qui accorde les biens des prêtres déportés à leurs héritiers au jour de la déportation ; enfin, de l'avis du conseil d'État, du 9 fruct. an X, relatif à la restitution des biens aux héritiers les plus proches au moment de la mort de l'émigré amnistié, en vertu du sénatus-consulte, du 6 flor. an X, etc., n'est pas exacte ; toutes ces lois déterminaient expressément le caractère et les effets de la transmission. La loi du 5 déc. 1814, sans rien déterminer à cet égard d'une manière expresse, est conçue néanmoins dans un esprit contraire.

ment par celle du 1er flor. an III. Or, les créanciers n'avaient pas été les maîtres de se soustraire par leur silence ou leur refus à l'obligation d'accepter l'État pour débiteur, d'où résultait l'affranchissement de la personne et des biens des émigrés de toute action de leur part. Tels étaient les principes généraux anciens et modernes sur les confiscations (V. MM. Dalloz, Jurisprud. gén. v° *Emigrés*, p. 831 ; et Cormenin, Question de droit adminis. v° *Emigrés*, p. 152).

11. Tout le vice de ces argumentations de part et d'autre prenait sa source, comme on le voit, dans le fond même de la matière, dans l'insuffisance de la loi du 5 déc. 1814; et selon que l'on se sentira entraîné vers le motif nécessaire de cette loi, ou seulement vers ses termes, on adoptera l'un ou l'autre des deux systèmes ; c'est même ce qui doit nous déterminer à donner à cette loi le seul sens réel qu'elle comporte. Remontons à la source des droits : une libéralité sans cause ne se conçoit guère dans l'ordre civil ; encore moins dans l'ordre politique, et la loi du 5 déc. 1814 est une loi de ce dernier ordre. A quel titre une classe de citoyens recevrait-elle exclusivement aux autres des biens devenus propriétés de l'État par l'effet des confiscations? Évidemment à un tout autre titre qu'à celui de libéralité. Les principes ne reconnaissent, ni à l'État, être purement moral, ni au souverain qui agit en son nom, le droit d'exercer des libéralités ; et ce mot, sous ce rapport, n'offre qu'un véritable non sens. Il faut donc aller plus loin, dire qu'il s'agit de l'accomplissement d'un but politique, et que, selon qu'on aura admis en principe la justice ou l'injustice des confiscations, on en fera découler, comme conséquence immédiate et nécessaire, la confirmation ou la réprobation de ce grand acte politique, et dès lors les réparations qu'elle entraîne. Cette loi devra donc nettement et directement procéder de la justice ou de l'injustice des confiscations; or, c'est ce à quoi la loi du 5 déc. 1814 a complètement manqué. De là l'ambiguité de son caractère, et la perplexité de la jurisprudence destinée à en fixer le sens. Il résulte bien de l'art. 1er et des discussions dont il a été l'objet qu'elle a voulu rendre définitifs et irrévocables, tant à l'égard de l'État qu'à l'égard des tiers, tous les actes consommés depuis les confiscations ; et c'est là sa première disposition capitale ; (la seconde consiste à prononcer, que les biens immeubles séquestrés ou confisqués pour cause d'émigration, etc., et qui font

actuellement partie du domaine de l'État, seront rendus en nature à ceux qui s'en trouvaient propriétaires, ou à leurs héritiers ou ayant-cause : quant aux autres parties de la loi, elles ne sont guère que des dispositions ampliatives, restrictives, ou organiques de celle-ci). Mais on y cherche vainement des principes certains sur les effets de la réhabilitation des émigrés, sur le droit de transmission de leurs biens rendus, sur les droits de leurs créanciers, etc., et je viens d'en donner la raison.

12. La loi du 27 avr. 1825 au contraire est partie nettement du principe que les confiscations étaient injustes. De là les conséquences :

Que l'individu confisqué avait toujours virtuellement conservé la propriété de ses biens; que leur restitution était un acte de pure justice; qu'étant censé rétroactivement replacé dans le libre exercice de ses droits civils pour le passé, sauf ce qui avait été consommé au nom de l'État, non-seulement sa succession ouverte antérieurement à sa réhabilitation comprenait tous les biens restitués par les nouvelles lois, mais encore que des dispositions particulières faites à la même époque les comprenaient également; que dès lors ces biens se trouvaient par le même principe soumis aux actions de leurs créanciers antérieurs aux confiscations; c'est ainsi que tout se trouvait logiquement coordonné.

Il y a plus : cette pensée absolue, cette netteté de direction qui domine toute la loi, et qui a eu le tort grave d'être plutôt celle de la Chambre qui délibérait que du Gouvernement qui proposait la mesure (1), non-seulement a été expressément reproduite sous la forme rétroactive dans l'art. 7, ainsi conçu : « Seront admis à réclamer l'indemnité, l'ancien propriétaire, et, à son défaut, les Français qui étaient appelés par la loi ou par sa volonté à le représenter à l'époque de son décès, *sans qu'on puisse leur opposer aucune incapacité résultant des lois révolutionnaires* ». Mais encore elle a été proposée comme devant servir à rectifier les interprétations données jusque-là par les corps judiciaires à la loi du 5 déc. 1814 : « C'est à vous, disait le rapporteur de la commission, qu'il appartient de déclarer le véritable but, le véritable esprit de la loi du 5 déc. 1814, dont celle qui vous est proposée n'est que le complément. Ce n'est point au législateur à se conformer à la jurisprudence; c'est la jurispru-

_____

(1) V. *suprà*, p. 12, n° 14.

dence qui doit se conformer aux lois, et les lois doivent être faites d'après les véritables principes ». Mais je pense que c'est là une erreur grave dont on ne doit tenir aucun compte dans l'application. Quel que soit l'esprit ou le système d'une loi, il suffit qu'il existe pour qu'il doive rester inséparable de cette loi jusqu'à son abrogation; et il n'appartient pas à une loi postérieure, sous le vain prétexte d'interpréter, d'améliorer ou de rectifier son but, de l'altérer dans son essence, de la détourner de sa pensée première; de tels écarts tendraient à ébranler perpétuellement la législation. (Voyez les développemens que j'ai donnés plus haut à ce sujet (1)). La Cour de cassation, pénétrée de l'exactitude de ces principes, en a fait l'application précisément après la promulgation de la loi du 27 avr. 1825. Elle a jugé, le 4 juil. 1825 (2), (aff. Dupille), « que ce fut en exécution de la loi du 5 déc. 1814, que le bois contentieux fut rendu aux ayant-cause du marquis de Fontette; que la loi du 27 avr. 1825 n'a rien innové à cet égard; que cette loi, toute spéciale, n'a d'autre objet que de fixer l'indemnité à accorder aux émigrés et à leurs héritiers, à raison de leurs biens vendus; que, quant à leurs biens rendus en nature, elle a laissé les choses dans l'état où les avait placées celle du 5 déc. 1814, respectant les droits acquis en vertu de cette loi; et que ce serait les violer que de faire prévaloir la législation de 1825 qui s'applique uniquement aux biens *vendus*, sur la législation de 1814, relative aux biens *rendus* ».

13. C'est encore la raison d'État qui seule peut expliquer la rétroactivité que renferme la loi du 8 janv. 1831, relative à la restitution à l'État du fonds commun de l'indemnité des émigrés et condamnés; les règles du droit civil ne sauraient suffire. Que porte l'art. 1er de la loi du 27 avr. 1825? « Trente millions de rente au capital d'un millard, sont affectés à l'indemnité due par l'État aux Français dont les biens fonds, situés en France, ou qui faisaient partie du territoire de la France au 1er janv. 1792, ont été confisqués et aliénés en exécution des lois sur les émigrés, les déportés et les condamnés révolutionnairement. Cette indemnité est définitive; et, dans aucun cas, il ne pourra y être affecté aucune somme excédant celle qui est portée au présent article ». Comment soutenir maintenant que les indemnisés n'a-

(1) P. 131, n° 6.
(2) Sirey, t. xxv, 1, p. 368.

vaient sur le fonds commun, portion intégrante des trente millions, qu'une *expectative* et non *des droits acquis;* que le fonds commun pouvait n'être pas distribué, si, par exemple, il n'y avait pas d'inégalités à réparer, ou si ces inégalités ne pouvaient être constatées? Les interprétations du droit civil disent que les trente millions étaient la compensation definitive des pertes éprouvées par suite des confiscations; que la disposition relative au fonds commun avait été prise dans l'intérêt des indemnisés pour atteindre la plus grande exactitude possible et par suite la justice, dans la distribution entre les indemnisés, et non pour les priver d'aucune portion de la somme définitivement allouée; qu'en admettant qu'il n'y eût eu aucunes inégalités à réparer, ou qu'il ne fût pas possible de les constater, le fonds commun, mesure de pure précaution, devenait lui-même l'objet d'une distribution nouvelle, etc. ; mais, encore une fois, les règles du droit civil sont étrangères à la question.

14. Enfin, les lois constitutionnelles, émanation plus directe du principe politique, n'ayant proprement pour objet que les améliorations mêmes du corps social, et les droits individuels consacrés par ces lois n'étant que des conséquences plus ou moins exactes de ce principe, il faudra dire :

Que ces lois sont par essence placées sous l'influence de la raison d'état; que tirant du principe politique leur esprit et leur autorité, c'est en définitive à ce principe que seront attachées leurs chances de force et de durée ; d'où il suit que les citoyens ne pourront se prévaloir de droits acquis en vertu de ces lois, que lorsqu'ils auront été appelés à les exercer sous l'empire du principe même dont elles découlent, et qu'il n'y aura de rétroactivité à leur préjudice, par l'émission des lois nouvelles, que tout autant que ces lois porteront atteinte aux lois précédentes qui déterminaient les formes et les conditions d'existence de ce principe.

C'est donc avec toute exactitude que la Chambre des Députés, dans sa déclaration du 1er août 1830, à la suite de ces mots : « Que la tentative de former une autre Chambre des Députés, d'après un mode nouveau et arbitraire, est en contradiction formelle avec la Charte constitutionnelle », a ajouté ceux-ci, « *et les droits acquis des électeurs.* »

15. Au reste, les idées que je viens d'émettre en général sur toute cette matière ont moins pour objet, comme on peut s'en

douter, de prévenir, par des règles, le retour des mesures plus ou moins soudaines et violentes que peut dicter la raison d'état, que d'assigner à la loi qui fixe ces mesures son véritable caractère, et de donner par là aux corps judiciaires et administratifs chargés de l'appliquer, les moyens d'adoucir, par les interprétations naturelles que suggère le droit civil et que ne repousse pas le texte même de la loi, les rigueurs de la rétroactivité, lorsqu'elle s'y rencontre.

CHAPITRE IV.

Applications des principes précédens aux diverses matières de droit qui présentent le plus habituellement des questions d'effet rétroactif.

————

PRINCIPES GÉNÉRAUX.

Il résulte sans peine des notions précédentes que les droits acquis sont les conséquences mêmes de certains principes du droit naturel, admis comme base essentielle et primitive de toute association politique, et dès lors, placés hors des atteintes de la loi postérieure; car on ne saurait, sans absurdité, supposer à celle-ci une puissance telle qu'elle aille jusqu'à détruire ou blesser jamais dans son essence le principe social dont elle tire elle-même son existence et sa force, et qu'elle est destinée à développer et à protéger. Ainsi, la liberté, la sûreté, la propriété, premiers biens naturels de l'homme, sont devenus des droits irrévocablement acquis du jour où la loi civile, convertissant ces notions en droits individuels, en a garanti l'exercice à tous les membres de la cité. Mais si la loi civile ne saurait aller jusqu'à anéantir ces fondemens éternels de toute société, elle peut, elle doit même conserver toujours le droit et le pouvoir de régler, d'étendre, de restreindre, de modifier à son gré et dans l'intérêt général, source suprême des biens individuels, l'exercice et l'usage de ces droits. Et si l'homme ne les aliène jamais, si son unique but en invoquant la protection des forces sociales, est d'en jouir avec plus de sécurité, de s'affranchir de soins individuels, inefficaces et environnés de dangers pour lui, d'un autre côté, il est présumé avoir abandonné sans réserve à la loi civile le règlement de leur exercice, même le soin de toutes combinaisons par lesquelles le corps social, recueillant en sa qualité un plus grand bien, commanderait des restrictions plus ou moins étendues de ces mêmes droits.

De là les principes suivans :

La loi ne saurait ravir à l'homme la liberté, la sûreté, la propriété, puisque c'est pour les conserver et en jouir avec plus d'efficacité qu'il s'est placé sous son empire; ils sont donc *des droits acquis* pour lui, droits imprescriptibles, inaliénables, que la loi civile consacre et garantit comme tels, c'est-à-dire comme perpétuels, et contre lesquels elle ne saurait, sans rétroagir, porter atteinte. Mais l'exercice de ces droits demeurant toujours dans son domaine, ils ne deviennent réellement *acquis* que lorsque toutes les conditions qu'elle détermine pour en accomplir régulièrement l'exercice ont été remplies. En telle sorte que ces droits, quelque sacrée qu'en soit la source, et bien qu'impérissables par eux-mêmes, ne revêtiront néanmoins une existence réelle et légale, et dès lors une certitude contre laquelle s'arrête la loi elle-même, que par l'exact accomplissement de ces conditions.

Ainsi, le majeur, le mineur, l'interdit, le mort civilement, la femme mariée, etc., apportent tous en naissant et au même degré les droits imprescriptibles dont il vient d'être parlé; mais l'usage ou l'exercice de ces droits se trouvant dès l'origine dans le domaine de la loi, celle-ci aura pu, en tout temps et dans des vues générales de bien public, ou pour d'autres considérations dont elle reste toujours la maîtresse, étendre, restreindre, modifier en un mot l'exercice de ces droits non encore consommés, sans rétroagir au préjudice de ces individus; et de là ces qualifications morales qui n'ont pour but que d'exprimer le rapport actuel et précaire du citoyen à la loi : *état et capacité des personnes, qualité, aptitude, disposition, expectative,* etc.; ce qui veut dire, que les droits attachés à *cet état*, à *cette qualité*, etc., ne sont réalisés et définitivement acquis que par l'accomplissement régulier des conditions légales prescrites au moment même où on les exerce (V. infrà *État des personnes*, etc.).

Ainsi, les qualités d'héritier, de successible, d'époux, de donataire, etc., ne confèrent des droits acquis, que lorsque toutes les conditions prescrites par la loi existante au moment où se réalise l'événement qui donne lieu à ces droits, auront été remplies; savoir, s'il s'agit de successions légitimes, au moment du décès de la personne dont on hérite; s'il s'agit de contrat, au moment où il se consomme par l'accord et la signature.

Cependant les rapports de l'homme social s'étant indéfiniment multipliés, ont donné naissance à une foule de droits secondaires, sur lesquels la loi n'a pas moins étendu son action perpétuelle que sur les droits primitifs, source de tous les autres; or, ces nouveaux droits ne s'offrant pas sous des formes aussi simples que les droits primitifs, étant plutôt le résultat des situations générales de la société, que des besoins actuels et simples de l'individu, il s'ensuit que leur exercice, ayant été réglé ou modifié par la loi d'après les besoins généraux ou les vues supérieures qui forment habituellement sa pensée, et les conditions qu'elle détermine pour la réalisation de ces droits supposant toujours la connaissance antérieure de ces mêmes vues, les droits qu'elle consacre seront réellement acquis ou ne le seront pas, selon que ces vues auront été exactement pénétrées et senties, ou ne l'auront pas été.

Et c'est ce qui doit nous dévoiler les deux causes principales pour lesquelles certaines matières offrent plus habituellement que d'autres, des questions de rétroactivité.

1° Lorsque la loi en vigueur a déterminé clairement et avec exactitude, les conditions et les formes attachées à l'exercice d'un droit, il est bien difficile de ne pas décider sur-le-champ, et sans avoir à rechercher l'esprit de la loi rendue, si ses dispositions exactement comprises et régulièrement appliquées, ont conféré des *droits acquis;* les doutes, à cet égard, seront d'autant moindres, que la loi sera plus conforme, par son objet, aux besoins généraux, et plus correcte dans son langage. Mais, s'il n'en est pas ainsi, si son but ou sa rédaction laissent généralement les esprits dans l'incertitude, alors se présenteront en foule les questions de rétroactivité; et la raison en est qu'on sera toujours disposé à penser que le législateur a voulu réparer les vices, remplir les lacunes de la législation précédente, en un mot, l'améliorer; et que si ces dispositions nouvelles ou ces améliorations ne sont pas dans les termes mêmes de la loi qui les exprime, elles sont au moins dans son esprit. On peut voir notamment un exemple de cette vérité, dans l'analyse que j'ai donnée plus haut de la loi du 5 déc. 1814, relative à la remise en naturc aux émigrés , des biens fonds non vendus , et se trouvant dans les mains de l'État. Le but de cette loi n'ayant pas été suffisamment défini , a fait naître , comme on l'a vu, les plus graves questions de rétroactivité , lorsqu'a paru la loi du 30 avril 1825 relative à l'indemnité.

2° Les lois que dominent des vues politiques ou la raison d'état , entraînent aussi les esprits vers les interprétations rétroactives ; et lorsque ces lois ne déterminent pas avec précision la portée de leurs dispositions , il est bien rare que les divers corps de l'État, et à plus forte raison les individus , puissent se défendre des applications rétroactives. De là, l'étroite obligation imposée au législateur , surtout en cette matière , de donner à la loi qu'il rend un grand caractère de clarté et de précision , afin que les esprits voyant sur-le-champ le but réel de la loi, puissent se placer facilement sous son égide , et éviter par là les maux de la rétroactivité. (V. *suprà*, chap. 3).

Au reste , je dois ajouter que l'abandon ou l'oubli des notions générales sur le droit public , comme sur les principes du droit civil , peuvent aussi devenir la source des plus fausses interprétations sur toutes les matières , et par là même des interprétations rétroactives.

———

Divisions.

Les diverses matières du droit civil qui paraissent présenter le plus fréquemment des questions d'effet rétroactif, peuvent être aisément classées de la manière suivante :

SECTION Ire.

De l'état et de la capacité civile des personnes.

§ 1. — État de sujet naturel ou régnicole.
§ 2. — État d'étranger.
§ 3. — État de mort civilement ou de condamné privé de certains droits.
§ 4. — État des époux pendant le mariage.
§ 5. — État des époux divorcés.
§ 6. — Paternité et filiation, ou état de père et état d'enfant légitime, adoptif ou naturel.
§ 7. — Majorité, minorité, interdiction , etc.

SECTION IIe.

De l'effet de la loi nouvelle sur les contrats antérieurs, tant de bienfaisance qu'à titre onéreux. Définition. Principes généraux.

§ 1. — De la validité même ou de l'efficacité intrinsèque des contrats.
§ 2. — De leurs formes probantes.
§ 3. — Effets ou suites immédiates et virtuelles des contrats.

     ART. 1. — Contrats de pur droit civil.
     ART. 2. — Contrats auxquels se mêlent des considérations d'ordre public·

§ 4. — De leurs suites extrinsèques ou éloignées.
§ 5. — Des causes diverses qui peuvent en amener la résolution ou la révocation en tout ou en partie. Application spéciale aux donations irrévocables et aux institutions contractuelles.
§ 6. — Aux secondes noces.
§ 7. — Au droit de retour légal ou conventionnel.
§ 8. — Confirmation ou ratification des contrats.

SECTION IIIe.

Des quasi-contrats.

SECTION IVe.

Des testamens.

§ 1. — De la forme des testamens.
§ 2. — De leurs effets, quant à la capacité.
§ 3. — Quant à la disposition.

SECTION V^e.

Des substitutions.

§ 1. — Directe ou vulgaire.
§ 2. — Fidéicommissaire.

SECTION VIe.

Des successions *ab intestat*.

SECTION VIIe.

Conservation et exercice des droits civils.

§ 1. — Actes civils conservatoires.
§ 2. — Exercice des droits indépendans de toute juridiction, ou dépendans, soit de la juridiction volontaire, soit de la juridiction contentieuse.

SECTION VIIIe.

Des crimes, délits ou quasi-délits.

SECTION IXe.

De la prescription.

SECTION Ire.

Etat et capacité des personnes.

§ 1. — État de sujet naturel ou règnicole.

—

SOMMAIRE.

1. — *La qualité de règnicole, résultant du fait de la naissance, est irrévocable. Elle confère des droits acquis. Pourquoi.*

2. — *Il en est de même de celle qui résulte de la naturalisation.*

3. — *Mais l'exercice des droits qui résultent de cette qualité, est toujours resté dans le domaine de la loi ; et, à ce titre, elle peut, sans rétroagir, changer les modes de conservation ou d'exercice de la qualité de règnicole et des droits qui en découlent, tant que ces droits ne sont pas devenus droits acquis par l'exercice réel qui en a lieu.*

4. — *Ce même principe s'applique aux rapports généraux, de l'homme à la loi, désignés sous les noms d'état civil, de capacités civiles, de facultés, d'aptitude, etc.*

5. — *Conséquences que quelques arrêts paraissent avoir voulu tirer de ce principe.*

—

1. La qualité de règnicole acquise par le fait de la naissance est irrévocable. Selon M. Merlin (Répertoire, *Effet rétroactif*, p. 224), cette qualité dérive du contrat primitif qu'il suppose avoir lié nos pères à la société civile, comme il la lié à eux ». M. Dalloz (Jurisprudence générale, v° *Loi*, p. 840) ne serait pas éloigné d'en voir le principe dans un quasi-contrat. Que l'on adopte l'une ou l'autre de ces deux opinions, ou que l'on se borne à dire : que le fait même de la naissance uni à la puissance de la loi, imprime la qualité de règnicole au Français qui vient de naître ; que ce fait, indépendamment de tout contrat, s'analyse

en un effet pur et simple de la loi générale, qui couvre sur-le-champ et dans l'intérêt public, de sa protection l'individu qui vient de naître, pour lui assurer, comme je l'ai dit plus haut, la jouissance stable des seuls biens pour lesquels il a reçu la vie, à la charge de concourir aux obligations dont sont tenus les autres membres de la cité, toujours est-il que ces droits primitifs lui sont irrévocablement acquis du jour de sa naissance, car la loi ne saurait établir ses prescriptions contre son but essentiel. Mais ces droits dérivant de la qualité de règnicole, cette qualité est irrévocable comme eux ; et la loi qui déciderait que la naissance ne confère pas la qualité de règnicole, que cette qualité résultera seulement de lettres du prince, serait une loi absurde, manquant évidemment son but, et dépourvue dès sa naissance, de force et d'autorité pour le passé comme pour l'avenir.

2. La qualité de règnicole conférée par la naturalisation, porte un autre caractère : elle est le résultat d'un contrat. Cependant elle n'est pas autrement irrévocable que la première ; car elles assurent l'une et l'autre au même degré à l'individu qui en est revêtu ses droits naturels, *la liberté*, *la sûreté*, *la propriété*. Dans le premier cas, c'est, en quelque sorte, pour accomplir sa destinée, en développant et fortifiant le principe social, que la loi générale garantit ces biens au règnicole ; dans le second, ce résultat est le fruit d'un contrat qui lui-même tire toute son autorité de la loi ; mais dans les deux cas ils sont également irrévocables ; et il n'est plus au pouvoir de la loi de ravir à ceux qu'elle a gratifiés ce qu'ils tiennent d'elle.

3. Au reste, c'est à cela que se bornent les effets généraux de la qualité de règnicole. La loi ne saurait altérer en rétroagissant les droits primitifs qui en résultent ; elle doit au contraire, et telle est sa mission, en améliorer incessamment l'exercice ; mais elle est restée toujours, comme je l'ai dit, l'arbitre souveraine des conditions de conservation et du mode d'exercice de ces mêmes droits ; d'où il suit qu'elle a pu déterminer les cas dans lesquels la qualité de règnicole serait définitivement perdue ; et ces cas se réalisent par l'accomplissement de sa part, d'un fait volontaire dont il pouvait s'abstenir. De là les dispositions des art. 17 et 22 du Code civil portant, le premier : « Que tout Français perd sa qualité par la naturalisation acquise en pays étranger ; par l'acceptation non autorisée par le Roi de fonctions publiques conférées par un gouvernement étranger ;

enfin , par tout établissement fait en pays étranger , sans esprit de retour ». Le second, « que les condamnations à des peines dont l'effet est de priver celui qui est condamné de toute participation aux droits civils ci-après exprimés, emportent la mort civile ». Tous faits volontaires de la part du règnicole, et dont il dépend entièrement de lui de s'abstenir ; or, il est évident qu'aucune de ces dispositions ne peut être considérée comme rétroactive, par la raison que la concession d'où résulte la qualité de règnicole n'est définitive et absolue que quant au fond même des droits de liberté et de propriété dont la loi civile ne saurait priver un individu ; mais qu'elle est conditionnelle, dans l'intérêt de tous, quant à la conservation et à l'exercice de ces mêmes droits.

Il résulte encore de ce qui précède , que ces rapports généraux de l'homme à la loi , désignés sous les noms d'*état civil* , de *capacités civiles* , de *facultés* , *d'aptitudes* , etc., n'étant en réalité que des concessions temporaires de la loi restées constamment dans son domaine , puisque les droits dont elles sont la source , n'ont pu être dits acquis que par l'exercice effectif qui en a eu lieu , elle a pu retirer ou modifier ces concessions à son gré sans rétroactivité. Ainsi, l'art. 3 de la Constitution du 22 frim. an VIII, disposant « qu'un étranger devient citoyen français, lorsqu'après avoir atteint l'âge de vingt et un ans accomplis, et avoir déclaré l'intention de se fixer en France, il y a résidé *pendant dix années consécutives* », s'est appliqué, sans rétroactivité, à l'étranger âgé de vingt et un ans, qui, au moment où elle a paru, avait bien *résidé sept années* en France, aux termes de l'art. 10 de la Constitution du 5 fruct. an III , mais n'avait pas rempli quelques unes des autres conditions prescrites par cet article, savoir : de payer une contribution directe , de posséder en outre une propriété foncière ou un établissement d'agriculture ou de commerce, ou d'avoir épousé une Française. Cet étranger n'ayant pas encore rempli toutes les conditions déterminées par l'art. 10 de la Constitution de l'an III , pour devenir citoyen français , lorsque la Constitution de l'an VIII a paru ; n'ayant pas, par conséquent , *de droits acquis* , devra , outre l'accomplissement de ces mêmes conditions qui subsistent toujours, prolonger sa résidence en France de trois années, conformément à la loi nouvelle. Ainsi, la loi du 20 sept. 1792 a reculé, sans rétroactivité, pour le mineur Normand qui n'avait que dix-neuf ans au moment de sa publication, l'âge de la pleine majorité qu'il eût atteint sans cela, à vingt ans accomplis.

Ainsi, le Code civil qui a implicitement aboli l'interdiction pour cause de prodigalité, a pu, sans rétroactivité, attendu qu'il n'y avait de droits acquis pour personne, faire cesser les poursuites en interdiction qui avaient été intentées jusqu'à sa promulgation contre les prodigues, pour leur faire ôter l'administration de leurs biens. Dans tous ces cas et autres semblables, relatifs à l'état des personnes, à leurs capacités civiles, où la loi agit pleinement et uniquement dans la sphère de sa puissance, elle n'a nul effet rétroactif.

C'était même d'après ces considérations que la Cour de cassation avait posé les principes suivans : 1° que les lois qui règlent ou modifient l'état des personnes, en améliorant leur sort, doivent, par la nature même des choses, et à raison de la faveur due à l'état des personnes, recevoir leur application du jour qu'elles ont été promulguées (arrêt du 20 mai 1806); 2° que les lois qui règlent l'état des personnes, saisissent l'individu au moment même de leur émission, et le rendent, dès ce moment, capable ou incapable, selon leur détermination (arrêt du 6 juin 1806); que les lois qui régissent la capacité civile des personnes, saisissent l'individu, et ont leur effet du jour de leur promulgation; qu'en cela, elles n'ont aucun effet rétroactif, parce que l'état civil des personnes étant subordonné à l'intérêt public, il est au pouvoir du législateur de le changer ou de le modifier selon les besoins de la société (arrêt du 12 juin 1815). Mais j'examine plus loin (§ 6 et 7) les fondemens de cette théorie.

———

§ 2. — État d'étranger.

———

SOMMAIRE.

3. — *Extension de l'une des opinions de M. Merlin sur cette matière.*

4. — *Examen critique de l'opinion du même auteur, d'après laquelle la loi nouvelle pourrait, sans rétroagir, enjoindre à l'étranger de se défaire, dans tel délai, de ses propriétés immobilières situées dans le royaume, sous peine de séquestre et de confiscation.*

—

M. Merlin (Répertoire, vº *Effet rétroactif*, p. 225) pose, relativement à la qualité d'étranger, quelques principes que je vais examiner.

1. « 1º Le règnicole et l'étranger ne jouissent, selon lui, des droits civils en France, qu'en vertu d'une concession de la loi; mais ils diffèrent en ce que le règnicole jouit, par le seul effet de sa qualité, de tous ceux que la loi ne lui refuse pas, tandis que l'étranger ne jouit régulièrement que de ceux que la loi lui attribue par une disposition spéciale. » Le mot *régulièrement*, employé par M. Merlin, donne à entendre qu'il est des cas où l'étranger peut, indépendamment de la loi, jouir de certains droits civils. En effet, l'étranger résidant en France sans autorisation, peut, indépendamment de toute loi à son égard, y contracter mariage, y ester en jugement, y réclamer l'exécution des lois relatives aux brevets d'invention, aux contrefaçons, au droit de prendre hypothèque légale, judiciaire ou conventionnelle, droits purement civils, comme l'enseigne Cujas sur la loi 5, ff *de just. et jur.* Ces droits accessoires et confirmatifs d'autres droits dont les étrangers sont évidemment capables en France, peuvent être, à plus forte raison, exercés par eux, indépendamment de toute disposition expresse à ce sujet (1). Pareillement, bien qu'il résulte de l'art. XIII du Code civil, des termes de l'orateur du Tribunat sur cet article (2), et de l'avis du Conseil d'État du 18 prairial an XI, que l'étranger ne peut établir son domicile en France, *s'il n'y est admis par le Gouvernement*, néanmoins, une longue résidence de sa part en France peut équi-

(1) V. Répertoire, t. XVI, vº *Étranger*, nº 8; t. XVII, vº *Remploi*, § 2, nº 9; et Question de droit, vº *Propriété littéraire*, § 2, p. 186.
(2) Séance du 17 vent. an XI.

valoir à un véritable domicile, quant à l'exercice de certains droits civils; c'est ainsi qu'il a été jugé le 5 août 1807 par la Cour de cassation (aff. Moncup) (1), que l'étranger n'ayant en France qu'un simple domicile de fait, pouvait exciper devant les tribunaux français du droit de soumettre à la révision des jugemens rendus à l'étranger; comme aussi opposer toutes les exceptions établies par la loi en faveur du plaideur français; et le 30 nov. 1814 (aff. Swan) (2), qu'un étranger domicilié de fait, et propriétaire d'immeubles en France, long-temps avant la publication du Code civil, pouvait être traduit par un autre étranger devant les tribunaux français.

2. « 2° L'étranger, comme le règnicole, jouissent également des droits naturels de liberté et de propriété. Mais ils diffèrent essentiellement quant à la durée de l'exercice de ces droits; le règnicole ne peut être empêché d'exercer ces droits dans le royaume, que dans le cas dont on vient de parler. L'étranger, au contraire, ne peut les y exercer, qu'autant qu'il plaît au souverain de n'y pas mettre obstacle. « Car, dit Watel (Droit des gens, § 230), toute nation est en droit de refuser à un étranger l'entrée de son pays, lorsqu'il ne pourrait y entrer sans la mettre dans un danger évident, ou sans lui porter un notable préjudice. Ce qu'elle se doit à elle-même, le soin de sa propre sûreté, lui donne ce droit. Et, en vertu de sa liberté naturelle, c'est à la nation de juger si elle est, ou si elle n'est pas dans le cas de recevoir cet étranger ».

3. Ces diverses propositions réclament des développemens et quelques restrictions. Pour justifier ou expliquer la première, il faut aller plus loin que M. Merlin, et dire, comme je l'ai établi précédemment, qu'à la vérité, les droits civils sont de pures concessions de la loi à l'égard du règnicole comme à l'égard de l'étranger, toujours révocables selon les besoins généraux, et qui ne confèrent des droits acquis que par l'exercice qu'on en a fait; mais, à la différence du règnicole, qui jouit de ces droits jusqu'à ce qu'ils aient été révoqués ou modifiés par la loi, ou qu'il s'en soit rendu indigne par un fait personnel dont il pouvait s'abstenir, l'étranger en jouit d'abord aux mêmes titres, et de plus à la condition spéciale que le souverain du pays qu'il habite

(1) . . . . .
(2) Question de Droit, v° *Étranger*, § 2.

peut toujours l'obliger à quitter le territoire, si le salut de l'Eta t ou de graves intérêts du pays en font une loi. On conçoit, dès lors, que l'étranger connaissant ou étant censé connaître les conditions auxquelles il est admis dans la société nouvelle où il a fixé sa résidence, ne puisse se plaindre ensuite que les mesure s prises à son égard sont entachées de rétroactivité.

Néanmoins, je régularise ainsi ce principe :

Le souverain ne saurait, je ne dis pas sans rétroactivité, ma is même sans injustice et violence manifeste, priver un étranger, par l'unique raison qu'il est étranger, de sa liberté. Un fait personnel à cet étranger peut seul motiver un pareil acte. Mais il a le droit de l'obliger à quitter le territoire. Il me paraît aussi qu'il doit, à moins de circonstances graves qui font taire l'application des principes ordinaires, lui accorder un délai suffisant pour *s'éloigner*, et même déterminer ce délai, d'après les relations civiles ou commerciales de cet étranger. C'est ainsi que se concilie le principe du respect dû à la liberté de l'étranger, avec celui qui commande de veiller à la sûreté de l'État. Mais M. Merlin pense que la loi nouvelle pourrait enjoindre à l'étranger de se défaire, dans tel délai, des propriétés immobilières qu'il possède dans le royaume, sous peine de séquestre et même de confiscation, et sans qu'on puisse accuser de rétroactivité une telle loi, attendu qu'elle ne lui enlèverait pas de droits acquis. Je ne saurais partager cette opinion.

Le droit de propriété est un droit naturel sans doute, comme la liberté ; mais il en diffère sous de certains rapports. Des raisons d'État peuvent bien, comme je l'ai dit, donner au souverain d'un pays le droit d'obliger l'étranger de quitter le territoire ; et c'est là tout ce qui résulte de la proposition de Watel, « que toute nation est en droit de refuser à un étranger l'entrée de son pays, lorsqu'il ne pourrait y entrer sans la mettre dans un danger évident, ou sans lui porter un notable préjudice ». Mais il ne suit pas de là qu'il puisse l'obliger à vendre les propriétés immobilières qu'il y possède, sous peine de séquestre ou de confiscation. La mesure par laquelle un étranger quitte un pays qu'il habitait en vertu d'une simple autorisation du Gouvernement, ne le prive pas absolument de sa liberté ; d'ailleurs, il était de la nature de cette résidence précaire, comme on l'a vu, de cesser d'être légale par l'effet des mesures politiques que pouvait prendre le souverain du pays qu'habitait l'étranger, mesures auxquelles

I. 14

celui-ci était censé s'être soumis d'avance; et dès lors nul droit acquis ne lui est enlevé. Mais la propriété ne peut pas être considérée ni appréciée d'après cette norme. C'est un droit complet, absolu, pour l'étranger comme pour le régnicole; ils en jouissent l'un et l'autre aux mêmes titres, et ne sauraient en être privés d'une manière différente. On ne peut pas admettre, relativement à ce droit, la supposition qu'il n'aurait été acquis que d'une manière précaire par l'étranger, et sous une condition résolutoire de la part du souverain du pays au sein duquel l'étranger est devenu propriétaire. Ce n'est pas de ce droit que s'entend la proposition de Watel. Sans doute la loi civile peut déterminer à quelles conditions l'étranger acquerra en France, soit par voie de succession, soit par voie de donation ou autrement; mais une fois devenu propriétaire, il ne peut pas plus être dépouillé de son droit de propriété que le régnicole. « Ce n'est pas de la loi, dit M. Merlin lui-même (Répert., v° *Propriété*, n° 4), que les individus tiennent *leurs droits naturels;* ce n'est pas à elle conséquemment qu'ils sont redevables de la *propriété* que l'Assemblée constituante, par l'art. 2 de sa déclaration des Droits de l'homme et du citoyen, a si justement mise au nombre de ces droits; *et dès lors, la loi ne peut pas plus les priver de leur propriété que de leur vie* ». On ne peut pas, en outre, dire indistinctement que l'étranger propriétaire en France est devenu tel par suite de l'autorisation du Gouvernement; il peut l'être devenu par l'effet naturel de la loi française elle-même; par exemple, en vertu de la loi prohibitive du droit d'aubaine (1); or, comment admettre, dans ce cas, qu'il a dû s'attendre éventuellement à la mesure politique qui l'oblige de vendre ses propriétés immobilières, dans un délai déterminé, sous peine de confiscation? Enfin, l'injustice de cette décision ressort sous un autre point de vue; l'obligation que la loi impose à l'étranger de quitter le territoire, est un fait personnel à cet étranger; il peut toujours l'accomplir. Il n'en est pas de même de l'obligation de vendre ses propriétés; ce fait n'est pas en son pouvoir. Et cependant, alors que ce fait serait hors de sa puissance, il n'en serait pas moins soumis à la terrible mesure de la confiscation! La loi qui obligerait un étranger, par la seule raison qu'il est étranger, à vendre, même dans un délai déterminé, ses propriétés immobilières, sous peine de séquestre

(1) Loi du 14 juil. 1819.

et de confiscation, serait donc une loi rétroactive et violente, tandis que celle qui lui ordonnerait simplement de sortir du territoire, après un certain délai, ne serait que juste et non rétroactive.

Au reste, si des mesures politiques de ce genre étaient indispensablement commandées par quelques raisons d'État, elles trouveraient, quoique rétroactives, leur principe et leur justification dans les motifs supérieurs d'ordre et d'intérêt public dont j'ai déjà parlé (*sup.*, n° 3). C'est par cette considération que je déciderai, non-seulement avec M. Merlin (*Ibid.*), qu'il y aurait rétroactivité dans la loi qui ordonnerait immédiatement l'arrestation de l'étranger ou le séquestre de ses biens, mais encore contre son opinion, qu'il y aurait rétroactivité, alors même que ces actes seraient exercés par suites de représailles, comme il est arrivé par la loi du 16 août 1793, portant : « *Saisie et séquestre des biens et propriétés situés en France appartenant aux sujets Espagnols.* Mais cette rétroactivité s'expliquerait et se justifierait, encore une fois, par les raisons supérieures dont je viens de parler.

———

§ 3. — État de mort civilement ou de condamné privé de certains droits.

———

SOMMAIRE.

1. — *Deux principes dominent constamment cette matière. En quoi ils consistent.*
2. — *Extension du premier de ces principes au cas où la loi nouvelle, sans déroger expressément à la loi précédente, renferme la suppression de la cause à laquelle se rattachait la mort civile. Applications à plusieurs lois de la révolution.*
3. — *Diverses conséquences du principe que la mort civile cessant, la mort civile cesse nécessairement avec elle.*

———

1. Deux principes dominent constamment cette matière ; le premier est que l'État de mort civilement reste, comme toute

autre situation sociale, toujours placé dans le domaine souverain de la loi; qu'elle peut, par conséquent, en tout temps, le modifier à son gré, sans rétroagir, à la condition néanmoins qu'il n'en résultera pas une aggravation de peine pour celui qu'elle a déjà atteint de ses rigueurs;

Le second, que toute loi qui tend à améliorer le sort des individus frappés de mort civile, est applicable immédiatement sans rétroactivité, même à ceux que des condamnations précédentes ont placés dans cet état.

2. Le premier de ces principes est d'une telle étendue, comme principe de droit public, qu'on ne doit pas hésiter à l'appliquer, alors que la loi nouvelle, sans contenir une disposition expresse dérogatoire à la loi précédente, renfermerait néanmoins la suppression de la cause à laquelle se rattachait la mort civile, ou présenterait un ensemble de dispositions inconciliables avec les anciennes dispositions sur cette matière.

C'est dans ce sens qu'il faudra entendre et développer les lois suivantes de la révolution relatives aux religieux profès.

Une loi, du 19 fév. 1790, porte que le législateur « ne reconnaîtra plus de vœux monastiques solennels des personnes de l'un et de l'autre sexe, et qu'en conséquence les ordres et congrégations réguliers, dans lesquels on fait de pareils vœux, sont et demeureront supprimés en France ». Cette loi, supprimant la cause de la mort civile dans ces individus (1), fait-elle cesser la mort civile elle-même? Il ne faut pas en faire un doute. Cédant à de nouvelles vues sur l'état des personnes, elle trouve plus conforme à l'intérêt général de la société de les rendre immédiatement à la vie civile, et en cela elle ne rétroagit pas. Cependant l'existence sociale des hommes ne rentrant pas toujours exactement dans des vues simplement théoriques, on comprit que quelque incontestable que fût la puissance de la loi sous ce rapport, cette mesure froissait des intérêts, nés sous l'empire de la loi précédente, et à la force desquels le temps avait ajouté toute sa sanction. De là, les dispositions de la loi du 26 mars suivant, portant, « Que les religieux qui sortiront de leurs maisons, demeureront incapables de successions, et ne pourront recevoir, par donations entre vifs ou

(1) Selon l'opinion de beaucoup d'auteurs et les Chartes générales du Hainaut, les religieux profès étaient réputés morts civilement.

testamentaires, que des pensions ou rentes viagères ». Néanmoins, une autre loi, rendue le même jour, porte (Art. 1ᵉʳ) : « Lorsque les religieux sortis de leurs maisons, ne se trouveront en concours qu'avec le fisc, ils hériteront, dans ce cas, de préférence à lui ». (Art. 2). Ils pourront disposer par donations entre vifs ou testamentaires, des biens meubles et immeubles acquis depuis la sortie du cloître ; et à défaut de disposition de leur part, lesdits biens passeront aux parens les plus proches ».

Que résulte-t-il de la combinaison de ces deux lois ? Que les ci-devant religieux profès sont rendus à la vie civile ; que néanmoins cette disposition pouvant, si elle était immédiatement appliquée, apporter du trouble dans les familles auxquelles appartenaient ces religieux, en trompant les espérances qu'elles avaient pu concevoir par suite de leur résolution d'embrasser la vie monastique, la loi statue que lorsqu'ils viendront en concours avec d'autres parens, ils seront incapables de recevoir, soit entre vifs, soit par testament, autre chose que des pensions viagères ; que néanmoins ils pourront succéder de préférence au fisc, et disposer, par donations entre vifs ou testament, d'une certaine nature de biens.

Enfin la législation, abandonnant ces voies transitoires, consacra formellement l'effet de la suppression qu'elle avait prononcée le 19 fév. 1790. Une loi, du 18 vend. an II, déclara : « Que les ci - devant religieux et religieuses seraient admis *à compter de ce jour*, concurremment avec leurs autres cohéritiers ; » et les lois des 9 fruct. an III, 5 vend. an IV, et 18 pluv. an V, mirent le sceau à cette résolution, en rapportant purement et simplement comme rétroactifs les art. 4 de la loi du 5 brum. et 3 de la loi du 17 niv. an II, qui faisaient remonter l'effet de la loi du 19 fév. 1790 aux successions ouvertes depuis le 14 juil. 1789. C'était rendre les lois des 19 fév. 1790, et 18 vend. an II, à leur sens naturel et primitif, qui consistait à placer les ci-devant religieux sur la même ligne que les autres citoyens.

5. Du principe général que la cause cessant, l'effet cesse avec elle, combiné avec le second principe posé ci-dessus, que toute loi qui tend à améliorer le sort des individus, est applicable immédiatement, il résulte :

1° Que toute renonciation à succession future faite par un religieux profès, antérieurement à la loi du 19 fév. 1790, ayant eu pour cause finale, non de priver d'une manière absolue le religieux profès, des droits successifs qu'il tenait de la nature et de la loi, mais bien d'empêcher que les biens ainsi dévolus ne devinssent biens de main-morte, au grand détriment des familles et de l'État, était, par le fait de la suppression des vœux monastiques, comme nulle et non avenue ; car, se trouvant essentiellement liée, comme condition accessoire, à la profession même de religieux ; dès que la profession se trouvait supprimée, elle l'était nécessairement avec elle, nul effet ne pouvant subsister sans sa cause. Mais il ne faudrait pas, poussant plus loin l'argumentation, affirmer avec la Cour d'appel de Turin, qui a consacré ce principe (arrêt du 26 avril 1806) (1), « que si la renonciation doit être considérée comme non avenue, c'est par application de la règle : *res inciderat in eum casum à quo incipere non potuisset* (2) ; » ce serait résoudre par les principes du droit civil ce qui ressort directement et exclusivement du droit public. Il faut dire que l'état des citoyens, les diverses conditions sociales, au nombre desquelles se trouvaient incontestablement les ordres religieux, étant toujours restées dans le domaine de la loi, elle a pu, sans rétroagir, les modifier ou même les supprimer, et entraîner par suite l'annulation des clauses ou des conventions accessoires de ces conditions, car de telles conventions participant nécessairement de la nature précaire des conditions auxquelles elles étaient attachées, elles ne pouvaient avoir ici une autre existence ni une autre durée qu'elles (V. inf., *Contrats*, art. 2).

2° Que l'art. 5 de la loi du 3 sept. 1792, ainsi conçu : « La peine des fers, de la réclusion, de la gêne et de la détention, ne pouvant dans aucun cas, d'après le Code pénal, être perpétuelle, la perpétuité des galères ou des prisons autrefois en usage, est, *à compter de ce jour*, anéantie pour tous ceux qui ont pu y être condamnés. En conséquence, les condamnés qui auront subi ces sortes de peines pendant un temps égal au plus long terme fixé par le Code pénal pour les fers et la réclusion, seront de suite, sans qu'il soit besoin d'aucun jugement, rappelés des

(1) Sirey, t. VI, 2, p. 721.
(2) V. pour connaître le vrai sens de cette règle, infrà, *Forme des Testamens*, t. II.

gal ères et mis en liberté », a fait cesser de plein droit la mort
civile des condamnés qu'elle avait pour objet. Du même second
principe combiné avec celui d'après lequel l'état des personnes
est purement de droit public, il faut dire que la disposition du
Code pénal de 1791, qui suspend dans ses effets, la réhabilitation prononcée, jusqu'à l'époque du paiement des réparations
civiles, a cessé d'être applicable sous l'empire du Code d'instruction criminelle, par la raison seule de son silence sur ce point.
(Carnot, sur l'art. 633 du Code d'inst. crim.).

Mais si la loi nouvelle ne s'explique pas formellement sur les
réductions qu'elle entend établir des peines prononcées par les
condamnations précédentes et par suite de la mort civile qui y
est attachée, on ne saurait les faire résulter de la simple disposition qui substituerait des peines plus douces aux anciennes, ou
de nouvelles dispositions sur la mort civile destinées à remplacer les précédentes, la loi nouvelle ne pouvant à cet égard absolument régir que les faits réalisés sous son empire. Au surplus,
V. *Délits*, *Quasi-Délits*, etc.

—

§ 4. — État des époux pendant le mariage.

—

SOMMAIRE.

1. — *Principes généraux. Différence essentielle entre le
mariage, et les conventions matrimoniales, quant
aux droits acquis.*
2. — *Effets nécessaires de cette distinction.*
3. — *Applications diverses de cette distinction.*
4. — *L'application des principes précédens à la capacité
de la femme a deux objets. Quels ils sont.*
5. — *La capacité de la femme, quant à la disposition des
choses, doit être envisagée sous deux rapports.*
6. — 1° *Comme conséquence pure et simple de son état de
femme mariée.*
7. — 2° *Comme conséquence ou exécution des droits acquis
en vertu du mariage.*

8. — *Distinction importante, quant à cette capacité, entre les biens dotaux ou paraphernaux possédés par elle à l'époque du mariage, ou qui lui sont échus depuis, mais avant l'émission de la loi nouvelle, et les biens qui lui sont échus postérieurement.*

9. — *Développemens et justification des principes précédens.*

10. — *La Cour de cassation s'en est écartée par son arrêt du 12 juin 1515. Erreur et réfutation de la doctrine consacrée par cet arrêt.*

1. La méthode la plus sûre comme la plus simple de traiter cette importante matière, consiste à poser toujours en principe le vœu général de la loi et à en déterminer toutes les applications. C'est ainsi que les droits individuels ou les simples facultés apparaîtront, ce qu'ils sont réellement, de véritables concessions de la loi civile.

Quel est le premier vœu de la loi ? Le respect *pour les droits acquis.* Quel est son second objet ? De disposer dans des vues générales d'ordre et de bien public tout ce qui par l'effet de conventions, jugemens passés en force de chose jugée, etc., n'est pas irrévocablement tombé dans le domaine privé.

Le mariage, l'un des plus importans contrats de la vie civile, intéresse la loi générale sous une foule de rapports, et c'est de l'étude approfondie de ces rapports que résultera l'exacte connaissance des droits acquis en cette matière. Sans doute, les conventions matrimoniales confèrent aux époux des droits acquis, aussi bien que leur engagement réciproque de se prendre pour mari et pour femme; mais la loi consacre l'indissolubilité du lien conjugal par d'autres motifs que ceux qui servent d'appui aux stipulations pécuniaires des époux; et si, dans la vue de favoriser le mariage, dont la stabilité et la force importent tant à la prospérité de l'État; la loi répute contrat matrimonial, en l'absence de toute stipulation, les dispositions de la loi statutaire, sous l'empire de laquelle il aura été célébré, d'où résultera la non-rétroactivité de la loi postérieure; d'un autre côté, elle peut, sans effet rétroactif, comme je vais le démontrer, modifier la capacité de la femme mariée sous l'empire d'une loi précédente qui admettait, refusait ou réglait dans d'autres li-

mites, la capacité déterminée par la loi nouvelle. De là les principes suivans :

2. A la différence des conventions matrimoniales qui sont
soumises aux actions ordinaires, le mariage intéressant l'État et
l'ordre public, ne saurait être attaqué que pour de certaines
causes, (Code civil 184, 185, etc.,) par de certaines personnes (*Ibid.* liv. 1er, chap. 4), jusque-là, il est inébranlable s'il
a été célébré d'ailleurs selon les formes prescrites par la loi
sous l'empire de laquelle il a été contracté ; comme aussi il est
frappé de nullité, si les formes déterminées par la loi existante
à l'époque de sa célébration n'ont pas été suivies ; et il ne dépendra pas d'une loi postérieure d'infirmer ou de valider rétroactivement, par l'introduction de formes nouvelles ou la suppression de formes anciennes, un mariage valable ou nul dès son
principe (1); mais il dépendra de la loi nouvelle d'étendre ou de
restreindre le cercle des causes de nullité, des personnes appelées à s'en prévaloir contre les époux, des formes dans lesquelles devront être intentées les actions en nullité ; et en cela il n'y
aura aucune rétroactivité. Pourquoi cela ? Parce que cette faculté d'étendre ou de restreindre les causes par lesquelles un
contrat qui intéresse si éminemment l'ordre public, peut être
attaqué, est toujours restée dans le domaine de la loi ; parce
qu'on ne peut pas affirmer qu'aucun droit soit acquis aux époux
du jour de leur mariage, quant aux causes de nullité de ce mariage, aux personnes qui peuvent les présenter, aux formes
d'après lesquelles elles doivent l'être. Les individus, sous ce
rapport, sont censés avoir remis les destinées de leur union à
l'autorité, qui par essence autant que par sa position, veille au
bien général.

3. De ces deux principes : que la loi reste toujours, dans l'intérêt public, la maîtresse de tous les effets du mariage, qu'elle
ne respecte et ne laisse subsister que les droits *réellement acquis*, découlent un foule de conséquences.

Ainsi, la capacité ou l'incapacité des époux est toujours dans
le domaine de la loi et peut être modifiée par elle. La nature
ayant placé la femme dans une véritable dépendance de l'homme,
la loi n'a fait que régulariser et anoblir cette dépendance par

_____

(1) Arrêt de la Cour de cassation, du 31 mai 1810. Questions de droit,
v° *Mariage*, § 8.

le mariage. Elle a donc pu, dans tous les temps étendre ou restreindre à son gré les liens de cette dépendance, c'est-à-dire, la capacité ou l'incapacité de la femme, soit dans l'intérêt de celle-ci soit dans l'intérêt du mari, sans nuire aux *droits acquis* à l'un ou à l'autre. Ce principe que l'esprit judicieux de M. Merlin avait long-temps méconnu, ainsi qu'il nous l'apprend lui-même (Répertoire, *Effet rétroactif*, t. XVI p. 229), parce qu'à mon avis, il attachait trop d'importance à la théorie des statuts, est définitivement exposé par lui de la manière suivante (*Ibid.*) « Il est bien indifférent qu'avant le Code civil, telle femme ait joui d'une liberté qu'il réprouve actuellement. Cette liberté était un abus qui blessait l'ordre public; et il n'y a ni convention tacite ni convention expresse qui puisse empêcher le législateur de faire cesser un abus à l'instant même où il en manifeste la volonté ».

C'est par application de ces principes que la Cour de cassation a jugé le 16 prair. an XII (aff. Cezan) (1) et le 20 therm. an XII (aff. Caratier fe Thil) (2), que la femme mariée avant le Code civil, sous une loi qui la dispensait de l'autorisation du mari ou de celle du juge pour ester en jugement, fût-elle marchande publique ou séparée de biens, ne pouvait procéder désormais sans cette autorisation, en première instance et en appel. Que les Cours d'appel de Montpellier et d'Agen ont jugé la première le 7 prair. an XIII, la seconde le......... an XII, « que la femme, qui pouvait précédemment agir en justice pour ses biens paraphernaux, sans l'autorisation de son mari, a eu besoin d'y recourir depuis la publication du Code civil. » Enfin, que la Cour d'appel de Turin a jugé, le 20 mess. an XIII, « que la femme, pour obtenir de son mari des alimens hors de la maison conjugale, était tenue de se faire autoriser pour former sa demande ». Cet arrêt en donne une raison applicable à toutes les espèces de ce genre : « C'est que l'autorité du mari sur la personne de la femme, dépendant uniquement de la loi; lorsque dans la législation il intervient un changement relativement à cette autorisation, il a son effet, non-seulement pour les mariages à venir, mais aussi pour ceux déjà existant, etc. »; telle est, au surplus, l'opinion générale des auteurs (V. Chabot, Quest. transit., v° *Senatus-consulte* Velleïen).

(1) Journal des Audiences, an XII, p. 343.
(2) *Ibid.*, an XIII, Suppl., p. 130.

4. La loi a donc pu toujours régler deux objets, quant à la capacité de la femme :

1° La nécessité ou la dispense, dans de certains cas, de l'autorisation du mari ou de la justice pour valider ses actes, indépendamment de toute considération des biens; et les dispositions de la loi nouvelle à cet égard s'appliqueront, sans rétroactivité, à la femme mariée sous l'empire d'une législation précédente qui réglait différemment le principe de l'autorisation. Par exemple, la femme qui, mariée sous la coutume de Bourgogne, ne pouvait tester sans l'autorisation de son mari, n'est plus astreinte, depuis le Code civil, à cette autorisation (Proudhon, *Cours de Droit français*, t. 1, p. 16; Duranton, t. 1, n° 54; Dalloz, Jurisp. gén., *ibid.*, n° 13).

2° La capacité proprement dite de la femme, mais avec des distinctions importantes qu'il importe de bien saisir; car, une véritable confusion à cet égard, me paraît être la cause réelle de l'incertitude qu'offre la jurisprudence sur cette matière.

5. La capacité de la femme, quant à la disposition des choses, doit être envisagée sous deux rapports.

6. 1° *Comme conséquence pure et simple de son état de femme mariée*, la plaçant, quant aux actes de la vie civile, sous la dépendance de son mari, soit dans son intérêt propre, soit dans l'intérêt des bienséances et des bonnes mœurs. Par exemple, indépendamment de ce que l'intérêt bien entendu de l'administration des biens pendant le mariage, s'oppose à ce que la femme mariée puisse acquérir à titre gratuit, sans le consentement de son mari, il faut dire que cette disposition de l'art. 217 du Code civil repose aussi sur ce motif puisé dans les bonnes mœurs, qu'il importe à la dignité du mariage, que le mari approuve ou soit censé approuver la cause de la libéralité.

Ainsi, indépendamment de l'autorisation du mari qui est d'ordre public, qui doit être spéciale pour chaque acte et ne saurait résulter de stipulations générales insérées dans le contrat de mariage, si ce n'est, quant à l'administration des biens de la femme (art. 223), à laquelle le mari ne saurait renoncer (art. 1388), la capacité de la femme s'exerce sur un certain ordre de choses et dans de certaines limites fixées par la loi.

Par exemple, *quant aux obligations :* la femme normande liée dès le principe par le sénatus-consulte Velleïen, est devenue par le Code civil habile à cautionner son mari; l'arrêt de la Cour de cassation, du 27 août 1810, qui consacre ce principe, ajoute, en termes exprès, que le sénatus-consulte Velléïen, statut purement personnel, *est indépendant des conventions matrimoniales* (1).

Quant à *la disponibilité des biens* entre époux pendant le mariage, soit par actes entre vifs, soit par testament, les règles déterminées par les art. 1094 et suiv., sont applicables, sans rétroactivité, même aux époux mariés avant le Code civil, etc. Non-seulement les actes pour lesquels l'autorisation du mari n'est pas exigée, mais encore ceux qui doivent nécessairement être revêtus de cette autorisation, ont aussi leur règle et leur mesure. Ainsi, la femme incapable autrefois de s'obliger comme marchande publique, en est devenue capable aujourd'hui en vertu de l'art. 226 du Code civil; et cette disposition, applicable aux époux mariés antérieurement au Code civil, aura pour effet d'entraîner l'obligation du mari (2). Ainsi, dans les pays de droit écrit, la femme pouvait aliéner sans l'autorisation de son mari, ses biens paraphernaux; elle serait liée aujourd'hui, quoique mariée sous l'empire des anciennes lois, par les prohibitions ou les formalités introduites par le Code civil.

7. 2° Comme *conséquence ou exécution de droits acquis en vertu du mariage*. Les droits sont acquis en vertu du mariage de différentes manières; et dans tous les cas, la loi postérieure sera sans effet à leur égard.

1° Ils peuvent résulter de stipulations expresses: j'ai démontré plus haut (pag. 162, sect. 2) qu'ils étaient dans ce cas à l'abri de toute atteinte de la loi postérieure; 2° ils peuvent résulter de la force même de la coutume qui est censée stipuler pour les époux, et, dans ce cas, les droits acquis ne sont pas moins inébranlables que s'ils résultaient de stipulations expresses. Pourquoi cela? Parce que le mariage a eu lieu sous les auspices de la loi municipale qui l'a vu se former, et que les dispositions de cette loi sont entrées, comme condition tacite, dans le mariage lui-même. C'est ce que la Cour de cassation a jugé plusieurs fois, et parti-

---

(1) Sirey, t. XI, 1, p. 40. V. aussi l'arrêt de la même Cour du 5 mars 1811, *ibid.*, t. XI, 1, p. 180, et les arrêts cités.

(2) Il paraîtrait résulter néanmoins de l'arrêt de la Cour de cass., du 29 déc. 1810 (Sirey, t. XI, 1, p. 39), que l'effet d'une telle déclaration ne saurait réfléchir sur le fonds dotal; mais j'en donne la raison *infrà*.

ticulièrement le 3 septemb. 1809 (aff. Marquier); le 27 août 1810 (aff. Descale); le 19 déc. 1810 (aff. Martin), et le 21 avr. 1813 (aff. Bellecôte) (1). Dans les deux premières espèces, elle a décidé que la faculté qu'avait autrefois la femme, dans certains pays, d'aliéner ou d'hypothéquer le fonds dotal, était irrévocablement acquise à la femme, quels que fussent les changemens introduits par une loi postérieure : « Attendu, porte l'arrêt du 3 sept. 1809, que la loi ne dispose que pour l'avenir, et n'a point d'effet rétroactif; que si, dans certains pays de droit écrit, il existait des lois ou usages particuliers, suivant lesquels la femme avait le droit d'aliéner et hypothéquer le fonds dotal, cette faculté formant une condition tacite des constitutions faites sous l'empire de cette jurisprudence, est un droit acquis qui n'a été aboli par aucune loi; qu'on ne peut en faire résulter l'abrogation de l'article 1554 du Code Napoléon, qui prohibe l'aliénation des biens dotaux, puisqu'il n'a pour objet que les biens placés par la volonté expresse des parties, sous le régime dotal établi par ce Code; qu'il résulte au contraire de l'art. 1557 que, même sous ce régime, l'immeuble dotal peut être aliéné lorsque l'aliénation en a été permise par le contrat de mariage; qu'en jugeant le contraire, et en annulant par suite l'obligation dont il s'agit, l'arrêt a faussement appliqué l'art. 1554, et violé l'art. 2 du Code précité; la Cour casse, etc. ».

Dans les deux dernières espèces, elle a consacré en sens inverse l'inaliénabilité du fonds dotal, en vertu de la loi municipale, sous l'empire de laquelle avait eu lieu le mariage, bien que sa dissolution ou l'ouverture des droits dont il était la source, se fût réalisée sous l'empire du Code civil : « Attendu, porte l'arrêt du 19 déc. 1810, que, suivant les articles précités de la ci-devant coutume de Normandie, ainsi que des Placités de 1666, le bien dotal de la femme mariée sous l'empire de cette coutume, était inaliénable de sa nature; et que, d'après la jurisprudence locale attestée par les plus célèbres commentateurs de cette coutume, ce principe d'inaliénabilité ne souffrait pas d'exception, même en faveur de la femme marchande publique, laquelle ne pouvait affecter son bien dotal aux engagemens par elle souscrits à raison de son négoce; attendu que, dans l'espèce, la dame Martin, mariée sous l'empire du droit normand, et bien avant l'émission

(1) Répertoire de Jurisprud., v° *Puissance maritale*, sect. 2, § 2, art. 2.

du Code Napoléon, était nécessairement soumise aux prohibitions portées en ladite coutume, en ce qui concernait la disposition de ses biens dotaux, puisque c'est sur la foi de ces prohibitions qu'étaient intervenues les stipulations de son mariage; et qu'ainsi l'arrêt dénoncé en lui appliquant au contraire, les dispositions du Code Napoléon, a fait une fausse application des articles de ce Code, qui y sont invoqués et violé directement l'art. 2 du même Code, qui porte que la loi n'a point d'effet rétroactif....; Casse, etc. ».

8. Remarquez néanmoins, pour l'exacte application de ces principes, que les biens sur lesquels s'exercera la capacité de la femme, conformément à la loi qui a présidé à son mariage, devront être ou les biens qu'elle possédait à cette époque à titre de biens paraphernaux ou de biens dotaux, ou les biens qui lui seront échus postérieurement, mais avant l'émission de la loi nouvelle qui modifie sa capacité; que si les biens lui sont échus après la publication de la nouvelle loi, c'est par cette loi que sera régie sa capacité à leur égard. La Cour de cassation a consacré encore cette distinction, quant à la première hypothèse, par son arrêt du 21 avr. 1813, déjà cité : « Attendu que Louise Pavis, veuve Bellecôte, est devenue propriétaire de l'immeuble par elle hypothéqué pendant qu'elle était sous le pouvoir de la coutume de Normandie, qui déclarait cet immeuble inaliénable entre ses mains; attendu que la coutume de Normandie, étant un statut réel, a dû avoir son exécution, même à l'égard de la veuve Bellecôte, quoique mariée à Paris; d'où il suit qu'on ne peut lui appliquer les dispositions du Code civil, sans le faire rétroagir, et sans priver cette femme du bénéfice qui lui avait été assuré par son contrat de mariage d'être protégée contre les aliénations qu'elle pouvait faire de ses immeubles normands, soit par la suite d'une tendresse aveugle, soit par la crainte révérentielle; qu'ainsi l'arrêt attaqué a jugé conformément aux lois, etc....; Rejette ».

Et quant à la seconde hypothèse, le 19 août 1812 (aff. Sombret) : « Considérant que le Code Napoléon était publié longtemps avant l'ouverture de la succession collatérale dans laquelle la femme Sombret a recueilli les biens dont il s'agit; que ces biens étaient étrangers aux stipulations faites par la femme Sombret respectivement à sa dot; que le frère de la dame Sombret ne possédait plus ces biens sous l'empire de la coutume de Nor-

mandie, qui était abrogée, mais bien sous l'empire du Code
Napoléon ; que c'est en vertu des règles de succéder, établies par
ce Code, que la femme Sombret a recueilli les mêmes biens ; d'où
il résulte que la Cour impériale de Rouen n'a pu contrevenir à
la coutume de Normandie qui avait cessé de régir ces biens avant
qu'ils appartinssent à la femme Sombret, en jugeant que lesdits
biens étaient obligés à l'exécution d'obligation valablement consenties , et de condamnations contre lesquelles on n'avait eu aucune réclamation à élever... ; Rejette, etc. ».

9. Qu'importe maintenant la nécessité de l'autorisation du
mari pour l'aliénation des biens paraphernaux de la femme mariée sous l'empire d'une loi qui la dispensait de cette autorisation ? Et comment argumenter de la nécessité de l'autorisation
dans ce cas, pour affirmer qu'elle a perdu par là *des droits
acquis ?* En principe, la femme est capable de l'aliénation dont
il s'agit ; l'autorisation du mari n'a d'autre but que de l'éclairer
dans l'exercice de cette faculté, de la protéger contre les surprises, les fraudes auxquelles elle peut se trouver exposée.
Elle a donc pour but évident aussi l'amélioration de la condition de la femme. Elle est toujours, au surplus, une application virtuelle de ce principe : que le mari, autant dans
l'intérêt du mariage que dans l'intérêt propre de la femme, doit
revêtir de son approbation, même les actes civils dont celle-ci
est capable. La loi nouvelle, qui prescrit cette autorisation, s'applique donc, sans rétroactivité, à la femme mariée antérieurement à sa promulgation ; et elle ne lui enlève en cela aucun
droit acquis à l'époque de son mariage, parce qu'on ne saurait
concevoir *de droits acquis* contre les dispositions d'ordre public
qui règlent les rapports du mari et de la femme.

La capacité de la femme, quant à la *disposition des choses ,*
est donc parfaitement distincte de sa capacité, quant à l'*autorisation maritale.* De la première résultent des droits acquis à
l'époque du mariage ; il n'en saurait résulter de la seconde.

Il faut donc reconnaître que les femmes mariées antérieurement au Code civil, sous l'empire de lois ou de coutumes qui
déterminaient leur capacité active ou passive, quant aux biens,
ont eu, du jour de leur mariage, et indépendamment de l'autorisation maritale, *des droits acquis* qu'il n'a pas été au pouvoir
d'une loi postérieure de leur ravir ; soit que de *tels* droits reposassent sur des principes mêmes d'ordre public ; par exemple, la

conservation des biens dotaux de la femme (*reipublicæ interest mulieres dotes salvas habere.* L. 2, ff *de jure Dotium.*), soit qu'ils reposassent, comme en Normandie, sur ce principe, que les biens dotaux ou non dotaux de la femme *ne pouvaient jamais se perdre pendant le mariage ;* que si la coutume déclarait ces biens inaliénables, c'est parce que, comme ledit très justement M. Merlin (Rép., *Puissance maritale,* sect. 2, § 3, art. 2), « la coutume ne donnant presque rien aux filles, les excluant de presque toutes les successions au profit des mâles, elle voulait empêcher, qu'en se mariant, les filles ne courussent le risque de perdre le peu qu'elle leur déférait; parce que plus elle était avare envers les filles, lorsqu'il s'agissait de les enrichir, plus elle était vigilante, soigneuse, économe, lorsqu'il s'agissait de conserver leur faible patrimoine; en un mot, parce que l'inaliénabilité du faible patrimoine qu'elle accordait aux femmes mariées, était le remède, le correctif, la consolation de la pénible médiocrité à laquelle sa politique les condamnait ». Qu'il importe peu que les biens normands existassent dans les mains de la femme au jour même du mariage, ou ne lui fussent échus que postérieurement, mais avant le Code civil, comme on l'a vu plus haut (arrêt Sombret); parce que, par là même qu'ils étaient échus à la femme mariée sous l'empire de la coutume de Normandie, et alors que cette coutume était en pleine vigueur, ils étaient atteints aussitôt par la disposition de cette coutume qui frappait d'inaliénabilité les biens de la femme; que ces biens étaient fictivement réputés existans au jour du mariage, pour entrer dans ses propres stipulations, comme les biens présens; d'où résultaient de véritables *droits acquis,* dès cette époque, au profit de la femme (1). « Une fois la qualité d'inaliénable imprimée à ces immeubles échus pendant le mariage, par la coutume de Normandie, dit encore M. Merlin (*Ibid.*), comme condition du mariage, ils ont dû la conserver, même après que la coutume de Normandie a eu fait place au Code Napoléon, car ce Code n'a point d'effet rétroactif; il n'en a point surtout en ce qui concerne les droits dérivant des mariages contractés avant sa promulgation ». Soit enfin, que ces droits, indépendamment de toute convention écrite reposassent sur quelque disposition de la loi statutaire sous l'empire de laquelle s'était formé le

(1) V. Répert., *ubi suprà.*

mariage , comme, par exemple , la disposition par laquelle dans
certains pays de droit écrit, la femme avait la faculté d'aliéner
sa dot, ainsi qu'on l'a vu plus haut (arrêt Marquier), ou de
faire , comme en Normandie , des donations de ses biens dotaux
(*suprà*, arrêt Descale). Dans tous ces cas , *les droits étaient acquis* du jour mariage ; et les dispositions du Code civil relatives
à l'inaliénabilité des biens dotaux , étaient sans application.

10. On a donc lieu de s'étonner que la Cour de cassation, oubliant cette salutaire distinction , et abandonnant une longue
jurisprudence , dont j'ai rapporté les principaux monumens, ait
jugé , le 12 juin 1815, qu'une femme mariée et séparée de biens,
sous l'empire de la coutume de Normandie , avait pu aliéner ses
biens dotaux , avec la simple autorisation de son mari, attendu
l'abrogation des art. 558 de la coutume et 127 des Placités , par
l'art. 217 du Code civil. Voici l'espèce : Le 9 therm. an x , mariage entre la demoiselle Maillard , née et domiciliée en Normandie , et le sieur de Crotat, demeurant à Paris. Le contrat
de mariage renfermait les stipulations suivantes : « il n'y aurait
aucune communauté de biens entre les époux ; ils seraient au
contraire séparés de biens ; chacun d'eux conserverait la jouissance de ses revenus et l'entière administration de ses meubles
et immeubles , sans que l'épouse eût besoin , à cet égard , d'aucune autorisation maritale ». Par contrat du 27 therm. an XIII, la
dame de Crotat , procédant comme séparée de biens , vend, avec
l'autorisation de son mari , aux sieurs Martin , Oriot et Lepec,
la terre nommée du Courant, qu'elle possédait avant son mariage ; elle en délègue le prix à ses créanciers , moins une certaine somme dont elle s'oblige de fournir le remploi. En 1811,
elle assigne les acquéreurs pour faire déclarer la vente nulle ;
elle se fonde sur ce que les biens aliénés étaient dotaux , et
qu'ils avaient été vendus sans permission de justice , et sans avis
de parens, contre la disposition expresse de la coutume de
Normandie, et de l'art. 127 des Placités. Les acheteurs répondent que la dame de Crotat , ayant été mariée à Paris, c'est la
coutume de Paris qu'il faut consulter ; et que, suivant l'art. 225
de cette coutume, la femme pouvait vendre ses biens , avec la
seule autorisation de son mari. Ils ajoutaient que si l'on devait
se régler par la coutume de Normandie , la vente serait encore
valable , parce que l'art. 127 des Placités avait été aboli par
l'art. 217 du Code civil, qui permet à la femme de vendre ses

I.   15

biens avec le consentement de son mari. Jugement du tribunal de Pont-Audemer, du 24 avril 1812, qui rejette la demande de la dame de Crotat; mais, le 8 mai 1813, arrêt de la Cour d'appel de Rouen qui réforme en ces termes : « Attendu que le Code civil n'a point d'effet rétroactif ; que pendant la durée du mariage les biens des femmes mariées sont régis par les lois, les coutumes et statuts en vigueur à l'époque de sa célébration ; que les dispositions de la coutume de Normandie et des Placités, qui prescrivaient des formalités particulières pour la vente des biens des femmes mariées, formaient un statut réel qui affectait ces biens, et qu'ainsi les principes relatifs sur les lois qui régissent la capacité des individus, était ici sans application ». Pourvoi en cassation de la part des acquéreurs ; et, le 12 juin 1815, arrêt de la section civile ainsi conçu : « Attendu que les lois qui régissent la capacité civile des personnes saisissent l'individu, et ont leur effet du jour de leur promulgation ; qu'en cela, elles n'ont aucun effet rétroactif, parce que l'état civil des personnes étant subordonné à l'intérêt public, il est au pouvoir du législateur de le changer ou modifier, selon les besoins de la société, et que l'influence qu'il a sur les biens, n'étant qu'un effet de cet état, est subordonné aux mêmes variations que l'état lui-même ; que d'après les art. 538 de la coutume, et 126 des Placités de Normandie, la disposition de l'art. 127 des mêmes Placités, portant que la femme séparée de biens ne peut vendre, sans permission de justice et avis de parens, les biens qui lui appartiennent lors de la séparation, avait pour objet direct de régler la capacité civile de la femme, et n'affectait les biens que par suite et conséquence de cette capacité ; que le Code civil a introduit un droit nouveau à cet égard, par son art. 217, en disposant que la femme séparée de biens peut aliéner avec le concours du mari dans l'acte, ou son consentement par écrit ; que par une suite, il abroge l'art. 127 des Placités, qui ne le lui permettait qu'avec avis de parens et permission de justice ; que, dans le fait, le contrat de vente dont il s'agit a été passé depuis l'abolition de l'art. 127 des Placités, et sous l'empire du Code, puisqu'il est du 27 therm. an XIII, et le titre du Code contenant l'art. 217 avait été publié le 16 vent. an XI ; que dans le fait aussi, la femme Crotat a consenti cet acte sous l'assistance de l'autorisation de son mari ; qu'il suit de là que la vente étant conforme à la loi sous l'empire de laquelle elle a été faite, est valable, quoique consentie sans avis de parens ou permission de justice; que cependant l'arrêt l'annule faute de cette formalité; qu'en cela il viole formellement l'art. 217 du Code, et fait une fausse application de l'art. 127 des Placités; Casse, etc. »

Il me paraît évident que cet arrêt confond deux choses distinctes: la capacité de la femme, quant à la nécessité de l'autorisation maritale, et sa capacité quant à la disponibilité des biens. De ce que l'art. 217 du Code civil dispose, « que la femme, même non commune, ou séparée de biens, ne peut donner, aliéner, hypothéquer, acquérir, à titre gratuit ou onéreux, sans le concours du mari dans l'acte, ou son consentement par écrit », il ne s'ensuit pas qu'il étende la capacité de la femme, quant à la disponibilité des biens; il ne fait autre chose que rendre généralement nécessaire l'autorisation du mari, pour tous les cas où la femme aura, du reste, en vertu de la loi, capacité suffisante pour aliéner, hypothéquer, acquérir, etc. Quant à cette disponibilité même, elle reste toujours dans les termes du droit commun, c'est-à-dire qu'elle est réglée relativement aux matières qui tombent sous l'empire du Code civil, par les dispositions spéciales répandues dans ce Code, et qui ont pour objet de la régler. Quant aux matières antérieures, par les lois sous l'empire desquelles elles se trouvent placées, « Il n'y a, dit encore très justement M. Merlin (Répert., v° *Dot*, § 8, p. 217), aucune conséquence à tirer de la capacité qu'a la femme de s'obliger personnellement, à celle d'aliéner certains biens..... Il n'est donc pas étonnant, ajoute-t-il plus loin, que le Code Napoléon, tout en permettant à la femme mariée sous le régime dotal, comme à la femme mariée sous le régime de la communauté, de s'obliger personnellement, avec l'autorisation de son mari, ait défendu à la première d'aliéner ses biens dotaux, *lors même que son mari l'y autoriserait.* » Et telles sont, en effet, les dispositions expresses de l'art. 1554 ainsi conçu: « Les immeubles constitués en dot ne peuvent être aliénés ou hypothéqués pendant le mariage, ni par le mari, ni par la femme, ni par les deux conjointement; sauf les exceptions qui suivent. » Or, quel est l'objet des art. 538 de la coutume de Normandie, et 127 des Placités? Est-ce d'autoriser simplement la femme mariée à faire des aliénations dont elle est virtuellement incapable; et peut-on dire que cette disposition sur la capacité de la femme, est de même nature que l'autorisation du mari, et sera suffisam-

ment remplacée par celle-ci? Nullement. Les formes déterminées par la coutume de Normandie et les Placités à cet égard,
établissent une sorte d'incapacité de la femme, d'aliéner ses
biens dotaux, de même nature que les incapacités radicales d'a-
liénation, résultant soit des anciennes lois, soit des dispositions
du Code civil, selon les cas, et contre lesquelles l'autorisation
du mari est impuissante; celle-ci ne saurait donc remplacer ces
formes. La conclusion de tout ce qui précède est que la femme
normande mariée antérieurement au Code civil, a, du jour de
son mariage, *des droits acquis*, à l'égard de ses biens dotaux, et
que ces droits ont survécu à la publication de ce Code, comme
la femme mariée en pays de droit écrit, a, du même jour, des
droits acquis à l'égard de ses biens dotaux.

§ 5. — De l'état d'époux divorcés.

SOMMAIRE.

5. — *Sous l'empire du Code civil.*

6. — *La conversion de la séparation de corps en divorce, prévue par l'art. 310 du Code civil, est-elle applicable aux séparations volontaires antérieures à ce Code ?*

7. — *La disposition de l'art. 295 du Code civil d'après laquelle « les époux qui divorceront pour quelque cause que ce soit, ne pourront plus se réunir », s'applique-t-elle aux époux divorcés sous la loi du 20 sept. 1792 qui permettait la réunion ?*

8. — *La loi du 8 mai 1816, qui abolit le divorce, a-t-elle rendu les époux divorcés capables de se réunir depuis ?*

—

1. Le divorce ou l'indissolubilité du mariage est dans le domaine de la loi ; et la disposition qui consacre l'un ou l'autre est une disposition d'ordre public, et par suite une pure concession qui ne confère aucun droit acquis aux individus. M. Merlin (*Effet rétroact.*, t. xvi, p. 232) établit avec beaucoup de justesse comment, à la différence de l'*état d'époux*, effet immédiat du mariage qui est toujours régi par la loi du temps où le mariage a été célébré, le divorce ou l'indissolubilité du mariage se trouve placé sous l'empire de la loi nouvelle : « En le permettant (le divorce) comme en le prohibant, dit cet auteur, le législateur ne s'arrête, ni ne doit s'arrêter à ce que les époux ont ou sont censés avoir voulu au moment où ils se sont unis ; il ne s'arrête et il ne doit s'arrêter qu'aux considérations d'ordre public qui lui paraissent en commander impérieusement la faculté ou la prohibition d'après la conduite respective des époux ». Cette doctrine est incontestable, et il faut en tirer la conséquence que des époux mariés avant la loi du 20 septemb. 1792, sous l'empire d'une loi qui prohibait le divorce, ont pu, postérieurement à cette loi qui l'avait introduit, user, sans effet rétroactif, de la faculté du divorce, comme les époux mariés depuis cette loi. Réciproquement que des époux mariés sous l'empire du titre du *Divorce* du Code civil ne peuvent plus divorcer depuis que le divorce a été aboli par la loi du 8 mai 1816 ; car, dans l'un comme dans l'autre cas, le législateur a toujours agi librement dans la sphère de sa puissance, et alors qu'il n'existait encore aucun droit ac-

quis au profit des individus; il a donc enchaîné à sa disposition indistinctement tous ceux qui se trouvaient placés sous son empire à l'époque où elle a été rendue.

2. Mais M. Merlin va plus loin : selon lui (*ibid.* p. 223), non-seulement la loi du 20 septemb. 1792 n'a pas rétroagi lorsqu'en abolissant (§ 1er, art. 7) la séparation de corps entre époux, elle a déclaré éteintes et abolies toutes demandes en séparation de corps non jugées; mais encore la loi du 26 germ. an XI n'eût pas rétroagi si, au lieu de déclarer, comme elle l'a fait, « *Que les demandes en divorce formées antérieurement continueraient d'être instruites, que les divorces seraient prononcés et qu'ils auraient leurs effets conformément aux lois qui existaient lors de la demande* », elle eût dit : « *Que ces demandes continueraient d'être instruites, que les jugemens seraient prononcés, et qu'ils auraient leurs effets conformément au Code civil* ». Je ne saurais partager cette opinion qui me paraît au surplus n'être qu'une conséquence du principe qu'il a déjà posé (Rép., t. XVI, p. 220, *Effet rétroact*). et que j'ai combattu (*sup.*, p. 153, n° 8). Je ne puis mettre sur la même ligne l'étranger qui avant d'avoir rempli toutes les conditions exigées par la loi du 20 septemb. 1792 pour devenir Français, se voit obligé, par l'effet d'une loi subséquente, de prolonger encore de trois ans son séjour en France; le mineur normand de dix-neuf ans, qui, au lieu d'être majeur à vingt ans, aux termes de la coutume de Normandie, se voit obligé, par l'effet de la loi du 20 septemb. 1792, d'attendre jusqu'à vingt et un ans pour atteindre sa majorité, avec l'époux dont la demande en divorce était déjà formée avant la loi qui prohibe le divorce. Dans le premier cas, la situation de l'étranger, celle du mineur, ne sont pas *des droits acquis;* ce sont des conditions, des aptitudes toujours restées dans le domaine de la loi, et qu'il dépend du législateur de modifier ou de restreindre, soit dans l'intérêt propre des individus qui en sont l'objet, soit dans l'intérêt général de la société. Au contraire, l'état d'un époux qui a formé sa demande en divorce, sous l'empire d'une loi qui l'autorisait, a usé pleinement de son droit; il a déclaré à la société qu'il était dans l'un des cas prévus par la loi existante pour obtenir son divorce, et qu'il invoquait l'appui des tribunaux pour réaliser son droit. Dès lors, il a fait régulièrement usage d'une faculté que la loi lui accordait, et cette faculté ainsi exercée est devenue pour lui *un droit acquis.* Qu'importe que le jugement ne soit pas en-

core prononcé. Le jugement n'est, dans ses rapports avec la loi, que proclamatif du droit préexistant de l'individu qui le réclame ; ce droit est incontestablement devenu *droit acquis* du moment où celui-ci a déclaré vouloir en faire usage ; car, en principe, la loi appartient à tous les citoyens placés sous son empire, du jour de sa promulgation ; les procédures, les jugemens ne sont qu'un moyen de régulariser son application.

Écoutons M. Réal, rapporteur de la loi transitoire du 26 germ. an XI : « Dans sa disposition générale, le projet de loi que nous vous présentons, appliquant le principe proclamé par l'art. 2 du Code, prononce que le droit résultant de la loi ancienne est acquis à celui qui a usé de ce droit antérieurement à la publication de la loi nouvelle, et qu'il n'est acquis qu'à lui. Et d'abord, il est évident que ce droit, qui ne peut naître que par la demande d'un des époux, n'est, dans l'espèce, acquis qu'à celui *qui, par une demande formée, a déclaré qu'il voulait en faire usage.* Le silence des autres équivaut à une renonciation formelle, et ils sont soumis à l'empire de la loi. *Ce droit est acquis à celui qui a formé la demande,* comme tous les droits qui naissent de la disposition des lois, par l'effet de la loi elle-même, qui même en thèse générale, *saisit* du droit qu'elle donne l'individu qui ignore son existence, et l'en saisit malgré lui. Dirait-on que, lorsqu'il s'agit de divorce, le droit n'est acquis que par le jugement qui le prononce, et qu'après que les formalités exigées par la loi ont été remplies ? On énoncerait une grande erreur ; car enfin, ces formalités, ces délais exigés, ce jugement, sont pour le divorce ce que sont les délais, les formalités, le jugement pour les autres actions. Dans l'un et l'autre cas, *le jugement ne donne pas le droit, il ne fait que déclarer son existence ;* dans l'un et l'autre cas, les délais, les formalités qui précèdent le jugement lui-même, tiennent à la police judiciaire, et sont étrangers à la substance du droit qui dérive de la loi ».

3. Quant au principe que la loi nouvelle relative à l'instruction des procès, s'applique sans rétroactivité, du jour même de son émission, il faut le concilier avec cet autre principe, qu'une telle loi respecte et doit toujours respecter le droit préxistant et acquis ; qu'elle ne s'entend que du litige, ne s'applique qu'à lui, attendu qu'elle a été uniquement rendue dans la vue de simplifier et d'améliorer les formes judiciaires et nullement de léser le fond du droit des parties ; c'est ainsi que doit être en-

tendu l'arrêté du Gouvernement du 5 fruc. an IX (23 août
1801 (1), et que s'en explique disertement l'avis du conseil
d'État, du 1er janv. 1807, ainsi conçu : « Le conseil d'État....
est d'avis que les seuls procès intentés depuis le 1er janv. 1807,
doivent être instruits conformément aux dispositions du Code ;
mais que l'on ne doit comprendre dans la classe des affaires antérieurement intentées, ni les appels interjetés depuis l'époque
du 1er janv. 1807, ni les saisies faites depuis, ni les ordres et
contributions, lorsque la réquisition d'ouverture du procès verbal est postérieure, ni les expropriations forcées, lorsque la
procédure réglée par la loi du 11 brum. an XII, a été entamée
par l'apposition des affiches avant le 1er janv. 1807. *Ces appels,
saisies, contributions et affiches sont dans le fait le principe
d'une nouvelle procédure qui s'introduit à la suite d'une précédente. Dans tous les autres cas, l'instruction des affaires enta-
mées avant le 1er janv. 1807 doit être continuée conformément
aux règlemens antérieurs au Code de procédure* ».

Lors donc qu'une loi déclare *éteintes et abolies toutes demandes en séparation de corps non jugées,* comme l'a fait la loi du
20 sept. 1792, § 1, art. 7, ou ordonne que, « *toutes demandes
et instances en divorce seront converties en demandes et instances
en séparation de corps* », comme l'a fait la loi du 12 mai 1816,
art. 2 ; une telle loi statue sur le fond du droit ; elle porte
dès lors atteinte à des droits acquis, et par là même rétroagit (2). A la vérité, l'une expose dans son préambule, « Qu'il
importe de faire jouir les Français de la faculté du divorce qui
résulte de la liberté individuelle dont un engagement indisso-

---

(1) Considérant (porte l'un des motifs de cet arrêté) qu'on opposerait
tout aussi inutilement que la procédure judiciaire avait été introduite
même pour les objets étrangers à l'arbitrage, avant la nouvelle législation,
puisque tout ce qui touche à l'instruction des affaires, tant qu'elles ne
sont pas terminées, se règle d'après les formes nouvelles, sans blesser le
principe de non rétroactivité *que l'on n'a jamais appliqué qu'au fond
du droit*, etc. ».

(2) Je ne saurais partager à cet égard l'avis du rapporteur de la loi du
12 mai 1816 (M. Corbière), qui disait, dans la séance du 27 avril précédent, à la Chambre des Députés, « Qu'à moins que le divorce n'ait été
consommé par la prononciation de l'officier de l'état civil, alors que le jugement aurait été rendu, le mariage subsiste, et que dès lors la loi ne rétroagit pas ». Je préfère sur ce point, comme plus juridique, la doctrine
développée, *ex professo*, par M. Réal, et que l'on vient de lire.

luble serait la perte » ; l'autre qu'elle a pour but « de rendre au mariage toute sa dignité dans l'intérêt de la religion , des mœurs, de la monarchie et des familles ». Mais l'unique conclusion qui puisse résulter de là , c'est que par cela même qu'elles développent l'une et l'autre, selon leurs vues respectives , les motifs supérieurs qui les ont dictées , elles consacrent et justifient la rétroactivité de leurs dispositions.

4. On demande si la loi sur le divorce peut s'appliquer sans rétroactivité à des faits antérieurs à sa promulgation ? M. Merlin (Répertoire, *Effet rétroactif*, t. XVI, p. 233) fait résulter l'affirmative, quant à la loi du 20 sept. 1792, des termes mêmes de l'art. 6 de cette loi , ainsi conçu : « Toutes demandes et instances en séparation de corps, non jugées, sont éteintes et abolies, chacune des parties paiera ses frais, les jugemens de séparation non exécutés, ou attaqués par appel ou par la voie de cassation, demeurent comme non avenus, le tout sauf aux époux à recourir à la voie du divorce aux termes de la présente loi ». Il est évident, en effet, que puisque cette loi pousse l'emploi de sa puissance jusqu'à anéantir des demandes en séparation de corps non jugées , et à enlever ainsi par une rétroactivité manifeste , mais expresse, *des droits acquis;* elle décide par là et à plus forte raison, mais sans rétroactivité, qu'une demande en divorce pourra être régulièrement introduite sous son empire pour des faits antérieurs à sa promulgation. Ces faits n'ont jamais été des droits acquis; ils sont constamment restés dans le domaine de la loi. Ils ont donc pu, sans rétroactivité, devenir le principe d'une nouvelle action que le législateur déterminé par des vues de bien public, a substituée à la précédente. Il est vrai qu'un arrêt de la Cour de cassation, du 12 fév. 1806 (1) , a rejeté un pourvoi formé contre un arrêt de la Cour d'appel de Bruxelles, du 20 pluv. an XIII , qui avait admis une demande en divorce formée pour des faits antérieurs à la loi du 20 sept. 1792. « Attendu , porte cet arrêt, que la Cour d'appel ne s'étant pas uniquement décidée par les faits antérieurs à 1793 , mais encore sur ce qui s'était passé depuis, le reproche de rétroactivité était sans fondement ». Mais M. Merlin fait très bien remarquer (*ibid.* § 2, art. 6) que la Cour de cassation a seulement entendu dire, qu'il n'y avait pas même matière à examiner si l'arrêt attaqué avait ou non pu donner à la loi un effet rétroactif.

(1) Journal des Audiences de la Cour de cassation, an XIII, part. 2, p. 97,

5. Le Code civil qui a conservé la loi du divorce tout en la posant sur des bases différentes de celles de la loi du 20 sept. 1792, ne s'explique pas sur la question relative aux faits antérieurs. Néanmoins, M. Merlin argumente très judicieusement de ces mots de la loi du 26 germ. an II : « Que les demandes en divorce formées antérieurement à la publication du titre du Code civil relatif *au divorce* continueront d'être instruites, et que les divorces seront prononcés conformément aux lois existantes lors de la demande », pour en conclure que les demandes en divorce qui *ne seront formées que portérieurement* à la publication du titre du divorce du Code civil, seront jugées conformécent à ce titre, quelle que soit l'époque des faits sur lesquels seront *fondées ces demandes* ».

Et en effet, ici tout rentre dans l'ordre, sous le joug des principes. Les demandes précédemment instruites seront jugées conformément à la loi qui les a vus naître ; parce que les parties ont déclaré, par leurs demandes, vouloir profiter de cette loi ; et la loi transitoire est venue consacrer le grand principe de non rétroactivité du Code civil, en matière de divorce. Quant aux faits antérieurs non livrés à l'appréciation des tribunaux, il appartient toujours à la loi, comme je l'ai dit, d'en déterminer le caractère et les effets dans l'intérêt de l'ordre et du bien public, puisqu'ils sont restés dans son domaine. Au surplus, deux arrêts de la Cour de Turin, l'un du 25 flor. an XII, l'autre du 25 mai 1808 (1), contraires en cela à deux jugemens du tribunal de la même ville, ont consacré ces principes, quoique par des motifs différens. Voici les principaux motifs du dernier de ces arrêts : « Attendu que s'il pouvait être question d'appliquer à des lois de ce genre les principes concernant la rétroactivité et les droits acquis, il en résulterait que, même après le Code civil, l'on devrait, relativement aux mariages contractés en France dans la période écoulée entre la loi de 1792 et la loi nouvelle, admettre des demandes en divorce pour la démence, l'absence pendant cinq ans et l'éloignement depuis deux ; ce qui contrarierait évidemment le vœu de la loi, puisqu'elle n'a sanctionné transitoirement que la continuation des instances déjà pendantes pour les causes sus énoncées à l'époque de la loi nouvelle ; et comme c'est le seul cas d'exception qu'elle a prévu, quant aux causes antérieures, il s'ensuit que, dans toutes ses autres dispo-

(1) Sirey, t. v, part. 2, et Journal des Audiences 1809, Suppl., p. 15.

sitions, elle doit être envisagée comme *explicative* du droit commun, et recevoir dans ces contrées son application à tous les mariages indistinctement. Que, bien loin d'avoir regardé comme une peine l'action en divorce, les législateurs l'ont présentée comme un remède au mal, et comme avantageux aux deux époux; ce qui exclut toute idée de droits enlevés ou d'infraction de conventions, etc. ».

6. Aux termes de l'art. 310 du Code civil, « Lorsque la séparation a duré trois ans, l'époux défendeur peut demander qu'elle soit convertie en divorce, si l'autre conjoint refuse de la faire cesser ». On a demandé si cette conversion peut s'appliquer à des séparations volontaires antérieures au Code civil? Mais la négative a été justement adoptée par un arrêt de la Cour impériale de La Haye, du 13 avril 1813. Ses motifs ont été, « Que les lois existantes en Hollande antérieurement à la promulgation du Code civil, ne donnant pas à l'un des époux le droit de convertir la séparation de corps et de biens en divorce, dans le cas où l'autre époux refuserait de la faire cesser au bout de trois ans, il y aurait effet rétroactif à appliquer alors la disposition de l'art. 310 de ce Code. Les droits respectifs des époux ont été fixés par leurs conventions matrimoniales. Faire résulter le divorce d'une convention qui ne l'a pas prévu, ce serait évidemment la dénaturer, et imposer arbitrairement aux époux une condition qu'ils n'ont pas voulu s'imposer ». Néanmoins, le même arrêt consacre le principe qu'il en serait autrement si la séparation, bien qu'antérieure au Code civil, se trouvait fondée sur les mêmes motifs et instruite dans les mêmes formes que ceux que déterminent les art. 306 et 307 du même Code; c'est-à-dire qu'au lieu d'être le résultat du consentement des parties, elle eût pour principe une cause déterminée propre à fonder une demande en divorce. Dans ce cas, en effet, la séparation, bien qu'antérieure au Code civil, reposant sur les mêmes motifs que ceux qui ont déterminé la disposition de l'art. 310, et ces motifs étant purement d'ordre public, la loi pourrait, sans rétroactivité, leur être appliquée.

7. L'art. 295 du Code civil porte : « Les époux qui divorceront pour quelque cause que ce soit, ne pourront plus se réunir. » On a demandé si cette disposition s'appliquait aux époux divorcés sous la loi du 20 sept. 1792, qui permettait la réunion? Cette question diffère complètement des deux qui précèdent :

dans celle-ci, il s'agissait de régulariser une disposition nouvelle sur le divorce; s'appliquera-t-elle, sans rétroactivité, à des faits antérieurs à sa promulgation? La question actuelle n'a pas un tel objet. Le divorce est consommé, soit à l'égard de faits antérieurs, soit à l'égard de faits postérieurs à la loi. Il s'agit seulement de savoir si des époux divorcés auront la faculté de se réunir, conformément à la loi précédente, ou s'ils en seront empêchés conformément à la loi nouvelle. Et dès lors, la question se réduit à savoir si la disposition de la loi précédente sur ce point est explicitement ou implicitement abrogée par la loi nouvelle, ce qui écarte, comme on voit, toute idée de rétroactivité. Quant aux *droits acquis*, résultant de l'usage qu'on aurait fait d'une faculté accordée par la loi précédente, on sent qu'il n'en existe pour personne; la loi ne peut suppléer à l'exercice volontaire d'un droit de la part des parties; et de ce qu'une loi accorde à des époux divorcés la faculté de se réunir, il ne s'ensuit pas qu'en leur refusant plus tard cette faculté, et, avant qu'ils aient déclaré vouloir en faire usage, elle rétroagisse à leur égard; on ne saurait donc argumenter ici, comme dans les hypothèses précédentes, de jugemens rendus, ou de demandes formées, pour en conclure qu'il y a rétroactivité. Sans doute on ne peut se dissimuler qu'il n'y ait une étroite connexité entre la disposition de la loi de 1792 qui introduit le divorce, et celle qui autorise la réunion des époux divorcés, comme on peut dire, qu'il y a homogénéité plus ou moins sentie entre les diverses dispositions de cette loi, d'où résulte un véritable système sur l'importante matière du divorce; mais peut-on inférer de là qu'il y ait *droit acquis* aux parties par voie d'induction, en concluant de l'usage qu'elles auront fait d'un droit à l'usage qu'elles n'auront pas fait de l'autre? Et, de ce que deux époux auront divorcé conformément à cette loi, faudra-t-il conclure qu'ils auront par là même *droit acquis* pour demander leur réunion plus tard, et qu'une loi postérieure ne pourra plus leur ravir cette faculté? Je ne le pense pas. La faculté de se réunir, accordée aux époux divorcés par la loi de 1792, était restée, comme disposition complètement distinctement du divorce, dans le domaine législatif (1); et en disposant plus tard que désormais les époux di-

---

(1) C'est au surplus ce que justifie la rédaction même des art. 1er, §§ 1, 2 et 3, de la loi du 20 sept. 1792, relatifs, l'un *au divorce*, l'autre à la *réunion facultative*.

vorcés ne pourraient plus se réunir, le Code civil disait évidemment, et sans rétroactivité, aux époux divorcés sous l'empire de la loi précédente, qu'ils ne pourraient plus se réunir.
Telle est la rigueur des principes. Je considère donc les motifs,
quelque peu vagues, donnés par l'orateur du conseil d'Etat,
rapporteur de la loi du 25 germ. an XI (V. Locré, *Législ. civil.*,
t. V, p. 412) à la restriction de l'art. 295 aux seuls divorces à
venir, savoir : « Que régler par la loi nouvelle les droits résultant des jugemens qui, sous l'empire de l'ancienne loi, ont prononcé le divorce, serait consacrer une grande injustice ; qu'on
donnerait à la loi nouvelle un effet rétroactif ; qu'il ne faut pas
appliquer à une loi trop facile des dispositions qui ne conviennent qu'à la loi devenue plus sévère » ; et aussi, que « sous la
foi d'une réunion permise par la loi, des époux séparés par la
tempête révolutionnaire n'ont eu recours au divorce que pour
arracher leur fortune à la dévastation. La morale publique
repoussait l'idée d'éterniser une pareille séparation ». Moins
comme la justification d'un principe sur la non rétroactivité,
que comme l'exposition de raisons générales tirées, soit de la
différence des législations, soit des circonstances politiques,
et destinées à fonder législativement une exception aux principes du droit commun.

M. Dalloz (Jurisprud. gén., v° *Loi*, sect. 3, § 1, art. 2, n° 20)
examine la question de savoir si la loi du 8 mai 1816, qui abolit
le divorce, a rendu les époux divorcés capables de se réunir depuis. Et il rapporte à ce sujet une réponse faite par le Garde des
sceaux (1) consulté sur cette question. Elle est ainsi conçue :
« D'après la législation actuelle, les époux ne sont point libres
de se remarier, ni *ensemble*, ni *avec d'autres ;* ensemble, parce
que la loi sur le divorce sous l'empire de laquelle la dissolution
a été prononcée, y avait apposé cette clause ; et avec d'autres,
parce que la loi française n'autorise point un second mariage pendant la vie du premier conjoint ».

Le principal argument qui sert d'appui à la première partie de
cette opinion est, qu'aux termes du Code civil, les époux divorcés ne peuvent plus se réunir ; or, la loi de 1816, en abolissant le
divorce n'a pas eu pour objet d'abroger cette disposition. Ce ne
serait donc qu'à l'aide de la rétroactivité qu'elle pourrait ha-

(1) M. de Peyronnet.

biliter des époux divorcés antérieurement à se réunir, sous le prétexte que leur mariage n'aurait jamais été dissous. M. Dalloz blâme cette solution. Selon lui, la rétroactivité ne doit s'entendre que du cas où il y a préjudice causé par l'application de la loi à un fait antérieur ; ce qui ne saurait se rencontrer dans l'espèce. Il invoque en outre, comme considérations propres à faire accueillir l'opinion contraire, le motif même qui a servi de base à l'article 295 du Code civil. « Pourquoi interdirait-on la réunion des époux divorcés? Dans l'intérêt du divorce lui-même ; afin que des époux ne pussent pas se quitter, se reprendre et se quitter ; pour qu'on ne se joue pas du divorce, disait l'orateur du conseil d'État (1) ; or, un tel langage ne saurait s'adresser à des époux qui ne pourront plus divorcer. On appliquerait donc l'art. 295 à un cas autre que celui sur lequel il a statué. Cet article serait donc désormais un effet sans cause ? » Quelque spécieuses que soient ces déductions, je ne saurais m'y rendre ; je ne prends les dispositions de la loi que dans les termes mêmes où elles se présentent ; et je ne saurais faire résulter l'abrogation d'une disposition législative, d'une argumentation nue, tirée du rapprochement des motifs qui l'ont dictée. Le divorce est aboli par la loi de 1816 : voilà tout l'objet de cette loi. Quant à la question de savoir si les époux divorcés pourront se réunir, elle est complètement distincte de cet objet. Cette loi est disertement abrogative de l'ancienne loi et a trait à l'avenir ; l'autre se fonde sur un texte de loi subsistant encore, et a trait au passé. Ici s'appliquent les observations que je faisais sur la question précédente. A quels graves dangers ne se livrerait-on pas, dans l'interprétation des lois, si, sous prétexte d'une connexité plus ou moins apparente entre deux matières, on faisait résulter par voie d'induction, soit des abrogations de textes encore subsistans, soit le rétablissement de dispositions abrogées ! Ce ne serait donc, ni sur l'abrogation d'un texte précis, ni sur le défaut de réalité aujourd'hui des motifs qui ont paru le dicter, et qui ont pu faire place à d'autres, que l'on fonderait utilement la possibilité de la réunion d'époux divorcés avant la loi du 8 mai 1816. Faudrait-il plutôt se reporter, par l'étude des motifs de cette loi, à la considération, que le mariage étant censé n'avoir jamais été dissous, les époux, par une conséquence forcée, sont aussi

(1) V. M. Locré, *Législ. civil*, t. v, p. 312.

censés toujours réunis ? Mais une telle conséquence est repoussée, soit parce que les motifs, tirés des lois religieuses, sont étrangers aux lois civiles, soit parce que la loi de 1816, par la raison qu'elle abolit le divorce, reconnaît, non-seulement dans ses principes, mais encore dans ses résultats les plus éloignés, et indépendamment de toute considération religieuse, la législation sur le divorce consacrée par le Code civil. M. Dalloz argumente aussi d'un arrêt de la Cour royale de Nanci, du 30 mai 1826. Mais cet arrêt ne dit pas que des époux divorcés antérieurement à la loi de 1816, pourront se réunir ; il juge : « Que la loi, du 8 mai 1816, en abolissant le divorce en France, n'a point privé d'une manière explicite les époux divorcés avant sa publication, de la faculté qu'ils avaient de contracter une autre union, d'après les dispositions combinées des art. 147 et 227 du Code civil », c'est-à-dire, après la dissolution du précédent mariage par le divorce. Or, si cette faculté de se remarier, après le divorce, doit être combinée avec les art. 147 et 227, elle doit l'être aussi, et nécessairement avec l'art. 295, car cet article est coexistant avec les deux précédens, et doit recevoir une application simultanée. Au surplus, l'espèce jugée par cet arrêt n'est pas celle d'une réunion d'époux divorcés, mais bien d'un mariage entre étrangers dont l'un était divorcé.

Quant à la seconde partie de la réponse faite par l'ancien Garde des sceaux, savoir : que les époux divorcés depuis la loi de 1816, ne pourront se remarier avec d'autres, je pense avec M. Dalloz, qu'elle n'est pas fondée. Il y aurait en effet confusion et injustice dans la loi d'après cette interprétation. Confusion, en ce que, pour affirmer que la loi française n'autorise point un second mariage pendant la vie du premier conjoint, il faut admettre que la loi civile se détermine par des motifs tirés de la conscience et des doctrines religieuses, ce que repousse nécessairement la diversité des matières ; il y aurait, en second lieu, injustice ; car la loi qui a accordé dans un temps à l'époux la faculté de divorcer, a rompu civilement les liens de son mariage ; or, la loi nouvelle, qui lui défendrait de convoler à de secondes noces, sous prétexte de l'indissolubilité de son mariage, lui enleverait rétroactivement un droit acquis, et le condamnerait, sans motifs, au célibat. Cette interprétation est en outre absurde ; car elle admet, à l'occasion d'une loi qui abolit

le divorce, qui, par conséquent, en reconnaît l'existence jusqu'au moment de son abolition, une supposition qui lui dénie
son principal effet, la dissolution du lien conjugal.

—

§ 6. — Paternité et filiation, ou état de père et état d'enfant
légitime, adoptif, ou naturel.

—

SOMMAIRE.

1. — *Principes généraux ; divisions.*
2. — *Le fait et la preuve du fait étant indivisibles, c'est
la même loi qui régira tout à la fois la paternité,
la filiation légitime, et la preuve de ces faits.*
3. — *On ne saurait rien conclure de contraire à cette doctrine de deux arrêts récens de la Cour de cassation.*
4. — *Mais si ces principes sont applicables à la qualité
même de père et de fils résultant du mariage, il
n'en saurait être de même des effets éloignés ou
prochains qui naissent de cette qualité.*
5. — *Distinctions générales entre ces effets.*
6. — *Restant constamment dans le domaine souverain de
la loi, ces effets ne confèrent actuellement aucun
droit acquis.*
7. — *Preuves de ce principe, quant à la puissance paternelle.*
8. — *La Cour royale d'Agen s'est néanmoins écartée de
ces principes par son arrêt du 7 prairial an XIII.
L'erreur de cette Cour vient de ce qu'elle a jugé
par les purs principes du droit civil, ce qui tient
essentiellement au droit public.*
9. — *Résumé de ce qui précède.*
10. — *Ces principes vrais, quant aux effets immédiats et
prochains des qualités de père et de fils légitime, le
sont, à plus forte raison, quant aux effets éloignés
de ces qualités. Par exemple, la successibilité.*

11. — *Consécration de ces principes par la Cour d'appel de Bruxelles qui les avait d'abord méconnus.*

—

1. Ce qui rend la détermination des droits acquis si difficile en cette matière, c'est que l'action de la loi n'abandonne jamais d'une manière définitive les individus; et à la différence des contrats, faits consommés à l'instant, dont les résultats tombent immédiatement dans le domaine privé et échappent ainsi à l'action permanente de la loi, ses dispositions se trouvent constamment mêlées, d'une manière directe ou indirecte, explicite ou implicite, à tous les faits généraux auxquels l'homme social se trouve intéressé; et il ne saurait, sans les plus graves dangers, en être autrement. Je vais plus loin : je dis que le développement et l'exercice des droits civils seront d'autant mieux garantis, que l'action permanente de la loi sera renfermée dans des limites plus précises, mieux connues, que ses dispositions générales seront moins exposées aux interprétations privées.

La paternité et la filiation, faits corrélatifs, sont classées par la loi de la manière suivante :

Paternité et filiation résultant du mariage;
— *De l'adoption;*
— *De la nature.*

Art. 1. — Paternité et filiation résultant du mariage.

2. En général, toute loi qui consacre une qualité civile régit constamment le fait d'où résulte cette qualité; elle régit par conséquent aussi le mode par lequel ce fait pourra être prouvé; car, s'il est un principe incontestable en droit, c'est que la preuve d'un fait étant inséparable du fait lui-même, la loi ne saurait, sans une contradiction manifeste, méconnaître ou repousser la preuve de ce fait dont elle consacrerait néanmoins l'existence. C'est donc la même loi qui régit à la fois et le fait et la preuve; et la loi postérieure ne saurait, sans rétroagir, et par conséquent sans blesser des droits acquis, porter atteinte à l'un ou à l'autre (V. infrà, *Formes probantes des contrats*, p. 270). Ainsi, les qualités de père, d'époux, de fils, etc., aussi bien que la preuve des faits civils d'où découlent ces qualités, seront

irrévocablement régies par la loi sous l'empire de laquelle ces faits se seront réalisés. Ainsi, la paternité, la filiation légitimes, résultant d'un mariage contracté sous l'empire des anciennes lois, demeureront invariablement régies par ces anciennes lois; on devra donc, pour parvenir aujourd'hui à établir la paternité ou la filiation résultant de mariages contractés antérieurement au Code civil, prendre pour unique règle les dispositions tracées par les anciennes lois. Ce principe est certain, comme toute démonstration à laquelle concourent à la fois le droit et la raison.

3. Je sais qu'il existe deux arrêts de la Cour de cassation, l'un du 22 déc. 1819 (aff. Riveyran (1)), l'autre du 12 déc. 1827 (2), qui présentent dans leurs motifs quelque confusion à cet égard; mais leurs dispositifs pouvant être considérés comme une application directe de l'ancien droit aussi bien que du droit nouveau, on ne saurait en conclure rien de contraire au principe que j'expose.

Il faudrait donc dire, en reprenant l'espèce jugée le 22 déc. 1819, où il s'agissait de constater une filiation légitime antérieure au Code civil, que l'art. 46 de ce Code, quelque conformité qu'il présente, isolément pris, avec l'art. 14, tit. 20, de l'ordonnance de 1667, se trouvant néanmoins inséparable, dans son application, des art. 194, 195 et 197, et étant par là plutôt *limitatif* que *démonstratif*, on ne saurait rigoureusement s'autoriser de cet article, pour refuser la preuve par témoins d'un mariage ancien, alors qu'il existe un commencement de preuve par écrit soutenu de la possession d'état, et qu'il ne s'agit pas précisément de suppléer, aux termes de cet article, l'absence de registres qui n'auraient jamais existé ou qui se trouveraient perdus. L'application de la loi nouvelle, dans ce cas, pourrait n'être pas toujours exempte de rétroactivité; et ce serait, en principe, l'art. 10, tit. 20, de l'ordonnance de 1667, interprété dans le sens large que lui donnaient les anciennes Cours souveraines, qui devrait seul servir de règle (V. *infrà*, sect. 7, § 2, *in fine*). C'est ainsi que la Cour royale de Paris, faisant l'application de l'ancienne jurisprudence à des faits anciens, quoique la preuve de ces faits fût demandée sous le Code civil, a décidé, le 23 fév. 1822 (aff. Tilliard (3)), que suivant cette ancienne jurisprudence, la légitimité des enfans,

(1) Sirey, t. XX, 1, 281.
(2) *Ibid.*, t. XXVIII, 1, 172.
(3) *Ibid.*, t. XXII, 2, p. 183.

à défaut de production de l'acte de célébration du mariage des père et mère, ne pouvait être établie que par la double possession d'état des père et mère comme époux, et des enfans comme légitimes.

4. Mais si la loi a perdu son action quant à ces qualités devenues *droit acquis* par le fait même du mariage (1), elle l'a conservée tout entière quant aux effets prochains ou éloignés résultant de ces qualités; car, la loi n'a entendu conférer que des qualités irrévocables; elle s'est réservé, dans l'intérêt général, d'en régler ou d'en modifier les effets à son gré. Or, ces effets sont de natures diverses.

5. Les uns sont relatifs à la personne, les autres sont relatifs aux biens; les premiers tiennent plus essentiellement à la police générale de l'État, les seconds à la sécurité des transactions sociales, à la régularité des transmissions de biens, par conséquent à l'ordre et au repos général de tous les membres de la société. Quelques uns sont tellement liés à leur cause par la nature elle-même, que la loi, malgré toute sa puissance, paraîtrait rétroagir et blesser des droits acquis, si elle essayait, quels que fussent ses prétextes, d'altérer ces rapports naturels. Ainsi le fils hérite de son père; la loi peut bien modifier cet effet de la filiation légitime, en augmentant ou en restreignant la disponibilité; elle ne saurait aller jusqu'à le détruire directement ou indirectement: *Nullo jure civili, jura sanguinis dirimi possunt;* L. 8, ff *de Reg. jur.* Le fils tient de son père le nom qu'il porte ; la loi pourrait, à toute force, refuser cet effet à la filiation ; mais une pareille disposition serait tellement contraire au but naturel de la loi, qui est de maintenir tous les élémens d'ordre et de civilisation consacrés par le temps et les usages constans des sociétés humaines, qu'elle paraîtrait rétroagir et enlever un droit acquis. Il faut en dire autant de l'exercice de l'autorité paternelle sur les enfans du mariage (2).

6. Je viens d'indiquer des différences générales entre les effets de la paternité relativement aux personnes, et ses effets relativement aux biens; je dois ajouter, que des uns et des autres, qu'ils soient prochains ou éloignés, ne sauraient jamais résulter des

---

(1) *Is pater est quem justæ nuptiæ demonstrant.* L. 5 ff *de in jus voc.*
(2) Cependant, rigoureusement parlant, la loi ne rétroagirait pas (*V.* le § suivant).

droits acquis aux individus ; qu'ils restent constamment dans le domaine de la loi, comme moyens généraux d'administration, inaliénables par leur nature ; or, c'est par le fait d'une aliénation quelconque, d'une *mutation de droit*, selon l'expression de M. Proudhon (*Cours de droit*, t. 1er, p. 23), que se forment les droits acquis ; et c'est même là, comme on le verra plus loin (*infrà*, p. 267 et suiv.), le propre du contrat ; que ces effets, précaires par essence, ne sont donc irrévocables ni pour le père ni pour le fils.

7. Ainsi, avant le Code civil, la puissance paternelle n'existait pas en faveur de la mère dans plusieurs parties de la France ; la loi n'a fait qu'user de sa puissance naturelle, sans rétroaction et par suite sans blesser les droits ni du père ni de l'enfant, lorsqu'elle a appelé la mère à partager cette puissance ; le Code civil, disait la Cour d'appel de Turin, en consacrant ce principe par son arrêt du 9 mess. an XIII (1) « a rétabli la mère dans les droits imprescriptibles qu'elle tenait de la nature, en déclarant que son enfant reste sous son autorité jusqu'à sa majorité ou à son émancipation...... Il serait bien étrange de dire que la loi, dans ses dispositions, n'a voulu contempler que les femmes qui seraient devenues mères après sa publication ; car, en tout ce qui touche à l'état des personnes, au régime des familles, personne n'a pu acquérir des droits irrévocables. C'est la loi qui les a reconnus, qui en a sanctionné les attributions ; de sorte que la loi, par de nouvelles dispositions, peut porter, à l'instant de sa promulgation, les changemens qu'elle croit devoir adopter en cette matière, sans qu'il s'en suive qu'elle blesse par là des droits acquis, parce tout droit en cette matière n'a jamais eu d'autre base que la loi elle-même........ »

Dans les pays anciennement régis par le droit écrit, les enfans n'étaient affranchis de la puissance paternelle que par un acte spécial d'émancipation ou par leur promotion à des emplois publics qui entraînaient cette émancipation ; la loi du 28 août 1792 a incontestablement affranchi de la puissance paternelle, par voie de disposition générale, tous les enfans de ces pays qui, lors de sa promulgation, avaient atteint leur majorité. En même temps, et comme conséquence de cet effet de la loi, quant à la personne, l'usufruit légal auquel avait droit le père sur les biens de l'enfant

(1) Sirey, t. v, 2, p. 174.

sorti de sa puissance, a cessé à son égard (1). Au contraire, les enfans nés sous l'empire de la Coutume de Senlis, où *la puissance paternelle n'avait lieu*, ont été soumis à cette puissance jusqu'à leur majorité ou leur émancipation, du jour de la promulgation de l'art. 372 du Code civil.

Pareillement, tous les enfans nés sur quelque partie que ce soit du territoire français, ont été soumis aux dispositions des art. 148 et suivans du Code civil relatifs aux consentemens ou autorisations nécessaires pour procéder valablement à leur mariage du jour de la promulgation de ces articles; enfin, les droits de correction, déterminés par les art. 375 et suivans, ont été remis entre les mains du père, du jour de la promulgation de ces articles, etc. Dans tous ces cas et autres semblables, la loi n'a fait qu'user de voies purement législatives, restées constamment dans son domaine, pour améliorer les conditions générales du corps politique, soit en extirpant d'anciens abus que paraissait repousser depuis long-temps la société elle-même ; soit en ramenant la législation à des idées plus simples, plus conformes à l'état actuel, même à la tendance des esprits vers un autre ordre social. Mais de là n'est résulté aucune rétroactivité, aucune lésion des droits acquis; car en cette matière, il n'existe de droits acquis pour personne.

8. Quelque simples que soient ces vérités envisagées sous ces rapports généraux, elles ne laissent pas que d'échapper à ceux qui, renfermés dans les pures appréciations du droit civil, ne se rendent pas un compte exact, pour toutes les hypothèses, de la nature propre *des droits acquis*. Ainsi, la Cour royale d'Agen, après avoir consacré par son arrêt du 7 prair. an XIII (aff. vᵉ Lescure) le principe, qu'une femme devenue veuve antérieurement au Code civil, se trouvait investie de plein droit, par la publication de l'art. 390 de ce Code, et sans rétroactivité, de la tutelle de son enfant mineur, alors que cette tutelle avait été déférée à un tiers par le père (2), s'est refusée néanmoins à admettre la

---

(1) C'est ce qu'ont jugé les Cours de cassation les 26 juil. 1810, 5 août 1812, et 13 mars 1816, et de Besançon, 2 juil. 1811; Journal des Audiences (1816, p. 349); Répert. de Jurisp., vᵒ *Usufruit paternel*, § 5, nᵒ 7.

(2) Le même principe a été admis par l'arrêt de la Cour d'appel de Turin, du 6 mess. an XIII, rapporté ci-dessus, et par un arrêt de la Cour de cass., du 8 déc. 1807, confirmatif de celui-ci (Minute des arrêts de la Cour de cassation).

conséquence de ce principe, savoir : qu'elle eût droit à l'usufruit légal des biens de l'enfant, en vertu de l'art. 384 du même Code. « Il n'en est pas de même, dit cette Cour, de la jouissance des biens ; cette partie de la loi n'est plus relative à l'ordre public, mais aux intérêts des particuliers entre eux ; elle ne doit donc avoir lieu que sur les biens dont le fils n'avait pas la jouissance, lors de la publication du Code. Il a, par la mort de son père, hérité de la pleine et entière propriété des biens de ce dernier ; ce droit lui a été absolument et irrévocablement acquis ; ainsi, en le lui ôtant, la loi ôte un droit acquis pour le transporter à la mère qui n'y avait aucun droit par les lois anciennes ; ainsi donc, appliquant à l'hypothèse présente la disposition du Code civil relative à la jouissance des biens, on donne à la loi un effet rétroactif. . . . . . On ne peut opposer ici l'objection prise de la loi qui abolit la puissance paternelle et qui a privé les pères de l'usufruit que la loi ancienne leur donnait sur les biens de leurs enfans. . . . . La jouissance que les pères avaient sur les biens de leurs enfans, n'était pas un droit naturel comme la jouissance acquise au fils de famille par la mort de son père ; elle dérivait d'une puissance exorbitante des pères sur leurs enfans, qui, dès le principe, leur permettait de disposer de leurs personnes et de leurs biens ; et quoique cette puissance eût été par la suite modifiée par les lois romaines, il n'est pas merveilleux que les lois françaises y aient apporté quelque modification, et que les tribunaux, croyant entrer dans les vues du législateur, aient donné à cette modification un effet rétroactif ; mais ici il est question d'un droit nouveau, par lequel, à la vérité, le législateur a eu raison d'assimiler la mère au père ; mais les avantages que procure cette législation, en donnant un nouveau frein au fils de famille, n'ont pas paru au législateur assez forts pour donner à la loi un effet rétroactif. Les tribunaux ne doivent donc pas le lui donner ».

Mais qu'ont à faire ici les principes du droit civil sur les successions, et qu'importent les différences entre la jouissance des pères sur les biens de leurs enfans, et la jouissance acquise au fils de famille par la mort de son père? Il s'agit de définir le droit d'usufruit légal, d'en déterminer exactement les caractères ; or, ce droit consiste dans la jouissance, de la part du père ou de la mère, des biens de leurs enfans jusqu'à l'âge de dix-huit ans accomplis, ou jusqu'à leur émancipation. Que ce droit tire son origine des dispositions pures du droit romain, qu'il la tire du droit féodal,

c'est-à-dire , de la garde noble et de la garde bourgeoise , ou tout
à la fois de l'un et de l'autre , comme paraît le penser M. Proudhon (*de l'Usufruit*, t. 1 , n°·134), toujours est-il , qu'il dérive
immédiatement de la loi ; qu'il a pour cause un dédommagement
que la loi attribue au père ou à la mère , pour les soins qu'ils donnent aux biens de leurs enfans , pendant que ceux-ci en sont encore incapables ; que cette disposition légale repose sur ce principe d'équité , que si le père et la mère doivent veiller à la conservation et à l'éducation des enfans auxquels ils ont donné le jour, ils
ne leur doivent pas au même degré et sans compensation, le sacrifice de leur temps et de leurs soins pour la simple administration de
leurs biens; que néanmoins eux seuls , dans l'esprit de la loi ,
ayant qualité pour recevoir la charge de ces soins , et l'exercice
de la puissance paternelle pouvant,.sous ce rapport, entraîner
des abus , la loi n'a fait , au fond, que régulariser cet exercice , en
lui donnant de justes limites ; or, cette faculté de modifier, même
sous le rapport des biens, la puissance paternelle, est toujours restée l'une des éminentes prérogatives de la loi ; l'usufruit légal est
donc dans la réalité, un effet naturel de la puissance paternelle (1);
il en dépend donc comme l'effet dépend de sa cause ; il est donc
inhérent et indivisible de la puissance paternelle , comme le disait
très justement l'arrêt de la Cour royale de Paris , du 3 germ.
an XII (aff. Cadeau d'Assy) (2) , (et sous ce rapport la critique
de M. Merlin, qui conteste cette dépendance intime, Répert.;
Effet rétroactif, p. 239 , n'est pas fondée), non pour que la puissance paternelle ne puisse avoir lieu sans que ce droit en résulte
nécessairement, mais pour que ce droit ne puisse exister que
comme accessoire nécessaire de la puissance paternelle ; et il est
tellement vrai que ce droit est essentiellement dépendant de
cette puissance , que M. Proudhon n'hésite pas à décider (*Usufruit* , t. 4 , n° 2026), que si le père condamné à une peine emportant mort civile, et ainsi privé de la puissance paternelle qui se
trouve dès lors dévolue à sa femme , obtenait sa grâce du prince,
il recouvrerait par là la plénitude des droits attachés à cette

(1) *Suprà*, n° 5 et suiv.
(2) Sirey, t. v, 2, p. 174. Cet arrêt, ainsi que celui de la Cour de cassation, du 11 mai 1819 (aff. Bouttechoux), consacrent le principe contraire
à celui de la Cour royale d'Agen , savoir : que les dispositions du Code
civil , relatives à la jouissance légale , sont applicables du jour de leur
promulgation.

puissance, indépendamment de l'objection que cette réhabilitation de grâce ne saurait jamais avoir lieu que *sauf les droits des
tiers ;* or, la femme est un tiers saisi de la jouissance légale du
jour et par le fait de la condamnation du mari. « Il faut faire une
distinction, dit M. Proudhon, entre les droits qui n'ont pris nais-
naissance que par la condamnation même, tel que celui de la
puissance paternelle dévolue à la mère, par la mort civile du
père, et ceux qui étaient préexistans, comme sont les indemni-
tés dues à la partie civile : il faut faire une distinction entre les
droits *inhérens à une qualité personnelle* qui reste toujours dans
le domaine de la loi, et ceux qui sont sortis de ce domaine par
quelques faits ou actes de l'homme ; il faut faire une distinction
entre les droits compensatoires de dommages ou acquis à titre
onéreux, et ceux qui ne sont que lucratifs. Sous le premier point
de vue, il est conforme à la nature des choses qu'un droit qui
n'est né que par la condamnation, cesse, pour l'avenir, lorsque
la condamnation est abolie par la restitution du condamné dans
son état primitif, ce qui doit avoir lieu, même dans le cas de la
restitution de grâce ; parce que ce n'est là qu'une conséquence
de la maxime *cessante causâ cessat effectus.* Sous le second point
de vue, lorsqu'il s'agit d'un droit qui est inhérent à une qualité
personnelle, la perte ne peut pas en être absolue, par la privation de cette qualité, comme quand il y a un acte d'aliénation
faite par l'homme lui-même ; dans le premier cas, en effet, la
perte du droit ne doit être considérée que comme conditionnelle
tant que l'homme peut obtenir sa restitution dans la qualité qui
entraîne ce droit par voie de conséquence ; tandis que dans le second, l'aliénation est absolue. »

9. En résumé, il faut dire que la loi restant toujours la maîtresse de régulariser, dans l'intérêt général, les effets de la puissance paternelle, soit quant aux personnes, soit quant aux biens,
elle a pu, sans rétroactivité, et par l'usage naturel de sa puissance essentiellement protectrice des plus grands intérêts sociaux,
décider que l'un de ces effets, la jouissance légale des parens,
sur les biens de leurs enfans, déniée dans de certains pays, ou
établie dans des vues contraires au bien public dans d'autres,
sera déterminée désormais d'après d'autres vues ; que la mère
exclue jusqu'ici de l'exercice comme des effets de cette puissance,
cessera de l'être à l'avenir, par la même raison et en vertu du
même principe que la loi a pu décider, sans rétroactivité, que

le fils précédemment soumis à la puissance paternelle, jusqu'à la mort de son père, en serait affranchi à l'âge de 21 ans
accomplis (art. 372 et 388); que l'enfant qui n'y avait pas été
soumis jusque-là, entrerait par le fait de la publication de
l'art. 372 du Code civil, sous le joug de cette puissance jusqu'à
la même époque; et en cela nul n'est privé d'un droit acquis,
parce que les individus n'ont jamais de droit acquis contre les
mesures générales d'ordre ou de bien public, et qu'on ne peut
jamais opposer comme droit acquis, à l'établissement de ces
mesures, que l'accomplissement d'un fait ou d'un acte que la loi
ne défend pas.

10. Mais si ces principes sont vrais quant aux effets immédiats ou prochains résultant des qualités civiles de père et de fils
légitimes, à combien plus forte raison le sont-ils lorsqu'il s'agit
des effets éloignés de ces mêmes qualités! Par exemple, la successibilité légitime est un des effets éloignés des liens qui unissent
le père aux enfans; et la successibilité appliquée aux autres degrés de la famille, n'est, dans la réalité, qu'une extension de ce
principe (V. infrà, *Suites extrinsèques des contrats*); mais il est
évident que la détermination de ces effets, leur étendue, les
restrictions, les modifications dont ils sont succeptibles, restent toujours, comme moyens généraux d'améliorer le régime
intérieur des familles, de les coordonner surtout au principe
du gouvernement, source première de toutes les améliorations
sociales, dans les résolutions suprêmes et inaliénables de la loi;
que si les dispositions actuelles en vertu desquelles s'opèrent les
distributions de biens, par suite de décès, confèrent des droits
acquis à ceux qui, justifiant de ces décès, prouvent par là qu'il
y a eu transmission de biens consommée à leur égard, mutation
de droit, et dès lors droit acquis; il ne saurait en être de même
des successions non ouvertes qui n'offrent encore ni transmission
de biens, ni mutation de droit, ni droit acquis à personne; que
les expectatives des familles ou des individus, quelque fondées
qu'elles soient sur les dispositions actuelles de la loi, ne sont cependant que des expectatives sur lesquelles l'action de la loi pèse
encore dans l'intérêt de tous, et qu'elle peut diriger dans d'autres
vues politiques ou même anéantir, sans préjudice pour personne, parce que la loi, dans ses dispositions générales, ne stipule jamais au nom des individus ni contre eux, et que ceux-ci
ne peuvent jamais se prévaloir contre elle, ainsi que je l'ai déjà

dit, que de faits consommés à l'abri de ses dispositions précédentes.

11. A l'aide ce ces développemens il sera facile de sentir à quelle erreur grave s'étaient laissé aller d'abord la Cour d'appel de Bruxelles le 10 mes. an XIII, ensuite le tribunal de Gand. . . .

Apprécions les faits sur lesquels sont intervenues leurs décisions :

Les anciennes Coutumes de Flandre flamande admettaient, à l'exemple du droit romain, entre les enfans naturels et leurs descendans d'une part, leur mère et leurs parens maternels de l'autre, le même droit de successibilité que s'ils eussent été légitimes. Maintenant voici l'espèce : En 1780, naissance, hors mariage, de Marie Barbe Martens à Ecloo (Pays-Bas) de Marie Gernart fille légitime de Pierre Gernart et de Marie Jeanne Toëbast. Pierre Gernart aïeul naturel et maternel de Marie Barbe Martens, meurt en 1793 ; celle-ci est admise sans difficulté à lui succéder par représentation de sa mère, concurremment avec ses oncles et tantes naturels. Marie Barbe Martens meurt à son tour en 1807, laissant de son mariage avec Charles Van Wassenhoven, un fils mineur nommé Sébastien. En 1813, décès de Marie-Jeanne Toëbast bisaïeule naturelle et maternelle de Sébastien Van Wassenhoven. Celui-ci se présente à la succession, et réclame, comme représentant son aïeule maternelle, Marie Gernart, la part qu'elle y aurait prise elle-même, d'après la coutume d'Ecloo. On lui oppose l'art. 756 du Code civil, qui, en attribuant aux enfans naturels, *des droits sur les biens de leur père et mère, décédés, lorsqu'ils ont été légalement reconnus,* déclare expressément *qu'ils ne sont point héritiers,* et ne leur accorde *aucun droit sur les biens des parens de leur père et de leur mère.* Il répond entre autres, qu'il ne s'agit pas ici d'un enfant naturel réclamant des droits héréditaires dans la succession de ses père et mère, mais bien d'un arrière petit-fils né en légitime mariage, qui a *acquis des droits de famille,* comme membre de celle de Gernart. L'art. 756 du Code civil purement organique des dispositions antérieures qui conféraient les droits de successibilité en France aux enfans naturels, n'a pu avoir pour effet de changer les anciennes dispositions du droit Belge qui accordaient aux enfans naturels la successibilité dans la ligne maternelle. Ce droit de famille est acquis par le fait de la naissance, etc. Le tribunal de première instance de Gand accueillit ce système. Mais la cause ayant été déférée par appel à la Cour de Bruxelles, cette Cour, revenant sur son arrêt du 7 mes. par lequel elle avait consacré la même erreur, infirme le 26 nov. 1818 le jugement du tribunal de Gand, dans les termes suivans : « Attendu, que l'habileté à succéder est réglée et déterminée par les lois en vigueur à l'époque de l'ouverture de la succession, et que Marie Jeanne Toëbast, veuve de Pierre Gernart, est décédée le 14 octobre 1813; qu'ainsi, sa succession étant régie par le Code civil, la question de savoir si le fils de l'intimé a droit de successibilité à la mortuaire de cette défunte, doit être décidée d'après l'art. 756 du même code ; attendu que, par la loi du 30 vent. an XII, les lois romaines, les ordonnances, les coutumes générales ou locales, les statuts, les règlemens, ont cessé d'avoir force de la loi dans les matières qui sont l'objet dudit code, à compter du jour où la loi du 29 germ. an XII, sur les successions est devenue exécutoire, etc. ; infirme (1) ».

ART. 2. — État de père et d'enfant adoptif.

SOMMAIRE.

1. — *Les qualités de père et d'enfant adoptif sont soumises aux règles des contrats.*
2. — *Application de ces principes par diverses Cours judiciaires.*
3. — *Néanmoins l'exercice des droits que confèrent ces qualités, n'est pas moins dépendant, en principe, de la loi générale, que celui des droits qui résultent de la paternité et de la filiation légitimes.*

---

1. Les qualités de père et d'enfant adoptif résultant uniquement d'un contrat, il est évident qu'elles seront déterminées en principe, par les seules règles relatives aux contrats; c'est-à-

(1) Jurisprudence de la Cour supérieure de Bruxelles, 1819, t. II, p. 281.

dire, que ces qualités, une fois valablement conférées en vertu d'un titre que n'infecte d'ailleurs aucun des vices par lesquels tout contrat peut être déclaré nul, savoir : le dol, l'erreur, la violence, etc., sont irrévocables, pour le père comme pour le fils ; et il ne serait pas au pouvoir de la loi postérieure, d'anéantir les effets d'un tel contrat, conclu sur la foi de la loi précédente, même sous le prétexte que les formes prescrites par cette loi, étant insuffisantes, dérisoires ou contraires à quelques égards au droit naturel, il est toujours au pouvoir de la loi postérieure, de rappeler à des formes réelles et certaines, plus d'accord avec la justice et la raison, les adoptions antérieures dépourvues de ces formes. Ce serait, à l'aide de prétextes détournés, attaquer par leur base des contrats parfaits par essence, et que doivent toujours protéger les lois existantes, premières gardiennes de l'inviolabilité des engagemens réguliers.

La Cour de cassation a eu à faire l'application de ce principe le 16 fruct. an XII. Les lois des 18 janv. 1792, 25 janv. 1793 et 16 frim. an III, avaient posé nuement le principe, que l'adoption était permise en France ; et la loi transitoire du 25 germ. an XI, avait déclaré valable « toutes adoptions antérieures au Code civil, établies par un titre authentique ».

La Cour d'appel de Dijon, par son arrêt du 12 therm. an VIII avait déclaré nulle l'adoption de Marie Françoise, *faite seulement sans le contentement du sieur Turlot son père légitime.*

On se pourvut en cassation contre cet arrêt.

Les défendeurs à la cassation soutenaient entre autres, que la formalité simple de la production d'un acte authentique prescrite par la loi du 25 germ. an XI, ne détruisait pas la nécessité, pour les adoptions précédentes, de l'accomplissement d'une condition aussi grave que *celle du consentement du père légitime ;* cette condition était non-seulement écrite dans le droit romain, la vraie loi positive de l'espèce ; dans le Code civil, loi postérieure qui consacrait à son tour ce principe de justice et d'éternelle raison, en matière d'adoption ; elle l'était encore dans le droit naturel.

2. Mais la Cour de cassation, par son arrêt du 16 fructidor an XII, dont il vient d'être parlé, fixa comme il suit les vrais principes : « Vu le décret du 18 janv. 1792 et la loi du 16 frim. an III ; considérant que l'adoption n'a été introduite en France que par le décret dudit jour 18 janv. 1792, qui s'est borné à en

déclarer le principe, sans en régler les conditions, le mode, ni les effets; considérant que par la loi du 16 frim. an III, la convention nationale, non-seulement a confirmé le principe décrété le 18 janv. 1792, mais encore a solennellement reconnu que des adoptions avaient pu être faites depuis cette époque, et que cette loi n'a également prescrit ni forme, ni conditions, pour la validité d'un acte d'adoption; considérant que les lois romaines concernant l'adoption, étaient inusitées en France, tant dans les provinces de droit écrit, que dans le pays coutumier, lorsque l'adoption y a été introduite en 1792, et qu'à l'autorité législative *seule*, appartenait le droit de subordonner à ces lois, la validité d'un acte quelconque d'adoption, fait depuis cette époque; d'où il suit que le tribunal d'appel de Dijon a commis *un excès de pouvoir*, en prenant leurs dispositions pour base de la nullité par lui prononcée, de l'adoption de laquelle il s'agit; considérant que la fausse application de ces lois à l'espèce présente, est d'autant plus importante à proclamer, que l'adoption de Magdelaine-Françoise a été faite dans l'intervalle du 18 janv. 1792 à la publication du Code civil, par deux actes authentiques, dont le second a été reçu par l'officier de l'état civil, et que la loi transitoire du 25 germ. an XI, a déclaré valables et productives d'effets, toutes adoptions faites par actes authentiques, depuis le 18 janv. 1792, jusqu'à la publication des dispositions du Code civil, relatives à l'adoption, quand elles n'auraient été accompagnées d'aucune des conditions depuis imposées pour adopter et être adopté; casse, etc. ». (V. aussi les arrêts des Cours d'appel de Paris, 11 vent. an XII; de Besançon, du 18 janv. 1808; et M. Chabot, Quest. transit., v° *Adoption*).

3. Néanmoins, je dois ajouter que c'est sous le rapport de la qualité de père ou d'enfant adoptif seulement, et de la preuve de ces qualités, que la loi nouvelle ne saurait rétroagir; quant à l'exercice même, des droits qu'elles supposent ou qu'elles entraînent nécessairement, il est évident qu'il n'en est pas autrement de la paternité ou de la filiation adoptive, que de la paternité ou de la filiation légitime et naturelle; et qu'à l'égard des unes comme à l'égard des autres, l'exercice des droits qu'elles confèrent, reste constamment dans le domaine souverain de la loi qui peut, dans l'intérêt général de la société et selon ses vues, les régler, les modifier à son gré, sans rétroagir.

ART. 3. — État de père et d'enfant naturel.

—

SOMMAIRE.

1. — *Distinction fondamentale entre la paternité légitime et naturelle, et la paternité purement naturelle.*
2. — *Conséquences diverses qui résultent de cette distinction, quant aux droits des enfans.*
3. — *Distinction importante, quant à la paternité naturelle, entre les effets et la preuve de cette paternité.*
4. — *Principes divers posés par les Cours judiciaires sur cette matière.*
5. — *Raisons de l'un de ces principes. Développemens de quelques dispositions rétroactives de la loi du 12 brum. an II.*

—

1. La paternité naturelle est aussi un fait irrévocable contre lequel la loi postérieure est impuissante ; mais n'émanant pas de la même source que la paternité légitime, elle n'en a pas les mêmes effets. La paternité légitime, conséquence civile du mariage, appuyée sur la présomption formelle de la loi, entraîne des effets immédiats qui ne sont sans doute pas rigoureusement sortis, comme je le disais tout à l'heure, du domaine éminent de la loi, mais dont elle ne saurait néanmoins, sans renverser l'ordre social, dépouiller les individus que cette qualité intéresse ; ce sont tous les droits, toutes les prérogatives de la famille ; ainsi, l'état civil, la puissance paternelle, les devoirs de cette puissance, la successibilité, etc., peuvent bien, comme je le disais encore, recevoir en tout temps, de la loi, des modifications jugées nécessaires au bien de la société ; mais elles ne sauraient, sans danger imminent pour elle, disparaître entièrement des tables de la loi.

La paternité naturelle, au contraire, est un fait individuel, pur et simple, auquel la loi civile, d'accord en cela avec la loi naturelle, n'attache qu'un seul effet, c'est de nourrir l'enfant dont on se reconnaît le père. Mais d'où résultera aux yeux de la loi civile, la certitude de ce fait? Les législateurs modernes n'ont découvert qu'un moyen de l'obtenir : c'est l'aveu, la déclaration formelle du père (V. *infrà*, p. 257).

De là plusieurs conséquences.

2. Les effets immédiats et nécessaires du mariage, en ce qui concerne la paternité et la filiation, sont tellement inhérens à leur cause, qu'essayer de les détruire ou de les atténuer essentiellement, serait, pour ainsi dire, renverser le mariage, et ce résultat absurde, ne serait pas moins désastreux que la rétroactivité. Les effets immédiats et nécessaires de la paternité naturelle au contraire, se résumant en une seule obligation que la loi civile ne saurait atteindre, l'obligation de fournir des alimens à l'enfant naturel, il est évident que cette loi restera toujours la maîtresse d'étendre ou de resserrer à son gré, et sans rétroactivité, les limites dans lesquelles elle permettra à la paternité naturelle l'exercice des divers effets qu'elle attache à la paternité civile. Ainsi, de même que par un écart digne de ces temps malheureux où des actes législatifs attribuaient des primes aux filles mères (1), les lois des 4 juin 1793 et 12 brum. an 11 (art. 2), assimilaient, quant aux droits de successibilité, les enfans naturels aux enfans légitimes ; de même le Code civil rentrant dans les voies de la sagesse et de la raison, a restitué sa prééminence à la famille, refusé aux enfans naturels toute participation à la parenté légitime, restreint les effets de la puissance paternelle à leur égard, aux moyens de correction déterminées par les art. 376, 377, 378 et 379 (art. 383) refusé positivement à ces enfans la qualité d'héritiers (art. 756), et réduit leurs droits dans la succession de leur auteur, lorsqu'ils concourent avec des enfans légitimes, au tiers de la portion qu'ils auraient eue s'ils eussent été eux-mêmes légitimes (art. 757), etc. Dans ces deux cas, la loi a toujours agi sans rétroactivité dans la sphère naturelle de sa puissance.

3. Mais si ces principes, en ce qui concerne la puissance de la loi sur les effets de la paternité naturelle, sont certains, il n'en est pas de même de cette puissance quant à la preuve de la paternité; et de là sont nées surtout les incohérences de la législation antérieure au Code civil sur les enfans naturels, à partir de la loi du 4 juin 1793, et les longues incertitudes des tribunaux sur la même matière.

(1) Décret du .... vend. an 11.

4. Un principe incontestable est que l'enfant naturel, reconnu dans la forme déterminée par la loi sous l'empire de laquelle la reconnaissance a lieu, a par-là même *un droit acquis* que la loi postérieure ne saurait lui ravir; c'est ce qui résulte de ce que j'ai précédemment établi (*suprà*, n° 1), et ce que la Cour de cassation a consacré par son arrêt du 4 therm. an VIII (aff. Lavarde); mais la loi du 12 brum. an II, avait renversé ces notions exactes; après avoir organisé le principe posé par la loi du 4 juin 1793, que les enfans naturels succèdent concurremment avec les enfans légitimes, elle disposa, art. 8, « que pour être admis à l'exercice des droits ci-dessus, dans la succession de leurs pères décédés, les enfans, nés hors du mariage, seront tenus de prouver leur possession d'état. Cette preuve ne pourra résulter que de la représentation d'écrits publics ou privés du père, ou de la suite des soins donnés à titre de paternité et sans interruption, tant à leur entretien qu'à leur éducation ».

Il résultait de ce principe et de celui qu'elle avait posé, art. 10 et 11, d'une part, que si le père de l'enfant, né hors du mariage, était décédé depuis la loi du 4 juin 1793 jusqu'à la loi du 12 brum. an II, une reconnaissance ancienne de son père, quelque conforme qu'elle fût aux lois sous l'empire desquelles elle avait été faite, ne lui suffisait pas même pour lui assurer des alimens; il devait nécessairement produire une reconnaissance conforme aux dispositions de l'article précédent; d'autre part, que si le père de cet enfant était décédé depuis la loi du 12 brum. an II, une ancienne reconnaissance, quelle que fût sa régularité et sa conformité aux anciennes lois, était toujours insuffisante, même pour assurer des alimens; elle devait être revêtue de la forme authentique. La jurisprudence a été encore fixée dans ce sens; et c'est particulièrement ce qu'a jugé l'arrêt de la Cour de cassation, du 26 mars 1806 (aff. L'instruiseur (1)).

5. Par quel motif se sont en général déterminées les cours judiciaires, dans ce dernier cas, pour refuser aux reconnaissances régulières faites sous l'empire des anciennes lois le seul effet que ces lois leur assuraient, savoir des alimens pour l'enfant ainsi reconnu? C'est l'indivisibilité de l'état de l'enfant. Une telle reconnaissance n'étant pas suffisante pour lui procurer les droits de successibilité que lui accordaient les lois nouvelles, elle était par

(1) Journal du Palais, t. XV, p. 38.

là même insuffisante pour lui assurer des alimens. Une telle application de la loi est-elle rétroactive? Il ne faut pas en faire un doute; et j'ajoute que cette rétroactivité était dans l'esprit sinon dans le texte même de la loi du 12 brum. an II. Cette loi, toute imparfaite, toute vicieuse même qu'elle était sous plusieurs rapports, contenait une rénovation complète de la législation sur les enfans naturels. Elle renfermait, entre autres, deux importans principes qui ont passé depuis dans le Code civil : 1º la successibilité dans les biens du père naturel (1); 2º l'interdiction de la recherche de la paternité. C'est désormais sur la reconnaissance libre, mais authentique du père qu'est réellement fondé l'état de l'enfant naturel, comme c'est sur le mariage qu'est fondé celui de l'enfant légitime; c'est en donnant à la paternité naturelle toute la certitude dont elle est susceptible, que la loi autorise l'enfant naturel à participer à la succession de son père. En partant de ce principe on doit dire, que le père qui a survécu à la loi du 12 brum. an II, et qui n'a pas renouvelé sa reconnaissance par acte authentique aux termes de cette loi, a refusé à l'enfant naturel le seul titre qui pût fonder son état civil; que la loi ayant repoussé, par des raisons générales, les anciennes reconnaissances qu'elle supposait, ou entachées de fraude, ou le résultat indirect d'une action qu'elle réprouve aujourd'hui, savoir la recherche de la paternité, aucun droit n'était encore acquis à l'enfant, même pour des alimens; qu'au surplus, si quelques unes de ces reconnaissances étaient spontanées et l'expression libre et volontaire de la vérité de la part du père, ce sont là des maux particuliers qui ne sauraient arrêter l'introduction dans les lois d'améliorations réelles sur l'état des personnes.

Quant à la première hypothèse, celle dans laquelle le père naturel est mort depuis la loi du 4 juin 1793, mais antérieurement à la loi du 12 brum. an II, on ne saurait s'empêcher de voir une rétroactivité gratuite et sans motifs dans l'application de l'art. 8 de cette dernière loi, qui impose à l'enfant naturel l'obligation de représenter « des écrits publics ou privés du père, ou la preuve de soins donnés à titre de paternité et sans interruption, tant à son entretien qu'à son éducation », alors même qu'il produit une ancienne reconnaissance régulière, dans

(1) Le principe de la successibilité avait été posé par la loi du 4 juin 1793; mais il n'a reçu son organisation que de la loi du 12 brum. an II.

le but d'obtenir des alimens. Il est évident que le père n'ayant pu connaître cette disposition de la loi du 12 brum. an II, puisqu'il est supposé décédé antérieurement, l'enfant naturel n'a jamais pu recevoir de lui le titre qu'exige la loi nouvelle pour fonder son état; et que refuser au seul titre qu'il puisse produire aujourd'hui l'effet qu'il a toujours eu jusqu'ici, alors qu'il n'est pas en son pouvoir d'en produire un autre, est une rétroactivité violente que ne justifient ni le texte, ni les motifs généraux de la loi du 12 brum. an II. Quant à l'opinion de quelques auteurs, que si la loi nouvelle est plus sévère que l'ancienne, que si elle est même rétroactive dans ce cas, puisqu'elle repousse une preuve de filiation naturelle, régulière aux termes des lois qui la régissaient; il y a du moins compensation au profit de l'enfant, en ce qu'il est admis à prendre part à la succession du père, ce qui lui était refusé par l'ancienne loi, je ne saurais l'approuver, par la raison que cette prétendue compensation est entièrement illusoire pour l'enfant dont le père, mort depuis la loi du 4 juin 1793, ne lui aura pas, par un heureux hasard, laissé entre les mains un titre authentique de reconnaissance.

---

§ 7. — Majorité, Minorité, Interdiction, etc.

SOMMAIRE.

Art. 1.

Art. 2.

6. — *Opinion contraire de MM. Chabot et Merlin.*

7. — *L'opinion que la Cour de cassation a consignée dans son arrêt du 6 juin 1810 doit être préférée ; par quels motifs.*

—

Art. 1.

1. Ce sont encore les mêmes principes qui doivent nous servir de guides dans la solution des diverses questions intéressant l'état des personnes.

A la loi générale seule appartient essentiellement, comme moyen d'ordre et principe d'administration publique, le pouvoir de régler en tout temps l'exercice des droits privés ; et de même qu'elle peut exiger, dans l'intérêt général, le sacrifice de la propriété individuelle, de même elle peut, et à plus forte raison, imposer à l'exercice des droits de chacun, telles limites, telles conditions que lui suggérera la pensée du bien public.

2. Lorsqu'une loi nouvelle avance l'âge de la majorité, celui qui est encore mineur au moment de sa publication, devient-il majeur de plein droit ?

Au contraire, lorsqu'une loi nouvelle recule l'âge de la majorité, celui qui, au moment de sa publication, est déjà majeur, redevient-il mineur ?

« Ces deux questions, dit M. Merlin (Répert., t. XVII, *Effet rétroactif*, p. 240), rentrent dans celle qui était tant controversée avant le Code civil, si la majorité et la minorité se règlent par la loi du lieu de la naissance, ou si elle varie au gré de la loi du domicile actuel ? »

Point du tout, elles ne rentrent pas dans cette question ; et elles ne sauraient y rentrer, par la raison qu'elles ne se résolvent pas par les mêmes principes.

En admettant que la loi du domicile doive servir de règle pour déterminer la majorité ou la minorité de celui qui change de domicile, il faut dire que l'individu majeur dans un pays, qui va demeurer dans un autre où la loi le fait retomber en tutelle, manifeste sa volonté de changer d'état, et qu'il doit dès lors subir toutes les conséquences de cette résolution. « Celui qui, *par son fait*, change de domicile, dit Burgundus (*Tractat. ad Consuet.*, Flandr. 2, n° 7), se plaint mal à propos de se trouver de la

17.

condition dont sont tous ceux qui demeurent dans le même lieu ».
Rodemburg ne s'exprime pas différemment : « puisque la condition de la personne dépend entièrement de la loi du domicile,
dit cet auteur (*de jure Quod orit*, part. 2, titre 2, chap. 1), *c'est
à lui à s'imputer* d'aller demeurer dans un lieu où il perd son
état de majeur ». Il fait donc le *sacrifice volontaire d'un droit
acquis*, sacrifice dont il pouvait s'abstenir. Du reste, il impliquerait contradiction qu'un étranger invoquât, dans le pays où
il vient établir son nouveau domicile, l'exécution de lois en
vigueur dans un autre pays ; il est évident qu'il y aurait, dans
ce cas, absence complète de juridiction. Or, voilà des principes de droit civil mêlés à quelques considérations sur les juridictions ; mais la loi générale, qui, indépendamment de toute
volonté individuelle, dispose, dans des vues de bien public et par
mesure de haute administration, que les individus d'un certain
âge seulement auront le plein exercice de leurs droits civils ; que
jusque-là ils les exerceront dans des formes et d'après des conditions déterminées, cette loi, dis-je, agit simplement dans la sphère
de sa puissance naturelle, comme loi d'intérêt général relative à la
police de l'État, dont l'objet direct et propre est le meilleur exercice des droits des citoyens, et par suite leur bien-être ; de
même que la loi qui avance ou recule l'époque du mariage agit
dans des vues générales relatives, soit à la propagation, soit à
l'amélioration des résultats civils qui naissent du mariage. Qu'importe l'âge auquel étaient précédemment parvenus certains individus, et qu'ils fussent capables de l'exercice de certains droits
sous les lois alors existantes. Ce n'était là que de pures aptitudes,
d'où ne naissaient jamais *de droits acquis*. Il est donc évident que
de même que le Parisien qui avait atteint vingt et un ans accomplis
lorsqu'a paru la loi du 20 sept. 1792, est devenu majeur par l'effet
pur et simple de cette loi, bien qu'il ne l'eût été qu'à vingt-cinq
ans, selon l'ancienne loi ; de même le Normand qui n'avait que
vingt ans, à la même époque, bien que majeur aux termes
de la coutume de Normandie, est retombé en tutelle jusqu'à
vingt et un ans ; et il ne faut pas dire, avec M. Merlin (Répert.,
t. XVII, *Effet rétroactif*, p. 241), « que devenir majeur sur-le-
champ, était une amélioration dans l'état de celui-ci, tandis que,
descendre de l'état de majeur à celui de mineur était un désa-
vantage pour celui-là ». Il faut dire, au contraire, qu'il y a amélioration et avantage présumés dans les deux sens ; qu'il est de

l'essence de la loi d'entraîner toujours des améliorations, puisque c'est là la cause finale de son émission; que si la loi actuelle a rectifié une imperfection de la loi précédente en ce que celle-ci retardait inutilement et sans but, l'époque à laquelle les individus pouvaient user librement et pleinement de leurs droits civils; elle a rectifié, dans un autre sens, la loi précédente qui permettait le libre exercice de ces droits à ceux que l'inexpérience ou l'insuffisance des facultés intellectuelles laissaient au milieu de leurs concitoyens, dans un état d'infériorité que la loi, dans l'intérêt public aussi-bien que dans le leur, a dû faire cesser. Mais il faut ajouter que quelles que soient les dispositions de la loi nouvelle sur ce point, tout acte spécial antérieurement consommé, sous les auspices de la loi précédente, soit par le majeur, soit par le mineur, aux termes et dans les formes de cette loi, aura conféré un droit irrévocablement acquis aux parties intéressées; et la loi postérieure sera rigoureusement sans effet relativement à ces actes.

3. Quant à la cessation de la tutelle par l'émancipation, il faut dire, en appliquant le même principe, que si la loi précédente déterminait par voie de disposition générale, que les individus de quatorze ans révolus, par exemple, étaient *sui juris;* que dès ce moment, émancipés par la loi, ils devaient être simplement pourvus d'un curateur; que la loi nouvelle statue, au contraire, que les individus des deux sexes restent en état de minorité jusqu'à l'âge de vingt et un ans (art. 388); l'enfant âgé de quatorze ans, dans les pays de droit écrit, et devenu par là *sui juris* à la mort de son père, est retombé depuis la publication du Code civil, sous la tutelle de sa mère, pour tous les actes postérieurs à la publication de ce code. Tel est l'avis de MM. Proudhon (*Cours de droit français*, chap. 4, n° 6, sect. 1ʳᵉ); Merlin (Répertoire, *Effet rétroactif*, p. 242), et Blondeau (*Dissertation sur l'effet rétroactif*). Ces jurisconsultes donnent de ce principe des raisons particulières que l'on retrouvera dans leurs ouvrages aux endroits cités; les miennes procèdent des développemens mêmes que l'on vient de lire : c'est le but éminent de la loi, son pouvoir permanent et aliénable, d'améliorer sans cesse les diverses conditions du corps social, qui doivent servir d'explication générale à toutes les questions de ce genre.

4. Mais si nul droit acquis ne saurait résulter pour personne des pures dispositions de la loi en cette matière, il n'en est pas

de même, comme je l'ai dit souvent, des faits particuliers accomplis en vertu de ces dispositions. Ainsi l'enfant émancipé
par mariage ou par son père, en vertu de l'ancienne loi, et encore que la loi nouvelle n'eut ni reproduit ni maintenu ces
formes d'émancipation; même les actes consommés sous l'empire des dispositions générales de cette loi, sont *des droits ac-*
quis, et par là même des droits placés hors des atteintes de la loi
postérieure.

Comment se fait-il que la jurisprudence ait montré tant d'incertitude, dans l'application de ce principe? Il serait difficile
d'en donner la raison. Quoi qu'il en soit, M. Merlin nous offre
(Répertoire, *Effet rétroactif*, p. 242) l'analyse étendue d'un
arrêt de la Cour d'appel d'Aix du 19 frim. an XIII, qui avait pro-
fessé des principes absolument contraires; ce jurisconsulte réfute avec force et autorité les longs motifs de cet arrêt. Il développe avec non moins de solidité les motifs et le sens réel d'un
arrêt de la Cour d'appel de Nîmes du 21 frim. an XIII (aff. Mo-
rangier) qui n'a pas jugé, comme on l'avait cru, dans le même
sens que la Cour d'appel d'Aix; mais, tout au contraire, que
par la disposition de la loi nouvelle, le pubère *suis juris, était*
rentré sous le joug de la tutelle. Enfin, il est constant qu'un autre arrêt de la même Cour du 3 fruct. an XIII (aff. Veyrans), a
jugé dans le même sens que celui du 21 frim. précédent. Il est
vrai que ce dernier arrêt a été cassé en ces termes, par la Cour
de cassation le 6 avril 1808 : « Vu l'art. 390 du Code Napoléon,
et attendu qu'il résulte de cet article, que les enfans mineurs
ne doivent tomber sous la tutelle de leurs père et mère, que lorsqu'ils ne sont pas émancipés; que, dans l'espèce, Fanny Veyrans, étant pubère lors de la publication du titre 10 du Code
Napoléon, et par conséquent réputée émancipée, n'était pas
sujette à la tutelle de droit établie par cet article; et qu'ainsi,
l'arrêt dénoncé, en jugeant qu'elle était retombée sous la tutelle
de sa mère, et en annulant en conséquence les arrêts des 18
mess. an XI et 25 flor. an XII, rendus contre ladite Fanny Veyrans, non pourvue de tuteur, a fait une fausse application de
l'art. 390 du Code Napoléon, et contrevenu par suite à l'autorité
la chose jugée; la Cour casse, etc. » Mais cet arrêt n'est expositif d'aucune doctrine. Quel serait donc son motif? Serait-ce,
comme le suppose M. Merlin, que la loi nouvelle empire le sort
des mineurs, en raisonnant par argument *à contrario* d'un prin-

cipe qu'elle pose dans son arrêt du 20 mai 1806 ? C'est ce que nous allons examiner, *infrà*, art. 2, *in fine*.

ART. 2. — De l'état de majeur interdit ou placé sous la surveillance d'un conseil judiciaire.

5. Ici s'offre l'occasion d'examiner, sous le rapport de la rétroactivité, une théorie que s'est formée la Cour de cassation, en matière d'interdiction pour cause de prodigalité, et sur laquelle MM. Chabot et Merlin se sont fort étendus dans un sens contraire à cette théorie.

On considère généralement l'interdiction pour cause de prodigalité comme implicitement abrogée par l'art 13 de la Constitution du 5 fruct. an III. C'est du moins ce que paraît avoir reconnu un arrêt de la Cour de cassation du 24 niv. an X. Quoi qu'il en soit, il résulte des art. 489 et 513 du Code civil; 1° que l'interdiction, est seulement applicable au majeur qui se trouve dans un état habituel d'imbécilité, de démence ou de fureur; 2° qu'il peut être défendu aux prodigues de faire de certains actes sans l'assistance d'un conseil; or, quel sera le sort des jugemens d'interdiction, antérieurs au Code civil, rendus pour cause de prodigalité ? Subsistent-ils toujours, même après la promulgation de l'art. 513 de ce Code, sont-ils anéantis de plein droit, ou plutôt sont-ils ramenés, quant à leurs effets, aux défenses et aux mesures de précaution tracées par le code dans l'intérêt des prodigues ? Grande question qui a fortement divisé dans le temps, les Cours et les jurisconsultes; je n'en dirai que deux mots.

La Cour de cassation appelée à prononcer sur cette question, émit, pour la première fois, dans son arrêt du 20 mai 1806 (aff. Pogliani) un principe grave, auquel elle a constamment rapporté depuis toutes ses décisions sur cette matière; voici les termes de son arrêt : « Considérant que l'art. 489 du Code Napoléon ne permet de faire interdire que ceux qui sont dans un état habituel d'imbécilité, de démence ou de fureur; que l'art. 513 autorise seulement la famille à faire donner au prodigue un conseil, sans l'assistance duquel il ne puisse transiger, plaider, aliéner, etc. ; *que les lois qui règlent et modifie l'état des personnes, en améliorant leur sort, doivent, par la nature même des choses, et à raison de la faveur due à l'état des personnes,*

recevoir leur application du jour qu'elles ont été promulguées;
qu'il résulte de là que, depuis la publication du Code Napoléon,
l'individu précédemment déclaré prodigue, a cessé d'être dans
un état d'interdiction; que la seule modification apposée à son
état par l'art. 513 du Code Napoléon, ne consiste qu'en ce qu'il
*peut lui être défendu de plaider, transiger, etc., sans l'assistance
d'un conseil qui lui est donné par le tribunal;* d'où il suit que
ses actions lui appartiennent et doivent être exercées par lui,
avec l'assistance de ce conseil; que personne ne peut les exercer en son absence et à son insu, et que l'arrêt attaqué, qui a
jugé le contraire, est en opposition avec le susdit article 513 du
Code Napoléon; la Cour casse, etc. ».

Le 6 juin 1810, (aff. Roisin) elle appliqua le même principe,
toutefois avec quelques modifications; voici les motifs de son arrêt qui s'appliquent directement à la question : « Attendu.....
que les jugemens qui ont prononcé des interdictions de cette espèce avant la publication du Code, n'ont été annulés par aucune
loi; que ce Code n'a pas même aboli ce genre d'interdiction; qu'il
l'a seulement modifié en statuant, par son art. 513, qu'il peut
être défendu aux prodigues de plaider, de transiger, d'emprunter, de recevoir un capital mobilier, et d'en donner décharge,
d'aliéner ni de grever leurs biens, sans l'assistance d'un conseil
qui leur est nommé par la justice; qu'à la vérité, il résulte de
cette modification que les interdictions prononcées par jugement, encore existantes, au moment de la publication du Code,
ont été réduites, de plein droit, ainsi que les jugemens qui les
ont prononcées, à la force et aux effets des défenses autorisées
par l'art. 513, *parce que les lois qui règlent l'état des personnes, saisissent l'individu au moment même de leur émission,* et
le rendent, dès cet instant, capable ou incapable, selon leur
détermination. Mais que de là même il suit que ces jugemens et
ces interdictions conservent leur force et leurs effets jusqu'à
la mesure des défenses permises par ce même article; qu'en effet, ces interdictions et ces jugemens n'étant annulés par aucune
loi, et n'étant que modifiés par le Code, on ne pourrait les priver de cette force et de ces effets, qu'en les mettant au néant;
ce qu'on ne pourrait faire sans commettre un excès de pouvoir,
en prononçant une nullité qu'aucune loi ne prononce, et en
étendant la modification au delà de ses bornes, sans violer l'art.
514 qui exige pour la levée de l'interdiction les mêmes formali-

tés que pour la prononciation, et enfin sans priver arbitrairement les interdits d'un secours et d'une garantie que l'humanité
réclame pour eux, que la loi leur accorde, et que ces jugemens
leur assurent; qu'il n'y a dans l'arrêt de la cour du 20 mai 1806,
rien qui ne soit conforme à ces principes, qu'il juge seulement
que le Code, ayant rendu aux interdits l'exercice des actions,
c'est à eux qu'il appartient de les exercer personnellement avec
l'assistance d'un conseil, et que les curateurs ne peuvent plus les
exercer seuls, en leur nom, en leur absence et à leur insu;
mais qu'avoir jugé ce défaut de qualité des curateurs, n'est pas
avoir jugé le retour des interdits pour cause de prodigalité, à
une capacité absolue; attendu enfin, que de là il résulte qu'en
jugeant que le sieur Roisin n'a pas recouvré, par l'effet des nouvelles lois, la plénitude des droits dont il a été privé par la
sentence d'interdiction provisoire du 30 août 1792, et que cette
sentence n'a pas pris fin, l'arrêt n'a violé aucune loi et s'est
conformé aux règles de la matière; la Cour rejette, etc. ».

6. MM. Chabot (Questions transitoires, v° *Prodigue*) et Merlin
(Répertoire, *Effet rétroactif*, t. xvi, p. 247) s'élèvent fortement contre cette doctrine; leurs principales raisons sont,
1° que le motif donné par la Cour de cassation, de l'amélioration de l'état et du sort des individus, se retourne contre lui-
même, en ce que l'application immédiate des dispositions du
Code civil aux prodigues interdits par jugemens antérieurs, en-
traînant la nullité de ces jugemens et de leurs effets, ces prodigues placés jusqu'à la nomination d'un conseil judiciaire, sans
secours ni protection contre leur propre passion, pouvaient facilement consommer leur ruine; 2° on ne saurait supposer au
législateur l'intention de faire cesser de plein droit l'interdiction
résultant des jugemens antérieurs; soit parce que dans l'art. 512,
lui-même, il montre le plus grand respect pour la maxime,
qu'un jugement ne saurait être détruit que par un autre jugement; soit parce que la qualité comme les fonctions de l'ancien curateur à l'interdit, n'étant nullement les mêmes que
celles du conseil judiciaire, dans les termes et d'après les formes
du Code civil, il est impossible de supposer que le législateur
ait voulu attribuer à un curateur nommé, selon les conditions
et les prévisons de l'ancienne loi, des fonctions créées par la
loi nouvelle dans un tout autre but que celui pour lequel l'avait
établi la loi précédente, etc.

7. Quels que soient ces raisonnemens, et bien que la Cour de cassation paraisse avoir été divisée elle-même sur cette question, je me range à l'avis qu'elle a consigné dans son arrêt du 6 juin 1810 (*suprà*). Mais je ne me détermine pas par le motif trop général, en effet, énoncé par elle, « que les lois qui règlent et modifient l'état des personnes, en améliorant leur sort, doivent, par la nature même des choses, et à raison de la faveur due à l'état des personnes, recevoir leur application du jour qu'elles ont été promulguées » (arrêt du 20 mai 1806); ou par celui qu'elle énonce dans son arrêt du 6 juin 1810, « que les lois qui règlent l'état des personnes, saisissent l'individu au moment même de leur émission et le rendent, dès cet instant, capable ou incapable, selon leur détermination ». Car reste toujours la question de savoir : si l'application immédiate et actuelle de la loi nouvelle aux anciens interdits pour cause de prodigalité est réellement une amélioration pour eux. Quant à la conversion de l'ancien curateur en un conseil judiciaire, pour remplir auprès du prodigue les attributions protectrices déterminées par la nouvelle loi, c'est là une évidente incohérence qui atteste, il faut le dire, une véritable lacune dans la loi; or, la jurisprudence ne saurait qu'imparfaitement remédier à ce mal.

Dans cet état, sans doute que la rigueur des principes voudrait que les anciens jugemens subsistassent jusqu'à ce qu'ils eussent été régulièrement anéantis; et voici comment on procéderait logiquement dans la démonstration de ces principes : A qui profitent les dispositions de la nouvelle loi ? C'est évidemment au prodigue, puisqu'en le réhabilitant dans l'exercice de ses droits, cette loi lui offre les secours qu'elle a jugés nécessaires pour les exercer sans danger pour lui; il dépend donc de lui de remplacer, quand il le voudra, par les nouvelles garanties que la loi lui donne, les anciens jugemens qui ont prononcé son interdiction; or, jusque-là ces jugemens subsistent et doivent subsister avec tous leurs effets.

Mais il faut le dire, cette rigueur de principes est purement gratuite; et elle doit céder devant d'autres considérations : 1° la loi sans doute a vu de plus graves dangers dans le maintien d'anciennes interdictions pour cause de prodigalité, alors que de coupables abus avaient pu déterminer ces procédures, que dans l'hypothèse contraire; or, il n'est pas permis de supposer à la loi des motifs moins sages que ceux que la raison lui prête sans effort ; 2° par là même que la loi restreint à de certains actes la nécessité de l'assistance d'un conseil au prodigue, elle fait évidemment sentir qu'elle répare une erreur de la législation précédente ; que le prodigue étant avant tout un citoyen apte à l'exercice des droits les plus importans de la vie civile, tels que le mariage, le testament, etc., même sans l'assistance d'un conseil, l'est à plus forte raison, et par la seule force de sa qualité, de tous les autres actes ; que l'interdiction absolue des droits civils est en soi une peine ; qu'elle est tellement disproportionnée avec la cause qui l'a amenée, qu'elle peut être qualifiée à juste titre, d'effet sans cause ; que dès lors, la loi n'ayant pour but que de préserver le prodigue de ses propres résolutions, quant à ses biens, ce qu'un curateur faisait en son nom et comme maître absolu de ses actions, il pouvait, indépendamment du silence de la loi sur la forme, le faire à plus forte raison, comme conseil de ce prodigue, pour faire exécuter les dispositions de la loi nouvelle, dispositions purement restrictives ou modératrices de quelques uns des actes civils dont le prodigue était essentiellement capable, le moins étant nécessairement renfermé dans le plus.

SECTION II°.

De l'effet de la loi nouvelle sur les contrats antérieurs, tant de bienfaisance qu'à titre onéreux.

DÉFINITION, PRINCIPES GÉNÉRAUX.

Le contrat est une des formes juridiques qui déterminent, de la manière la plus expresse, *les droits acquis ;* qu'est-ce que le contrat?

C'est un lien de droit par lequel nous sommes astreints à la nécessité de donner, de faire ou de ne pas faire quelque chose : *Vinculum juris quo necessitate adstringimur alicujus rei solvendæ, secundum nostræ civitatis jura*, L. 3, ff *de Oblig. et Act.* Or, le contrat engendre le droit d'action ; et l'on sait que l'action est une véritable propriété : *Æquè bonis adnumerabitur*, dit la loi 49, ff *de Verb. signif. etiam si quid est in actionibus, petitionibus, persecutionibus : nam hæc omnia* IN BONIS ESSE

VIDENTUR. Mais la propriété étant de droit naturel aussi bien que la liberté individuelle ; les simples notions de la justice ont conduit à penser, que, sauf quelques cas particuliers dont la loi générale restait toujours l'arbitre souveraine, l'homme ne pouvait être privé de l'une ou de l'autre que par un délit. Telle est la base morale du contrat, en ce qui concerne la propriété, et l'importance du principe sur lequel repose la non rétroactivité.

Comment intervient la loi dans la formation du contrat ? Uniquement pour le soutenir, pour l'investir, en quelque sorte, de sa sanction, et lui donner sa propre autorité (1) : « Les conventions légalement formées, dit l'art. 1134 du Code civil, qui a consacré ce principe en termes formels, tiennent lieu de loi à ceux qui les ont faites ».

Mais le contrat, expression civile de l'accord de deux volontés, s'applique à toutes les matières du droit ; or, ces matières, avant de devenir l'objet propre des stipulations privées, sont essentiellement et préalablement les matières de la loi (2). Les droits ne sont donc réellement acquis que lorsque la loi, abandonnant à l'occasion de certains faits, son action perpétuelle sur ces matières, rend les droits dont elles sont l'objet propres aux individus qu'ils concernent. Donnons des exemples : Un contrat de prêt intervient entre deux majeurs ; il résultera des art. 1126, 1892 et 2092 du Code civil, que l'emprunteur sera personnellement obligé à remplir son engagement sur tous ses biens mobiliers et immobiliers, présens et à venir. Quel est l'office de la loi dans ce cas? Uniquement de soutenir l'accord des deux volontés qui ont concouru pour la formation du contrat, d'en déterminer et d'en régulariser les effets. Dès lors, le droit a été *irrévocablement acquis* au prêteur ; car la loi n'avait pas d'autre intérêt dans l'accomplissement de ce fait que d'en protéger l'existence, et d'en assurer les effets. Qu'importerait maintenant une loi nouvelle qui disposerait que les biens présens seuls, et non les biens à venir de l'emprunteur, seraient soumis désormais aux engagemens pris par lui? Cette disposition, comme toute autre qui altérerait les dispositions de la loi précédente, serait absolument sans autorité, quant aux prêts antérieurs. Mais admettez un autre exemple : Avant la loi du

(1) V. *suprà*, p. 74, n° 3 ; p. 175, chap. 5, et p. 198, chap. 4.
(2) V. suprà (*Ibid.*).

19 juillet 1790, les parens des vendeurs d'un immeuble avaient le droit d'obliger l'acheteur à le leur délaisser en le remboursant et l'indemnisant de tout ce que l'acquisition lui avait coûté. C'est ce qu'on appelait *le retrait lignager*, supprimé par cette loi. Cette suppression doit-elle s'appliquer même aux ventes antérieures faites sous les lois qui l'autorisaient? Oui, sans doute, et en voici la raison : le retrait lignager était une disposition légale ou plutôt politique, dont les effets ne devenaient certains que par l'exercice qui en avait eu lieu, sous l'empire des lois qui l'autorisaient; jusque-là, elle restait dans les termes de disposition purement légale qui ne conférait pas *de droit acquis*, parce qu'elle n'était pas censée avoir fait partie de la stipulation privée, et qu'une nouvelle disposition légale pouvait l'anéantir, sans nuire aux droits des anciens vendeurs qui s'étaient abstenus d'user de la faculté que leur accordait la loi précédente. (Mais V. infrà, *Effets ou suites immédiates et virtuelles des Contrats.*)

La loi nouvelle ne saurait donc rétroagir sur les contrats, puisque nous les considérons comme des faits consommés qui ont échappé à l'action permanente de la loi pour entrer dans la sphère des propriétés individuelles. Et, non-seulement ces faits ont échappé à son action, mais encore toute son autorité est armée pour en faire observer l'exact accomplissement, aussi bien que leurs suites naturelles : «*nam hoc servabitur*, dit la loi 23, ff *de Reg. jur. Quod ab initio convenit* ». Et les suites naturelles du contrat en sont comme les parties intégrantes : *nam in contrahendo, quod agitur, pro cauto habendum est* (1). (Art. 1134 et 1135 Cod. civ.).

Cependant, pour déterminer d'une manière générale et complète tous les cas auxquels s'applique réellement ce principe, et les distinguer de ceux auxquels il doit rester étranger, il importe d'examiner les contrats sous les divers rapports par lesquels ils sont soumis à l'action de la loi.

§ 1. — De la validité même ou de l'efficacité intrinsèque des contrats.

Le contrat, considéré dans ses rapports philosophiques, est une unité morale à laquelle le droit attache des effets. Nous

(1) L. 3, ff *de Reb. credit.*

avons fait connaître le plus important : « C'est un lien de droit par lequel nous sommes astreints à la nécessité de donner, de faire, ou de ne pas faire quelque chose » (*suprà*, sect. 2, *in principio*). Mais pour devenir exactement cette unité morale, ce lien de droit, une condition première est indispensable : c'est l'existence et le concours des parties essentielles qui doivent la constituer ; or, ces parties sont, aux termes de l'art. 1108 du Code civil, qui en offre le résumé le plus exact : « Le consentement de la partie qui s'oblige ; sa capacité de contracter ; un objet certain qui forme la matière de l'engagement ; une cause licite dans l'obligation ». En l'absence de l'une de ces parties ou conditions, le contrat n'existe donc pas ; mais leur concours simultané lui donne l'être ; et il devient au même instant, fait consommé, contre lequel sont impuissantes les lois postérieures, par les mêmes motifs qu'elles sont impuissantes pour ébranler la propriété elle-même ; et il importe peu que le contrat exprime une convention pure et simple, ou une convention conditionnelle ; car la condition n'est qu'un des modes de la convention ; et voilà pourquoi, n'ayant pas d'existence propre, elle rétroagit au jour où la convention a pris naissance. L. 11, ff, *qui potior in pign.* (art. 1108 Cod. civ.). Lors donc que la convention, quel que soit son mode, est consommée entre les individus, la loi a perdu toute puissance sur ce fait. Ajoutez que les principes du droit aussi bien que les règles de la logique, veulent, que non-seulement les conventions expresses, mais encore les conventions tacites sous entendues dans les contrats que la loi autorise, reçoivent d'elle leur existence définitive, et engendrent, comme les premières, des droits acquis, qu'il n'est pas au pouvoir de la loi postérieure d'anéantir (V. *suprà*, p. 164, nº 2 ; et *infrà*, *Suites virtuelles des Contrats*, in fine).

---

§ 2. — Des formes probantes des contrats.

SOMMAIRE.

1. — *Le fonds et la forme du contrat sont également régis par la loi de l'époque où il se réalise.*

2. — *Preuves directes de ce principe résultant, 1° d'un avis du conseil d'État, du 4 therm. an XIII; 2° d'un arrêt de la Cour de cassation, du 17 août 1814; 3° d'un arrêt de la Cour d'appel de Bruxelles, du 22 mai 1818; 4° d'un autre arrêt de la Cour de cassation, du 12 mai 1810.*

3. — *Preuves inverses du même principe.*

—

1. La théorie relative à la forme probante des contrats est intimement liée aux contrats eux-mêmes. Si la loi consacre l'existence de ceux-ci, comment ne consacrerait-elle pas la forme par laquelle cette existence est manifestée ? *forma dat esse rei.* L'une n'est donc que la conséquence de l'autre; et la loi, qui tout en déterminant que l'accord de deux volontés aurait, sous le nom de contrat, la puissance de lier irrévocablement deux individus, déciderait que la forme sous laquelle se manifesterait cet accord ou contrat, ne serait pas irrévocable, comme lui, serait un loi absurde, puisqu'elle tendrait vers un but pour lequel le moyen qu'elle emploie serait insuffisant. C'est dire bien clairement que dès que le contrat est régulièrement consommé, la loi a épuisé son action tant sur le fond que sur la forme, et que la loi postérieure, quelles que soient sa puissance et ses vues, ne saurait avoir pour effet que de protéger l'un et l'autre, d'en assurer perpétuellement l'éxécution; car, outre qu'il est de l'essence d'une bonne loi de fortifier les prescriptions de la loi précédente en tout ce qui est conforme à la justice et à la bonne foi, il faut dire que la forme dans laquelle ont été conçues et exprimées les conventions précédentes, est entrée comme *droit acquis*, avec le fond même des conventions, dans le domaine privé des parties.

2. C'est par application de ces principes qu'il a été décidé, 1° par un avis du conseil d'État, approuvé le 4 therm. an XIII, que les grosses des contrats délivrés avant le sénatus-consulte du 28 flor. an XII, pourraient être mises à exécution, sous la formule exécutoire dont elles ont été revêtues, au moment de leur confection, sans qu'il soit nécessaire d'y ajouter la nouvelle formule prescrite par l'art. 141 de ce sénatus-consulte.

2° Par un arrêt de la Cour de cassation du 17 août 1814, confirmatif (par voie de rejet) d'un arrêt de la Cour d'appel de Nîmes, du 4 janv. précédent , qu'un acte synallagmatique fait sous seing privé avant le Code civil , dans un pays où ne s'était pas introduite la mauvaise jurisprudence consacrée depuis par l'art. 1325 du Code civil, d'après laquelle il était valable, bien qu'il n'eût pas été fait double (1).

5° Par un arrêt de la Cour d'appel de Bruxelles, du 22 mai 1818, maintenu par un arrêt de rejet, du 24 nov. 1819 (2) , qu'une copie tirée par un notaire, en 1794, sur l'original d'une procuration sous seing privé, restée entre les mains du mandataire , après le décès duquel on ne l'avait pas retrouvée, avait conservé sa forme probante, d'après les anciennes lois du pays (le Brabant), même sous le Code civil.

4° Par un arrêt de la Cour de cassation, du 21 mai 1810 (aff. Pastoris) (3), qu'un mariage nul, quant à la forme , aux termes de la loi nouvelle , mais suffisant sous ce rapport, d'après l'ancienne loi, devait être maintenu comme valable.

3. En vertu des mêmes principes , mais dans un sens inverse , il faudra dire :

5° Que la loi nouvelle ne saurait rendre probant un acte auquel la loi ancienne refusait ce caractère. Ainsi, dans les pays de pur droit écrit, où était en vigueur la loi 14 au Code, *de non numerata pecunia* , celui qui s'était reconnu débiteur, à titre de prêt ou autrement, d'une somme d'argent , a conservé, même après la publication du Code civil, l'exception résultant de cette loi, et qui consistait à rejeter sur son adversaire, la preuve de la non numération des espèces.

6° Que la loi nouvelle ne saurait couvrir la nullité de formes dont se trouverait infecté le contrat, aux termes de la loi précédente (Répert. , t. XVI, p. 248).

7° Qu'alors même que l'ancienne forme serait abrogée, comme vicieuse, et remplacée par une forme supérieure, ou plus en harmonie avec les vrais principes du droit, les contrats revêtus de l'ancienne forme n'en conserveraient pas moins tous leurs effets; ainsi, bien qu'aux termes de l'art. 1097 du Code civil, «les

(1) Sirey, t. XV , 1 , p. 18.
(2) Jurisprudence de la Cour supérieure de Bruxelles ; année 1819, t. 1, p. 141 et 151.
(3) Sirey, t. X , 1, p. 324.

époux ne puissent pendant le mariage , se faire , ni par acte entre vifs , ni par testament, aucune donation mutuelle et réciproque par un seul et même acte » ; disposition évidemment fondée sur ce que les deux dispositions paraissant n'être que la conséquence de l'une et de l'autre , les parties pourraient argumenter de l'indivisibilité de l'acte , pour enchaîner leur volonté , à l'occasion d'une donation essentiellement révocable ; il faut dire qu'une donation pareille faite dans cette forme, sous l'ancien droit qui l'autorisait, est valable, alors que les époux seraient décédés , sous le Code civil ; et c'est ce qu'a jugé un arrêt de la Cour de cassation du 29 juin 1813 (aff. Frégeville) (1). (V. aussi MM. Proudon , *Cours de Droit français* , t. 1, p. 21 ; Dalloz , Jurisp. gén. , vº *Loi*, p. 851). *Quid*, des formes testamentaires ? V. *infrà*, t. 11, *in principio*.

—

§ 3. — Effets ou suites immédiates et virtuelles des contrats (2).

—

SOMMAIRE.

1. — *Résumé de ce qui précède ; principes ; applications.*
2. — *Le contrat étant consommé , la loi a perdu toute action sur ce fait.*
3. — *Application de ce principe à un droit d'usufruit stipulé éventuellement avant le Code civil, mais ouvert sous l'empire de ce Code.*
4. — *Au bail fait sous l'empire de la loi* emptorem.
5. — *Aux intérêts stipulés antérieurement à la loi du 3 sept. 1807. Aux intérêts des rentes constituées stipulés à la même époque.*
6. — *Aux obligations solidaires, qui devaient, d'après l'ancienne loi, peser sur tous les héritiers du débiteur.*
7. — *A la caution qui s'étant obligée avant le Code civil, avait payé sous ce Code pour le débiteur principal, relativement à la subrogation aux hypothèques ;*

(1) Sirey, t. XIII , 1 , p. 378.
(2) V. infrà, *Suites extrinsèques* , etc. , pour quelques développemens relatifs à la définition de ces effets.

———

1. Il résulte des développemens précédens, que selon que la loi a perdu son action sur les matières devenues l'objet des stipulations privées, ou l'a conservée, ces stipulations sont définitives, ou purement précaires, c'est-à-dire ne formant que des aptitudes, des éventualités, des expectatives pour les individus. Le grand moyen de s'assurer des effets généraux de la loi sous ce rapport, consistera donc à démêler soigneusement les intérêts d'ordre public qu'elle ne peut jamais abandonner sans danger ou dommage pour la société, des intérêts d'ordre privé qui échappent naturellement à son action. Dans ce dernier cas, les effets du contrat seront irrévocablement acquis aux parties; il ne sauraient l'être dans le premier. Mais pour être sentis ces principes ont besoin de développemens et d'applications précises.

———

ART. 1er. — Contrats de pur droit civil.

2. Lorsque la matière, devenue l'objet du contrat, n'intéresse l'ordre public ni directement ni indirectement, qu'elle est de pur

droit privé ; lorsque la loi n'intervient dans l'accomplissement du contrat que pour le protéger et uniquement par le motif, qu'elle doit, par essence, couvrir de sa sanction, toute transaction sociale ayant pour base première la bonne foi, il faut dire que le contrat, fait consommé sous les auspices de la loi, puisqu'il a opéré immédiatement une mutation de droit, un changement de propriété, est devenu par-là irrévocable ; et que la loi générale a perdu dès lors toute action sur ce fait.

3. On résoudra donc, conformément à ce principe, 1° la question de savoir si, pour jouir d'un droit d'usufruit stipulé éventuellement par un contrat antérieur au Code civil, mais ouvert seulement depuis la publication de ce Code, celui à qui il est déféré est tenu de donner caution au propriétaire. Ce ne sera pas d'après l'art. 601 du Code civil, mais bien d'après la loi du temps du contrat qu'il faudra prononcer, et c'est ce qu'ont jugé un arrêt de la Cour d'appel de Bordeaux, du 29 avril 1809, et un arrêt de la Cour de cassation, du 11 nov. 1818 (aff. Delangle) (1); 2° celle de savoir, quel est l'effet de la vente qu'un usufruitier, en vertu d'un contrat antérieur au Code civil, mais décédé depuis ce Code, a faite des fruits naturels et individuels qui se trouvaient échus, mais non perçus au moment de sa mort ? Cette vente, quelles que soient les dispositions de l'art. 585 du Code civil, sera sans effet, conformément à la loi en vigueur à l'époque du contrat ; et le propriétaire aura le droit de réclamer en nature tous ceux des fruits vendus qui se trouvaient encore pendans par branches ou par racines ; c'est ce qu'a encore textuellement décidé un arrêt de la Cour de cassation, du 21 juillet 1818 (2), confirmatif d'un arrêt de la Cour royale de Douai, du 9 avril 1816. Il y avait dans ces deux cas droit acquis, soit en vertu de la convention, soit en vertu de la loi du jour du contrat ; et la loi générale n'avait pas intérêt à ce qu'il en fût autrement.

4. On a demandé si l'acquéreur d'un immeuble donné à bail, sous l'empire de la loi *emptorem*, qui lui laissait le droit d'expulser le locataire ou le fermier, a perdu ce droit par l'effet de la promulgation de l'art. 1743 du Code civil qui abroge la loi *emptorem ?* Un arrêt de la Cour royale de Dijon, du 29 prair.

(1) Sirey, t. XIX, 1, p. 128.
(2) Journal des Audiences de la Cour de cassat. 1818, p. 449.

an XIII (aff. Daillant) (1), avait adopté l'affirmative. Parmi les
nombreux motifs donnés par cet arrêt, on remarque celui qui
suit : « Attendu, que quoique ces principes soient vrais (savoir,
qu'indépendamment de l'application de la loi *emptorem* , la force
seule du droit de propriété, donne à l'acquéreur le droit d'expulser le fermier), l'objection n'a néanmoins aucune valeur,
parce que cet obstacle se trouve dans l'art. 1743 qui a modifié et
restreint les attributs du droit de propriété dans les mains du
nouvel acquéreur, et qui a pu le faire sans rétroactivité, parce
que le législateur exerce une autorité non contestée sur les transactions futures ». M. Merlin (*ibid.* , p. 258) s'élève avec raison
contre cette décision ; et il l'a réfute par ce principe simple
qu'enseigne aussi M. Proudhon (*Cours de Droit* , t. I, p. 39),
que la condition de la part du bailleur vis-à-vis du preneur,
qu'en cas de vente, le bail serait résilié, existait dès le moment
du contrat de bail, sinon en vertu d'une stipulation expresse,
lorsqu'elle avait été omise, du moins tacitement par la force
même de la loi, d'où résultait un droit acquis et certain que le
vendeur transmettait incontestablement à l'acquéreur, et auquel
demeurait étrangère la nouvelle disposition du Code civil.

5. C'est par le même principe qu'il faut résoudre les questions
de savoir, 1° si les intérêts qui, à l'époque du contrat par lequel ils ont été stipulés, ne dépendaient que de la convention
des parties, ont pu être réduits depuis au taux fixé par la loi du
3 sept. 1807 ; 2° s'il en doit être de même des intérêts des rentes
constituées? Indépendamment de la déclaration précise de la loi
du 3 sept. 1807, quant aux intérêts de sommes prêtées, *qu'elle
ne dispose que pour l'avenir* , il faut décider que dans un cas,
comme dans l'autre, la loi du contrat a fixé, même relativement
aux intérêts, la condition respective des parties, et qu'aucune
loi postérieure ne saurait, sans rétroactivité, porter atteinte à
des droits acquis en vertu de cette loi. C'est encore par application de ce principe, que la Cour d'appel de Riom a décidé,
le 23 août 1813 (2), que les intérêts qui étaient soumis à la retenue
de la contribution foncière, par la loi du temps où ils ont été
stipulés y sont restés soumis depuis et nonobstant la même loi du
3 sept. 1807.

(1) Sirey, t. VI, part. 2, p. 31.
(2) *Ibid.* , t. XV, 2, p. 236,

6. Pareillement on doit dire, que les obligations, qui, d'après la loi sous laquelle elles ont été contractées, devaient peser solidairement sur tous les héritiers du débiteur, ne peuvent pas être divisées en leur faveur et au préjudice du créancier, par une loi subséquente.

7. Enfin, la Cour de cassation a appliqué le même principe, le 1er sept. 1808 (1), en confirmant un arrêt de la Cour royale de Nancy, à la question de savoir si une caution qui, s'étant obligée avant le Code civil, avait payé sous ce Code, pour le débiteur principal, était subrogée de plein droit, aux hypothèques du créancier, conformément à l'art. 2029? « Attendu, porte cet arrêt, que sous la législation qui a précédé la publication du Code civil, aucune disposition formelle de loi n'avait accordé la subrogation, *ipso jure*, à la caution qui paie pour l'obligé principal; qu'il n'existait sur ce point de droit, ni la série de décisions uniformes, ni l'unanimité des opinions des jurisconsultes qui pourraient constituer une jurisprudence constante, ce qui suffit pour éloigner le reproche de contravention à une loi précise, seule base légitime d'une ouverture de cassation; rejette, etc. ». M. Merlin (*ibid.*), et M. Proudhon (*Cours de Droit français*, t. 1, p. 46), soutiennent, il est vrai, que la caution ayant déjà, aux termes de la loi 17, ff. *de Fidejuss.*, le droit de contraindre le créancier qui la poursuivait à lui céder ses actions en lui faisant son paiement, la loi nouvelle, qui lui accorde la subrogation de plein droit, ne fait que lui accorder ce qu'elle pouvait se procurer d'elle-même, par la cession des actions du créancier; il y a donc équipollence, selon ces jurisconsultes, dans les deux cas; et de là cette modification apportée par M. Merlin au principe qui précède : « Qu'il n'y a point de rétroactivité dans l'application que l'on fait d'une loi nouvelle à un contrat antérieur, lorsque la loi sous laquelle ce contrat a été passé, offrait à la partie qui réclame l'application de la loi nouvelle, un moyen de se procurer d'elle-même ce que celle-ci accorde ». (V. Répert., v° *Remploi*, § 6).

Je ne saurais admettre ces principes. Sans doute l'équité s'accorde avec la solution qui met sur la même ligne la caution subrogée de plein droit par la loi aux droits du créancier au moment du paiement, et la caution qui pouvait contraindre le créancier

_____

(1) Sirey, t. viii, p. 452.

qu'elle payait à lui céder ses actions. Mais ce n'est pas là une équipollence exacte, aux termes du droit. Les principes ne connaissent d'autres limites que les principes eux-mêmes. Pour que la caution fût subrogée, en vertu de la loi 19, ff *de Fidejuss.*, il fallait qu'elle en fît la demande expresse ; il fallait donc qu'elle exerçât un droit ; or, c'est-là un fait que la loi postérieure ne saurait suppléer ; le paiement fait, sans avoir demandé la subrotion, était même régulièrement consommé.

Au reste, je ne prétends tirer de ce raisonnement d'autre conséquence, sinon que, dans la rigueur des principes, il y aurait sans doute rétroactivité, en ce que la loi postérieure changerait la condition, soit du débiteur, soit de ses autres créanciers, et froisserait par-là des droits acquis ; mais je serais loin de blâmer des décisions suffisamment fondées d'ailleurs sur l'équité ou sur la nature spéciale des faits qui consacreraient l'opinion contraire.

8. Enfin, il existe un contrat qui n'est pas d'une autre nature que ceux qui précèdent, et auquel se mêlent cependant, quoique à des degrés différens, des considérations d'ordre public : c'est le contrat de mariage.

Mais ces considérations n'ont pas pour objet d'avertir que la loi a toujours conservé son action souveraine pour ramener, selon les temps et les besoins généraux de la société à de nouvelles formes ou à de nouvelles conditions des mariages accomplis en vertu des lois précédentes. Loin de là : elle ne se présentent dans ce contrat que comme les raisons générales qui doivent en expliquer la nature propre et ce caractère particulier qui lui donne, par exception aux autres contrats, le privilége d'asseoir ses garanties de force et de durée, même pour des matières que ne sauraient régler les stipulations ordinaires, sur des dérogations formelles au droit commun.

9. Le mariage, comme je viens de l'établir, intéresse donc essentiellement l'ordre public ; mais pour arriver à une rigoureuse application de ce principe, on a senti de tout temps la nécessité de poser quelques principes secondaires, dont les bases appartiennent plus spécialement aux matières civiles.

1° Toutes stipulations intervenues dans le contrat de mariage, sont censées n'exister qu'à cause de lui ; elles sont en quelque sorte comme ses dépendances ou ses parties accessoires ; or, la perpétuité étant de la nature de ce contrat, les stipulations qui l'accompagnent ont dû participer aussi de cette nature. Ajoutez que la bonne foi étant d'ordre public, (1) et les époux se mariant dans la foi certaine que les conventions qui font le fondement de leur union, ou, à leur défaut, la loi qu'ils acceptent tacitement comme convention expresse entre eux, seront respectées, l'ordre public s'oppose à ce que rien de ce qui peut être considéré, comme ayant réellement fait partie de ces conventions, puisse être altéré par une loi postérieure; et c'est, en quelque sorte, le *droit public* lui-même qui consacre les *droits acquis* dans la personne des époux, du jour de leur mariage.

10. 2° Une autre considération générale tirée encore de l'ordre public, s'oppose à ce qu'après le mariage, aucun changement soit apporté aux conventions des époux, d'où résulte le caractère *d'immutabilité* ou *d'irrévocabilité* attribué à ces conventions. Elle s'appuye sur les motifs suivans :

1° Il est impossible dit Abraham de Wesel (*de Pactis dotalibus !* n° 114 et 117), et son opinion est à cet égard le résumé de celle de tous les auteurs, qu'un tel changement ou une telle dérogation aux conventions matrimoniales, ne blesse pas les lois qui défendent les avantages entre époux, après le mariage. « Nec enim fieri potest ne altera illa conventio conjugum pac-
« torumque ante nuptialium derogatio, incidat in donationem
« inter virum et uxorem prohibitam, vel donationis causâ facta
« intelligatur »

2° Les plus graves désordres résulteraient de la facilité qu'auraient les époux de porter atteinte pendant le mariage à leurs conventions matrimoniales : le mari emploirait les menaces, les mauvais traitemens, pour arracher à sa femme le sacrifice de ses droits éventuels; la femme, de son côté, pour parvenir à la même fin, séduirait son mari par de feintes caresses, ou le tourmenterait de toutes les manières. « Vir namque, si quid
« minis aut imperii acerbitate uxorculæ extorquere tantaverit,
« homo durus et austerus non aliter molliri et uxori se conci-
« liari sinet, nisi ea ultro rescisionem vel mutationem pacto-
« rum nuptialium offerat : mulier autem vel blanditiis id evin-
« cere tentabit, vel muliebri procaciâ et continuis jurgiis
« maritum vexabit, usque adeo donec obtinuerit » ;

---

(1) La bonne foi est tellement d'ordre public, selon Noodt (*de forma emendi doli mali*, c. 7), qu'elle entre de plein droit dans la juridiction du juge.

3° Enfin, le mariage est une loi de famille : « L'homme au pied de l'autel, disait M. l'avocat général Foacié de Ruzé, en 1782, au Conseil d'Artois, est roi de la nouvelle famille qu'il va fonder dans l'État ». Et c'est sans doute sur la nature particulière de ce contrat qu'est motivée entre autres, la disposition de l'art. 1396 du Code civil, portant : « ... Que nul changement ou contre-lettre, n'est valable sans la présence et le consentement simultané de toutes les personnes qui ont été parties dans le contrat de mariage ». De là l'impossibilité d'appliquer à ce contrat la maxime : *Nihil tam naturale est quam eo genere quidquid dissolvere quo colligatum est. L. 35 , ff de Reg. jur.* De là l'esprit général et les textes précis des anciennes coutumes qui prohibaient tous changemens faits, après le mariage, aux conventions matrimoniales (Pothier, *Traité des donations entre mari et femme*, n° 78 ; Répertoire v° *Conventions matrimoniales*, § 2), et les solutions non moins précises de l'ancienne jurisprudence sur ce point, notamment de trois arrêts du parlement de Paris, rapportés par Brodeau sur Louët, lettre *M.* § 4 ; le premier rendu en 1589 à l'audience solennelle de la Pentecôte, et fondé sur *l'utilité publique, l'honnêteté d'entre mari et femme, et repos des mariages, qui n'admet que l'on puisse réformer un contrat de mariage après la consommation* ». Le second (le 27 août 1605), et qui a annulé une donation mutuelle faite pendant le mariage en dérogation aux clauses du contrat, *comme étant contre les bonnes mœurs, le droit et l'honnêteté publique.* Enfin, le troisième (le 27 mars 1620), plus explicite sur la considération tirée de ce que *c'est un contrat de famille*, qui a jugé : « que bien que le père soit obligé solidairement et en son nom à la garantie et entretenement de l'acte dérogeant aux conventions portées par le contrat de mariage de sa fille, néanmoins, après son décès, ses enfans, quoique héritiers, sont bien recevables à demander la cassation de cet acte et l'entretenement du contrat de mariage, parce que la maxime de droit qui dit que l'héritier ne peut venir contre le fait du défunt, n'a lieu, *quand l'acte ou le contrat est contre le droit public et les bonnes mœurs*, n'étant pas au pouvoir des particuliers de déroger au droit public ».

11. Si des considérations qui précèdent résulte *l'immutabilité* ou l'irrévocabilité des conventions matrimoniales lorsqu'elle a été posée comme principe ou condition du mariage, soit par les

stipulations expresses des époux, soit par la loi qui en tient lieu ;
des mêmes considérations, par une raison inverse, résulte aussi
la *mutabilité* de ces conventions, lorsqu'elle a été également
posée comme principe ou condition de l'union des époux, et
la loi postérieure serait sans effet contre de telles conventions.
L'ordre public, comme je le disais tout à l'heure, s'oppose à
toute violation de la foi due aux engagemens formés sous l'empire
des lois qui les autorisent, quelle que soit la nature et l'étendue
de ces engagemens ; et il ne faut pas croire que la stipulation, par
exemple, par laquelle les époux se seraient réservé la faculté de
modifier, changer ou anéantir leurs conventions matrimoniales,
après la célébration du mariage, ou la législation qui le leur
permettrait en l'absence de stipulations expresses, offrît aucune
singularité. Les conventions matrimoniales, dans ce cas, sont
censées accompagnées d'une condition implicite et résolutoire
pour le cas possible où elle se réaliserait ; or, la bonne foi
commande l'exécution des engagemens conditionnels de la
même manière et par le même principe quelle commande
l'exécution des engagemens purs et simples ; car la condition
fait essentiellement partie de l'engagement : *Eum qui stipu-*
latus est sub conditione, dit la loi 42, ff *de Oblig. et Action.*,
placet etiam pendente conditione, *creditorem esse* (V. *suprà*,
p. 174, n° 9 et § 3, *in principio*) ; et c'est avec toute justesse
que M. Merlin, raisonnant d'après ces principes, qu'il admettait toutefois sans les développer, disait à l'audience de la Cour
de cassation, du 10 août 1809 (Questions de Droit, v° *Sépa-*
ration de corps, § 2) : « L'art. 1395 du Code civil décide que les
conventions matrimoniales *ne peuvent recevoir aucun change-*
ment après la célébration du mariage, qui est-ce qui oserait inférer de là que des époux mariés avant la promulgation du Code,
sous la coutume de Bruxelles, qui permettait aux époux de déroger, par des conventions quelconques, à leur contrat de mariage, ne peuvent plus aujourd'hui faire aucun usage de cette
faculté ? Qui est-ce qui oserait leur dire : Vous ne vous êtes engagés que sous la condition de pouvoir, quand il vous plairait,
vous dégager mutuellement ; il n'importe : la loi nouvelle vous
impose, par sa toute-puissance, un joug, dont vous ne pouvez
plus vous affranchir l'un l'autre ? »

Tous ces principes ont été confirmés par plusieurs arrêts de
la Cour supérieure de Bruxelles, rapportés par cet auteur (Rép.,
Effet rétroactif, sect. 3, § 3, art. 1, n° 2). Voici les termes de

celui du 3o mars 1820 qui en offre une analyse exacte : « Attendu qu'il est d'une jurisprudence certaine, notoire et irréfragable, que c'est la loi en vigueur à l'époque où le mariage a été contracté, qui, a défaut de contrat anté-nuptial, régit les droits matrimoniaux, soit par rapport à la communauté conjugale, soit par rapport à l'usufruit qui compète au survivant des époux dans les biens du prédécédé, et autres droits de survie et gains nuptiaux, par la raison que, lorsqu'ils n'ont pas fait de conventions matrimoniales, ils sont censés avoir adopté toutes les dispositions y relatives qu'embrasse la coutume sous la domination de laquelle ils se sont unis, et qu'il est de principe, *quod eadem sit vis taciti quæ expressi* (1) » ; et de là, il faut tirer, avec le même jurisconsulte, la conclusion : que des époux mariés antérieurement à la promulgation de l'art. 1394 du Code civil, dans les coutumes qui leur permettaient de remettre, après la célébration du mariage, le règlement de leurs conventions matrimoniales, peuvent encore aujourd'hui user de la faculté que leur accordait la coutume, les art. 1394 et 1395 ne pouvant avoir d'effet rétroactif.

12. Ici, et à l'occasion de l'application de ces principes, s'élève une controverse instructive entre M. Meyer (*Principes sur les questions transitoires*), et M. Merlin (*ibid.*). Selon M. Meyer, il ne serait pas exact de dire que toutes sortes de droits consacrés sous l'empire de la loi qui les a vu naître, soient *des droits acquis*, contre lesquels la loi postérieure soit absolument sans effet ; et il cite à l'appui de cette opinion, un passage de Bartole sur la loi 9, ff *de justitia et jure*, n° 47, où ce jurisconsulte examine la question de savoir, dans quel cas doit prévaloir la loi ancienne sur la loi nouvelle, ou réciproquement : « Quando antiqua aut « nova lex sit consideranda » ; et il la résout par une distinction : « Aut jus quæsitum est in antiqua lege, tunc lex antiqua servanda, « modò lex antiqua tribuat jus sine aliquo facto, sed ex merâ et « purâ voluntate et dispositione legis, et sine facto et ministerio « alicujus, ut in dote, doario, et aliis juribus ex ipso matrimonii « contracti jure competentibus, sine alio hominis ministerio : « aut verò, ut jus quæratur, factum hominis desideratur, nec jure « et lege jus quæsitur, sed factum aliquod requiriter ; tunc illa lex « aut consuetudo servanda, sub quâ tale factum incidit » . Toute la difficulté consiste donc, comme on le voit, dans l'interprétation

---

(1) Les autres arrêts sont des 17 fév., 11 mai 1818, mai 1819, et 3o mars 1820.

exacte des mots : *aut verò, ut jus quæratur, factum hominis deside-*
ratur. Selon M. Meyer, le fait de l'homme, dont parle ici Bartole ,
serait l'usage postérieur que l'on ferait d'un droit consacré précédemment par une loi. Il ne tiendrait ou ne recevrait réellement que de cet usage, la qualité ou le caractère *de droit acquis;*
et, dès lors, ce serait sous l'empire de la loi postérieure qu'il
se trouverait placé. Par exemple , le retrait lignager , consacré
par la loi, ne devenait réellement *droit acquis* , que par le fait
subséquent des parens du vendeur , qui consistait dans l'exercice
de ce droit. Que si une loi postérieure le leur enlève avant
qu'ils en aient fait usage , il est perdu pour eux. *Vainement le*
retrayant le réclamerait-il comme acquis , dit M. Meyer, *il*
n'avait pas déclaré sa volonté sous la coutume qui lui en donnait
la faculté, et il doit s'imputer à lui-même , s'il éprouve des suites,
quoique imprévues, de ce retard. M. Meyer applique le même
principe à la femme qui aurait souscrit un cautionnement sous
l'empire du sénatus-consulte Velleïen, et qui n'aurait pas fait usage
de l'exception qui en résultait, pendant qu'il était en vigueur :
« *Vous n'avez pas fait usage, avant le Code civil, de la faculté*
que la loi sous laquelle vous vous êtes rendue caution, vous ac-
cordait de vous dégager de votre cautionnement, donc vous
ne pouvez plus en user aujourd'hui ». M. Merlin observe très
justement que le même langage pourrait être adressé aux
époux mariés, avant le Code civil, sous l'empire d'une coutume, comme celle de Bruxelles, par exemple, qui permettait de changer les conventions matrimoniales, après la célébration du mariage. « La loi, avant le Code civil, vous
autorisait à changer vos conventions matrimoniales quand il
vous plairait, pourrait-on leur dire : mais vous n'avez pas usé
de ce pouvoir pendant qu'elle était en vigueur, vous l'avez perdu
sans retour ». Cependant M. Meyer pose quelques distinctions :
le droit dont il vient d'être parlé est purement légal, d'après les
exemples donnés ; il en serait autrement, selon lui, s'il était
conventionnel. Ainsi, il reconnaît (p. 57), que le pacte de réméré , ajouté au contrat de vente , confère au vendeur *le droit*
acquis et irrévocable du jour du contrat, de résoudre la vente ;
d'où il suit qu'aucune loi postérieure ne saurait lui ravir ce
droit. Il reconnaît encore (p. 193) , que lorsqu'il s'agit de défendre à une action dont l'origine remonte à un acte ou à un
contrat antérieur à la loi nouvelle , il y a lieu à examiner, si

la défense proposée contre cette action était inhérente à l'action même, ou si elle était la suite d'un fait ou d'uue déclaration de volouté postérieure. Dans le premier cas, le droit était irrévo- cablement acquis du jour du contrat et hors de toute atteinte d'une loi postérieure. Par exemple, avant le Code civil, le fils de famille qui avait emprunté dans un pays qui reconnaissait le sénatus-consulte Macédonien, a conservé, même sous l'empire de ce Code qui ne le reconnaît plus, la faculté de proposer l'ex- ception qui en résulte ; elle était inhérente à l'action même qu'en- gendrait ce contrat, et elle tendait à en faire prononcer la nul- lité. Dans le second cas, le droit n'était pas acquis ; il ne deve- nait tel que par l'expression manifestée d'en faire usage, ou par la déclaration formelle d'user du bénéfice de la loi lorsqu'elle prescrivait cette déclaration. Telles étaient les exceptions du sénatus - consulte Velléïen et de la valeur non fournie. Ces principes inexacts, sous quelques rapports, ne s'élèvent pas à la hauteur réelle de la matière.

13. M. Merlin expose une théorie incontestablement meilleure, quoiqu'il soit loin de la présenter sous une forme méthodique ; en voici le résumé :

Il ne faut pas borner, selon lui, le fait subséquent de l'homme au simple usage qui serait fait d'un droit antérieur. Il faut dire, en allant sans doute plus loin que Bartole lui-même, qu'en l'ab- sence de toute convention des parties, ou de l'exercice réel d'une faculté antérieure, le droit conféré par la loi sera, comme je l'ai dit souvent, une pure concession de sa part qu'il est toujours au pouvoir d'une loi postérieure de faire disparaître de la législa- lation, sans nuire aux droits de personne, puisqu'ils n'étaient pas encore *droits acquis ;* tels sont, le retrait lignager, le re- trait successoral, et autres, avant que l'exercice en eut été consommé ; mais, qu'au contraire, en présence de stipulations expresses ou tacites des parties, mêlées aux dispositions légales qui leur confèrent des droits, c'est toujours la loi existante à l'époque où sont fondées ces stipulations qui consacre réellement *les droits acquis ;* et toute loi postérieure serait évidemment sans effet contre de pareils droits.

Ainsi, c'est avec toute raison que M. Merlin ajoute à l'asser- tion donnée plus haut par M. Meyer : « qu'un pacte de réméré, inséré dans un contrat de vente, confère à l'instant même un droit acquis au vendeur, qui ne saurait lui être enlevé par une loi postérieure. Mais le droit de résoudre la vente en vertu d'un pacte de réméré, en eût-il été moins acquis au vendeur, si, au lieu d'être exprès, ce pacte n'eût été que tacite, et si la loi du temps du contrat l'y eût elle - même suppléé ? Non, certainement ». Ici, M. Merlin invoque à l'appui de son principe une application qu'en auraient faites quelques lois de la révolution, à l'occasion d'une ancienne forme de procédure connue à Toulouse, sous le nom de *rabattement de décret*, et qui consistait en ce que le débiteur, exproprié par un décret forcé, et ses descendans, étaient admis pendant dix ans à *rabattre le décret*, c'est-à-dire à évincer l'adjudicataire, en lui remboursant le prix et les frais de son adjudication. C'était, ajoute M. Merlin, un retrait à la fois légal et conventionnel. Il résultait de ce que ce retrait était conventionnel, qu'une loi postérieure ne pouvait pas priver de l'action en rabattement les débiteurs expropriés antérieurement. Ce fut cependant ce que fit une loi du 25 août 1792. Mais le vice de rétroactivité, dont elle était entachée, fut bientôt senti, et une loi, du 12 fév. 1795, eut pour objet de le faire disparaître.

Je ne saurais faire usage de cette application qui tend évidemment à prouver le droit par le fait, ce que repousse toute bonne argumentation. Les lois ou arrêts rendus, en ce sens, sont de pures autorités, dont les vrais principes, sur lesquels repose d'ailleurs l'opinion de M. Merlin, doivent toujours rester indépendans.

Ainsi, M. Merlin blâme encore, avec raison, l'assertion rapportée plus haut de M. Meyer, que la femme qui pouvait faire usage du sénatus-consulte Velléien avant le Code civil, et qui ne l'avait pas fait, a perdu cette faculté depuis la publication de ce Code. Il fait très bien remarquer que l'exception résultant de ce sénatus-consulte, n'était pas une pure concession légale, comme le retrait lignager ; qu'à cette concession de la loi se mêlait une convention réelle des parties ; en effet, la loi elle-même reconnaissait la capacité de contracter de la part de la femme, puisqu'elle lui permettait de renoncer au bénéfice du sénatus-consulte Velléien ; et quelle induction de là pouvait-on tirer du silence de la femme qui n'avait pas expressément renoncé avant le Code civil au bénéfice de ce sénatus-consulte ? Aucune ; si ce n'est qu'elle s'était réservé la faculté d'user du bénéfice de ce sénatus-consulte ; or, c'était là une convention tacite intervenue entre les parties à l'époque même du contrat, convention d'où étaient résultés *des droits acquis* au profit de la femme, droits qu'il n'a pas été au pouvoir du Code de lui ravir.

Ce même principe s'appliquera incontestablement aux époux mariés avant le Code civil; et l'on ne sera pas reçu à leur dire : Vous n'avez pas fait usage quand vous le pouviez du droit que vous teniez de la loi sous l'empire de laquelle vous vous êtes mariés, vous êtes aujourd'hui destitués de ce droit. Ils répondront : nous voulons faire usage *d'un droit acquis* à l'époque de notre mariage ; ce droit résulte de nos conventions expresses ou tacites autorisées par la loi qui a présidé à notre union, et contre laquelle toute loi postérieure est impuissante.

14. Néanmoins, il est un point sur lequel repose l'établissement même de toute cette doctrine, qui me paraît susceptible de rectification. Ce n'est pas en vertu de la maxime : *Eadem vis est taciti ac expressi*, comme l'affirment l'arrêt de la Cour supérieure de justice de Bruxelles du 30 mars 1820, et quelques auteurs, que les époux qui n'ont pas fait de conventions matrimoniales, sont censés avoir adopté toutes les dispositions y relatives qu'embrasse la coutume sous la domination de laquelle ils se sont unis. Cette maxime beaucoup plus appropriée à l'explication des textes du droit romain qu'à celle du droit coutumier, comportait une foule de limitations ou d'exceptions, qui ne seraient d'aucun usage pour le développement et l'application du principe dont il s'agit. M. Merlin s'est borné à dire (Répert., *Effet rétroactif*, p. 253), et en cela, il a été plus exact, que la règle, d'après laquelle les droits résultant des conventions expresses des époux, sont hors de l'atteinte de la loi postérieure, s'applique également aux conventions qui sont sous entendues dans le contrat, par l'autorité de la loi sous laquelle il est passé, parce que, ajoute-t-il, ce n'est pas comme *lois*, mais comme *contrat tacite*, que les statuts sous lesquels les époux se sont mariés, ont réglé leurs droits respectifs ». Et il donne le dernier trait à cette doctrine lorsqu'il dit, v° *Loi*, § 6, n° 2) : « Si les contractans n'ont pas expressément adopté la loi (sous l'empire de laquelle ils contractent), peut-on, de la seule circonstance que le contrat a été passé dans son territoire, induire qu'ils se sont soumis *conventionnellement* à ses dispositions, et que ces dispositions doivent être exécutées *vi conventionis* sur les immeubles de France ? En thèse générale, nul doute sur l'affirmative ». Et il cite, à l'appui de

cette opinion, la loi 34, ff *de Reg. jur.*, d'après laquelle on
doit suppléer au silence des parties, par l'usage du pays où elles
ont traité. « Si non pareat quid actum est, erit consequens, ut
« id sequamur, quod in regione, in qua actum est, frequen-
» tatur » Et la loi 31, § 1, ff *de Ædilit. edict.*, qui décide que
tout ce qui est d'usage dans le pays où l'on contracte, est censé
entrer tacitement dans les conventions des parties.

15. Mais il faut aller encore plus loin et appuyer ces sages
principes (surtout en ce qui concerne les époux), par des considérations philosophiques qui n'ont pas échappé à Balde et à
Dumoulin. « Le commun usage ou la coutume est inhérent au
contrat, dit Dumoulin, d'après Balde, *Consil.* 53, n° 3, comme
la nature l'est à son propre sujet ; d'où résulte la conséquence
immédiate que c'est l'usage qui crée la convention à défaut d'expression. « Et sicut natura non separatur à proprio subjecto,
« ita nec communis usus, et consuetudo à contractu, cui natura
« inest ; et consuetudo informat omnem dispositionem, etiamsi
« non sit dictum ». Et il donne, n° 4, deux raisons du principe
que les conventions tacites des époux tirent toute leur force, non
de la loi ; mais de leur propre consentement : la première est
qu'ils pouvaient disposer tout autrement, et que par là même qu'il
ne l'ont pas fait, ils sont censés avoir adopté, comme conventions, les dispositions mêmes de la loi ; la seconde, que l'action
qui résulte de leur inexécution, n'émane pas directement de la
loi, mais bien de la convention, ni plus ni moins que s'il s'agissait d'une affaire privée. « Tum, quia non inesset, nisi contra-
« hentibus placeret, quia possent aliter libere disponere ; sed
« solùm ideo inest, quia consentur contrahentes ita ad in-
« vicem pepigisse, et convenisse eo ipso quod, aliter non dis-
« ponunt ; tum quia ad illud consuetum tacitè conventum, et
« inexistens, non competit condictio ex statuto, et moribus,
« nec alia actio dativa à lege, vel consuetudine, sed competit
« ipsa actio dativa ex contractu tanquam ex negotio privatim, sic
« gesto et placito inter partes ».

16. De là une foule de conséquences :

Ainsi, les biens que possédaient respectivement des époux
mariés avant le Code civil, doivent être réputés meubles ou
immeubles, selon que cette qualité leur était attribuée ou refusée par la loi existante à l'époque de leur mariage ; car, il y a
eu, dès ce moment, *droit acquis* à leur égard, et ce droit ré-

sultait d'un contrat, contre lequel le Code civil est resté sans effet. Ce principe a été formellement consacré par un arrêt de la Cour supérieure de Bruxelles, du 21 août 1814, rapporté par M. Merlin (*ibid.*, 253), relativement à des rentes stipulées dans un contrat de mariage antérieur au Code civil. Cette Cour a jugé que ces rentes réputées immeubles à l'époque du mariage, n'avaient pas cessé de l'être par la publication de l'art. 529 du Code civil, qui les répute meubles.

Par la même raison, l'époux survivant auquel tous les biens meubles de la communauté sont dévolus à titre de gains de survie, ne peut pas y comprendre les rentes immobilières que son époux prédécédé avait apportées en mariage, et qui ont été mobilisées depuis par le Code civil. C'est encore ce qu'a jugé la même Cour, le 8 fév. 1819 (*ibid.*).

La solution sera évidemment la même dans le cas où les biens, au lieu d'être apportés par les époux, lors de leur mariage, ont été acquis par eux, avant la publication du Code civil; et c'est ce qu'a jugé un arrêt de la Cour royale de Rouen, du 12 déc. 1807 (*ibid.*, aff. Dubos). Le principal motif de cet arrêt est, comme on s'en doute bien « qu'il s'agit d'un droit matrimonial qui se règle par l'autorité de la loi régnant au temps de la célébration du mariage; et que, lors de l'acquisition des rentes en question, comme lors du mariage, lesdites rentes étaient, en Normandie, réputées immeubles, etc. ».

Mais *quid*, si des biens, qualifiés *meubles* par la loi existante à l'époque du mariage, ont été acquis sous l'empire du Code civil, qui les qualifie *d'immeubles*, ou réciproquement? conserveront-ils, quant aux droits nuptiaux, leur qualité primitive de *meubles* ou d'immeubles indépendamment du changement apporté par la loi nouvelle sous l'empire de laquelle les droits nuptiaux sont ouverts? M. Merlin (*ibid.*), voit beaucoup de difficulté à appliquer à ce cas le principe précédent, et je suis entièrement de son avis. Mais il se détermine par des motifs qui ne me paraissent nullement suffire au besoin d'établir son principe. Il s'attache surtout à démontrer tous les inconvéniens qui résulteraient de l'adoption de l'opinion contraire; or, les raisonnemens qu'il emploie, pourraient être balancés par d'autres raisonnemens. Voici, selon moi, le motif décisif: quelles que soient les conventions expresses ou présumées des époux à l'époque du mariage, elles ne peuvent jamais s'attacher qu'aux facultés que la loi a laissées à leur libre disposition ; celles qui tiennent à l'ordre public , qui restent toujours essentiellement dans le domaine de la loi , ne sont , comme je l'ai dit souvent , que des concessions temporaires , d'où ne naissent *de droits acquis* aux individus que par l'usage régulier qu'ils en font. Or , qu'arrive-t-il lorsqu'une loi nouvelle , dérogeant à la loi précédente , attribue la qualité de meuble ou d'immeuble à un objet que celle-ci qualifiait d'une manière différente ? Enlève-t-elle des droits acquis aux individus ? Elle les leur enlèverait sans doute , si ces individus ayant déjà acquis la propriété de ces droits par rapport aux objets nouvellement qualifiés , elle leur déniait cette propriété précisément parce qu'elle les qualifie autrement que l'ancienne loi ; par exemple , si , dans l'espèce proposée , elle leur refusait la propriété des rentes qualifiées meubles par l'ancienne loi et apportées en mariage ou acquises depuis , mais avant le Code civil ; car il y a eu , dans ces deux cas , *fait consommé* , *droit acquis* à l'égard de ces objets , et d'après la qualité que la loi du temps leur attribuait. Mais si ces rentes n'ont été acquises que depuis la loi nouvelle , elles l'ont été incontestablement avec la qualité qu'elle leur attribuait ; la loi avait toujours conservé la faculté de changer , dans l'intérêt général , les qualifications morales de tous les objets auxquels s'applique le droit de propriété ; elle n'a pu perdre et n'a perdu cette faculté , à l'égard des individus , que par le fait qui leur a conféré un droit irrévocablement acquis sur ces objets.

Dans quels cas doit-on considérer comme consommés les faits d'où résultent les droits acquis ? (V. inf., *Conservation et exercice des droits civils*).

Art. 2. — Contrats auxquels se mêlent des considérations d'ordre public.

SOMMAIRE.

1. — *Principes généraux. Distinction entre le cas où la matière paraît plutôt soumise au principe du Gouvernement ou aux institutions politiques , qu'aux intérêts privés , et celui où elle se rattache plutôt à ces intérêts.*

I.

2. — *Premier cas : Application au régime féodal et à ses conséquences.*

3. — *Restriction nécessaire à cette application, quant au résultat même de la rétroactivité.*

4. — *Application au droit d'aînesse, à la distinction des sexes, aux exclusions coutumières, etc.*

5. — *Aux renonciations surérogatoires aux successions futures. Rectification de méprises graves commises par quelques Cours judiciaires, qui ont voulu régler, par le pur droit civil, une matière essentiellement dépendante du droit public.*

6. — *Résumé de cette discussion.*

7. — *Rectification spéciale d'une semblable méprise commise, quoique dans un sens inverse, par la Cour royale d'Agen.*

8. — *Néanmoins, de justes bornes doivent être données à l'emploi de cette doctrine; nécessité de quelques distinctions applicables aux religionnaires fugitifs.*

9. — *Deuxième cas : Application à la clause imposée au donataire de ne pas se marier.*

10. — *A la clause de ne pas se remarier. Dans ces deux cas, bien qu'il s'agisse d'intérêts touchant l'ordre public, la loi positive a épuisé toute son action; et ce ne serait qu'en rétroagissant que, jusqu'à son abrogation, on lui dénierait ses effets.*

11. — *Néanmoins, il en serait autrement d'une loi qui consacrerait la violation de la liberté individuelle; de la sûreté personnelle, du droit de propriété; dans ce cas, il n'existerait nulle rétroactivité.*

12. — *La raison d'état, le pouvoir constituant, peuvent aussi motiver des exceptions à ce principe.*

13. — *L'état des personnes, les expectatives, etc, sont tellement dans le domaine de la loi générale qu'il ne serait pas au pouvoir des particuliers de renoncer, par des stipulations anticipées, à l'effet des lois nouvelles abrogatives ou modificatives des lois précédentes sur ces matières.*

14. — Comme conséquence de ce principe, il faut dire que
la donation entre vifs faite par un individu, à
la veille de prononcer ses vœux, est soumise à
l'action en révocation pour cause de survenance
d'enfans, lorsque cet individu, par suite de la suppression des ordres religieux et de sa réhabilita-
tation dans la vie civile, s'est marié.

15. — Application à la contrainte par corps. Deux principaux motifs servent de base à cette disposition législative : la bonne foi dans les engagemens et la
liberté individuelle, qui sont également d'ordre
public.

16. — Dans le doute, on ne saurait s'autoriser du motif tiré
de la liberté individuelle, pour faire rétroagir la
loi nouvelle qui abolirait purement et simplement
la contrainte par corps.

17. — Que si la rétroactivité résultait du texte même de la
loi, elle aurait bien pour effet de rendre à la liberté le débiteur, mais non d'anéantir ses engagemens, ou de dénaturer les conditions fondamentales du contrat.

18. — Arrêts divers de la Cour de cassation confirmatifs de
cette doctrine.

19. — La contrainte par corps tient plus du fond du droit
que de la forme. Le Code de procédure civile n'a
pas dérogé au tit. 3 de la loi du 15 germ. an VI,
relatif aux matières commerciales.

20. — Des effets de la loi du 17 avril 1832 sur la législation précédente.

21. — Examen particulier, sous le rapport de la rétroactivité, de la question de savoir si la contrainte
par corps est applicable aux Pairs de France.

———

1. C'est ici que la loi générale, conservant toujours plus ou
moins son action sur les matières qu'elle abandonne aux stipulations privées, il est permis souvent d'élever des doutes sur

la rétroactivité de la loi postérieure ; néanmoins, je crois pouvoir poser comme certains les principes suivans :

Toutes les fois que la matière pourra être considérée comme éminemment soumise au principe même du Gouvernement, ou comme se rattachant plutôt aux institutions politiques qu'aux intérêts privés, il est évident que la loi, essentiellement indépendante dans son action générale sur la société, n'aura jamais aliéné irrévocablement cette action, qu'elle aura pu en modifier constamment et à son gré, la direction et les effets, sans qu'aucun droit acquis soit jamais résulté pour personne de ses dispositions, ni qu'aucune des lois successivement rendues sur cette matière, puisse être avec justesse taxée de rétroactivité.

Que si la matière paraît au contraire plutôt se rattacher aux intérêts individuels ; quelque graves qu'ils soient, et quelque liés qu'ils paraissent au bien général, néanmoins, les stipulations privées pourront avoir quelquefois pour résultat des droits acquis, et, sous ce rapport, toute loi postérieure ne serait pas indistinctement exempte de rétroactivité.

2. Ainsi, pour donner des exemples du premier cas, il faut dire : qu'en principe, l'abolition du régime féodal, prononcée par la loi du 4 août 1789, mais rendue exécutoire seulement *à compter du jour de la publication des lettres patentes du 3 nov.* 1789 (Art. 33, tit. 2, loi du 15 mars 1790), n'a opéré aucune rétroactivité. Cette suppression n'était que l'expression de la puissance régulière de la loi sur un fait constamment et essentiellement resté sous le régime de la loi politique, et il ne serait pas exact de dire qu'aucun droit fût acquis aux particuliers contre les résolutions générales de cette loi, par suite du régime antérieur. Dès lors toutes les conséquences de cette suppression ont été consacrées sans rétroactivité par les lois subséquentes ; telles sont la loi du 15 mars 1790 portant (Art. 11, tit. 2): « Que tous priviléges, toute féodalité et nobilité de biens étant détruites, les droits d'aînesse et de masculinité, à l'égard des fiefs, domaines et alleux nobles, et les partages inégaux, à raison de la qualité des personnes, sont abolis. Qu'en conséquence, toutes les successions, tant directes que collatérales, tant mobilières qu'immobilières, seront, sans égard à l'ancienne qualité noble des biens ou des personnes, partagées entre les héritiers, suivant les lois, statuts et coutumes qui règlent les partages entre tous les citoyens ». Et art. 1er, tit. 13, que « sont pareillement abolis tous

les effets que les coutumes, statuts et usages avaient fait résulter de la qualité féodale ou censuelle des biens , soit par rapport au douaire, soit pour la forme d'estimer les fonds, et généralement pour tout autre objet »; et la loi du 19 sept. même année., portant (Art. 2): que, « dans les pays et les lieux où les biens allodiaux sont régis, soit en succession, soit en disposition, soit en toute autre manière , par des lois ou statuts particuliers , ces lois ou statuts régissent pareillement les biens ci - devant féodeaux et censuels ».

3. Néanmoins , je dois ajouter qu'en principe seulement , comme je viens de le dire , la suppression du régime féodal n'entraînait pas de rétroactivité (V. *suprà*, p. 150 , no 5); il serait difficile , en effet, de ne pas en apercevoir tous les inconvéniens , tout l'odieux , dans les applications diverses de cette mesure ; et d'abord, l'art. 2 de la loi du 19 sept. 1790 , que l'on vient de lire , consacre lui-même la rétroactivité, lorsqu'il continue en ces termes : « Savoir , pour les successions , à compter de la publication du décret du 15 mars dernier, et pour toute matière , à compter de la publication des lettres patentes , du 3 nov. 1789 ». Mais des résultats tout aussi graves que ceux de la rétroactivité sortaient du fond même de la matière ; le régime féodal était un composé d'élémens divers appartenant au droit naturel , à la loi politique , au droit civil (V. *suprà* , p. 49 , no 28). Or, quelque contraire que parut son principe à la loi naturelle , il n'en est pas moins vrai qu'une foule de transactions ou de dispositions à titre gratuit ou onéreux , fondées sur les dispositions du droit féodal , s'étaient perpétuées ou renouvelées depuis des siècles , et étaient devenues par-là la source de véritables droits acquis, garantis, sinon par le principe spécial de ce régime, du moins par la foi publique et par ce principe de tous les temps , que l'erreur générale peut , en définitive , revêtir toute la force de la loi. *Error communis facit jus* (L. 3, ff *Barbarius Philippus , de Officio præt.*). Or, il était évidemment contraire à la foi publique autant qu'à l'équité , d'anéantir brusquement , d'un seul coup et sans dédommagement, des droits résultant d'une longue série d'actes ou de faits exprimant toujours le consentement libre des parties , sous l'empire d'une loi qui les protégeait , et à laquelle on devait toujours supposer du moins l'autorité suffisante pour soutenir en tous temps des actes consommés , en vertu de ses dispositions; et il ne faut pas douter

que, quelque impérieuse que fût la raison d'état qui comman-
dait alors la suppression de ce régime, l'Assemblée constituante,
déterminée par les vues sages qui caractérisaient habituellement
ses résolutions, n'eût accompagné ce grand acte politique de
dispositions transitoires propres à en adoucir ou à en régulariser
les effets, si les graves circonstances qui la surprirent tout à
coup dans ses nombreux travaux, lui en eussent laissé le loisir.

4. Pareillement, la loi du 8 avril 1791, procédant d'après les
mêmes idées qui ont amené la chute du régime féodal, c'est-à-
dire l'égalité absolue entre les citoyens, a disposé, sans rétroagir, et par le motif déjà exprimé : « que toute inégalité ci-
devant résultant, entre les héritiers, *ab intestat*, des qualités
d'aînés ou de puînés, de la distinction des sexes, ou des
exclusions coutumières, soit en ligne directe ou collatérale, est
abolie ». La seule différence, dans l'objet propre de ces lois
suppressives, consiste en ce que les premières conséquences directes de la suppression du régime féodal, portaient sur les distinctions ou qualifications des biens ou des personnes, tandis que
celle-ci portait sur la propriété elle-même.

(Appliquez ces observations à la suppression du retrait lignager, etc. (*suprà*, p. 176 et suiv., et *infrà*, *hìc in fine*).

5. Enfin, les anciennes renonciations surérogatoires aux successions futures devront être appréciées d'après les mêmes principes ; mais il n'est pas toujours facile, même aux corps judiciaires les plus instruits, d'en faire l'exacte application.

Je prends la thèse suivante discutée par M. Merlin dans son
Répertoire de jurisprudence (t. XVII, v° *Renonciation à succession future*, p. 505) : « quel est, sur une succession ouverte
sous le Code civil, l'effet de la renonciation surérogatoire qui
y a été faite précédemment ? » Bien que cette question n'offre
un véritable intérêt, comme il l'observe lui-même, que pour les
pays détachés de la France en 1814, et où n'avaient pas été publiées avant le Code civil, ni la loi du 5 brum. an II, ni celle
du 18 pluv. an V, il faut reconnaître néanmoins que les principes généraux, et les plus importans, sur la rétroactivité, se
trouvent perpétuellement ramenés dans cette discussion grave,
qui nous découvre en même temps le véritable esprit des lois
transitoires sur cette matière.

Deux jugemens rendus dans le même sens par les tribunaux
de Plaisance et de Parme, les 22 août 1817, et 11 août 1820

(aff. des mineurs Brondetta, contre la succession Garilli),
avaient décidé, qu'une renonciation à succession future faite en
1790, sous l'empire de l'ancien statut de Plaisance, et ouverte
sous le Code civil, était régie par ce Code, et devait être dès
lors considérée comme nulle et non avenue, mais sur le pourvoi en cassation, le tribunal suprême de révision de Parme et
de Plaisance (1), embrassant une opinion contraire, posa en
principe par son arrêt du 11 avril 1822 (2): 1º Que sous l'ancien droit, les renonciations à succession future, étaient valables, indépendamment de la question de savoir, si, vues en elles-mêmes, de telles conventions étaient justes ou injustes,
attendu qu'un tel examen sortait des bornes du pouvoir judiciaire; 2º que les conditions inhérentes à ces conventions,
comme, par exemple, sous l'empire du statut de Plaisance, que
la succession fût déférée, et que le père *ne rappelât pas à sa succession la fille renonçante ou ses enfans*, n'empêchaient pas qu'il
n'y eût droit acquis au moment même du contrat, au profit du
stipulant, les conditions ayant, aux termes du droit romain
comme du droit français, un effet rétroactif au jour de la convention; que, d'ailleurs, les conditions dont il s'agit, avaient
plutôt trait à l'exécution, qu'à l'existence même de la convention; que ce droit acquis, dans l'espèce, consistait, sinon dans
la possession actuelle et réelle de la chose formant l'objet de
l'engagement, du moins dans l'obligation de ne pouvoir revenir
sur cet engagement, ni rien faire qui y fût contraire; 5º que
les conventions ont un effet perpétuel, et que parmi les causes
de révocation énumérées par le Code civil, ne se trouve pas
celle du changement de lois arrivé avant l'exécution de ces conventions; 4º qu'à la vérité, les art. 791 et 1130 défendent de
telles renonciations, même par contrat de mariage; mais que
ces articles ne sauraient avoir un effet rétroactif; or, ce ne serait que par un tel effet, réprouvé par l'art. 2 de ce Code, qu'ils
pourraient se reporter à une époque antérieure à leur publication, pour anéantir des conventions valablement formées sous
l'empire des lois alors en vigueur; 5º que la maxime d'après laquelle les successions doivent être réglées par les lois existantes
à l'époque de leur ouverture, n'est vraie que pour *les cas sim-*

----

(1) Ce tribunal connaissait du fond des affaires.
(2) J'offre ici un résumé de l'arrêt qui est très étendu.

ples ; qu'il en est autrement *des cas mixtes*, c'est-à-dire, de ceux où il s'agit d'apprécier les effets de conventions antérieures, se rapportant à la succession ; 6° que les lois des 5 brum., 17 niv. an II, et 18 pluv. an v, ne pouvaient être invoquées dans l'espèce, comme ayant été publiées et rendues exécutoires à Plaisance par le décret du 30 juin 1810, puisque ce décret ne parle que des lois *actuellement en vigueur en France*, et que celles dont il s'agit s'y trouvaient abrogées ; ni comme raison écrite pour interpréter le Code civil, attendu que les rédacteurs de ce Code ont suivi des principes entièrement opposés à ceux qui prévalurent lors des lois de l'an II ; 7° que le statut de Plaisance subsistant toujours pour garantir pleinement toutes les conventions reconnues par lui et passées sous son empire, garantissait par là aussi l'efficacité des renonciations faites, même au profit des enfans mâles du père ou de leurs descendans.

M. Merlin s'élève fortement et avec raison contre la doctrine professée par cet arrêt. Mais, j'ose le dire, la réfutation qu'il en donne est loin de répondre à toutes les objections ; il la combat par les pures armes du droit civil, ou à l'aide du rapprochement de quelques dispositions des lois de l'an II et de l'an v, tandis qu'il aurait dû puiser ses meilleurs argumens dans les considérations politiques qui ont dicté les lois de l'an II, et dont l'esprit se retrouve tout entier dans les dispositions du Code civil. Sans doute, M. Merlin a raison de dire que la fille renonçante figurant seule avec son père dans les actes de renonciation, ni ses enfans, ni les enfans mâles du père ou leurs descendans dans l'intérêt desquels se faisait la renonciation, ne pouvaient en profiter, attendu, qu'aux termes du droit civil, la stipulation ne saurait avoir d'effet entre des individus qui n'étaient pas parties au contrat ; sans doute, il a encore raison de dire que l'art. 791 du Code civil, publié et rendu exécutoire à Parme et à Plaisance par le décret du 30 juin 1810, a dû s'y exécuter comme il s'exécutait en France, c'est-à-dire avec le fait supposé et implicitement admis, de l'abrogation ou de l'existence des lois antérieurement rendues en France en matière de renonciation à succession future, et notamment de l'art. 10 de la loi du 18 pluv. an v ; et ce n'est guères que par une argutie que l'arrêt répond à cette vérité lorsqu'il dit : « qu'on ne peut point prétendre que le décret du 30 juin ait rendu ces lois exécutoires à Plaisance, parce qu'il ne parle que des lois *actuelle-*

ment en vigueur en France ; » car l'art. 10 de la loi du 18 pluv.
an v avait conservé toute sa force législative pour maintenir du
moins le principe qu'il avait posé. Mais dira-t-on aussi à M. Merlin, si l'arrêt de la Cour de révision de Parme, a été trop loin
en attribuant à un statut en vigueur, l'effet de lier par des renonciations des individus qui n'ont pas été parties au contrat,
alors qu'il autorise formellement de telles stipulations, n'allez-
vous pas trop loin vous-même, lorsque vous déniez tout effet à
ces renonciations anciennes, parce que l'ouverture des successions auxquelles on a renoncé, aura eu lieu sous le Code civil ?
Ne condamnez-vous pas d'ailleurs cette disposition comme rétroactive, lorsque vous divisez les effets de ces renonciations
en disant (*ibid.* p. 516) : « Qu'une telle renonciation était sans
doute un contrat à l'égard de la fille qu'il liait irrévocablement ;
mais que ce n'en était point, ni à l'égard du père qu'il n'obligeait point, ni à l'égard des enfans mâles à qui il ne conférait
qu'une expectative toujours révocable ; qu'il n'était réellement,
de la part du père et à l'égard des enfans mâles, *qu'une disposition à cause de mort que le premier faisait au profit des seconds,*
avec le consentement de sa fille qui ne pouvait le rétracter. »
Quoi ! vous concevez un contrat qui lie l'un des contractans,
sans qu'il ait la puissance de lier l'autre ! La fille renonçante se
trouvera irrévocablement obligée et le père ne le sera nullement ! Que si vous reconnaissez en définitive à ce contrat, les
caractères d'une donation pour cause de mort de la part du père
au profit de ses enfans mâles, qui a eu pour effet de lier actuellement la fille renonçante, ne reconnaissez-vous pas aussi par
là les effets actuels, définitifs, d'un contrat d'ou résultent des
droits acquis le jour même où il a pris naissance ? Et est-ce autrement que par une rétroactivité violente que vous pourrez
ensuite, en vous appuyant d'une loi nouvelle qui interdit ces
sortes de stipulations, dénier aux contrats antérieurs qui les renferment, les effets certains qui leur sont garantis par les lois
sous l'empire desquelles ils ont été passés ? Allons plus loin ; et
disons que la distinction posée par l'art. 10 de la loi du 18 pluv.
an v, entre les successions ouvertes antérieurement à la loi du
5 brum. an II, et les successions ouvertes postérieurement à
cette loi, est arbitraire, même rétroactive, en ce que, si l'on
reconnaît en principe l'existence d'un contrat ancien, on est
forcé de reconnaître aussi tous les effets actuels qui en décou-

lent; or, ces effets sont indivisibles et certains, le jour même du contrat, indépendamment de l'ouverture de la succession, aussi bien que des conditions inhérentes aux stipulations. (V. *supra*, p. 161, § 3, p. 273); et ces effets consistent en ce que les renonciations faites en vertu et sur la foi des lois anciennes qui les autorisaient, doivent être respectées dans toutes leurs parties quelle que soit l'époque de l'ouverture de la succession; et ce qu'il y a de remarquable, c'est que cette distinction arbitraire et rétroactive ressort des propres termes du rapport de M. Tronchet, au Conseil des anciens, sur la résolution du 23 germ. an IV (1). « Mais il n'en est pas de même, disait ce jurisconsulte, dans les pays où la loi expresse autorisait les renonciations des filles; la loi postérieure ne pouvait en abolir l'effet que pour les successions ouvertes depuis sa publication. L'acte était valable dès lors qu'il était autorisé par la loi; l'héritier avait été saisi par elle d'un droit acquis. Une loi ne peut être révoquée que par une loi. Une loi même injuste est une loi tant qu'elle existe, etc; » or, si tous ces principes sont vrais, comment ne pas en tirer la conséquence que les renonciations faites sous l'empire d'une loi qui les autorise, sont valables et confèrent des droits acquis, à l'instant même, indépendamment de l'ouverture ultérieure de la succession ?

Mais il faut se placer sur le vrai champ de la discussion ; envisager sous les rapports politiques le contrat dont il s'agit, et dire que les anciennes exclusions coutumières, que les anciens statuts de France, de Parme et de Plaisance, les constitutions générales du Piémont, etc., qui autorisaient les renonciations contractuelles des filles, reposaient sur un principe de l'ordre politique : l'agnation, la splendeur, la perpétuité des familles; or, sous ce point de vue le droit civil n'était qu'une conséquence plus ou moins éloignée, même irrégulière de la loi politique ; de là, il faut le dire, toutes les aberrations de la législation et de la jurisprudence sur cette matière. Les lois des 8 avril 1791, 5 brum. et 17 niv. an II, ayant posé le principe absolu de l'égalité en matière de partage, il fallut coordonner ce principe avec les statuts antérieurs, les transactions faites sous l'autorité de ces statuts, et desquelles pouvaient résulter des droits acquis aux yeux de la loi civile. L'embarras fut extrême : cependant la résolu-

(1) Moniteur des 20 et 21 mess. an IV.

tion, dont je viens de parler, qui supposait *que la loi du 8 avril
1791, avait détruit l'effet des renonciations contractuelles à des
successions futures, tant directes que collatérales, faites par les
filles en faveur des mâles*, allait passer comme loi, lorsque
M. Tronchet, rapporteur au Conseil des anciens, de cette résolution, invoqua (*ibid.*), plusieurs principes du droit civil,
modérateurs de l'effet rétroactif, et la fit rejeter. Bientôt ses
propres idées furent recueillies et formèrent les principales
bases de la loi du 18 pluv. an v. Or, en quoi consistait la différence entre la résolution rejetée et le système présenté par
M. Tronchet ? En ce que la première, conséquence directe de la
loi politique, qui avait supprimé toutes les causes des renonciations à successions futures, et proclamé l'égalité absolue entre
tous les enfans, voulait consacrer à l'instant même, comme loi,
cette conséquence ; M. Tronchet, au contraire, entrevoyant
tout l'équivalent de la rétroactivité dans l'application rigoureuse
de cette conséquence à plusieurs cas, présenta, comme on l'a
vu, quelques considérations tirées du droit civil, disposa ainsi
les esprits à des voies transitoires, et atteignit par-là un résultat de sagesse qui fut vivement senti (1).

Voici les distinctions qu'offre ce système :

Ou la succession à laquelle la fille avait renoncé s'était ouverte
dans l'intervalle de la loi du 8 avril 1791, à celle du 5 brum.
an II, sous l'empire d'une coutume d'exclusion, c'est-à-dire qui
d'elle-même renfermait tout l'effet de cette renonciation, et
alors la stipulation n'était plus considérée que comme surérogatoire ; ou elle s'était ouverte dans un pays dont le statut était
muet sur ces sortes de renonciations : ou enfin, elle s'était ouverte dans un pays dont le statut les autorisait expressément, et
que l'on appelait coutume de non exclusion.

Dans le premier cas, la renonciation n'était que l'application
surérogatoire de la coutume, la loi du 8 avril 1791 en avait
abrogé tous les effets sans rétroactivité, car elle était censée
n'avoir abrogé que la loi elle-même, ce qui était toujours en
son pouvoir. Dans le second, la renonciation étant valable ou
nulle, selon qu'elle avait été proclamée telle par l'autorité de la

___

(1) La résolution fut rejetée à l'unanimité ; M. Regnier, rapporteur de
la commission, demanda l'impression de l'opinion de M. Tronchet, *afin
que l'on sût que c'était elle qui avait déterminé le Conseil* (Monit., *ibid.*).

chose jugée, il est évident que la loi, du 8 avril 1791, ne pouvait annuler que celles de ces renonciations qui n'avaient pas
été consacrées ainsi par les voies judiciaires. Enfin, dans le
troisième, M. Tronchet reconnaît qu'il y a droit acquis au mâle
sur la renonciation de la fille, par le fait de l'ouverture de la
succession; que dès lors, une pareille reconciation a conservé
toute sa force jusqu'à la loi du 5 brum. an II, si la succession
s'est ouverte avant cette époque; mais qu'elle a perdu tout son
effet, si la succession s'est ouverte posterieurement à cette loi.

Mais il est trop facile d'apercevoir dans cet exposé de pures
considérations tirées du droit civil. M. Tronchet venait de
s'élever aux véritables considérations de la matière, lorsque, s'exprimant en législateur sur le mérite même de ces renonciations,
il disait : « Je déclare, sans hésiter, que l'usage des renonciations
à succession future devait être aboli, parce qu'il était injuste,
absurde et immoral : injuste, en ce qu'il blessait le vœu de la
nature, qui doit être la première base du droit positif sur l'ordre
des successions; absurde, en ce qu'il supposait un contrat obligatoire dans un acte *qui violait les premiers principes des contrats, car, il ne peut y avoir de contrat obligatoire où il n'y a
point de consentement libre.* Ce qu'on appelait un contrat n'était
qu'une loi dictée par l'autorité paternelle, et acceptée par la ré-
vérence filiale, par la nécessité et par la crainte d'un sort plus
malheureux. Absurde, en ce que ce prétendu contrat ne se faisait
pas même avec celui pour le profit duquel il était fait. Immoral,
en ce qu'il alimentait la vanité, servait des prédilections injustes, et souvent allumait le flambeau de la discorde dans les
familles. Je n'ignore pas, ajoutait-il, les divers prétextes dont
on se servait pour colorer cet usage; mais quand on les examine
sans prévention, on n'y voit que de vaines excuses inventées
par l'ambition; et pour un cas où le hasard avait rendu cet
usage avantageux à la fille renonçante, on en trouve mille où
il n'opérait qu'une injustice. Cet usage ne pourrait donc plus
soutenir les regards d'une législation éclairée; et il pourrait être
détruit, même sans aucun égard aux renonciations déjà existantes ».

6. Voilà donc les considérations générales qui dominent toute
cette matière.

Aux yeux de la loi de tels contrats n'existent pas, parce
qu'ils manquent des élémens nécessaires à leur existence; que

s'ils existent, ce n'est que par un abus qu'il est toujours au pouvoir de la loi postérieure de faire cesser sans blesser le grand principe de la non rétroactivité des lois ; car, dit Domat (1) , « Les lois doivent servir de règle au passé quand elles ne font que rétablir une loi ancienne , ou une règle de l'équité naturelle dont quelque abus avait altéré l'usage , ou qu'elles résolvent des questions pour lesquelles il n'y avait aucune loi , ni aucune coutume ». Mais le législateur , maître de renverser la législation précédente alors qu'elle était vicieuse, a dû borner sa sollicitude aux innovations nécessaires , suffisantes , telles que les suggérait la raison , et qui n'entraînaient avec elles ni désordres ni dangers , car de tels résultats seraient encore plus redoutables que les abus qu'il s'agit d'extirper. Or , des transactions, fondées sur des usages abusifs , peuvent néanmoins porter tous les caractères de transactions définitives , consommées sur la foi des lois existantes ; et la rétroactivité justifiée , quant au principe, n'en serait pas moins un malheur pour la société. Telles sont les véritables considérations , qui , bien mieux que les règles du droit civil , ont servi de base au grand principe posé par l'art. 10 de la loi du 18 pluv. an v, savoir : que l'ouverture de la succession avant ou depuis la loi du 5 brum. an II, sera la limite au delà ou en deçà de laquelle existera , ou cessera d'exister , l'effet rétroactif. Et ce principe, quoiqu'en dise l'arrêt de la Cour de révision de Parme , du 11 avril 1822 , est le principe régulateur de l'espèce sur laquelle il avait à statuer. Ajoutons que le décret , du 3o juin 1810 , qui a rendu exécutoires, dans les états de Parme et de Plaisance, les lois françaises, a nécessairement entendu que ces lois y seraient exétées selon l'esprit qui leur était propre , c'est-à-dire , avec toutes les améliorations politiques et sociales que comportait la législation française à cette époque, par conséquent aussi avec les dispositions modératrices de l'effet rétroactif que renfermait la loi du 18 pluv. an v, et qui se trouvaient implicitement reproduites dans les art. 791 et 113o du Code civil.

Quant à l'arrêt rendu par la Cour de cassation, le 13 nov. 1807 (aff. Beltrami) (2), je ne saurais voir avec M. Merlin une véritable analogie entre l'espèce sur laquelle il a statué et celle de

(1) Livre prélim. , tit. 1er, sect. 1re, no 14.
(2) Répert. , vo *Emphytéose*, § 6.

l'arrêt précédent. Il s'agissait bien, dans l'espèce jugée en 1807, de déterminer quels seraient les effets d'un bail emphytéotique ecclésiastique par rapport aux descendans mâles du preneur qui n'y avaient pas été parties; et l'arrêt reconnaît bien « qu'attendu, que dans l'espèce soumise, il n'était point question de décider si, d'après les lois nouvelles, le droit de retour des fonds emphytéotiques, après l'extinction des personnes appelées, en vertu du titre constitutif, pouvait encore avoir lieu au profit du bailleur; mais qu'il s'agissait uniquement de savoir si le cas de retour prévu par le titre, n'étant pas encore arrivé, les filles du propriétaire utile des fonds devaient participer, avec leurs frères, à la succession dans lesdits biens, ouverte après que le Code civil a eu force de loi dans le ci-devant Piémont; qu'aux termes des art. 732 et 745 de ce Code, les enfans succèdent à leur père, sans distinction de sexe, quelles que soient la nature et l'origine des biens; qu'ainsi, la Cour d'appel de Turin n'a pu, sur le fondement d'une ancienne jurisprudence, admettre une exception à la règle générale établie par la loi nouvelle, et exclure les filles, lorsqu'il s'agit d'emphytéose ecclésiastique, sans commettre un excès de pouvoir, et sans violer les textes des lois précitées; casse et annule dans l'intérêt de la loi, etc. ». Mais on voit, d'une part, qu'il s'agit, dans cet arrêt, de l'interprétation d'un contrat valable en soi; d'autre part, il est permis de penser que la Cour de cassation qui improuve cet arrêt comme contraire aux lois actuelles, par l'unique motif qu'*il se fonde sur une ancienne jurisprudence*, aurait pu juger tout différemment si le contrat primitif, qu'il s'agissait d'appliquer, eût renfermé en toutes lettres l'exclusion des filles du propriétaire utile des fonds à la succession de ces mêmes fonds, et cela indépendamment des principes du droit civil, attendu que la loi du temps, toute irrégulière qu'elle était, autorisait ces stipulations; que le droit civil peut toujours déroger à ses propres principes; que tant que subsiste cette dérogation, elle tient lieu de loi aux parties qui l'ont souscrite; et que ce ne serait que par une rétroactivité manifeste que la loi nouvelle en changerait ou en atténuerait les effets; que les enfans ou descendans de ces parties, bien qu'ils n'eussent pas figuré eux-mêmes dans l'acte primitif, pourraient toujours répondre avec justice et vérité, dans un sens analogue à ce que répondait l'arrêt de la Cour de révision de Parme, au nom des enfans mâles du sieur Garilli : « Que la dame Garilli (épouse Brondetta), avait renoncé, même pour ses enfans, en conformité des dispositions du statut; *et que le statut garantissait l'efficacité des renonciations au profit des enfans mâles du père à qui on les faisait, et de leurs fils et descendans* ».

Dans l'espèce précédente au contraire ce langage est inadmissible; le contrat renfermant la renonciation de la fille, est frappé de nullité dès l'origine, le contrat fût-il valable, les stipulations relatives aux enfans mâles qui n'ont pas personnellement figuré dans l'acte, sont nulles aux yeux du droit civil, car, comme l'observe très justement M. Merlin, il ne pouvait résulter de ces stipulations aucun droit acquis, même conditionnellement, au profit de ces enfans, « puisque le père restait toujours le maître de faire cesser leur expectative, en rappelant sa fille à sa succession. » Enfin, les lois politiques d'alors étaient, comme je l'ai dit, intéressées à faire disparaître jusqu'aux dernières traces de ces renonciations, qu'elles considéraient comme contraires aux principes sur lesquels elles entendaient fonder le nouvel ordre social.

Ainsi donc, en résumé, c'est par la loi politique que devront être interprétées les matières qui ressortent éminemment de la loi politique, sauf les dérogations évidentes et précises introduites par la loi civile. L'arrêt Robasti, du 4 vent. an XIII, rendu dans une espèce relative à une renonciation à succession future, par la Cour d'appel de Turin, et dont je ne donne pas le texte, quoiqu'il soit très solidement motivé (1), s'est exactement conformé à ce principe. La Cour de révision de Parme, au contraire, en se renfermant dans une pure discussion de droit civil, sur une semblable matière, s'est écartée de cette grande règle, et n'a pu dès lors qu'obtenir des applications fausses de la loi civile.

7. On vient de voir que la Cour de révision de Parme s'est méprise sur l'application des principes relatifs aux renonciations anciennes, faites à des successions futures; qu'elle a voulu juger par les pures règles du droit civil, une question dont la solution était éminemment subordonnée aux considérations politiques. On va voir qu'une pareille méprise vient d'échapper sur la même matière, quoique dans un sens différent, à la Cour

(1) Sirey, t. V, part. 2, p. 618.

royale d'Agen. Il s'agissait de savoir : si un individu, qui après avoir renoncé par son contrat de mariage à une succession future à laquelle il était appelé, avait laissé s'écouler dix ans depuis son ouverture, sans réclamer contre sa renonciation, était, soit d'après l'art. 134 de l'ordonnance de 1539, soit d'après l'art 1304 du Code civil, déchu du droit de demander le partage de cette succession ? S'il se fût agi d'une succession ouverte antérieurement à la loi du 5 brum. an II, la question était aisée à résoudre. Par le fait seul de cette ouverture, tout se trouvait consommé, et l'art. 10 de la loi du 18 pluv. an V recevait son application directe : « Les renonciations expressément stipulées par contrat de mariage, porte cet article, dans les pays de non exclusion, *auront leur effet pour les successions ouvertes jusqu'à la publication de la loi du 5 brum. an II qui les a abolies.* » D'où il résulte qu'elles n'auront par leur effet pour les successions ouvertes postérieurement à cette loi. Dès lors, il ne restait plus qu'à apprécier le mérite de l'acte renfermant la renonciation. Or, les lois bornent à dix ans le délai pendant lequel peut être intentée toute action en nullité ou en récision de tels actes ; et c'est ainsi que l'a jugé la Cour de cassation par son arrêt du 7 août 1810 (aff. Goute-Faugeas) (1). Mais dans l'espèce jugée par la Cour royale d'Agen le 9 juin 1805, la succession était ouverte depuis la loi du 5 brum. an II ; et néanmoins, cette Cour, considérant la renonciation comme réelle et subsistante, avait rejeté la demande en partage formée par le renonçant. Mais la Cour de cassation, s'élevant à toute la hauteur des motifs qui ont dicté les nouvelles lois sur la matière, a prononcé, le 2 juillet 1828 (2), ainsi qu'il suit : « Vu les art. 9 et 14 de la loi du 5 brum. an II, 9 et 11 de celle du 17 niv. an II ; vu aussi les art. 10 de la loi du 18 pluv. an V, et 791 du Code civil ; considérant que les lois de brum. et de niv. an II ont disposé que les renonciations à succession ne pourront être opposées aux renonçans qui se présenteraient aux successions pour obtenir un partage égal. Qu'à la vérité, ces lois étaient rétroactives, en ce qu'elles disposaient pour les successions ouvertes depuis 1789 jusqu'au 5 brum. an II ; mais que la loi du 18 pluv. an V, qui a rapporté cet effet rétroactif, a confirmé virtuellement la dispo-

(1) Sirey, t. X, 1, p. 380.
(2) Bulletin civil de la Cour de cassation, t. XXX, p. 161.

sition des lois de l'an II, pour les renonciations antérieures à
ces lois, et faites à toutes les successions ouvertes depuis le
5 brum. de cette année ; attendu que l'art. 791 du Code civil ,
en disposant qu'on ne peut renoncer à la succession d'un homme
vivant, a pris les choses dans l'état où elles étaient , et a nécessairement laissé subsister les dispositions des lois de l'an II et de
l'an V, pour toutes les successions qui s'ouvriraient postérieurement au 5 brum. an II. Attendu que le motif de prescription de
dix ans, tiré des anciennes ordonnances et de l'art. 1304 du
Code civil, n'est point applicable à l'espèce , puisqu'il s'agissait
d'une demande en partage qui ne se prescrit que par trente ans ,
et qu'il n'y avait pas lieu à demande en nullité , la loi ayant elle-
même aboli les renonciations , en déclarant expressément que
ces renonciations ne pourraient être opposées aux renonçans ;
attendu que l'arrêt de la Cour royale d'Agen , en rejetant la demande en partage des sieurs et dame Pigeonné, qui réclamaient
leur part égale dans la succession de leur mère et belle-mère, a
violé les articles précités des lois des 5 brum. et 17 niv. an II,
l'art. 10 de la loi du 18 pluv. an V, et par suite, l'art. 791 du
Code civil; la Cour casse et annule , etc. ».

8. Remarquez néanmoins que quelque graves et élevées que
soient les considérations politiques en cette matière , il est des
bornes qu'elles ne sauraient franchir sans danger.

Par exemple , l'art. 22 de la loi du 9 déc. 1790 , porte :
« Toutes personnes qui nées en pays étranger, descendent, en
quelque degré que ce soit , d'un français ou d'une française expatriés pour cause de religion , sont déclarés naturels français , et
jouiront des droits attachés à cette qualité, si elles reviennent
en France , y fixer leur domicile et prêtent le serment civique. »

Quelle est l'étendue et la portée de cette disposition ?

Indépendamment de la rédaction de cet article , laquelle en
révèle suffisamment tout l'esprit, on trouve exprimé dans le rapport du comité des domaines de l'Assemblée constituante : « Que
lorsque des lois tyranniques ont méconnu les premiers droits de
l'homme , la liberté des opinions et le droit d'émigrer ; lorsqu'un
prince absolu fait garder par des troupes les frontières comme
les portes d'une prison , ou fait servir sur les galères avec des
scélérats des hommes qui ont une croyance différente de la
sienne , certes , alors la loi naturelle reprend son empire sur la

loi politique; *les citoyens dispersés sur une terre étrangère ne ces-
sent pas un instant aux yeux de la loi d'appartenir à la patrie
qu'ils ont quittée.* Cette maxime d'équité honora la législation
romaine, et doit immortaliser la nôtre ». Enfin, un arrêt de la
Cour de cassation, du 30 avril 1806 (aff. Eymard) (1), intéressant des descendans de religionnaires fugitifs, renferme ce considérant remarquable : « Considérant que la tache de mort civile,
empreinte sur les religionnaires fugitifs et sur leurs biens, par
les lois anciennes, a été entièrement effacée par les lois de 1790;
que les biens par eux délaissés doivent être considérés comme
n'ayant jamais cessé de leur appartenir et d'être transmissibles
dans leurs familles, d'après les règles communes ».

Mais peut-on tirer de là la conséquence absolue que les descendans de religionnaires expatriés sont tellement réhabilités
dans leur qualité de Français, que leurs auteurs soient rigoureusement censés n'avoir été jamais frappés de mort civile? Il
faut faire des distinctions; et elles prennent leur source dans les
besoins généraux. Sans doute, la loi nouvelle peut consacrer l'effet
rétroactif de sa disposition, en tout ce qui sera purement favorable à l'individu qui en est l'objet; et elle sera d'autant plus
fondée dans sa rétroactivité, qu'elle croira réparer une ancienne
injustice; or, tout le bien qu'elle peut faire en ce sens tourne au
profit de la société entière. Ainsi, elle a pu déterminer, ou les
meilleures interprétations peuvent trouver conforme à son esprit, que les traces de la mort civile du religionnaire fugitif
soient tellement effacées, qu'il puisse transmettre ses biens à ses
héritiers, du moment de sa mort arrivée antérieurement aux
lois de 1790, à l'égal du régnicole, et indépendamment de toute
loi sous laquelle il avait eu à gémir, en abandonnant le sol français; les tiers n'ont nullement à souffrir de cette mesure; c'est
même ce qui résulte implicitement, soit des lois du 9 déc. 1790
(art. 1), et du 9 fruct. an II, soit de l'arrêt de la Cour de
cassation du 30 avril 1806. Ainsi encore, l'on peut décider,
comme l'a fait l'arrêt de la Cour de cassation, du 13 juin 1811
(aff. Gaugain) (2), que non-seulement les lois des 5 juil. et
9 déc. 1790, ont, par une application rétroactive, abrogé les

(1) Sirey, t. VI, 1, p. 291.
(2) Sirey, t. II, 1, p. 290.

anciennes lois emportant la peine de mort civile contre les réli-
gionnaires fugitifs, de telle manière que l'un d'eux, décédé à
Londres en 1796, soit réputé mort, *integri statûs ;* mais encore
que ses enfans, nés à l'étranger pendant la mort civile de leur
père, sont habiles à recueillir une succession en France, ouverte sous le Code civil, bien qu'ils ne fussent jamais rentrés
en France, et qu'ils n'eussent pas prêté le serment civique prescrit par la loi du 9 déc. 1790, attendu que le Code civil avait
abrogé cette disposition par son art. 10.

Mais les traces de la mort civile du religionnaire fugitif seront-
elles effacées pour un tout autre effet, par exemple, pour rendre
ses descendans habiles à recueillir en son lieu et place les successions échues pendant la durée de sa mort civile, auxquelles
il aurait eu droit, et qui, en son absence, ont été partagées par
les héritiers plus proches à les recueillir? Non, sans doute. La
rétroactivité, dans ce cas, nuirait aux tiers; elle jetterait le
trouble et la confusion dans les familles (1). C'est sur la foi des
lois existantes que les anciens partages ont eu lieu. Quelle que
fût leur injustice, et quelque urgente qu'en soit la réparation,
le repos de la société est le premier, le plus pressant soin des
lois. D'ailleurs, une loi même injuste, régit, à l'égal de toute
autre loi, les faits placés sous son empire, jusqu'à ce que le législateur l'ait dépouillée de son caractère par l'abrogation. Or,
ce serait lui refuser son action naturelle que d'en détruire postérieurement les effets. Que l'on abandonne ces principes, et la
propriété, l'ordre, la sécurité des familles, ne sont plus qu'un
vain mot. C'est en conformité de ces sages règles que la Cour
de cassation a prononcé, le 17 juin 1815 (2), l'arrêt qui suit :
« Considérant qu'il est établi au procès que la succession de
Marconnay, dont il s'agit, s'est ouverte en 1778; 2° que Guil-
laume-François Nicoud, demandeur en cassation, est descendant
d'un Français religionnaire fugitif; qu'il est né en pays étranger,
de père et mère étrangers, et qu'à l'époque où la succession de
Marconnay s'est ouverte, ledit François Nicoud se trouvait soumis à l'empire des lois qui avaient déclaré incapables de succéder

(1) Or, c'est surtout à cause du trouble et de la confusion qu'elle amène
dans les transactions sociales que la rétroactivité est odieuse. V. *sup.*, p. 149.
(2) Répert., v° *Religionnaires*, § 10.

20.

à leurs parens décédés en France, les descendans des religionnaires fugitifs qui se trouvaient dans la même position que le demandeur ; 3° que la loi du 15 déc. ne disposant que pour l'avenir, et pour un temps postérieur à sa promulgation, le demandeur ne peut en invoquer les dispositions pour écarter l'incapacité qui le rendait inhabile à succéder en 1778 ; rejette ».

9. Mais que faudrait-il penser d'une donation par acte entre
vifs, antérieure à la loi du 5 sept. 1791, qui contiendrait de la
part du donateur la condition imposée au donataire, de ne pas
se marier, ou toute autre restrictive de sa liberté sous ce rapport ? De tous temps de pareilles clauses ont été considérées
comme intéressant l'ordre public, d'abord, en ce qu'elles emportent restriction de la liberté individuelle, ensuite comme
exerçant une influence directe sur l'une des plus précieuses institutions sociales, le mariage. Il y a plus : la loi du 5 sep. 1791
rattachait à la nécessité du principe qu'elle posait (1), des motifs
politiques, qui pouvaient faire naître des doutes sur la régularité même de la législation précédente, sur sa conformité avec
le droit naturel, etc. ; devait-on, d'après cela, appliquer ses
dispositions aux actes antérieurs à son émission ? La législation elle-même nous offre la preuve certaine du contraire. Outre
la motion d'ordre sur laquelle a été rendue la loi du 5 sept. 1791
et qui atteste que cette loi ne devait avoir son effet que *pour l'a-
venir*, les lois des 5 brum. et 17 niv. an II, qui renfermaient le
principe formel de la rétroactivité, portaient textuellement, que
la condition dont il s'agit serait réputée non écrite dans les actes
passés, *même avant le décret du 5 sept. 1791*, ce qui supposait
évidemment que ce décret qui renfermait la même disposition
que les lois de l'an II, n'atteignait pas les actes antérieurs à son
émission. On aurait donc fait rétroagir la loi du 5 sept. 1791,
si, avant l'émission des lois de l'an II, on l'eût appliquée aux actes antérieurs, et cela suffit pour reconnaître que malgré la
tendance des esprits à cette époque vers les idées nouvelles, on

---

(1) Voici son texte : « Toute clause impérative ou prohibitive qui serait
contraire aux lois ou aux bonnes mœurs, qui porterait atteinte à la liberté
religieuse du donataire, héritier ou légataire, qui gênerait la liberté qu'il
a, soit de se marier même avec telle personne, soit d'embrasser tel état,
emploi ou profession, ou qui tendrait à le détourner de remplir les devoirs
imposés, et d'exercer les fonctions déférées par la constitution aux citoyens
actifs et éligibles, est réputée non écrite ».

sut néanmoins respecter la barrière naturelle qui séparait les lois dans leur action.

10. Mais *quid juris* si l'acte renfermait la condition de ne pas se remarier ? La loi du 5 sept. 1791, ne s'exprimait pas sur l'effet de cette clause ; elle restait donc toujours régie par l'ancienne législation, c'est-à-dire, par la Novelle 22, chap. 44, qui en consacrait la validité. Mais les lois de l'an ii, la comprirent dans le même anathème, et elle fut considérée, aussi bien que la condition de ne pas se marier, ou toute autre clause restrictive de la liberté de se marier, comme contraire à l'ordre public, et dès lors réputée non écrite. La rétroactivité de ces lois ayant été rapportée par celle du 9 fruct. an iii, elles n'ont plus conservé que leur effet naturel sur les faits à venir, jusqu'à la promulgation du Code civil. Dans cet état, peut-on dire néanmoins que la loi du 5 sept. 1791 et les lois de l'an ii, placées dès lors sur la même ligne, n'ont fait que proclamer un principe de droit naturel méconnu ; que ce principe intéresse au plus haut degré l'ordre social, puisqu'il a pour objet de faciliter les mariages en brisant les barrières dont les entourait l'ancienne législation, et par-là d'améliorer les mœurs, résultat essentiellement lié à l'action permanente de la loi, et que, par suite, c'est sans rétroactivité que ces lois s'appliqueraient même aux actes antérieurs à leur émission ? C'est effectivement ce qu'avait pensé la Cour royale de Paris, dans l'espèce suivante (1) : « Le 21 novembre 1789, contrat de mariage entre François Luciot, libraire à Paris, et Denise-Victoire Blevet. A la suite de diverses dispositions contenues en cet acte, on lit ce qui suit : « Ledit sieur futur époux fait en outre donation à ladite future, ce acceptant, de 1,000 liv. de rentes annuelle et viagère exempte de toutes impositions royales, présentes et à venir, etc. . . . . . ; *et sous la condition expresse qu'elle ne convolera pas en secondes noces ; et en cas de convol en secondes noces, ladite rente demeurera éteinte et amortie ; et les biens dudit sieur futur époux en seront affranchis* ». Le 18 pluv. an v, décès du sieur Luciot sans enfans. Le 11 flor. an vi, second mariage de la veuve Luciot avec le sieur Messenge. Dès ce moment, les héritiers Luciot refusent de payer à la dame Messenge la rente viagère de 1,000 liv. Assignation par la dame Messenge aux héritiers Luciot, devant

(1) Sirey, t. vi, 1, 161.

le tribunal civil de la Seine ; et, le 14 vent. an VIII, jugement de ce tribunal qui, se fondant sur les lois du 5 sept. 1791, du 5 brum. an II (art. 1er), et du 17 niv. an II (art. 12), condamne les héritiers Luciot à continuer le paiement de la rente. Appel ; et, le 1er fruct. suiv. , arrêt ainsi conçu : « Attendu que la clause du contrat de mariage dont il s'agit est proscrite par les lois du 5 sept. 1791 et subséquentes, comme contraire à la liberté et aux bonnes mœurs ; et qu'une pareille disposition qui n'est que déclarative du droit naturel , doit avoir son exécution, *à quelque époque que la clause ait été stipulée , dit qu'il a été bien jugé , etc.* ».

Mais c'était se méprendre étrangement sur la nature propre et la puissance réelle des lois ; d'une part, la matière n'était pas intimement liée au principe du Gouvernement ; elle ne se rattachait pas directement à une institution politique : sans doute elle appartenait aux matières législatives sur lesquelles la régénération politique des idées opérait alors ses effets immédiats ; et telle fut la cause évidente des lois des 5 sept. 1791, 5 brum. an II (art. 1), 17 niv. an II (art. 12), sur les conditions relatives aux mariages ; mais la preuve que ces lois elles-mêmes reconnurent qu'en principe, la loi générale avait perdu son action quant aux stipulations antérieures, c'est que, comme on vient de la voir , la loi du 5 sept. 1791 borna son effet *aux actes à venir,* que les lois subséquentes créèrent expressément l'effet rétroactif sur ces matières, attendu la perpétuité d'action des lois précédentes , et que la loi , du 9 fruct. an III , en rapportant cet effet rétroactif, rendit à son cours naturel la législation générale. D'autre part, il faut reconnaître que si les considérations d'ordre et de bien public ne sont pas étrangères aux stipulations de cette nature , c'est proprement et principalement à cause des restrictions qu'elles apportent à la liberté individuelle. Quant au motif tiré de ce qu'il importe de favoriser les mariages , source des bonnes mœurs , « Augeri etenim magis nostram rempublicam , et multis « hominibus legitimè progenitis frequentari , quam impiis per- « juriis affici volumus (L. 2 , *Cod. de indic. vid.*) », c'est là sans doute une vue de bien public , mais non un moyen de Gouvernement ; or, cette vue peut être balancée par des vues contraires, et celles-ci peuvent avoir, selon les temps , des motifs plausibles ; c'est ainsi que la législation romaine , après avoir éprouvé plusieurs variations sur cette matière , finit par consacrer la validité

des clauses prohibitives des seconds mariages(Novelle 22, cap. 44),
« Les clauses *en gardant viduité*, dit Montesquieu (*Esprit des
Lois*, liv. 23, chap. 21), établies parmi nous, contredisent donc
le droit ancien, et descendent des constitutions des empereurs,
faites sur les idées de la perfection, » et cette législation fut implicitement confirmée par l'art. 25 de l'ordonnance de 1747.
C'est ainsi qu'aujourd'hui même, sous l'empire de l'art. 900
du Code civil, qui n'offre qu'une disposition générale, la jurisprudence est fixée dans le sens de la validité de ces clauses prohibitives (1). Ce raisonnement de la Cour royale de Paris, que
la disposition des lois de l'an II abrogatoires des clauses prohibitives des seconds mariages, devait, *comme déclarative du droit
naturel, être appliquée en tout temps*, était donc inexact en ce
qu'il méconnaissait la nature et la puissance réelle d'une loi
purement positive qui avait consommé son effet sur un fait régulièrement placé sous son empire et pendant la durée de son
action. Aussi la Cour de cassation rendit-elle à ces principes
toute leur autorité par son arrêt, du 20 janv. 1086. « Attendu......
que, au fond, la réclamation de la veuve Luciot n'a pu avoir
son fondement que dans ces expressions des art. 1er de la loi
du 5 brum. an II, et 12 de celle du 17 niv. an II, *inséré dans
les actes passés* MÊME AVANT *le décret du 5 sept. 1791* ; mais que
l'effet rétroactif qui commence là où l'on dépasse la limite de
sa publication, dans l'exécution d'une loi, laquelle contrarie un
système de législation qui a été en vigueur jusqu'alors, s'attache
nécessairement à une disposition législative ainsi reportée aux
époques antérieures ; et que l'effet rétroactif étant rapporté, il
ne peut plus servir de motif pour appliquer la loi aux conventions faites avant sa publication ; que l'effet rétroactif dont il
s'agit, n'est pas d'une nature différente de celui que la législation de ce temps avait généralement adopté, sous prétexte que
la loi n'avait fait que développer les principes proclamés dès
lors (le 14 juil. 1789), *par un grand peuple qui se ressaisissait
de ses droits ;* que cela est si vrai que, dans l'art. 23, la loi du
9 fruct. an II borne elle-même l'effet rétroactif de l'annulation
des clauses contraires à la liberté, au 14 juil. 1789, comme celui
des successions et donations ; qu'ainsi, l'arrêt attaqué n'a pu,
après que l'effet rétroactif a été détaché des lois de brum. et

---

(1) V. Répert. de Jurisp., v° *Condition*, sect. 2, § 5, n° 4.

niv. an II, sans aucune restriction, en appliquer les dispositions à un contrat de 1789; qu'il ne l'a pas pu, en déclarant ce contrat contraire aux bonnes mœurs, lorsque, non-seulement la loi n'a pas fait cette distinction dans le rapport de l'effet rétroactif, mais encore le considérait seulement comme contraire à la liberté et au bien de l'état, de même que les vœux religieux, dont l'anéantissement n'a cependant rendu ceux qui les avaient prononcés, aptes à succéder, qu'à compter de la publication de la loi du 5 brum. an II; et que cette qualification d'immoralité devait être employée avec d'autant plus de circonspection et de réserve, qu'outre la disposition de la loi du divorce déjà citée et qui est encore en vigueur, l'art. 206 du Code civil fait cesser, dans un autre cas, l'obligation de fournir les alimens, par le convol qui éteint l'affinité qui était le principe de cette obligation; considérant, enfin, que l'état de la question n'est pas changé, par la circonstance que le décès de Luciot est arrivé depuis la publication, et sous l'empire de la loi du 17 niv. an II, parce que, d'après les termes mêmes de la réponse à la huitième question insérée dans la loi du 9 fruct. an II, *la validité des donations entre époux est une opération de convention et non de la nature;* qu'ainsi, étant faites par acte public passé devant notaires, l'effet doit en être déterminé par les lois qui les régissaient au moment où elles ont été faites, à la différence des testamens et des codicilles pour lesquels on ne considère que le temps de la mort du testateur; principe d'après lequel l'art. 55 de l'ordonnance de 1747 voulait que les contestations nées ou à naître sur la validité ou interprétation des actes portant substitution, fussent jugées suivant *les lois et la jurisprudence qui étaient observées auparavant dans les Cours,* lorsque la substitution aurait une date antérieure à la publication de l'ordonnance, si elle était portée par contrat de *mariage ou autre acte* entre vifs; d'où il résulte que l'arrêt attaqué est formellement en opposition avec les lois concernant le rapport de l'effet rétroactif de celles des 5 brum. et 17 niv. an II; casse et annule, etc. ».

11. Cependant je me hâte d'ajouter qu'il en serait autrement d'une loi qui, manquant son but et perdant de vue son noble caractère, consacrerait directement la violation de la liberté individuelle, de la sûreté personnelle, ou la spoliation des propriétés. Dans ce cas, sans doute, on ne saurait voir en elle la source légitime

d'aucun droit acquis, et la loi postérieure qui anéantirait de sa pleine autorité tous les actes précédens faits en vertu d'une telle loi, ne serait pas censée rétroagir ; la loi générale dont elle tiendrait son autorité et sa force légitimerait son action, même sur les actes précédens (V. *suprà*, p. 198, chap. 4). Au reste, je raisonne ici dans l'hypothèse du règne régulier de la loi.

12. La raison d'état peut quelquefois expliquer les attentats portés à la propriété au nom de l'état, et placer ainsi le pays sous le régime de lois d'exception, qui n'ont pas d'autre principe que la nécessité actuelle, imminente, de pourvoir au salut de l'état ; or, toute société humaine a toujours virtuellement en elle le droit de pourvoir à son salut. Ces considérations m'ont même quelquefois porté à ne voir dans cette disposition de l'ancienne Charte (art. 66) : « la peine de la confiscation des biens est abolie, *et ne pourra pas être rétablie* », qu'une pure disposition de bienséance et de morale législative n'ayant rigoureusement aucune portée comme loi. Car, nul être, nul corps politique, ne saurait renoncer aux moyens d'assurer, selon ses besoins et la gravité des temps, son existence. Or, ces moyens peuvent souvent ne trouver d'appui réel que dans des exceptions à la loi générale, même dans la violation momentanée des droits individuels. Une loi du mois de janv. 1791 avait aussi aboli la confiscation des biens *dans tous les cas ;* et néanmoins la loi du 28 mars 1793 ne tarda pas à prononcer la mort civile et la confiscation des biens des émigrés. La Charte de 1814 avait aboli à son tour la confiscation ; et néanmoins elle fut implicitement rétablie en 1815, par les art. additionnels aux Constitutions de l'empire.

En général, les lois, étant d'une puissance égale entre elles, ne sauraient enchaîner leur action pour l'avenir ; et la raison en est, qu'étant destinées à pourvoir aux besoins de la société, la raison condamnerait directement toute résolution qui aurait pour but de mettre la loi hors d'état de remplir, en tout temps, sa mission.

Le pouvoir constituant, lié comme on le voit, aux mêmes idées, procède de la même cause. C'est aussi une nécessité actuelle, imminente de pourvoir au salut de l'état, qui en manifeste la présence et le besoin ; ce n'est donc jamais un raisonnement sorti de la législation régulière. Or, cette nécessité n'est autre chose que l'absence instantanée, mais réelle des conditions vitales du Gouvernement, le danger prochain d'une dissolution générale de tous les élémens du corps politique : résultat que la société a toujours le droit de prévenir, quels que soient les moyens employés.

Mais ce pouvoir, si grand, si salutaire, lorsqu'à la suite du fait terrible qui l'a amené, il a donné leur direction à toutes les forces sociales, ne saurait jamais être invoqué comme pouvoir régulier ; sous ce dernier rapport, il tromperait constamment les vœux des citoyens, et ne serait en réalité qu'une tentative plus ou moins déguisée, portée aux lois de l'État, ou le principe de révolutions sans terme.

M. Portalis, qui savait revêtir d'un beau langage les idées exactes du droit public, ne s'exprimait pas autrement dans la séance du Corps législatif, du 23 frim. an x (14 déc. 1801) : « On parle du pouvoir constituant comme s'il était toujours présent, comme s'il faisait partie des pouvoirs constitués ; erreur : quand la Constitution d'un peuple est établie, le pouvoir constituant disparaît. C'est la parole du Créateur, qui commanda une fois pour gouverner toujours ; c'est sa main toute-puissante qui se reposa pour laisser agir les causes secondes, après avoir donné le mouvement et la vie à tout ce qui existe ».

13. Les expectatives anéanties par l'effet de la loi générale, agissant plutôt comme loi politique que comme loi civile, peuvent être rétablies par une loi de la même nature, sans qu'il soit au pouvoir des particuliers de renoncer d'avance par des stipulations régulières aux effets de cette loi. Ainsi, les individus, engagés par des vœux religieux avant les lois des 26 mars 1790, et 18 vend. an II, étaient généralement incapables des actes de la vie civile, par conséquent de succéder, de transmettre par voie de succession, de donner, de recevoir, etc. ; c'était évidemment dans la loi politique qu'il fallait chercher la cause de cette incapacité (V. suprà, *État de mort civilement*). Supposez maintenant des stipulations intervenues entre un individu à la veille de prononcer ses vœux, et ses plus proches parens, par lesquelles il renoncerait en leur faveur à tous ses droits éventuels, quelle qu'en fût la nature, ou même à quelques uns d'entre eux, pour le cas possible où il se trouverait rendu à la vie civile, en un mot, des stipulations par lesquelles il dénierait et repousserait d'avance les effets de sa réintégration dans la vie civile ? Une telle stipulation serait frappée de nullité dès son origine, par la raison que la capacité civile, qui n'est

autre chose que l'état des citoyens, ne saurait tomber dans les
stipulations privées, qu'elle appartient uniquement à la loi générale, et que les particuliers n'ont réellement à leur disposition que les résultats de cette capacité, c'est-à-dire les droits
acquis par l'usage régulier qu'ils en ont fait. Il faudrait donc dire,
dans une telle hypothèse, que l'individu dont il vient d'être
parlé, aurait recouvré par les lois du 6 mars 1790 et de l'an II
qui rendent à la vie civile les moines, religieux, etc., indépendamment des stipulations privées par lesquelles il aurait
voulu se lier, toutes les expectatives fondées qu'il avait antérieurement à la prononciation de ses vœux, autres néanmoins
que celles qui se seraient réalisées, et auraient ainsi formé des
droits acquis pour lui, s'il en eût été capable, pendant l'espace
de temps où la loi politique précédente l'avait dépouillé de l'exercice de ses droits civils, et en cela, il n'y aurait nulle rétroactivité, puisque la loi nouvelle n'enlèverait de droit acquis à
personne.

14. Comme conséquence de ce principe, il faut dire : que si
un individu, à la veille de prononcer ses vœux, avant la loi du
26 mars 1790, avait fait la donation de tous ses biens par acte
entre vifs, et après avoir été rendu à la vie civile par cette loi,
s'était marié, les enfans provenus de son mariage donneraient
lieu à la révocation de la donation pour cause de survenance
d'enfans, attendu que c'était là une pure expectative, au temps
de la dotation; qu'il n'eût pas même été en son pouvoir d'y renoncer, alors que cette renonciation eût été valable aux yeux
de la loi civile (1), puisqu'elle impliquait les intérêts des tiers;
et on ne saurait argumenter de ce que, si le donateur se fût
abstenu de faire la donation, en s'abandonnant à la loi civile
seule, ses biens eussent été irrévocablement attribués à ses
héritiers; attendu que dans ce dernier cas, sa succession se
trouvant dévolue, par l'effet de la loi, à ses héritiers naturels, il en naissait à l'instant des droits acquis contre lesquels
la loi postérieure se trouvait impuissante, tandis que dans le
premier cas elle restait pure expectative attachée à la qualité du
donateur, et sur laquelle la loi générale avait toujours conservé
son action. Un arrêt de la Cour d'appel de Liége, du 27 mai 1820
(aff. de la Maïde), a pourtant repoussé ces principes. Je ne

----

(1) L'art. 965 du Code civil contient une prohibition formelle à cet
égard.

rapporterai pas le texte de cet arrêt, dont l'une des plus graves
méprises, à mon avis, est de considérer la donation entre vifs
dans ce cas, comme un contrat *do ut des* ; c'est, non-seulement
confondre la nature et la puissance respective des lois, mais
encore méconnaître les effets nécessaires de la loi civile.

15. Enfin le contrat peut régler des faits avec lesquels concourent des intérêts d'ordre public. Par exemple : la contrainte
par corps est un moyen d'exécution des obligations, tenant essentiellement à l'ordre public, puisqu'il a pour résultat la privation
de la liberté individuelle. De là, la disposition prohibitive et
pénale de l'art. 2063 du Code civil, portant défense, dans les conditions qu'il détermine, de prononcer ou de consentir, etc., la
contrainte par corps, hors les cas prévus par le Code, ou les lois
qui pourraient être rendues à l'avenir sur cette matière. Admettez maintenant une loi qui abroge la contrainte par corps, en matière civile ; cette loi s'appliquera-t-elle aux obligations antérieures
susceptibles d'entraîner la contrainte par corps ? s'appliquera-t-
elle aux jugemens obtenus, à raison de ces obligations, même
aux jugemens exécutés par l'incarcération des débiteurs ? Si
cette loi ne portait que l'abolition pure et simple de la contrainte par corps, sans développer autrement sa pensée, il serait difficile d'appliquer ses dispositions aux actes antérieurs,
aux jugemens rendus en vertu de ces actes, à l'exécution qu'ils
auraient reçue. Deux motifs graves dominent toute cette matière.

D'un côté, il importe, comme le disait le considérant de la
loi du 24 vent. an v qui rétablit la contrainte par corps, « de
rendre aux obligations entre citoyens, la sûreté et la solidité qui
seules peuvent donner au commerce de l'État la splendeur et la
supériorité qu'il doit avoir. » D'un autre côté, il importe aussi
que la liberté individuelle, le premier bien de l'homme en société, ne soit pas facilement exposée aux calculs, aux artifices
de la fraude, au terrible empire des passions. De plus, les motifs qui servent de fondement à la contrainte par corps, peuvent
être aussi des motifs généraux d'administration publique. C'est
ainsi que la loi du 30 mars 1793, excepta des dispositions de
la loi du 9 mars précédent abolitive de la contrainte par corps, les
comptables qui ont eu ou qui ont actuellement le maniement des
deniers publics, les fournisseurs et autres débiteurs directs du
trésor public. Il a été d'ailleurs reconnu de tout temps, par les
plus sages économistes, comme par les législateurs les plus consommés, que la contrainte par corps resserrée dans de justes

limites, intéressait essentiellement la sécurité des transactions sociales ; qu'elle était l'auxiliaire naturelle même des engagemens pris de bonne foi ; or, la bonne foi touchait aux premiers fondemens de l'ordre public (*suprà*, p. 279) ; qu'elle était moins une rigueur qu'une épreuve ; et qu'en résultat son objet consistait moins à sévir qu'à prévenir des engagemens téméraires, etc., etc.

16. Quel est donc, dans le doute, celui de ces deux motifs qui doit l'emporter sur l'autre et déterminer l'interprétation d'une loi qui ne contiendrait pas de dispositions plus explicites ? Quelles que fussent les inductions que l'on pourrait tirer de la disposition absolue qui abolirait purement et simplement la contrainte par corps ; bien que l'on pût dire qu'une telle loi n'aurait visiblement qu'un objet, celui d'affranchir immédiatement la liberté individuelle des atteintes qu'elle a pu essuyer par suite d'engagemens civils ou commerciaux ; que c'est là un motif d'ordre public, supérieur à toute considération tirée de la sécurité accordée par les lois précédentes à ces mêmes engagemens ; que cette sécurité était appuyée sur une base fausse, puisqu'elle blessait l'un des droits imprescriptibles de l'homme, *sa liberté* ; néanmoins, je pense qu'en l'absence de dispositions plus expresses de la loi nouvelle, on ne saurait l'appliquer aux faits antérieurs. Les transactions précédentes sont consommées sous l'empire des lois qui les ont vues se former ; la foi publique, celle que l'on doit avoir dans les lois elles-mêmes, est aussi de l'ordre le plus élevé ; la loi précédente a pu se tromper lorsqu'elle a adopté comme un des élémens de ses dispositions, la liberté individuelle ; mais les particuliers qui sont réputés moins sages que la loi (1), n'ont pu traiter entre eux qu'en vue et à la faveur des garanties qu'elle leur présentait, sans se rendre d'ailleurs juges de leur moralité. On ne saurait donc attribuer régulièrement à la loi l'effet de tromper la foi due aux contrats, sans violer tout à la fois, l'honnêteté publique à laquelle tient essentiellement leur pleine et entière exécution, et les droits acquis qui sont les premiers fruits de ces contrats.

17. Mais si comme la loi du 9 mars 1793, elle déclarait textuellement, que *les prisonniers détenus pour dettes seront élargis*, ou faisait sentir par l'emploi d'une toute autre forme, qu'elle

(1) Dumoulin, *Nullus debet censeri sapientior quam legislator. Usur. quæst.* 5, n° 109.

veut faire prévaloir immédiatement le motif tiré de la liberté individuelle, alors l'application en serait nécessairement rétroactive.

Remarquez néanmoins que cette rétroactivité aurait bien pour effet de rendre nul, dans les mains du créancier, le moyen qu'il avait de contraindre son débiteur, même par la privation de sa liberté, à l'exécution de son engagement, de faire prononcer par suite la mise en liberté du débiteur incarcéré, de paralyser, en un mot, l'exécution de tout jugement en ce qui concernerait la contrainte par corps; mais elle n'irait pas jusqu'à éteindre le fond même du droit du créancier. Ce droit est inhérent à la stipulation elle-même; il en est, en quelque sorte, comme la condition; et il n'est pas plus au pouvoir d'une loi postérieure de dénaturer les conditions primitives d'un contrat, qu'il n'est en son pouvoir de porter atteinte au droit de propriété qui en résulte. Ces sages principes ont été consacrés plusieurs fois par la Cour de cassation.

18. Ainsi, après la loi du 25 vent. an V qui a rétabli la contrainte par corps, et la loi du 15 germ. an VI, dont le principal objet a été d'organiser l'exécution de la première, il s'est agi de savoir : quel serait le sort des obligations commerciales dont la cause était antérieure à la loi du 9 mars 1793 abolitive de la contrainte par corps, mais qui n'étaient échues que postérieurement à la loi du 25 vent. an V, qui l'avait rétablie; et elle a jugé deux fois (1) que la contrainte par corps attachée comme accessoire légal à l'obligation principale, avait survécu à l'abrogation prononcée par la loi du 9 mars 1793; qu'elle subsistait toujours et devait être mise à exécution en vertu de la loi du 25 vent. an V. « Attendu, porte le premier de ces arrêts, que les billets dont il s'agit ont été souscrits avant le décret du 9 mars 1793, et conséquemment sous la garantie de la contrainte par corps ; que la loi du 9 mars 1793, qui avait aboli cette contrainte, a été rapportée par l'art. 1er de celle du 24 vent. an V; que dès lors les juges du tribunal de commerce de Montauban et ceux du tribunal civil du Lot ont pu, sans contrevenir à aucune loi, prononcer depuis la promulgation de celle du 24 vent. an V, que les sœurs Négré et le citoyen Petit étaient respectivement rentrés dans la plénitude de leurs droits et de leurs engagemens primitifs dont la contrainte par corps *était un accessoire légal;*

_____

(1) Le 4 niv. an IX et le 21 germ. an X (Sirey, t. VIII, 1, p. 518).

par ces motifs, le tribunal rejette la demande en cassation formée par Petit; le condamne, etc ».

Il y a plus : la solution serait la même dans le cas où une condamnation emportant contrainte par corps, aurait été rendue antérieurement à la loi du 9 mars 1793, mais n'aurait été ramenée à exécution que depuis la loi du 25 vent. an v; et il importerait peu de dire, que si le débiteur se fût trouvé incarcéré avant la loi du 9 mars 1793, ou s'il eût réclamé le bénéfice de cette loi avant son abrogation, il aurait rendu nul le droit du créancier sur sa personne; il a à s'imputer sans doute de n'avoir pas usé de la faculté que lui accordait cette loi ; mais cette loi elle-même est toujours restée dans les limites propres de l'objet pour lequel elle avait été rendue, *la liberté individuelle*, et n'a jamais eu pour effet d'anéantir dans leur essence les contrats antérieurs, ni par conséquent de faire disparaître la contrainte par corps qui y était attachée comme condition de leur exécution. C'est encore ce qu'a reconnu la même Cour, le 2 et le 9 août 1808 (1); « Vu l'art. 1ᵉʳ de la loi du 24 vent. an v, porte le premier de ces arrêts, et attendu que les jugemens des 23 sept. 1791 et 20 janv. 1792, qui ont condamné Mourgues avec contrainte par corps, ont été rendus avant la loi du 9 mars 1793, et dans un temps ou cette contrainte était autorisée par les lois ; attendu que la loi du 9 mars 1793, qui avait aboli la contrainte par corps en matière civile, a été rapportée par l'art. 1ᵉʳ de celle du 24 vent. an v; d'où il suit que le jugement du 21 mai 1806, qui a déchargé Mourgues de la contrainte par corps prononcée contre lui par les jugemens susdits, a fait une fausse application de la loi du 9 mars 1893, et a, par suite, violé l'art. 1ᵉʳ de celle du 24 vent. an v ; casse, etc. ».

La Cour de cassation a été plus loin encore, toujours en appliquant le même principe; elle a jugé, le 21 avril 1813 (aff. Davy) (2): que la loi du 24 vent. an v, qui rétablissait la contrainte par corps, ayant (implicitement) maintenu les lois antérieures à la loi du 9 mars 1793, un individu qui avait été condamné pour paiement d'effets commerciaux sous l'empire de ces lois, et qui avait atteint sa soixante-dixième année seulement depuis la loi du 25 vent. an v, devait profiter du bé-

(1) Sirey, t. VIII, 1, p. 520.
(2) *Ibid.*, t. XIII, 1, 366.

néfice des lois antérieures qui affranchissaient les septuagénaires
de la contrainte par corps, bien que cette exception ne fût pas
maintenue par les lois nouvelles en matière de commerce. « Attendu, porte cet arrêt, qu'il résulte de la combinaison des
art. 4 et 9 du tit. 34 de l'ordonnance de 1667, que les septuagénaires ne pouvaient être emprisonnés pour dettes de commerce ;
que l'ordonnance du mois de mars 1673 n'a pas dérogé à cette
exception, qui a été confirmée par l'ancienne jurisprudence ;
attendu que la loi du 24 vent. an V, en rétablissant la contrainte
par corps, abrogée par la loi du 9 mars 1793, a maintenu
les dispositions des anciennes lois ; que dès lors les obligations
contractées sous l'empire de ces lois doivent conserver le privilége qui était établi en faveur des septuagénaires, et auquel
la loi du 15 germ. an VI n'a en rien dérogé pour le passé, mais
seulement pour *l'avenir;* attendu que les sentences rendues contre
le sieur D........., remontent à 1790 ; que ce dernier ayant atteint sa soixante-dixième année depuis 1808, il a, dès ce moment, été déchargé de la contrainte par corps prononcée contre
lui ; et qu'en le jugeant ainsi, l'arrêt attaqué n'a violé aucune
loi ; rejette ».

Ici, l'arrêt de la Cour était soutenu par deux motifs : le premier, tiré de la force même de la stipulation ; le second, de la
faveur due à la liberté individuelle.

Mais voici une autre espèce, où la raison, fondée sur la force
de la stipulation, l'a emporté sur celle qui résultait de la liberté
individuelle (1). Le 5 mai 1787, contrat de société de commerce
entre Jougla et Causson; un sieur Roissel est aussi admis dans cette
société, comme commanditaire ; les associés mettent chacun en
commun une somme de 30,000 fr., et conviennent de partager
les profits comme de supporter les pertes par tiers. Cette société
est dissoute, du consentement de toutes les parties, le 11 mess.
an III. Par suite d'arrangemens entre les associés, et dans la
vue d'opérer la rentrée des dettes actives, les deux associés sous-
crivent au profit de Roillet leur commanditaire, deux billets né-
gociables, dont l'un de 20,000, payable dans un an, et l'autre de
19,803 fr. payable dans deux ans ; les billets n'ayant pas été
payés à leur échéance, jugement, et par suite arrêt de la Cour
royale de Toulouse qui en prononce la condamnation au profit

(1) Sirey, t. IX, 1, p. 194 (aff. Jougla).

de Roillet; mais *avec contrainte par corps, attendu que les obli-*
gations dont il s'agit, ayant été contractées en 1795 (sous l'em-
pire de la loi du 9 mars 1793), *pour des marchandises, lors de la*
dissolution d'une maison de commerce, il y avait lieu à la prononcer. Un pourvoi ayant été dirigé contre cet arrêt, la Cour
de cassation l'a rejeté, le 20 fév. 1809, par les motifs suivans :
« Attendu que Causson étant absent, et n'ayant point laissé de
procureur fondé, il était nécessaire de lui donner un représentant, aux termes de l'art. 112 du Code Napoléon, qui est le seul
applicable à l'espèce, puisque les peines auxquelles est condamné Causon n'emportaient pas mort civile; Attendu que,
s'agissant, dans l'espèce, d'une liquidation de société, l'art. 18,
de la loi du 16 niv. an VI, a été régulièrement appliqué par
l'arrêt dénoncé; attendu que la dette dont il s'agit prend sa
source dans un acte de société commerciale, antérieure à la suppression de la contrainte par corps, et que l'arrêt dénoncé n'a
été rendu que depuis le rétablissement de cette contrainte;
attendu enfin que Jougla, loin d'avoir intérêt de se plaindre du
sursis prononcé par l'arrêt attaqué, profite lui-même de l'avantage de ce sursis, dont son créancier seul aurait peut-être le
droit de se plaindre; rejette ».

19. Il est au surplus vrai de dire, qu'en principe, la contrainte par corps tient plus du fond du droit que de la forme;
ainsi, un individu condamné par corps pour le paiement d'effets
de commerce souscrits avant le Code de procédure civile, sous
l'empire de la loi du 15 germ. an VI, et incarcéré, profitera de
la disposition de cette dernière loi qui prononce son élargissement de plein droit par le laps de cinq années consécutives de
détention, indépendamment de l'art. 800 du Code de procédure
civile relatif à l'exécution de la contrainte par corps, qui n'autorise pas l'élargissement par cinq années de détention; arrêt de
la Cour royale de Paris, du 1er oct. 1814 (1); et il en faut dire
autant du cas où les créances auraient été souscrites postérieurement à la promulgation du Code de procédure civile.

Quelque vrais que soient tous ces principes, ils n'ont pas
laissé que d'éprouver, jusqu'à l'émission de la loi nouvelle sur
la contrainte par corps (du 17 avril 1832), de graves contra-
dictions, soit de la part des Chambres, soit de la part des tri-

_____

(1) Sirey, t. xv, 2, p. 1 (aff. d'Hauteville).

bunaux ; et, il faut le dire, si cette incertitude était due en grande partie à l'incohérence de la législation sur la matière, elle ne l'était peut-être pas moins à l'oubli du principe que je viens de rappeler, savoir : que la contrainte par corps tient plutôt du fond du droit que de la forme. Tous les efforts de ceux qui soutenaient que l'élargissement du détenu pour dette commerciale, après cinq ans de détention, ne se trouvant pas compris dans les causes énumérées par l'art. 800 du Code de procédure civile, avait par-là même cessé d'exister, tendaient à établir que le Code de procédure civile, indépendamment de la diversité des matières et de la rédaction propre des dispositions respectives de chaque loi, avait abrogé purement et simplement les nos 5 et 6 de l'art. 18 de la loi du 15 germ. an VI (4 avril 1798). C'est ainsi que l'avaient jugé d'abord deux arrêts de la Cour d'appel de Paris, des 14 janv. 1809 et 25 sept. 1811 , et la Cour de cassation elle-même en cassant, le 5 février 1813 , sur le réquisitoire de M. Merlin qui partageait alors cette opinion, un arrêt de la Cour d'appel de Caen qui avait jugé dans un sens contraire. Cependant, à la suite d'une consultation signée par quelques jurisconsultes de la capitale (1), la Cour royale de Paris revint sur sa jurisprudence ; et consacra par son arrêt du 1er oct. 1814 rapporté plus haut, les vrais principes, c'est-à-dire, la non dérogation par le Code de procédure civile, à cette partie de la loi du 15 germ. an VI.

Néanmoins, la même erreur tenant toujours aux causes dont je viens de parler, fut encore proclamée, d'abord par le tribunal de commerce de Montpellier en 1818, ensuite par un arrêt de la Cour supérieure de justice de Bruxelles du 12 août 1823 (2). A la vérité, le jugement du tribunal de commerce de Montpellier fut infirmé par arrêt de la Cour royale ; et cet arrêt, déféré à la Cour de cassation, fut maintenu par elle. Les argumens reproduits par ces nouvelles décisions et définitivement condamnés par la Cour de cassation, sont toujours les mêmes. C'est un rapprochement perpétuel des divers articles du Code civil et du Code de procédure civile sur l'emprisonnement, avec l'art. 18 du titre 5 de la loi du 15 germ. an VI, pour en conclure uniformément que ce titre 3 de cette loi, se trouve virtuellement abrogé

(1) V. Sirey , *suprà*.
(2) Cour de justice supérieure de Bruxelles , année 1823, t. II, p. 195.

par le Code de procédure civile. Les courts raisonnemens que je viens de faire en sens contraire, et le peu d'intérêt d'ailleurs qu'offre aujourd'hui cette discussion, m'interdisent de plus amples développemens.

Mais je ne veux pas omettre qu'un projet de loi sur la contrainte par corps présenté aux Chambres en 1818, contenait un article dans lequel on proposait de déclarer, que l'art. 800 du Code de procédure civile, serait applicable aux matières commerciales comme aux matières civiles, *et non-seulement pour l'avenir mais encore pour le passé,* ce qui emportait nécessairement en soi l'abrogation de l'art. 18 du titre 3 de la loi du 15 germ. an VI, par cet art. 800. C'était entacher la loi d'une rétroactivité manifeste. C'était couvrir arbitrairement, sous la forme de loi interprétative, cette rétroactivité; et encourir ainsi les justes reproches dont j'ai cru devoir flétrir (*suprà*, p. 131, n° 6) ce procédé du législateur. Aussi, voici comment s'exprimait le rapporteur de ce projet de loi (M. Abrial) à la séance de la Chambre des Pairs du 18 avril 1818, en en proposant le rejet. « S'il arrivait qu'une loi fût obscure, que ses dispositions fussent en opposition entre elles, ou avec quelque autre loi, il faudrait recourir à *l'interprétation;* et, à cet égard, le législateur a prescrit des règles et tracé une marche à suivre…. Alors, comme c'est le procès même à juger qui a donné lieu à l'interprétation, le règlement qui intervient fait la règle de décision. Il est reconnu que le sens adopté a toujours été le véritable sens de la loi. Le règlement ne dispose pas, il est simplement déclaratif. Mais il ne faut pas confondre ce mode d'interprétation avec une loi nouvelle qu'il plairait au Roi et aux Chambres de provoquer spontanément, pour corriger, modifier, éclaircir une loi préexistante qui n'aurait pas été bien entendue, *c'est alors une loi nouvelle qui ne peut disposer que pour l'avenir,* et qui ne peut avoir rien de rétroactif, parce que la loi fondamentale qui ne veut point d'effet rétroactif, est générale pour tous les cas, et n'admet point d'exception. Autrement, qu'arriverait-il ? Ce serait le législateur qui jugerait tous les procès pendans devant les tribunaux, sur une matière douteuse. Quelle confusion du pouvoir législatif et du pouvoir judiciaire ? Les tribunaux saisis doivent seuls juger les affaires dont ils sont saisis; il doivent les juger d'après les lois existantes; sauf au législateur, s'il croit que les tribunaux se trompent à faire dénoncer les jugemens par le procureur général à la Cour de cassation, ou à provoquer une nouvelle loi qui explique, éclaircisse les anciennes, et par-là prévienne les erreurs qui auraient encore pu se prolonger ; mais encore une fois, cette loi ne peut disposer que pour l'avenir ».

20. Quel est l'effet général de la loi nouvelle (du 17 avril 1832) relative à la contrainte par corps sur la législation antérieure? Ses dispositions, mûrement examinées et comparées entre elles, ne permettent pas de douter qu'elles ne soient pleinement confirmatives des interprétations précédentes : 1° d'une part, des deux principes que j'ai signalés en commençant comme dominant constamment cette matière, il est évident que celui qui repose sur la liberté individuelle a prévalu dans l'esprit de la loi; c'est ce que témoignent suffisamment les dispositions de l'art. 5, relatives à l'élargissement de plein droit du détenu, à des époques plus ou moins rapprochées, selon l'importance de sa dette; celles de l'art. 7, qui détermine le délai le plus long de la détention pour dettes civiles; celles relatives aux étrangers; enfin, les dispositions transitoires qui emportent sans doute rétroactivité à plusieurs égards; or, les interprétations précédentes avaient pour but de retracer pleinement cet esprit, en même temps qu'elles tendaient à restituer toute leur autorité aux principes de la matière, puisqu'elles repoussaient les odieuses inductions par lesquelles, de dispositions simplement relatives à l'exécution des jugemens et à l'emprisonnement en matière civile, on avait voulu faire sortir l'abrogation d'une législation spéciale sur le commerce, expresse, tenant au fond même du droit, et qui était favorable à la liberté individuelle. D'autre part, le dernier article de la loi nouvelle abroge purement et simplement la loi du 15 germ. an VI, ce qui ne laisse pas de doute que jusqu'à l'émission de cette loi, celle de l'an VI a subsisté dans toutes celles de ses parties non formellement abrogées par une loi.

21. Il ne me reste plus qu'à jeter un coup d'œil sur une matière solennellement discutée à la Chambre des Pairs en 1821 et 1822, et dans laquelle s'offre une grave question de rétroactivité. L'art. 29 de la Charte (littéralement conforme à l'art. 34 de l'ancienne Charte) porte : « Aucun pair ne peut être arrêté que de l'autorité de la Chambre, et jugé que par elle en matière criminelle ».

Cette disposition a donné lieu à la question principale de savoir si les Pairs de France étaient passibles de la contrainte par

corps pour dettes civiles et commerciales, comme les autres citoyens ? Plusieurs membres ont émis de légitimes doutes sur la
qualité et les attributions constitutionnelles de la Chambre des
Pairs pour statuer d'une manière définitive sur cet objet. Que si
la résolution n'était qu'une mesure purement intérieure et précaire de sa nature, quelle serait son utilité ? La Chambre, jusqu'à
ce que les trois pouvoirs eussent réglé législativement cette matière, pouvait incessamment revenir sur ses propres résolutions.
Néanmoins, à la suite d'un rapport étendu, fait par une commission formée dans son sein, et d'une discussion lumineuse
renouvelée à plusieurs reprises, elle prit, dans la séance du 25
avril 1852, la résolution suivante sur la pétition qui avait sou-
levé la question : « La Chambre des Pairs considérant, que d'a-
près les art. 34 et 51 de la Charte constitutionnelle, et la nature
des fonctions de Pair, aucune contrainte par corps ne peut être
exercée contre la personne d'un Pair pour dettes purement civiles, passe à l'ordre du jour sur les deux pétitions présentées par
les sieurs Sol et Begué ».

Je ne ferai que de courtes réflexions sur le fond même de
cette résolution ; j'examinerai ensuite la question de rétroactivité qu'elle entraîne.

Et d'abord, quelque caractère qu'on essaie de lui donner, elle
ne sera jamais qu'une interprétation arbitraire donnée par la
Chambre des Pairs à l'un des articles de la Charte (Art. 34
et 29 nouvelle Charte), interprétation qui ne la lie nullement ;
car, si, plus éclairée par la suite sur le fond même de la
matière, ou si des vues supérieures de bien public lui suggérant
une autre interprétation elle abandonne celle-ci, elle n'aura fait
qu'user du pouvoir que tiennent tous les corps politiques, de
leur propre nature, de s'éclairer incessamment dans l'exercice
de leurs droits et d'améliorer leur régime intérieur ; du reste,
s'agissant ici d'un privilége applicable, par voie d'interprétation
d'un article de la Charte, à une classe particulière de citoyens, il
est évident que pour fonder ce privilége ou pour prononcer que
non-seulement il n'est pas dans l'esprit de l'article cité de la
Charte, mais qu'il est même directement contraire à son art. 1er,
le concours des trois pouvoirs est indispensable. Jusque-là, rien
de solide, rien de durable, et ayant action au-dehors, ne saurait
émaner de la Chambre des Pairs. C'est ce qu'elle a reconnu elle-
même, comme je l'ai dit, lors de la discussion dont il s'agit.

Mais la question de rétroactivité me paraît radicalement attachée à toute résolution de cette nature, quels qu'en soient, à l'avenir, la forme ou le fond. Si l'on emploie l'une des formes analogues à celle qui précède, la Chambre restera toujours la maîtresse de l'application générale des principes, et la rétroactivité ou la non rétroactivité n'en sera qu'une conséquence. Si c'est au contraire sous la forme de loi que la matière est réglée (et cela me paraît inévitable, attendu que dans l'intérêt de l'un des grands corps de l'État, et par conséquent dans l'intérêt du principe même du Gouvernement, il s'agit, en s'appuyant sur quelques dispositions de la Charte, de fonder un privilège ; or, les privilèges ne sont pas autre chose que des lois particulières *privæ* ou *privatæ leges*; ils exigent même à un plus haut degré le concours ordinaire des pouvoirs de l'État, car ils ont pour but de déroger, par des motifs supérieurs, à la loi commune), si c'est, dis-je, sous la forme de loi, la question de rétroactivité devra être législativement posée et résolue, et je ne mets pas en doute qu'elle ne soit formellement consacrée par la loi nouvelle; en effet :

Indépendamment des termes mêmes de l'art. 29 de la Charte (34 ancienne Charte), la question réelle consistera toujours à savoir si le privilège dont il s'agit importe essentiellement à l'indépendance, à la dignité, à la nature du pouvoir auquel il s'agit de l'attribuer; si ses prérogatives, telles qu'elles sont définies par la Charte et comparées à celles des autres branches du corps politique, n'entraînent pas la nécessité de fonder ce privilège; or, la question une fois résolue dans ce sens, la rétroactivité n'est plus qu'une conséquence forcée de cette résolution : « Le privilège saisit la personne, disait le rapporteur de la Chambre des Pairs (1), dans l'instant où elle est investie de la dignité qui le donne ». C'est là le fait; justifions-en le principe.

Plusieurs causes servent de fondement aux privilèges dans l'ordre politique; et d'abord, quelle est leur raison générale? Ce n'est pas, comme l'avait pensé mal-à-propos Accurce, et comme on le croit communément encore, qu'ils aient directement pour but de déroger à la loi commune, dans l'intérêt unique de ceux qui en sont revêtus; ce serait poser en principe qu'ils sont fondés sur le renversement de la justice et de la raison na-

_____
(1) M. de Lally-Tolendal.

turelle; *quo dicto quid stultius*, dit le jurisconsulte Oldendorp
sur le § 11, *Instit. de jure natur. et gent.*; mais il faut dire que,
d'après la nature même des choses, la loi générale ne pouvant
s'étendre à tous les cas, la loi particulière ou le privilége est destiné à suppléer à cette insuffisance de la loi générale, en telle
sorte que ce que celle-ci n'aura pu embrasser dans ses prescriptions se trouvera nécessairement compris dans celles de la loi
particulière; mais ce sera toujours sur les mêmes motifs qu'elles
reposeront l'une et l'autre, c'est-à-dire qu'elles règleront, chacune dans ses limites respectives, les matières qui leur seront
distinctement dévolues, parce qu'ainsi l'auront voulu la nature
des choses, la justice et le bien de l'État, principes perpétuels
qui doivent toujours prévaloir dans les combinaisons, quelles
qu'elles soient, de la loi civile. Par exemple, le droit naturel
aussi bien que la loi civile, ordonnent à tous les citoyens de
remplir leurs engagemens. Cette loi recevra-t-elle une application telle que le mineur, la femme mariée, l'interdit, etc., ne
puissent se soustraire à ses dispositions pénales (1), en cas d'infraction à leurs engagemens? Nullement; une telle application
serait une révoltante injustice, la raison toute seule réclame une
autre norme pour les actes d'individus placés par leur faiblesse
naturelle ou l'insuffisance de leurs facultés intellectuelles dans un
état réel d'infériorité vis-à-vis des autres membres de la cité;
or, c'est là un vrai privilége qui a pour premier fondement,
comme on le voit, la justice elle-même, puisqu'il tend à rétablir l'égalité entre tous les citoyens.

Les établissemens publics, les communes, l'État lui-même, etc.,
sont régis par des lois particulières, qui ne sont pas autre chose,
dans l'exactitude des termes, que des priviléges (2).

Au milieu des autres considérations générales qui peuvent
servir à fonder les priviléges, je m'arrête à celles qui paraissent
autoriser celui dont il s'agit en ce moment; elles ne sont pas
d'un ordre différent de celles qui précèdent : elles sont, comme
celles-ci, fondées sur la perpétuité, c'est-à-dire la nécessité de
maintenir et de fortifier le Gouvernement dans son principe

---

(1) V. *suprà*, p. 76, pour le sens que je donne ici au mot *pénales*.
(2) On remarque que je prends le mot *privilége* dans son acception générale et primitive.

et dans ses formes nécessaires ; mais elles tirent de la nature même des rapports auxquels elles appartiennent, un nouveau degré d'importance ; et la loi spéciale, qui règlera ces rapports, aura tout à la fois pour but de suppléer à la loi générale, qui ne saurait atteindre ce résultat, et de veiller, dans des proportions égales, à l'intérêt de tous, en donnant à l'un des corps de l'État, la dignité, l'indépendance et l'éclat que comporte réellement sa nature. Dès lors, la rétroactivité, qui aura pour effet de placer le Pair de France nouvellement élu, sous la sauvegarde du privilége qui l'affranchit de la contrainte par corps, même pour ses dettes antérieures, trouvera une compensation suffisante dans le respect naturel et nécessaire porté à l'un des grands corps de l'État, et les avantages qui doivent en résulter pour la cité.

Au reste, la loi peut être aussi conçue dans un tel esprit, qu'elle trompe la rigueur même de ces principes ; le projet d'arrêté proposé à la Chambre des Pairs, dans sa séance du 6 juil. 1820, en est à lui seul une preuve.

---

§ 4. — Suites extrinsèques ou éloignées et accidentelles des contrats.

SOMMAIRE.

1. — *Distinction entre les effets et les suites des contrats. Opinions diverses des auteurs quant aux applications.*
2. — *Nécessité d'asseoir avant tout des principes généraux.*
3. — *Application de ces principes, 1° au contrat de vente ; 2° à la révocation de donation pour cause de survenance d'enfant ; 3° à l'obligation de souffrir la réduction du fermage, en cas de destruction d'une récolte entière ; 4° à la révocation de donation pour cause d'ingratitude ; 5° à l'action en rescision ; 6° aux*

dommages et intérêts par suite des conventions ;
7° à l'obligation de garantie en cas de partage ;
8° à la tacite réconduction.

—

1. MM. Blondeau (1), Meyer (2) et Merlin (3), admettent comme point constant que les suites des contrats ne doivent pas être confondues avec leurs effets. Mais ils ne sont plus d'accord lorsqu'ils en viennent aux applications. M. Meyer range parmi ce qu'il appelle *les suites ou conséquences accidentelles des contrats*, l'action en rescision, en quoi il est justement repris par M. Merlin, qui la considère comme un simple effet du contrat. D'un autre côté, plusieurs exemples donnés par M. Blondeau, comme appartenant aux suites des contrats, sont classés par M. Merlin parmi les effets, et réciproquement. Il est même un de ces exemples sur lequel M. Merlin paraît n'avoir pas lui-même une opinion très arrêtée ; voici ses propres paroles : « *Quant à l'obligation de supporter la perte de la chose, lorsqu'on est en demeure de la livrer*, elle ne paraît pas pouvoir être rangée parmi les simples suites du contrat ; il nous semble, au contraire, qu'elle *est l'effet immédiat* de celle que l'on s'est imposée par le contrat même. Mais n'importe ; si elle est aggravée par la loi nouvelle, elle n'en doit pas moins peser sur la partie qui a été constituée en demeure après la publication de cette loi ». Ainsi, voilà *un effet immédiat du contrat* placé sous l'action de la loi postérieure. Il est vrai que M. Merlin fonde cette exception sur ce qu'il est survenu un nouveau fait, de la part de l'obligé, fait dont il pouvait s'abstenir et dont il doit porter la peine ; mais alors ce fait sera, si l'on veut, la source de dommages et intérêts, par suite d'un contrat ou d'un quasi contrat postérieur ; et, dans ce cas, se présente la question de savoir si ces dommages et intérêts sont censés avoir été prévus par les parties, lors de leurs stipulations (V. *infrà*, n° 6, *hîc*).

2. Il n'est pas possible de se former des idées justes sur cette matière abstraite, si l'on ne parvient à asseoir quelques principes régulateurs.

(1) Dissertation sur l'effet rétroact., Sirey, t. IX, 2, p. 277.
(2) Question transit., p. 36, etc.
(3) Répert., t. XVI, *Effet rétroactif*, p. 262, etc.

Il faut donc aller jusqu'à dire, en donnant une analyse exacte de la loi 1, § 2, ff *de Pactis :* « Conventio seu pactio est duo- « rum vel plurium IN IDEM PLACITUM CONSENSUS ; » que le con- sentement des parties, à l'époque où se forme le contrat, s'ap- plique, non-seulement à l'objet principal, explicite et apparent de la stipulation, mais encore à tout ce qui, d'après l'acception naturelle, l'usage constant des mots, les lois de la logique et la volonté certaine des parties, est censé appartenir à la stipu- lation ; car c'est ainsi que les conditions réelles du contrat se trouveront remplies. La convention n'aura donc pour limites que la volonté réelle et rationnelle des contractans ; et c'est sur cette convention ainsi déterminée que s'exercera la puissance de la loi sous laquelle elle aura été formée. De là résultera comme conséquence immédiate, que tout fait, tout événement, quelle que soit sa connexité avec le contrat, qui n'est pas censé virtuellement lui appartenir, ou qui n'a pas, comme le dit M. Meyer, *une cause inhérente au contrat lui-même*, devra être considéré comme *une suite éloignée* de ce contrat, et sera dès lors régi par la loi postérieure,

3. Faisant donc l'application de ces principes, on dira :

1º Avec M. Meyer, que dans un contrat de vente la délivrance de la chose vendue, le paiement du prix, en un mot les actions de l'acheteur comme du vendeur, sont *des suites immédiates et nécessaires* ou des effets du contrat, et doivent être exclusive- ment régies par la loi qui l'a vu se former ; car telle a été la volonté nécessaire des parties ;

2º Avec M. Blondeau et M. Merlin, que la révocation d'une donation entre vifs, pour cause de survenance d'enfant, doit être considérée comme *effet*, et non comme *suite* du contrat, et qu'elle est régie par la loi sous l'empire de laquelle elle a été consentie, non pas précisément, comme le dit M. Blondeau, parce qu'il y a à cet égard *restriction de la volonté de donner*, ou *interprétation de la volonté du disposant* ; mais bien parce qu'il y a condition implicite dans la donation que celle-ci sera résolue en cas de survenance d'enfans, et cette condition est fondée sur la présomption légale quoique éventuelle, *juris et de jure*, que si le donateur eût eu des enfans, il n'aurait pas donné (1).

_____

(1) « Si scivisset donator (dit Dumoulin dans son *Tractatus duo ana-*

5° Avec M. Merlin contre M. Blondeau (1), que *l'obligation de souffrir la réduction du fermage en cas de destruction d'une récolte entière* appartient aux effets et non aux suites du contrat, et doit être régi par la loi du contrat, non pas comme l'avance M. Merlin, par application directe de la maxime : *ea quæ sunt moris et consuetudinis in bonæ fidei judiciis debent venire* (2); car cette maxime, qui donne un excellent moyen d'interpréter les contrats, ne résout rien en droit; mais bien parce que l'équité de la solution a fait admettre le principe que les parties sont censées avoir porté implicitement leur consentement, lors des stipulations primitives, sur le cas de destruction entière d'une récolte, et avoir adopté sur ce point, comme loi expresse de leur contrat, la maxime : *ea quæ sunt moris et consuetudinis*, etc., reproduite par l'art. 1135 du Code civil.

4° Que la révocation de la donation entre vifs pour cause d'ingratitude doit être considérée tout à la fois comme *effet* et comme *suite* éloignée du contrat. Comme effet, en ce que si le contrat n'emportait pas virtuellement la condition qu'un certain

« *lytici*, relatif aux donations faites, soit par contrat de mariage, soit « hors du contrat, n° 57), sibi adnascituros masculos, non sic effuse donas-« set, vel dotasset. Potuit igitur et debuit gener scire, et prævidere locum « fore legi si UNQUAM, quandocumque postea socero filii adnascerentur. « Et sic, de casu contingente, non decipitur, sed jure communi utitur. « Imò sensus ipse communis ostendit, quòd ita tempore contractus ma-« trimonii non solùm prævideri poterat, *sed etiam ità prævidebatur, et tà-« cité agebatur*. Constat enim quod tàm effusa dotatio fiebat contempla-« tione deficientium, et defuturorum aliorum filiorum, qui tunc despe-» rabantur. Quodque si adfuissent, vel sperati fuissent, non tanti fuisset « dotatum, vel reservata fuisset revocatio in casu legis *si unquam*. Igitur « vel ex ipso sensu communi tractuque et circunstantiis totius negotii, « SALTEM TACITÈ INEST DICTA LEX SI UNQUAM ».
« Plus loin, n° 81, il applique ce principe aux donations faites entre étrangers : « Quod si interrogatus fuisset donator, an intenderet id facere, « etiamsi postea contingeret eum filios naturales et legitimos suscipere, « verisimiliter respondisset id quod tum naturæ, tum juri conforme est; « imò si vel unum verbulum de hoc emissum fuisset, non solùm verisimi-« liter negasset, sed potius expressim protestatus fuisset se in eum casum « non donare ». (V. aussi les n° 44 et 45 de son traité *de Inoff. donat.*; Voët, *ail Pandect*, t. II, p. 702, n° 36; et le texte de la loi, *si unquam*, *Cod. de revocand. donat.*, rapporté plus loin).
(1) M. Blondeau s'est rétracté depuis.
(2) L. 31, § 20, ff *de Ædilit. edict.*

fait, *l'ingratitude*, comme dans un autre cas, *la survenance d'enfant*, aura le pouvoir d'opérer sa résolution, si la prévision ou la cause de ce fait n'était pas, comme le dit M. Meyer, inhérente au contrat, elle lui resterait nécessairement étrangère et ne saurait en déterminer la résolution. Comme suite éloignée, en ce qu'il a dépendu du donataire d'éviter la cause de la révocation, et que dès lors, le fait d'ingratitude paraît plutôt tirer sa source dans sa propre volonté que dans les stipulations mêmes du contrat ; mais que pour réduire cette appréciation à sa juste valeur, il faut reconnaître que le fait d'ingratitude, bien qu'il soit le résultat libre de la volonté du donataire, ne fait que réaliser l'une des clauses tacites du contrat de donation ; et que c'est par la loi existante à l'époque de ce contrat qu'elle doit être envisagée et déterminée. C'est conformément à ce principe que la Cour de cassation a prononcé par deux arrêts, l'un du 10 août 1809 (1) l'autre du 10 déc. 1810 (2) : « Que la disposition de l'art. 959 du Code civil *qui affranchit les donations en faveur de mariage de la révocation pour cause d'ingratitude*, ne pouvait s'appliquer aux conventions matrimoniales formées antérieurement au Code civil, sous l'empire d'une jurisprudence qui autorisait les révocations de cette nature (3) », et cette solution est conforme à la doctrine de Dumoulin, de Voët (*lib.* 29, tit. v, n° 22) et de Faber (*Cod. lib.* 8, tit. xxxviii, définition 12). Il importe peu, dit ce dernier auteur, qu'un mode ou une condition ait été apposé dans ce cas, à la donation, puisque indépendamment de la clause, qu'à défaut d'accomplissement de l'un ou de l'autre, la donation sera résolue, le donateur peut non - seulement faire usage de la condiction, mais encore de la revendication qu'il tient de la loi, absolument comme si la propriété de la chose donnée ne fût jamais sortie de ses mains. « Neque refert quic- « quam, an modus fuerit adscriptus an conditio, quandoquidem, « etiam modo non impleto, non tantum condictio datur dona-

---

(1) Répertoire de Jurisprud., *Séparation de corps*, § 4, n° 5.

(2) *Ibid.*

(3) Voici le texte de la loi dernière au Code *de Revocand. donation.* : « Si unquam libertis patronus filios non habens, bona omnia vel partem « aliquam facultatum fuerit donatione largitus, et postea susceperit li- « beros, totum quid largitus fuerat, revertatur in ejusdem donatoris arbi- « trio ac ditione mansurum ».

« tori , sed etiam vindicatio ex Imperatorum constitutionibus ,
« acsi nunquam dominium à donatore abscessisset (1) ».

5º Avec M. Chabot (2) et M. Merlin (3) contre M. Meyer ,
que l'action en rescision est un effet et non une des suites du
contrat.

Quelle est la volonté réelle et certaine de deux parties qui
contractent ? De traiter sérieusement ; de remplir par conséquent toutes les conditions voulues par la raison, la bonne foi
et la loi pour la perfection du contrat qu'elles vont former ; on
ne saurait leur prêter d'autre intention. Or, il résulte de ce fait
simple, qu'elles ont virtuellement exclu de leur traité tout ce
qui pouvait tendre à l'anéantir ou à l'infirmer d'une manière
quelconque , puisqu'une telle supposition irait directement contre leurs vues. De là, la conséquence qu'elles en ont implicitement exclu le dol , la violence, l'erreur portant sur la substance de la chose qui forme l'objet du contrat, même toute
lésion ayant pour résultat d'établir entre elles, une inégalité
que la bonne foi réprouve. L'action en rescision pour cause de
lésion est donc en réalité , comme l'action en nullité, inhérente
au contrat lui-même ; elle en est donc une de ses parties essentielles aussi bien que le consentement dont elle est indivisible ,
elle en est donc aussi un des effets ; et l'on ne conçoit pas cette
objection de M. Meyer : « Que ce serait subvertir le contrat
même , que de supposer aux parties l'intention de le rétracter
en cas de lésion , et qu'autant vaudrait dire, *qu'elles n'auraient
pas eu la volonté sérieuse de s'engager* ». C'est au contraire,
comme on vient de le voir, parce qu'elles sont censées avoir eu
la volonté sérieuse de s'engager , qu'elles sont aussi censées
s'être réservé tous les moyens que la loi leur donnait pour ramener le contrat, s'il y avait lieu, à l'objet primitif et réel de
leur volonté. C'est par une application directe de ce principe ,
que dans les pays où , comme le dit le président Faber (4) , l'i-
gnorance des praticiens n'avait pas introduit l'usage de recourir,
pour l'exercice de l'action en rescision, au bénéfice de restitution en entier pour l'obtention duquel les lois romaines n'accordaient qu'un délai de quatre ans , que les ordonnances de 1510

(1) Telle est aussi l'opinion de M. Grenier, *Donations*, t. II , p. 402.
(2) Question transit. , vº *Rescision* , nº 7.
(3) *Ibid.* , p. 265.
(4) De errorib. Pragmat. decad. 7, error. 7.

et de 1539 avaient étendu à dix années, la rescision du contrat de vente pour cause de lésion se poursuivait et devait se poursuivre, comme l'établit Voët (1), par l'action ordinaire et personnelle *vendíti;* et cette action n'avait pas lieu pour d'autre raison que parce qu'elle dérivait du contrat. C'est donc par la loi existante à l'époque où le contrat a été formé que cette action devra être déterminée et réglée. Ce principe a été formellement consacré par deux arrêts de la Cour d'appel de Turin, l'un du 15 frim. an XIII, l'autre du 14 juin 1807 (2) rendus sur la question de savoir, si l'art. 2683 du Code civil qui admet l'action rescisoire pour cause de lésion de la part du vendeur seulement, en la restreignant au cas où la lésion excéderait les sept douzièmes, est applicable aux ventes antérieures faites en Piémont où la jurisprudence accordait aussi cette action à l'acheteur ? Et il a été jugé avec raison, que cet article n'était pas applicable à ces ventes.

6º Toujours en vertu du principe ci-dessus posé (nº 2), et attendu que les dommages et intérêts sont une des suites des conventions (Art. 1135), même une suite virtuelle ou un effet proprement dit, puisqu'ils sont considérés comme la sanction même des conventions (Toullier, t. VI, nº 222; Duranton, *des Obligations,* nºs 557 et suivans), et en font nécessairement partie jusqu'à concurrence de la valeur propre et intrinsèque de l'obligation principale (Art. 1135, 1136, 1149, 1150), il faut dire que c'est la loi en vigueur à l'époque du contrat, celle qui en régit les dispositions principales, qui régira aussi et en même temps la nature et l'étendue des dommages et intérêts qui en sont les dispositions accessoires ; car il y a nécessairement indivisibilité sous ce rapport, entre l'obligation principale et l'obligation substituée, l'une n'étant que le complément de l'autre.

Ainsi, admettez une loi nouvelle qui, dérogeant aux dispositions de l'art. 1151, d'après lequel, « dans le cas même où l'inexécution de la convention résulte du dol du débiteur, les dommages et intérêts ne doivent comprendre, à l'égard de la perte éprouvée par le créancier et du gain dont il a été privé, que ce qui est une suite immédiate et directe de l'inexécution de la convention », nous ramène à l'ancienne jurisprudence qui voulait qu'en cas de

---

(1) *Comment. ad Pandect. de Rescindend. vend.*, nº 4.
(2) Sirey, t. VII, part. 2, p. 676.

dol de la part du débiteur dans l'inexécution de son obligation, non-seulement il fût tenu de la perte qui avait rapport à l'objet propre de l'obligation, *propter rem ipsam,* mais encore de la perte que le créancier avait pu souffrir indirectement dans ses autres biens, sur le fondement que celui qui commet un dol s'oblige, *velit, nolit,* à la réparation de tout le tort que ce dol a pu causer (Dumoulin, *de eo quod interest,* n° 155 ; Pothier, *Obligations,* n° 161-166). Cette loi ne s'appliquera pas aux obligations antérieures à sa promulgation. Pourquoi cela? Parce que les parties qui ont traité sur la foi des lois existantes à l'époque du contrat, ont accepté les dispositions précises de ces lois comme conventions spéciales de leur contrat, et ont donné leur consentement d'après ces mêmes dispositions. Il y a donc sur ce point *droit acquis* pour elles du jour du contrat, et ce ne serait que par une rétroactivité évidente et contraire à l'art. 2 du Code civil, qu'on les soumettrait aux dispositions de la loi nouvelle, dispositions sous l'auspice et en vertu desquelles n'est pas intervenu leur consentement.

7° Mais il faut dire avec M. Blondeau et M. Merlin que *l'obligation de garantie, en cas de partage,* ne saurait être considérée comme effet ; mais bien comme suite, et que dès lors la loi nouvelle s'appliquera régulièrement au partage à faire d'une société ou d'une communauté formée sous l'ancienne loi. La raison de ce principe est facile à saisir. Quel est l'objet propre auquel peut s'appliquer l'ancienne loi? Je l'ai déjà dit (*suprà,* n° 2) : tout ce qui, à l'époque du contrat, est censé entrer par la force de la loi et la prévision des parties dans ce contrat même, pour en faire nécessairement partie. Or, peut-on dire que les parties ont prévu lors du contrat, pour en faire l'objet propre et actuel de leur consentement, le partage à intervenir de la communauté ou de la société qu'ils contractaient? Non, sans doute; ce partage est un fait complètement distinct du contrat qu'elles ont formé, on peut même dire qu'en soi il lui est contraire, puisqu'il tend à dissoudre le résultat de ce contrat. Il est donc impossible d'admettre qu'il soit entré dans les prévisions actuelles des parties, autrement que comme une suite éloignée et probable du contrat, et sur laquelle n'est pas intervenu leur consentement. On conçoit dès lors que la loi nouvelle s'applique naturellement, et comme à un fait né sous son empire, au partage d'une communauté ou d'une société formée sous l'empire d'une loi précédente.

8°. Il faut en dire autant de la tacite réconduction. Le bail primitif s'est accompli dans les conditions et les termes fixés par la loi existante à l'époque où il a eu lieu, et les intentions manifestées ou régulièrement présumées des parties ; la réconduction est un fait nouveau, étranger à ce premier bail, bien qu'il se réalise à son occasion, et dès lors c'est sous l'empire de la loi nouvelle que tombera ce fait. Ainsi, les baux de fonds ruraux faits sous la loi du 6 octobre 1791, qui n'admettait pas la tacite réconduction, ont continué d'être régis par cette loi jusqu'à leur expiration arrivée sous le Code civil ; mais la question de savoir si la continuation de jouissance dans ce cas, de la part des fermiers, a ou non opéré une tacite réconduction, doit être jugée d'après le Code civil, sous l'empire duquel s'est réalisé le fait de la nouvelle jouissance, et c'est dans ce sens qu'a régulièrement statué la Cour d'appel de Rouen, par un arrêt du 17 mai 1811 (affaire Chandelier (1).

———

§ 5. — Des causes diverses qui peuvent amener la résolution des contrats en tout ou en partie. Application spéciale aux donations irrévocables et aux institutions contractuelles.

———

SOMMAIRE.

(1) Sirey, t. XII, 2, p. 32.

4. — *Seconde question. Elle se subdivise en deux cas :*
   Premier cas. *Quel sera le sort d'une donation irrévocable ou institution contractuelle, lorsqu'elle
   n'excède pas la quotité disponible fixée par la loi
   du temps de la donation ou institution, et que la loi
   existant à l'époque du décès du donateur ou instituant réduit cette quotité ?*

5. — Second cas. *Quel sera le sort d'une donation irrévocable ou institution contractuelle qui excède la
   quotité fixée par la loi du temps de sa confection,
   mais n'excède pas celle que détermine la loi du
   temps du décès ?*

———

Cette matière ouvre le champ aux plus graves questions ; voici celles qui me paraissent avoir le plus exercé les jurisconsultes.

1. La loi peut introduire de nouvelles causes de résolution en tout ou en partie pour les contrats en général ; elle peut, au contraire, supprimer ou modifier les causes actuelles de résolution. Nous supposons que son texte ne s'explique pas sur la rétroactivité, et qu'il s'agit dès lors de savoir, si dans l'une ou dans l'autre hypothèse, la loi nouvelle s'appliquera sans rétroactivité aux contrats antérieurs ?

2. « Elle ne s'appliquera pas, dit M. Merlin, quant à la première hypothèse (Répert., *Effet rétr.*, t. xvi, p. 226), si ces causes dérivent de faits antérieurs à la nouvelle loi, ou si, lorsqu'ils y sont postérieurs, ils ne dépendent pas de la volonté de la partie contre laquelle on voudrait provoquer la résolution. Elle s'appliquera, si elles dérivent de faits à la fois postérieurs à la nouvelle loi, et dépendant uniquement de la volonté de cette partie. » Et il invoque à l'appui de son principe la théorie qu'il a précédemment développée sur l'application de l'art. 1912 aux rentes constituées antérieurement au Code civil. Mais on verra (*infrà*, sect. 7, § 1er) la limitation que j'ai cru devoir apporter à ce principe ; et elle n'est pas moins indispensable dans tout autre cas que dans celui dont il s'agit en cet endroit. C'est, en effet, à ce grand principe d'ordre public, le respect *pour les droits acquis*, que doit rester constamment subordonnée toute la matière de la rétroactivité. Or, ce respect consiste

surtout à ne porter jamais atteinte au fond du droit des parties.
M. Merlin cite bien comme preuve de la certitude de son principe, un arrêt de la Cour de cassation, du 16 juin 1818, qui,
ayant à décider si, par application de l'art. 1656 du Code civil,
d'après lequel, « s'il a été stipulé lors de la vente d'immeubles,
que, faute de paiement du prix dans le terme convenu, la vente
serait résolue de plein droit, l'acquéreur peut néanmoins payer
après l'expiration du délai, tant qu'il n'a pas été mis en demeure
par une sommation : mais, après cette sommation, le juge ne
peut pas lui accorder de délai, » une mise en demeure encourue
par un acquéreur depuis la publication de cet article, suffisait
pour opérer de plein droit la résolution d'un contrat antérieur
contenant la clause expresse que la vente serait résolue *ipso facto,*
à défaut de paiement du prix, dans le terme convenu, bien que
sous l'ancienne jurisprudence cette clause fut réputée simplement
comminatoire, s'est borné à dire d'une manière générale : « Attendu que, s'agissant dans l'espèce, de mise en demeure postérieure à la promulgation du Code civil, la Cour de Nîmes a pu
en appliquer les dispositions, le législateur ayant pu régler pour
l'avenir l'exécution des contrats. » Mais il n'ajoute pas que la
même Cour a repoussé l'application de ce principe, par un autre arrêt du 19 mai 1819, qu'il rapporte lui-même (Quest. de
droit, v° *Emphythéose*, § 4), aux baux à rente en général. A
la vérité, M. Merlin s'élève fortement (*ibid.*) contre ce dernier
arrêt. Toujours est-il que, quelque plausible que soit son opinion, la jurisprudence de la Cour de cassation n'est pas assez fixée
sur ce point de droit pour s'en prévaloir.

Mais voici une question plus grave :

3. Un successible auquel a été faite une donation entre vifs,
sous une loi qui le dispensait de la rapporter à la succession du
donateur, est-il obligé d'en faire le rapport si la succession
s'ouvre sous une loi qui n'admet le donataire à succéder qu'en
rapportant ce qui lui a été donné par le défunt, sans clause de
préciput? Cela est certain, dit M. Merlin (Répert., *Effet rétr.,*
t. XVI, p. 266), et faisant l'application de son principe (*sup.,*
n° 2), il ajoute : « La loi nouvelle ne peut sans doute pas ôter
au donataire successible le droit qui lui a été acquis sous l'ancienne par la donation entre vifs; mais elle peut lui imposer
la condition d'y renoncer s'il veut prendre part à la succession;
car la succession s'ouvrant sous son empire, elle en est maî-

tresse absolue; elle peut y admettre qui il lui plaît; elle peut donc dire au donataire : « *Conservez votre donation, vous en avez le droit; mais si vous la conservez vous ne succéderez pas;* » et il invoque un arrêt de la Cour de Bruxelles, du 30 mai 1812, qui aurait jugé dans ce sens. Mais à quoi se réduit toute cette argumentation? A une véritable rétroactivité condamnée par les principes de la matière. La loi nouvelle, dites-vous, en conférant le droit de succéder, peut imposer à l'individu qu'elle appelle, la condition de renoncer à la donation qui lui a été faite; sans doute, elle le pourrait par une disposition formelle insérée dans son texte; mais en l'absence d'une telle disposition, d'où feriez-vous résulter, sans une rétroactivité manifeste, l'application de la loi nouvelle? Du principe d'après lequel vous décidez : *Que si les causes nouvelles de résolution dérivent de faits à la fois postérieurs à la loi nouvelle et dépendant uniquement de la volonté de la partie intéressée, la loi nouvelle devra être appliquée?* Mais ce principe arbitraire doit être rigoureusement renfermé dans les limites que vous lui avez tracées vous-même. Vous dites (Répert., *Effet rétroact.*, t. XVI, p. 259) « que la loi postérieure peut, pour l'avenir, *subordonner l'exercice des droits antérieurs à telles diligences, à telles conditions qu'il lui plaît,* pourvu que ces formalités, ces diligences et ces conditions, ne dépendent point d'événemens ou de faits étrangers à la volonté des parties auxquelles elle les impose. C'est jusque-là en effet que peut s'étendre la puissance régulière de la loi : imposer aux individus dans des vues générales d'ordre dont elle demeure toujours la modératrice souveraine, certaines obligations, certaines conditions relatives à l'exercice ou à la conservation de leurs droits; mais cette puissance ne saurait jamais aller, ainsi que je l'ai établi plus haut (chap. 4), et comme je l'établirai encore, *infrà* (sect. 7, § 1er), jusqu'à porter atteinte au fond même du droit des individus, car elle leur enlèverait alors *des droits acquis;* et l'on verra au même endroit sur quels principes spéciaux je me suis fondé pour adopter l'opinion de M. Merlin, quant à l'application de l'art. 1912 aux rentes anciennement constituées. Or, comment ne pas voir l'atteinte la plus formelle portée à des droits acquis, et par suite une véritable rétroactivité, dans le langage d'une loi nouvelle qui dirait à un successible donataire par acte entre vifs : bien que la loi sous laquelle votre donation a été faite vous dispensât de rapporter l'objet donné en venant à la succession du donateur, bien que sous cette loi vous pussiez réunir la double qualité de donataire et de successible; néanmoins, j'en dispose autrement: Vous pourrez retenir votre don, mais je vous refuse, dans ce cas, la qualité et les droits d'héritier; que si vous aimez mieux succéder, vous le pourrez, mais alors vous rapporterez l'objet de votre donation. Comment ne pas voir, dis-je, dans ce langage, non une simple condition apposée à l'exercice d'un droit, fait postérieur à la loi nouvelle, et dépendant uniquement de la volonté de la partie intéressée, mais bien l'anéantissement réel, quoique indirect, du fond même de ce droit? Comment ne pas voir que le droit essentiel du donataire est moins celui que peut lui attribuer la nouvelle loi, en sa qualité de successible, que celui qu'il tient du contrat même de donation irrévocable; et comment admettre, dès lors, qu'une telle disposition ne renferme pas, quelque indirecte qu'en soit la forme, une rétroactivité manifeste?

Néanmoins M. Grenier (*Donation*, t. II, p. 248) partage l'opinion de M. Merlin sur cette question; mais il la fait reposer sur d'autres principes; voici ses propres paroles : « Quel est le caractère d'une telle disposition (la donation entre vifs faite à un successible)? C'est évidemment celui d'une donation entre vifs d'un objet précis. C'est à cet objet que se termine la donation; y a-t-il disposition de la succession en tout ou en partie? La négative est sensible. La succession est restée libre; et cette succession, quant à l'ordre de succéder, quant aux conditions qui y sont attachées, se règle par la loi qui régit, lors de son ouverture. Il y a donc deux choses bien distinctes, savoir: la *donation* qui ne peut être attaquée relativement à l'objet dont elle a saisi, et la *succession* dont il n'a point été disposé par cette donation. Le donataire a l'objet donné en vertu de la donation, il vient à la succession en vertu de la loi ». Puis, réfutant un argument de M. Chabot qui est d'un avis contraire (Question transitoire, *Rapport à succession*, § 3), il continue ainsi : « M. Chabot, il est vrai, soutient que la donation ne doit pas être divisée; qu'elle doit subsister avec toutes les prérogatives qu'elle avait, d'après la loi sous laquelle elle a été faite, c'est-à-dire avec le droit de venir, comme héritier, sans rapporter; qu'en agissant autrement, ce serait retomber dans la rétroactivité. Mais, à quoi se réduit l'objection dans son résultat ? A attribuer à la donation, qui ne comprend que l'objet qui est énoncé, l'effet de s'étendre encore au droit de succéder. M. Chabot applique donc à une donation qui n'a saisi irrévocablement que de l'objet qui y est compris, des principes établis uniquement pour une *succession* dont on avait irrévocablement disposé. On pourra toujours lui répondre, que la donation n'est point attaquée, puisqu'elle subsiste pour l'objet dont le donateur s'est dépouillé ; que cette donation n'a rien assuré quant au mode et aux conditions de succéder, et que ce mode et ces conditions sont du domaine de la loi en vigueur lors du décès. Car, de même que le donataire n'aurait pu rien prendre dans la succession, si, d'après la loi nouvelle, il se fût trouvé n'être pas en ordre de succéder, de même aussi il ne peut, étant un des héritiers appelés par la loi, recueillir ce droit que sous la condition nouvelle imposée par la loi même. En un mot, on pourra toujours dire que l'objection de l'indivisibilité, est plus forte relativement à la loi qui règle la succession, et qui ne peut être divisée dans ce qu'elle ordonne, que par rapport à la donation qui a pu subsister dans ce qu'elle assure, indépendamment du droit de succéder, qu'elle ne conférait pas. Le nouveau droit de succéder admis par la loi, détruit entièrement l'ancien, quand il n'y a pas de disposition irrévocable de succession. Ce nouveau droit de succéder intéresse uniquement les autres héritiers, et non le défunt ».

J'avoue que cet argument tiré de l'indivisibilité, pris d'une manière générale, ne me paraît pas plus propre à défendre l'une que l'autre de ces deux opinions. Car, de même qu'on peut dire avec M. Grenier, *que la donation n'a rien assuré, quant au mode et aux conditions de succéder, et que ce mode et ces conditions sont du domaine de la loi en vigueur lors du décès;* de même, on peut dire contre lui : que l'indivisibilité de l'effet de la loi qui règle la succession, en ce qui concerne la condition de rapporter l'objet donné, ne saurait se concevoir qu'à l'aide d'une rétroactivité réprouvée par les principes, puisqu'il s'agit de porter atteinte à des droits acquis en vertu de la donation précédente ; ce qui forme précisément l'objet de la difficulté.

Soumettant donc à une analyse sévère tous les élémens de cette grave question, je pense qu'il faut dire avec M. Chabot (Quest. trans., *Rapport à succession*, t. II, p. 209) : « Que la donation irrévocable ne peut être divisée, qu'elle doit constamment produire tous les effets qui lui étaient attribués par la loi en vigueur, au moment où elle a été consentie, qu'autrement elle cesserait d'être entièrement irrévocable. Or, l'un des effets que lui conférait la loi existante à l'époque de sa naissance, était de subsister sans altération, lors même que le donataire prendrait la qualité d'héritier du donateur; qu'elle n'a donc pu être privée et dépouillée de cet effet, par une loi postérieure ».

Mais expliquant la pensée de M. Chabot par l'objection même de M. Grenier, quant à l'indivisibilité de la donation, je dois ajouter, qu'à la vérité cette indivisibilité ne peut pas avoir pour effet d'enchaîner ou de restreindre la puissance du législateur qui règle par une loi postérieure les droits et les conditions de successibilité; sans doute, il est toujours resté le maître de déterminer le mode et les conditions auxquelles les individus seront admis à exercer ces droits; c'est un principe que j'ai établi ou appliqué moi-même plusieurs fois (*sup.*, p. 187, n° 2, p. 199, etc.); mais c'est à la condition expresse, qu'il ne rétroagira pas, qu'il ne portera pas atteinte aux droits acquis. Or, comment porterait-il atteinte aux droits acquis en décidant que le successible donataire dispensé du rapport par la loi existante à l'époque de la donation, sera astreint désormais à ce rapport, s'il veut venir à la succession ? En ce que la loi sous les auspices de laquelle est intervenu le consentement des parties lui conférait actuellement, non pas à la vérité un droit absolu sur la succession du donateur, puisqu'une loi nouvelle pouvait toujours régler différemment soit l'ordre de successibilité, soit la qualité de successible, même la ravir au donataire, mais hypothétiquement, éventuellement, dans le cas où la loi en vigueur à l'époque du décès, lui laisserait encore la qualité de successible; que si la dispense du rapport est entrée dans la pensée du donateur, à l'époque de la donation, comme on ne saurait en douter, puisque la loi qui l'ordonnait était censée stipuler pour les parties, la successibilité éventuelle y est entrée également; ces deux objets sont nécessairement indivisibles dans la pensée du donateur, et en ce sens on doit dire qu'il a disposé de sa succession; or, comme le dit encore très-bien M. Chabot (*ibid.* p. 210) : « L'éventualité des droits n'empêche pas qu'ils ne soient irrévocables; et les droits irrévocables, quoiqu'ils soient éventuels, ne peuvent être ni changés, ni altérés par une loi postérieure; et au moment où ils se *réalisent*, ils doivent toujours produire leurs effets conformément à la loi qui était en vigueur, au moment où ils ont été conférés ».

Je ne saurais donc approuver ce raisonnement de M. Grenier (*ibid.*, n° 534, p. 249) : « que *de même que le donataire n'aurait pu rien prendre dans la succession, si, d'après la loi nouvelle, il se fût trouvé n'être pas en ordre de succéder, de même aussi il ne peut, étant un des héritiers appelés par la loi, recueillir le droit que sous la condition nouvelle imposée par la loi même* ». Il faut dire au contraire que, lorsque la loi change l'ordre de successibilité, soit par la suppression d'anciennes conditions, soit par l'introduction de conditions nouvelles relatives au droit de successibilité, elle statue d'une manière générale, conforme à sa nature, à sa puissance et sans rétroactivité, puisqu'elle ne porte aucune atteinte à des droits acquis.... Mais lorsqu'elle impose comme condition de successibilité, l'obligation de rapporter des donations antérieures, irrévocables, et dispensées du rapport, elle ne statue plus simplement d'une manière générale; elle s'adresse contrairement à sa nature, à des individus investis de droits irrévocablement acquis, pour les soumettre à des obligations spéciales, d'où résulte une atteinte formelle portée à ces droits, et de là la rétroactivité.

Sans doute la loi nouvelle peut refuser la qualité de successible au donataire; en cela elle ne rétroagit pas; elle ne blesse aucun droit acquis; elle statue simplement dans les voies et les limites de sa puissance régulière. Mais de ce qu'elle peut refuser cette qualité au successible, il ne s'ensuit pas qu'elle puisse également ne la lui accorder qu'à la condition expresse de rapporter l'objet d'une donation faite avec dispense de rapport; toutes sortes de conditions n'entrent pas indistinctement dans le domaine de la loi; et il n'est pas plus en son pouvoir d'anéantir indirectement, par ses dispositions générales, le droit de propriété résultant des donations précédentes, que celui qui résulterait de la vente, de l'échange ou de tout autre contrat translatif de propriété. La loi peut dire aux individus : je vous refuse la qualité de successible à un tel degré; elle ne peut pas leur dire de même, sans rétroagir : je ne vous l'accorde qu'à la condition que vous serez dépouillé en tout ou en partie de l'un de vos droits de propriété; ou, ce qui revient au même, que vos droits acquis cesseront de l'être à quelques égards.

Le principe sur lequel repose l'art. 843 du Code civil, qui oblige au rapport tout héritier venant à une succession, n'a rien de commun avec celui qui défend de porter atteinte à des conventions anciennes, consommées sous l'empire d'un principe différent. Toute donation faite depuis la promulgation de l'art. 843 et dans les conditions qu'il détermine, est toujours, en l'absence de la clause qui dispense du rapport, censée faite sous la condition éventuelle du rapport. Il n'en est pas de même de la donation faite sous l'empire d'une loi qui dispensait formellement ou implicitement du rapport. Il y a droit acquis dans ce dernier cas, précisément dans le concours des deux qualités de donataire et de successible; et ce droit acquis n'est pas différent, comme je le disais, de celui qu'engendrent le contrat de vente, d'échange, etc., quelles que soient les conditions autorisées qui les accompagnent; mais il n'y a que droit éventuellement résoluble dans le premier cas.

On conçoit maintenant comment, dans la question qui nous occupe, on ne saurait considérer la loi nouvelle, alors que le donataire successible déclare vouloir en profiter, comme une cause légitime et suffisante de résolution de la donation précédente.

Quant à la jurisprudence, si elle n'est pas absolument fixée sur cette question, elle est au moins peu favorable à l'opinion de MM. Merlin et Grenier.

Que décident les quatre arrêts cités par M. Merlin (*Eff. rétro.*, t. xvi, p. 267) comme ayant résolu la question dans le sens de son opinion? « Vu les art. 8 et 9 de la loi du 17 niv. an II, porte l'arrêt du 25 mess. IX (1), et l'art. 1 de celle du 18 pluv. an V; considérant que les lois du 9 fruct. an III, 3 vend. an IV, et 18 pluv. an II, qui ont rapporté l'effet rétroactif de la loi du 17 niv. an II, *n'ont point dérogé à l'obligation du rapport prescrit par l'art. 8 de cette loi*, lorsque les donataires veulent participer aux successions des donateurs, et que l'art. 1er de celle du 18 pluv. an V en a seulement dispensé ces donataires lorsqu'ils ne veulent pas prendre part à ces successions; qu'en jugeant autrement, ce serait blesser le système d'égalité que toutes les lois, depuis le commencement de la révolution, ont eu pour objet d'établir; que les successions doivent se régler suivant les lois en vigueur au

(1) Répert., v° *Rapport à succes.*, p. 657.

moment de leur ouverture, et qu'Eugénie Milon étant décédée plusieurs mois après la loi du 17 niv., il n'est pas douteux que l'objet des donations qu'elle avait faites auparavant, ne doive être rapporté à la masse de sa succession, si les donataires veulent y prendre part; le tribunal casse, etc.; » — « Attendu, porte l'arrêt du 16 brum. an XIII (1), que les lois des 9 fruct. an III, 3 vend. an IV et 18 pluv. an V, qui ont rapporté l'effet rétroactif de la loi du 17 niv. an II, *n'ont point dérogé à l'obligation du rapport prescrit par l'art. 8 de cette loi,* lorsque les donataires veulent participer aux successions des donateurs, et que l'art. 1er de celle du 18 pluv. en a seulement dispensé ces donataires lorsqu'ils ne veulent pas prendre part à ces successions; qu'en juger autrement, ce serait blesser le système d'égalité que toutes les lois, depuis le commencement de la révolution, ont eu pour objet d'établir; que les successions doivent se régler suivant les lois établies lors de leur ouverture, et que Jeanne Serpillon, veuve Lagrange, étant décédée postérieurement à la publication de la loi du 17 niv., il n'est pas douteux que l'objet de la donation qu'elle a faite auparavant ne doive être rapporté à la masse de sa succession, si la donataire veut y prendre part; qu'ainsi, l'arrêt attaqué, en condamnant la demanderesse à rapporter à la succession la donation à elle faite par sa tante, s'est parfaitement conformé à la loi.... La cour rejette; » — « Considérant, porte l'arrêt du 21 mars 1808 (2), que l'art. 1er de la loi du 18 pluv. an V, n'a eu en vue que d'empêcher la loi du 17 niv. an II de rétroagir sur les successions ouvertes avant sa promulgation, mais que, dans l'espèce, la succession du sieur Darmey *n'a été ouverte que le 5 mess. an VI,* et qu'en rejetant la demande des sieur et dame Cazier, l'arrêt a respecté, loin de l'avoir méconnue, l'égalité entre cohéritiers voulue par ladite loi du 17 niv. an II; la Cour rejette ». Qu'ont donc prononcé ces trois arrêts? ont-ils décidé en principe que la loi du temps du décès impose au donataire successible l'obligation de rapporter sa donation antérieure, qui n'était pas, d'après la loi, sujette à rapport, s'il veut venir à la succession du donateur? Nullement. Ils ont jugé que l'art. 8 de la loi du 17 niv. an II avait été justement appliqué à trois espèces nées sous son empire, en ce que les lois des 9 fruc.

(1) Répert., v° *Rapport à success.*, p. 658.
(2) Sirey, t. VIII, 1, p. 413.

an III, 3 vend. an IV, et 18 pluv. an V, qui avaient rapporté l'effet rétroactif de la loi du 17 niv. an II, avaient néanmoins laissé subsister la disposition rétroactive de cette loi (Art. 8) relative à l'obligation du rapport des objets donnés, même antérieurement au 14 juillet 1789; que la seule modification qu'elle eut introduite consistait en ce que les donataires étaient dispensés du rapport, lorsqu'ils ne voulaient pas prendre part aux successions des donateurs (1); mais faut-il dire avec M. Grenier (*Donations,* t. II, p. 249), qu'il n'y a pas de rétroactivité dans ce cas, attendu, « que la succession du particulier qui avait fait anciennement la donation s'était ouverte sous l'empire de la loi du 17 niv. an II ». Il faut dire au contraire qu'il y a toujours sur ce point la rétroactivité écrite dans la loi de niv., et que cette rétroactivité est même consacrée deux fois par la législation, puisqu'elle ne se trouve pas du nombre des dispositions rapportées par les lois postérieures. Nous adopterons donc encore à cet égard l'opinion de M. Chabot, exprimée en ces termes dans ses Quest. transit. (*Rapport à success.*, p. 206) : « Il est évident qu'aucun de ces arrêts n'est applicable à des donations dont les auteurs sont décédés sous l'empire du Code, puisqu'ils sont tous également fondés sur la disposition *rétroactive* de l'art. 8 de la loi du 17 niv., et que le Code, loin d'avoir admis une semblable disposition, l'a, au contraire, formellement repoussée par son art. 2, qui est général et sans exception; » et nous avons d'autant plus de confiance dans cette opinion, que M. Grenier lui-même paraît la partager dans un autre endroit de son ouvrage (*Ibid.,* n° 717), quelques efforts qu'il fasse (*Ibid.*, n° 534) pour essayer d'établir que la donation de part d'enfant, dont il s'agit au n° cité 717, faite sous les anciennes lois par un époux ayant des enfans à son nouvel époux, et alors qu'il est décédé sous le Code civil, doit s'entendre d'une disposition de tout ou partie de la succession du donateur.

A la vérité, le quatrième arrêt (du 5 mai 1812), rapporté par M. Merlin, est favorable à son opinion. En voici les termes : « Considérant, sur le premier moyen, que, dans l'espèce, il ne s'agit point de régler le sort de la donation, mais bien les con-

---

(1) Plusieurs autres arrêts ont jugé dans le même sens V. entre autres ceux des 22 mess. an V (aff. Rivière); 2 pluv. an XII (aff. Duval-Poutrel), et 4 mai 1807 (aff. Mignot).

ditions sous lesquelles les héritiers de feu l'abbé de Laubrussel peuvent venir à sa succession; que les successions doivent se régler suivant les lois en vigueur au moment de leur ouverture; considérant que l'art. 843 du Code Napoléon exige le rapport de tout ce que l'héritier a reçu du défunt, à moins que le don ou legs ne lui ait été fait expressément par préciput et hors part ou avec dispense de rapport; considérant que la cour de Metz a reconnu que rien n'annonçait que la donation eût été faite par préciput; qu'ainsi, le défaut d'une déclaration expresse par le donateur a suffisamment autorisé ladite Cour à ordonner le rapport; que, dès lors, toutes recherches sur l'intention du donateur sont même inutiles; qu'en supposant qu'aux termes de la coutume de Metz, la donation n'eût pas été sujette à rapport, *cette coutume a été abolie par le Code, sous l'empire duquel la succession s'est ouverte, lequel seul peut et doit régler les droits des héritiers.... ».*

Mais cet arrêt, conforme au surplus à l'arrêt de la cour de Bruxelles du 30 mai 1812 déjà cité, n'expose rien, sous le rapport de la doctrine, qui puisse déterminer à abandonner la jurisprudence précédente de la Cour de cassation. Il y a donc lieu à se livrer à quelques appréciations à cet égard.

1° Il est diamétralement contraire à un autre arrêt de la même Cour du 25 niv. an XIII (aff. Dumas-Faure (1), rendu, non pas comme les arrêts précédens, dans une espèce où la succession s'était ouverte sous l'empire de la loi du 17 niv. an II, et où, par conséquent, il s'agissait d'appliquer l'exception à l'abrogation de l'effet rétroactif prononcée par la loi du 18 pluv. an V, en ce qui concerne les rapports; mais bien dans une espèce où la succession s'était ouverte sous l'empire de la loi du 18 pluv. an V, et par conséquent indépendamment des dispositions rétroactives de la loi du 17 niv. an II; « Attendu, porte cet arrêt, que la loi du 18 pluv. an V, dispose que les avantages, prélèvemens, préciputs, donations entre vifs, institutions contractuelles, et autres dispositions irrévocables de leur nature, légitimement stipulées en ligne directe avant la publication de la loi du 7 mars 1793, et en ligne collatérale ou entre individus non parens, antérieurement à la loi du 5 brum. an II, auront leur plein et entier effet, conformément aux anciennes lois, tant sur les successions ouvertes

(1) Répert. v° *Rapport à success.*, p. 656.

jusqu'à ce jour, que sur celles qui s'ouvriront à l'avenir ; que la succession dont il s'agit n'a été ouverte qu'après la publication de la loi du 18 pluv. an v, et que la Cour d'appel, en décidant, d'après l'art. ci-dessus rapporté, que l'enfant qui avait en sa faveur une institution contractuelle, pouvait, indépendamment de cet avantage, prendre part à la succession de ses parens, sans être tenu au rapport ordonné par la loi du 17 niv. an II, n'a point commis, par cette décision, de contravention expresse à la loi du 10 pluv.; la Cour rejette (1) ».

2° Par-là même que tous les arrêts précédens (moins l'arrêt du 5 mai 1812), ont statué sur des espèces régies par les dispositions de la loi du 18 pluv. an v, relatives à l'abrogation de l'effet rétroactif de la loi du 17 niv. an II; il faut voir dans ces arrêts une pure interprétation de l'art. 1er de cette loi de pluv. dont le résultat est le maintien de la rétroactivité de la loi précédente, en ce qui concerne les rapports (Art. 8); et par suite un droit exceptionnel uniquement applicable aux espèces nées sous l'empire de la loi du 17 niv. an II.

3° Il faut ajouter que depuis la publication de la loi du 18 pluv. an v, tout est naturellement rentré à cet égard sous l'empire du droit commun; que ce droit commun consiste surtout dans l'absence de l'effet rétroactif; que l'art. II du Code civil maintient, comme la loi du 18 pluv. an v, par son art. 1er, les donations irrévocables valablement consenties sous les lois antérieures; que conséquemment, quoiqu'il rappelle au partage des successions, comme les lois des 17 niv. et 18 pluv., les filles exclues par les dispositions des coutumes, il ne leur donne pas plus que la loi du 18 pluv., le droit de demander le rapport des dons irrévocables faits à leurs frères, dans un temps où elles n'avaient pas la qualité d'héritières.

Tel est le véritable esprit de la jurisprudence sur cette question; et l'arrêt du 5 mai 1812 me paraît avoir méconnu la force réelle du principe consacré par l'art. 2 du Code civil.

Deuxième question.

4. Nous venons d'examiner la question de savoir si une donation irrévocable (ce qui s'applique à l'institution contractuelle),

(1) V. aussi un arrêt de la Cour d'appel de Liège, du 27 février 1810 (Sircy, t. x, 2, p. 261).

faite à un successible, sous une loi qui le dispensait du rapport
en venant à la succession du donateur, était néanmoins passible
de ce rapport, lorsque la loi du décès du donateur y soumettait
le donataire ; et nous avons décidé avec la plupart des auteurs,
que la loi postérieure ne saurait, sans rétroactivité, opérer cet
effet.

Quel sera le sort de ces donations irrévocables (ou des institutions contractuelles), faites à un successible sous une loi qui
ne les soumettait à aucune réduction, ou ne les réduisait qu'à
une certaine quotité pour parfaire les légitimes ou réserves,
lorsque la loi du décès du donateur ou de l'instituant les soumet
à la réduction, ou les réduit à une quotité plus forte que la loi
précédente ?

Cette question, l'une des plus ardues de la matière, offre deux
cas à résoudre :

1º Ou la donation irrévocable n'excède pas la quotité disponible fixée par la loi du temps de sa confection, tandis que la loi
existante à l'époque du décès du donateur réduit cette quotité,
soit en déterminant une réserve plus forte, soit en l'attribuant
à un plus grand nombre de successibles ;

2º Ou la donation excède la quotité fixée par la loi du temps
de sa confection, mais n'excède pas celle que détermine la loi
du temps du décès, soit en ce qu'elle est réellement inférieure à
celle-ci, soit en ce qu'elle est refusée à certains successibles
auxquels l'attribuait la loi précédente.

Relativement au premier cas, deux opinions se sont formées
dès la promulgation du Code civil. Selon la première, défendue
entre autres par M. Levasseur (*Portion disponible*, p. 193 et
suiv.), et les rédacteurs du Journal de Jurisprudence du Code
civil (t. 7, p. 115), la loi du temps du décès devait seule servir
de règle pour déterminer la valeur et l'étendue, soit des donations entre vifs, soit des institutions contractuelles antérieures
au Code civil. Jusqu'au décès du donateur, disaient ces jurisconsultes, il n'y a ni héritier ni réserve ; la disponibilité des biens
du père de famille n'est réellement connue qu'à son décès ; jusque-là, elle a pu être étendue ou restreinte par les lois. Le nombre de ses enfans a pu varier ; le donateur a pu convoler en secondes noces, recevoir des successions, éprouver des pertes,
anéantir sa fortune par des dettes, etc. ; comment imaginer,
d'après cela, qu'une loi précédente ait eu pour effet de déter-

miner pendant sa vie une certaine portion de cette fortune, à titre de réserve, au profit de successibles qui pourront même perdre cette qualité à son décès ou la voir attribuer à d'autres qui n'auront pas moins qu'eux le droit de la réclamer? Obliger d'ailleurs le légitimaire à remonter à la date de la donation ou de l'institution, pour avoir la mesure de ses droits dans la succession paternelle, n'est-ce pas, contrairement aux lois, pactifier sur l'hoirie d'un homme vivant? *Viventis nulla successio*..... La donation est irrévocable, à la vérité; mais l'unique conséquence qui résulte de là, est que la loi du temps de la donation réglera la capacité de donner et de recevoir, les formes et les conditions de la donation. Quant au droit en lui-même, il ne saisira jamais le donataire ou l'institué, qu'à la charge des révocations ou réductions prononcées par les lois existantes à l'époque du décès du donateur ou de l'instituant; car c'est seulement alors que s'ouvrira pour les successibles le droit d'attaquer les dispositions excessives de leur auteur. Comment taxer de rétroactivité de pareils principes? Le donataire ou l'institué ont toujours su que leur titre renfermait une clause résolutoire en tout ou en partie, pour le cas où la loi du temps du décès du donateur anéantirait ou réduirait la quotité disponible dans ses mains, et dès lors, nulle rétroactivité ne porte atteinte à des droits ainsi irrévocablement acquis.

Mais l'opinion contraire, soutenue par MM. Chabot (1), Grenier (2), Merlin (3), Dalloz (4), et consacrée par plusieurs arrêts (5), a prévalu à juste titre. Comme ces auteurs ont employé des argumens différens, il importe d'en présenter un rapide résumé. Nous en ferons d'autant mieux sortir les moyens de résoudre la seconde question.

Selon M. Chabot (Quest. trans., *Donations*, p. 183), les effets de la donation irrévocable sont absolus. « Les droits du donataire, dit cet auteur, sont fixés et déterminés à l'instant même de la donation. Dès cet instant même, les droits qui lui ont été

(1) Quest. transit., v° *Donation*, § 3, et *Réduction des dispositions*, § 2.
(2) *Traité des Donations*, t. II, n° 441 et suiv.
(3) Répert., v° *Effet rétroact.*, t. XVI, p. 268.
(4) Jurisp. gén., v° *Dispositions entre vifs*.
(5) V. Répert. *ibid*, et Dalloz, Jurisp. gén., v° *Dispositions entre vifs*, etc.

donnés lui sont définitivement acquis ; il en est même irrévocablement saisi , sauf l'exercice et la jouissance qui demeurent suspendus jusqu'à la mort du donateur. Ces droits ne peuvent donc varier ; autrement ils ne seraient pas réellement irrévocables. Ils ne peuvent donc être ni augmentés ni diminués par une loi postérieure qui ne peut exercer aucun empire sur les conventions irrévocables, antérieures à sa promulgation. *La quotité des biens* que le donataire recueillera peut bien varier, si le donateur a conservé la faculté d'aliéner, s'il n'a donné que des biens dont il se trouvait propriétaire au moment de son décès ; mais *la quotité du droit en lui-même* est invariable. S'il a été donné la moitié des biens, le donataire doit toujours avoir, à quelque époque que décède le donateur, la moitié des biens dont le donateur sera propriétaire au moment de sa mort : il ne doit avoir ni plus ni moins. De même, la nature du droit ne peut varier, et ainsi le donataire ayant été saisi, lors de la donation, du droit de prendre tous les biens, *alors disponibles*, qui lui ont été donnés, doit avoir tous ces biens, sans exception, au moment du décès du donateur, quoique à cette époque une partie de ces biens ne soit plus disponible d'après la loi existante. Cette loi n'a pas le pouvoir de morceler la donation antérieure et irrévocable, pour en retrancher une partie des biens qui s'y trouvaient compris, en les déclarant indisponibles. Les règles nouvelles qu'elle a établies sur la disponibilité, ne peuvent être exécutées qu'à l'égard des biens dont il n'avait pas été encore disposé irrévocablement. Autrement elles seraient subversives des conventions les plus sacrées, des droits les plus légitimes, et elles rétroagiraient sur le passé, comme le fit la loi du 17 niv. Par les mêmes motifs, le donataire qui n'a pu être légalement saisi, lors de la donation, du droit de prendre ceux des biens donnés, qui n'étaient pas disponibles suivant la loi, alors en vigueur, ne peut acquérir ce droit en vertu d'une loi postérieure qui déclare ces biens disponibles, parce qu'il ne peut jamais avoir que ce qui lui a été valablement donné, parce que la loi postérieure ne peut, par un effet rétroactif, valider ce qui, dans une donation irrévocable, était nul d'après la loi alors existante ».

M. Grenier partage cette opinion. Voici dans quels termes (*Donation*, t. ii, p. 81) : « Je pars d'un principe évident par lui-même, qui est, que la loi postérieure ne peut dépouiller d'un droit irrévocablement assuré par une convention sous l'empire de la loi abrogée ou modifiée. Or, quel a été le droit irrévocablement assuré par une institution contractuelle ? C'était celui de recueillir tous les biens que l'instituant laisserait à son décès, moins les dettes et les légitimes. Quoique le droit portât sur une sucession, il n'était pas moins acquis du jour du contrat. L'institution contractuelle, disait Pothier, (introduction au tit. XVII de la coutume d'Orléans, n° 18), est plutôt donation entre vifs, puisqu'elle fait partie des conventions d'un contrat de mariage, qui est un acte entre vifs, et qu'elle est irrévocable. Quand il était question de légitimes, on entendait nécessairement celles qui existaient d'après la loi lors du contrat. On voulait que le contrat fût réglé de la même manière que si l'instituant fût mort à cette époque. Telle a été la condition sous laquelle deux familles se sont rapprochées et deux époux se sont liés. Les enfans sont bien saisis en général de la réserve telle qu'elle est fixée par le Code civil, mais c'est en successions qui ont été libres jusqu'à la promulgation du Code, et non en successions déjà irrévocablement assurées. La loi postérieure et existante lors du décès de l'instituant, n'aurait pas pu détruire le contrat en entier, en annulant, par exemple, l'institution contractuelle; et ce qu'elle n'a pu faire pour le tout, elle n'a pu le faire pour une partie. Le contrat est un et indivisible. Ce que je viens de dire d'une institution contractuelle a également lieu pour une donation entre vifs anciennement faite. Le donataire a été saisi de tous les biens, moins les légitimes, et toujours les légitimes telles qu'elles avaient lieu suivant la loi qui régissait lors de la convention. La donation a produit l'effet de diviser les biens du donateur en deux parts. L'une a dû consister dans ce qui pourrait revenir aux enfans pour leur légitime, l'autre a été composée du restant des biens. La donation a été sujette à un retranchement, mais seulement pour la légitime établie alors. Une loi postérieure qui augmenterait ce retranchement, anéantirait ou diminuerait l'effet d'un contrat, d'une convention. On ne peut donc confondre l'exercice d'un droit de réserve sur des biens dont on a disposé seulement depuis le Code civil, avec l'exercice du même droit sur des biens donnés auparavant, sans tomber nécessairement dans le vice de la rétroactivité. La donation faite anciennement a mis hors du patrimoine du donateur tous les biens légitimement donnés. Il n'y aura excès dans la donation, qu'autant qu'il y en aurait conformément à la loi qui régissait lors du contrat, et qui n'a pu être violée, et non d'après la loi postérieure. Il faut voir ce qui était disponible ou non à l'époque de la donation. Tout ce qui était disponible alors ayant été donné, a été légitimement acquis ».

Néanmoins M. Grenier (*Donations*, t. II, p. 82) émet, à l'appui de son opinion, deux observations sur lesquelles je veux exprimer sur-le-champ ma pensée :

1° Les légitimaires, selon lui, qui auraient renoncé à la succession du père pour se dispenser de payer les dettes, « ne peuvent réclamer le retranchement sur les biens donnés, qu'en attaquant la donation comme excessive, relativement à la loi du temps où elle a été faite, en se faisant considérer comme *codonataires*, expression employée par M. Jaubert dans son rapport au Tribunat, sur le titre des *Donations et Testamens* ».

Je pense que l'expression de *codonataires*, dans ce cas, est inexacte; et que la fiction qu'elle indique est à la fois fausse et inutile : fausse, en ce que la donation étant, d'après les véritables intentions du donateur, toujours présumée faite en diminution, ou en haine de la légitime, on ne saurait associer dans son esprit le légitimaire avec le donataire (1); inutile, en ce que la loi donne directement au légitimaire une action en retranchement.

2° M. Grenier paraît croire (*ibid.*, p. 85), que la Novelle 92, chapitre 1er a eu pour but de prévenir la rétroactivité qui pouvait résulter de la Novelle 18, chapitre 1er, laquelle augmentait la légitime fixée précédemment au quart de ce que l'enfant aurait eu s'il eût succédé *ab intestat*. Voici les termes de la Novelle 92. . . . . « Illud volumus, ut si quis donationem im« mensam in aliquem aut aliquos filiorum fecerit, necessarium « habeat in distributione hereditatis, tantam unicuique filiorum « servare ex lege partem, quanta fuit priusquam donationem

_____

(1) La révocation ou réduction des donations antérieures pour la formation des légitimes est fondée sur une nécessité de la loi; elle est même contraire à la volonté du donateur. Dumoulin, développant le sens de ces mots : *Non ingratis liberis relinqui necesse est*, de la loi *si totas*, 5, ff *de Revocand. donat.*, ajoute : *etiam invito patre donatore. Liquet ergo quod in tota hac lege non agitur nec disponitur de revocatione* quæ fit ex voluntate tacita vel expressa donatoris, *sed dumtaxat de* detractione, *quæ ex necessitate juris*, et *sic* ETIAM INVITO DONATORE.

« pater in filium aut filios, quos ea honoravit, faceret. Sic
« enim nihil ulterius donationibus querentur, qui habent qui-
« dem in omni substantia patris, quod legitimum est : in tantum
« autem aucta quantitate, quantum habuit substantia patris an-
« tequam donationibus ex hauriretur ».

Je ne puis interpréter avec M. Grenier cette Novelle en ce
sens qu'elle veuille prévenir une rétroactivité. Quel est son véritable objet ? De concilier deux choses : la faculté de donner,
de la part du père ; la sécurité de la légitime des enfans qui est
essentiellement liée à la perfection même de la donation. Or,
comment atteindre ce double résultat ? En donnant au père le
moyen de connaître toute l'étendue de sa disponibilité, afin qu'il
puisse en même temps pourvoir lui-même aux obligations que
lui impose la loi à l'égard de ses enfans ; et c'est par la connaissance exacte de ce que la loi règle comme légitime pour ses enfans qu'il pourra savoir, au moment où il dispose, si, tout à la
fois, il donne valablement, et ne s'écarte pas du vœu de la loi. C'est
donc, en réalité, dans la vue de consolider la disposition même
du père de famille que celui-ci doit prendre pour règle de disponibilité la loi qui règle la légitime des enfans au temps de la donation. Voilà le sens des mots : « Ut si quis donationem immen-
« sam fecerit... necessarium habeat, in distributione hereditatis,
« tantam unicuique filiorum servare ex lege partem, quanta
« fuit priusquam donationem pater in filium aut filios, quos
« ea honoravit, faceret ; » et ce qui confirme cette opinion,
c'est que la querelle d'inofficiosité, dans le droit romain, n'avait
été introduite par les empereurs Alexandre Sévère et Philippe,
contre les donations antérieures, que parce qu'elles étaient réputées frauduleuses et faites dans la vue d'éluder la querelle d'i-
nofficiosité établie par les anciennes lois contre les testamens.
Or, quel était l'effet de la disposition introduite par la Novelle 92 ? C'était, par suite de ce qui vient d'être dit, de rendre les donations faites du vivant du père, incertaines, non pas
sous le rapport des quotités de disponibilité ou d'indisponibilité
qui étaient définitivement réglées par les lois en vigueur à l'é-
poque des donations, mais sous le rapport de la masse maté-
rielle des biens ; et pourquoi cela ? Parce que la légitime ne
commençant à être réellement due qu'au décès du père, et devant être prise sur toute sa succession, y compris les donations
antérieures, il fallait bien attendre cet évènement pour la for-

mation de cette masse et savoir s'il y avait lieu de revenir sur les donations précédentes. Voilà l'unique sens de la Novelle qui ne présente, comme on le voit, aucune idée de rétroactivité. C'est, du reste, ainsi que l'ont entendue Denis Godefroi (1), Voët (2), et Brumnemau (3). Je me bornerai à rapporter le passage de Voët. Il réfute l'opinion de Zoëz, qui prétendait établir une distinction entre les donations d'après leurs dates, en telle sorte, que les donations postérieures seules auraient été sujettes à l'action en résolution ou retranchement, comme seules entachées de fraude. Mais dit Voët : « Il est difficile d'admettre cette opinion, si l'on considère que toutes les donations faites par ceux qui ont des enfans, sont en suspens jusqu'à la mort des donateurs; en effet, la révocation de la donation inofficieuse n'ayant lieu que jusqu'à la concurrence de la portion nécessaire pour compléter la légitime, n'étant qu'une portion de ce qui serait dû au légitimaire dans la succession *ab intestat,* et dès lors, appréciable qu'à la mort du donateur, il suit de là que c'est seulement à cette époque que l'on peut examiner si la question de savoir, si la donation est réellement inofficieuse. « Sed vix est, ut id probave-« ris, si consideres, omnes donationes factas ab iis, qui liberos ha-« bent, usque ad mortem donantium in suspenso esse : cùm enim « ad legitimam usque solummodo donationis inofficiosæ revocatio « fiat, legitima verò sit portio portionis ab intestato debitæ, ac « mortuo demùm donante possit apparere, quanta ea sit, aliter « res concipi non potest, quam quod tempore mortis demùm « examinandum sit utrum inofficiosa donatio facta sit nec ne ».

Revenant à l'opinion de M. Grenier sur la question (*suprà*, p. 348, n° 4), j'ajouterai qu'elle est adoptée par M. Merlin, en ces termes (Répertoire, t. xvi, *Effet rétroactif,* p. 268) : « La *réduction* n'étant, comme nous l'avons dit, qu'une *résolution* qui s'opère partiellement, il est assez sensible que l'on doit raisonner par rapport à celle-là, comme nous venons de le faire par rapport à celle-ci; que, conséquemment, la légitime ou réserve n'est due, sur les donations entre vifs et les institutions contractuelles faites sous l'ancienne loi, qu'aux successibles auxquels elle l'accordait; et que ceux à qui elle l'accordait, ne peuvent y prétendre que jusqu'à concurrence de la quotité

(1) Cod. Novelle 92.
(2) Comment. ad Pandect. *de Donationib.*, n° 38.
(3) Ad Cod. *de Inoff. donat.* L. *si totas, in fine.*

qu'elle déterminait, quoique d'ailleurs ce soit sous l'empire de la nouvelle loi que le donateur ou l'instituant est décédé ».

Enfin, M. Dalloz (Jurisprudence générale, v° *Dispositions entre vifs*, chap. 3 , sect. 1ere, art. 2) retrace à peu près les mêmes argumens en leur donnant une force nouvelle.

On voit donc que tous ces auteurs sont d'accord sur le principe, que l'institution contractuelle ou la donation irrévocable, confèrent immédiatement, du jour de leur confection, des droits acquis ; que ces droits acquis résultent de la force même de la convention aussi bien que de l'autorité de la loi sous l'empire de laquelle elle a été formée, que cette loi en fait en quelque sorte partie comme l'un de ses élémens nécessaires, et qu'une loi postérieure ne pourrait, sans rétroactivité, l'altérer, soit dans son essence, soit dans ses effets, puisqu'elle porterait par là atteinte à un contrat qui a reçu sa perfection ; mais ce qu'aucun d'eux n'a essayé de faire, c'est de donner la raison fondamentale de cette solution.

Et d'abord, on sent une collision entre deux lois de nature différente. Nous supposons un père de famille donnant entre vifs à l'un ou plusieurs de ses enfans, ou à un étranger, une portion de ses biens. Les lois existantes à l'époque de la donation régissent évidemment ce contrat, soit quant à la forme, soit quant au fond ; ainsi le veulent les principes et la bonne foi qui accompagne toujours l'application des lois en vigueur. De là résultent incontestablement *des droits acquis*. Mais des motifs graves intéressant le bonheur des familles ont donné aussi naissance à un autre ordre de lois dont le but est de limiter, même dans les mains du père de famille, le libre exercice du droit de propriété, et elles ont été conçues dans l'intérêt de ses propres enfans. De là, la querelle d'inofficiosité introduite dans le droit romain, soit contre les testamens, soit contre les donations, pour la formation de la légitime (Inst. *de inoff. testam.*, § 6, L. *Si totas*, C. *de inoff. donat.*). De là les diverses actions en réduction ou retranchement admises par nos lois (Art. 920 et suiv., 1098, etc. Code civil) pour la formation de la réserve, et ces lois sont fondées sur le droit naturel, *sur les droits du sang*, qu'il n'est jamais au pouvoir des lois civiles d'anéantir : *jura sanguinis nullo jure civili dirimi possunt*. L. 8, ff *de Reg. jur.*, et L. 8. *de Cap. min.* Or, le père et le fils sont censés ne former qu'une seule et même personne : *Naturâ pater et filius eadem persona pœnè in-*

telliguntur; L. ult. Cod. de impub. (V. aussi le § pénult., *Inst. de jur. natur.*). De plus, la succession du père est en quelque sorte une dette qu'il contracte envers son fils en lui donnant le jour, et il ne pouvait l'en priver, selon les lois romaines, que par une exhérédation fondée sur de certaines causes (Novelle 115). De là le nom d'*héritier sien*, donné à celui-ci par ces lois, et la raison spéciale qui a fait attribuer au fils les biens de son père frappé d'une condamnation capitale. « Cùm naturalis ratio, dit la loi 7,
» ff de Bonis damnat. in princip., quasi lex quædam tacita libe-
» ris parentium hereditatem addiceret, VELUT AD DEBITAM SUC-
» CESSIONEM EOS VOCANDO, propter quod et in jure civili SUORUM
» HEREDUM NOMEN EIS INDUCTUM EST, ac ne judicio parentis, nisi
» meritis de causis, sum moveri ab ea successione possunt : æquis-
» simum existimatum est, eo quoque casu, quo propter pænam
» parentis aufert bona damnatio, rationem haberi liberorum ».

Cependant, pour concilier dans les justes limites du droit civil le plein exercice du droit de propriété avec cette obligation sacrée du père de famille, de laisser sa succession à ses enfans, obligation qui n'est à nos yeux que l'extension du principe en vertu duquel le père doit nourrir l'enfant auquel il a donné le jour, la loi a permis au père de disposer librement d'une certaine portion de sa fortune, l'autre portion demeurant sous le titre de légitime, indisponible dans ses mains, comme étant la propriété anticipée de ses enfans ; et c'est de là que les docteurs ont fait résulter ce principe profond, que, dans la vérité, la légitime n'était que *la succession du père diminuée. Hereditas ita diminuta,* dit Denis Godefroi sur la loi 7 déjà citée, *nihil aliud est, quam legitima. Legitima vox potius juris civilis, quam naturæ* (1).

Ces principes posés, quelle est la loi qui doit prévaloir, de celle qui existait à l'époque de la donation irrévocable, ou de celle qui était en vigueur à l'époque du décès du donateur ou de l'instituant pour déterminer la légitime ? Il me paraît que c'est la première et voici mes raisons.

Quelles que soient les obligations du père de famille envers ses enfans, on ne peut pas, sous peine d'abuser des mots, soutenir, comme on l'a fait (V. les opinions rapportées par M. Chabot, *Quest. transit.*, t. 2, p. 248), qu'il y a *droit acquis* en leur faveur

_____

(1) La même idée est reproduite par Alciat, lib. 1, *Præsump.* 8.

sur ses biens, du jour de son mariage. Les *droits acquis* ont toujours pour base un fait précis d'où dérive aux yeux de là loi civile une action pour les faire respecter. Or, il n'y a, dans la réalité, de droit acquis aux enfans, même quant à la réserve qui n'est que la succession diminuée, comme on vient de le voir, que du jour du décès de leur auteur (1). A la vérité, ils peuvent être appelés à exercer une action en retranchement sur les donations anté-rieures, dans le cas où ils ne trouveraient pas dans la succession la réserve qui leur est assurée par la loi; mais alors leur droit se borne à faire résoudre ces donations dans les proportions déter-minées par la loi en vigueur à l'époque de leur confection, pour former ou compléter leur réserve; et ce droit, qui n'est réelle-ment acquis aux enfans qu'au décès de leur auteur, bien qu'il remonte pour les fixations au temps de la donation, ne s'exerce que dans un seul cas : celui où le père de famille a disposé de son vivant à titre gratuit. Quelque étendu que soit en effet le droit de propriété dans ses mains, on a pensé que les dispositions à titre gratuit ne sauraient aller, sans abus de sa part, jusqu'à priver ses enfans d'une portion déterminée de sa fortune au mo-ment où il dispose; que de deux motifs en collision, qui servent de fondement à ces dispositions, celui qui prend sa source dans l'une des plus étroites obligations du droit naturel, doit être préféré, et de là ce principe souverain, consacré par le droit civil : que la donation ou l'institution contractuelle est toujours censée faite sous une condition résolutoire jusqu'à concurrence des quotités déterminées pour la formation des réserves. Les mêmes raisons s'appliquent à la réserve des ascendans.

2°. Il est tellement vrai que la loi du temps de la donation ou de l'institution contractuelle doit prévaloir sur la loi du temps du décès, qu'elle est entrée en réalité, ainsi que je l'ai déjà fait pressentir (*sup.*, p. 342) comme partie essentielle dans le contrat de donation ou d'institution, et sans laquelle il n'existerait pas, puisque sans elle on ne saurait déterminer d'une manière précise sur quoi porterait la donation ou l'institution. En effet, la loi du temps du décès pouvant régler une portion disponible moins forte que la loi précédente, même l'anéantir, que deviendrait l'objet de la donation ou de l'institution antérieure? Et comment voir alors dans ce contrat autre chose qu'un contrat purement

_____

(1) V. *infrà*, p. 364, loi 6, *de Inoff. test.*

aléatoire, et par suite disparaître toutes les conditions comme tous les élémens que l'on sait devoir concourir à la formation du contrat de donation? Il n'est pas exact d'ailleurs de supposer qu'en remontant à l'époque de la donation ou de l'institution, pour déterminer l'étendue de la quotité disponible, on pactifie sur la succession d'un homme vivant. On ne fait autre chose que préciser les véritables limites d'un contrat antérieur régi par les lois du temps de sa confection. Or, pour préciser ces limites il faut bien consulter la loi qui les a déterminées lors de sa formation; raisonner autrement serait dénier au père de famille la libre disposition de ses biens. Quant à la succession en elle-même, elle restera telle qu'il l'aura laissée à son décès, après avoir usé dans toute sa plénitude du droit de propriété sur sa chose, puisqu'il aura pu même l'anéantir

Néanmoins, quelques circonstances pourront, non pas changer les limites de disponibilité déterminées par la loi précédente, mais porter atteinte aux donations, sans qu'il y ait rétroactivité. Par exemple, la survenance d'enfans depuis la donation ou l'institution contractuelle. Mais alors il faudra dire avec Dumoulin et Voët (*sup.*, p. 330 et suiv.), que la résolution ou réduction des donations est censée prévue dès le jour du contrat par la force même de la condition tacite et présumée sous laquelle il a été conclu, que s'il survient d'autres enfans que ceux qui existent, ils auront le droit de concourir avec ces derniers pour faire prononcer la résolution des donations, jusqu'à concurrence de leur légitime ou réserve commune; néanmoins sans rétroactivité, puisque la quotité indisponible restera toujours fixée conformément à la loi du contrat.

Quant aux arrêts rapportés par MM. Chabot (Quest. transit., v° *Réduction*, etc., § 3) et Merlin (v° *Effet rétroactif*, p. 268); ils ont jugé conformément à ces principes, les uns (1) que la légitime

---

(1) C'est ce qu'ont jugé, 1° contre les filles normandes, trois arrêts de la Cour de cassation, des 12 niv., 11 vent. an XII, et 4 mai 1807; 2° contre les filles piémontaises un arrêt de la même Cour confirmatif d'un arrêt de la Cour de Turin, du 8 mars 1806; 3° contre les ascendans des pays coutumiers, un arrêt de la Cour de cassation, du 18 mai 1812, confirmatif d'un arrêt de la Cour d'appel de Paris, du 3 août 1810; 4° contre les enfans naturels légalement reconnus, un arrêt de la même Cour, du 9 juil. de la même année, confirmatif d'un arrêt de la Cour d'appel de Paris, du 22 fév. 1811.

ou réserve n'était due sur les donations entre vifs ou institutions contractuelles faites antérieurement au Code civil, qu'à ceux auxquels les anciennes lois les accordaient; les autres(1), que les successibles auxquels les anciennes lois accordaient cette légitime ou réserve ne pouvaient la réclamer que jusqu'à concurrence des quotités déterminées par les anciennes lois, bien que le donateur ou l'instituant soit décédé sous une loi qui les fixait à un taux plus considérable.

5. Relativement au second cas, savoir : celui où la donation excède la quotité fixée par la loi du temps de sa confection, mais n'excède pas celle que détermine la loi du temps du décès, soit en ce qu'elle est réellement inférieure à celle-ci, soit en ce qu'elle est refusée à certains successibles auxquels l'attribuait la loi précédente. M. Chabot (Quest. transit., *Donations*, § 3), conséquent avec lui-même, soutient que la donation irrévocable ou l'institution contractuelle doit être réglée d'une manière absolue par la loi existante à l'époque du contrat; impossible d'admettre, sans une contradiction manifeste, selon lui, que cette loi régisse le contrat, quant à la portion disponible, et ne le régisse plus quant à la portion indisponible. Tel serait pourtant l'effet de l'opinion qu'il combat : le donataire ou l'institué serait, dans tous les cas, non-seulement propriétaire irrévocable de la portion déclarée disponible par la loi du temps du contrat, mais encore de la portion indisponible à cette époque, alors qu'elle serait déclarée disponible par la loi du temps du décès. Le même contrat se trouverait donc régi par deux lois différentes. Il ne saurait en être ainsi : le droit du donataire est un et invariable; on ne peut ni le morceler ni le diviser; on ne peut non plus, ni le diminuer, ni l'agrandir. Définitivement acquis au moment de la donation, bien qu'il ne s'ouvre qu'au temps du décès, il doit toujours rester tel qu'il se trouvait lors de cette donation. Quels que soient les changemens survenus postérieurement dans la législation, il ne peut s'exécuter ni s'exercer que comme il s'exécuterait et s'exercerait au moment même où il a été acquis.

(1) C'est ce qu'ont jugé un premier arrêt de la Cour d'appel de Paris, du 27 mai 1807, et un second arrêt de cette Cour, du 29 janv. 1814. Enfin, un arrêt de la Cour de cassation, du 27 août 1822. V. aussi le Répertoire du Notariat de M. Rolland de Villargue, v° *Réduction*, n° 154 et suiv.

Or, ce droit acquis n'est autre que celui que le donateur a pu lui transmettre au moment même de la donation, c'est-à-dire un droit sur les biens actuellement disponibles. Il y a plus : la donation ne pourrait s'appliquer aux biens disponibles d'après la loi existante au moment du décès; car ce serait là un moyen indirect de disposer en fraude de la loi du temps de la donation. C'est pour avoir violé ces principes, pour avoir méconnu la loi du contrat, que la loi du 17 niv. an II avait excité de si vives et de si justes réclamations. Un inconvénient plus grave encore résulterait de ce système. Tout effet est inséparable de sa cause ; ils ne sauraient être régis l'un et l'autre par des lois différentes ; et néanmoins n'arriverait-on pas à cet absurde résultat, en décidant qu'une donation qui ne saurait valablement s'appliquer à des biens déclarés indisponibles par la loi du temps de sa confection, pourra valablement s'appliquer à ces mêmes biens s'ils sont déclarés disponibles par la loi du temps du décès ? N'est-ce pas se placer précisément dans les cas prévus par les art. 1131 et 1135 du Code civil qui refusent tout effet à une cause illicite ? Enfin, cet auteur réfute une dernière objection. Les héritiers du donateur, a-t-on dit, sont seuls recevables à critiquer la donation ; or, à quelle époque s'ouvrent leurs droits ? A l'époque du décès du donateur, c'est-à-dire à une époque où les biens indisponibles au temps de la donation sont déclarés disponibles par la loi postérieure ; ils ne sont donc plus fondés à contester la donation, puisque la loi leur refuse même une action. Mais il faut répondre que dans cette position les droits des parties ne changent pas ; c'est toujours dans la violation des lois en vigueur à l'époque de la donation que les héritiers du donateur doivent chercher le principe et la mesure de leurs droits ; les biens donnés étaient indisponibles au temps de la donation ; ils ne sauraient cesser de l'être ; voilà la conséquence nécessaire de leurs droits ; raisonner autrement, et les soumettre aux prescriptions de la loi postérieure qui déclare disponibles des biens indisponibles au temps du contrat, serait donner à cette loi un véritable effet rétroactif. Le même raisonnement doit être employé pour le cas inverse, c'est-à-dire celui où la donation comprendrait des biens indisponibles au temps du contrat, et déclarés disponibles plus tard.

M. Dalloz, qui partage l'opinion de M. Chabot (Jurisp gén., v° *Dispositions entre vifs*, p. 321) ajoute aux argumens présentés par M. Chabot, en ce qui concerne le défaut de qualité du simple héritier, n'ayant droit à aucune réserve, ou même à une réserve moins forte que celle déterminée par la loi précédente; d'une part, que toute faveur est due à l'héritier qui réclame un patrimoine de famille contre un étranger, ou le retour à l'égalité des partages, contre un cohéritier, tandis que le donataire ne combat que pour gagner et s'appuyer sur un titre qui consacre l'inégalité; d'autre part, que dès qu'il suffit d'être héritier pour avoir le droit de demander l'annulation d'un acte souscrit par son auteur au mépris des lois alors existantes, l'héritier peut opposer l'indisponibilité qui rendait nulles les donations lorsqu'elles ont eu lieu.

M. Grenier n'est pas très explicite sur la question. Cependant ou pourrait affirmer qu'il professe une opinion contraire à celle de M. Chabot, si l'on pèse attentivement celle qu'il exprime dans un cas analogue relatif à la réserve des ascendans. « Lorsqu'il arrivera, dit cet auteur (*Donations*, t. II, p. 92), d'après les dispositions du Code civil, que la réserve ou la légitime, établie par le Code civil en faveur des ascendans, selon la position où ils se trouveront, excède la légitime ancienne, ils seront restreints à cette légitime ancienne. Et si la réserve était inférieure à cette même légitime ancienne, ce qui peut arriver encore, alors l'excès de la légitime ancienne sur la nouvelle n'ayant pu être compris dans la disposition, ce cas devrait être assimilé à celui où, dans une donation, un donateur se serait fait réserve pure et simple d'un objet. Il devrait s'en faire un retranchement sur la disposition, et il tomberait dans la succession, *ab intestat*, ou il appartiendrait à celui au profit duquel la disposition aurait été faite, d'après la distinction que j'ai remarquée, en terminant la section précédente, n° 440 ».

Or, quelle est cette distinction? Elle consiste en ce que, « si le donateur s'est *réservé* un objet spécifié sans aucune autre addition, cet objet ne fait point partie de la donation; que si, au lieu d'une réserve simple, il y a *la réserve de la liberté de disposer de l'objet*, alors ces expressions ont la force de faire considérer l'objet comme compris dans la donation, et de ne présenter qu'une réserve de la faculté d'en disposer en faveur de tout autre que du donataire ». Appliquant cette distinction à la question actuelle, il faudrait donc dire, selon M. Grenier, que par là même que le donateur ou l'instituant n'aurait pas fait la réserve expresse d'un objet spécifié dans la donation, tout ce que comprend cette donation, *même l'excès de la légitime ancienne sur la nouvelle*, est la propriété incommutable du donataire ou de l'institué du jour de la donation ou de l'institution.

M. Merlin, qui adopte aussi l'opinion contraire à celle de M. Chabot (Répertoire, t. 16, *Effet rétroactif*, p. 269, n° 5), se contente de citer à l'appui un jugement du tribunal civil de Loudun, du 10 avril 1822, ainsi conçu : « Attendu que les donations entre vifs étant irrévocables ne peuvent être régies que par les lois sous l'empire desquelles elles sont faites; qu'il en résulte qu'elles ne peuvent jamais être réduites pour une légitime plus forte que celle fixée par la loi de la donation; mais que la légitime ne peut être demandée qu'après l'ouverture de la succession; que le légitimaire n'en peut être saisi que par la mort, d'après ce principe, que le mort saisit le vif, et qu'il ne peut avant former aucune espèce d'action à cet égard; que les successions ne sont régies que par les lois qui existent à leur ouverture; que c'est alors seulement que l'on peut examiner s'il y a lieu ou s'il n'y a pas lieu à la légitime; que le légitimaire ne peut agir, pour faire réduire les donations, qu'en vertu de la loi qui régit la succession, puisque c'est cette loi qui établit son droit, et qu'ainsi il ne peut demander plus que cette loi ne lui accorde ». Puis, M. Merlin ajoute : « Je sais bien que le contraire a été jugé par deux arrêts de la Cour de cassation des 7 vent. an XIII et 1er fév. 1820; mais ces deux arrêts ne disent mot du principe sur lequel est fondé le jugement du tribunal de Loudun : ils le laissent de côté, et par conséquent il n'en conserve pas moins toute sa force ».

Mais il importe d'aborder les raisons fondamentales de cette dernière opinion que je partage entièrement.

Et d'abord, avant de déterminer les effets d'une donation irrévocable ou d'une institution contractuelle par rapport aux réserves, il convient de se fixer sur quelques principes généraux; c'est ainsi que nous préviendrons toute confusion.

Quelle est la loi qui régit en première ligne la donation ou l'institution contractuelle, qui lui donne son principal caractère, toute sa force? C'est celle qui permet au père de famille d'user et de disposer librement de sa propriété. Toute autre loi dérogatoire au principe souverain que consacre celle-ci, est nécessairement d'un ordre inférieur, exceptionnelle, et doit être renfermée dans ses justes limites.

Or, quelle est la nature propre de la loi qui fonde des réserves au profit de certains successibles? C'est évidemment une loi limitative du droit de propriété dans les mains du père de famille; c'est une loi exceptionnelle, comme l'indique non-seulement sa véritable nature, puisqu'elle a pour objet d'attribuer certains droits exclusivement à quelques successibles; mais encore les termes propres par lesquels les lois romaines caractérisaient les actions qui en découlaient : *querela inofficiosi testamenti; querela inofficiosæ donationis*. C'était donc, comme le disent ces mêmes lois, un *remède* apporté à l'usage du droit de propriété, de la part du père de famille, attendu l'injustice et l'inofficiosité de cet usage à l'égard de ses enfans. « Non ex officio pietatis testatus est, dit la loi 2 ff de inoff. testam. resque illo colore defenditur apud judicem, ajoute la loi 5 (*eod. tit.*), ut videatur ille quasi non sanæ mentis fuisse, cùm testamentum iniquè ordinaret ».

Enfin, je dois ajouter que l'empire de cette loi exceptionnelle ou du second ordre, ne commence réellement que du jour même du décès du père de famille. « Cùm quæritur, dit la loi 6 au Code de inoffic. testam. an filii de inofficioso patris testamento possint dicere, *si quartam bonorum partem mortis tempore testator reliquit*, inspicitur; » et par conséquent que l'action qui en découle ne s'exerce que sur sa succession; et c'est une véritable erreur que de supposer, ainsi que je l'ai déjà fait entendre (*sup.*, p. 357, *in fine*), que le droit de réserve soit censé remonter, à titre de *droit acquis*, au jour du mariage ou de la naissance du légitimaire, puisque dans l'exactitude des principes, la légitime n'est, comme on l'a vu, que *la succession diminuée;* et que la plainte en inofficiosité contre les donations, fondement des réserves et des actions et retranchemens, remplaçant directement dans le droit romain la plainte en inofficiosité contre les testamens, attendu que pour éviter les effets de cette dernière plainte, les parens, anéantissant leur fortune, pendant leur vie, par des donations frauduleuses, cette plainte en inofficiosité contre les donations, n'avait dans la réalité d'autre but que de faire rentrer dans la succession des biens que la fraude en avait fait sortir (1).

---

(1) Voyez Voët, *Comment. ad Pandect*, t. 11, p. 705, « Cùm autem « cœptum esset, *dit Dumoulin*, de Inoff. donat., huic quærelæ (in Inoff. « testamenti), fraudem fieri per donationes, vel dotes inter vivos, statue-

Partant donc de ces principes on doit dire :

1º Que la donation irrévocable ou l'institution contractuelle, obtient tous ses effets du jour du contrat, comme acte souverain de propriété du père de famille, c'est-à-dire, que son étendue, aussi bien que sa validité et sa forme, sont réglées par les lois existantes à l'époque du contrat, même dans les proportions qu'elles déterminent pour les réserves des enfans ou ascendans.

2º Que néanmoins, la loi qui détermine la réserve des enfans ou ascendans étant exceptionnelle et ayant pour fondement, non un droit dans la fortune du père vivant, mais un droit dans sa succession après sa mort, attendu qu'il se réduit en une portion de cette succession, *portio portionis ab intestato debitæ* (§ *ult., Instit., de querel. inoff.*, et *suprà*, p. 355), la loi générale a pu toujours modifier à son gré, jusqu'à l'époque du décès du père, soit la qualité de successible ayant droit à la réserve, soit les quotités de la réserve, sans qu'il y ait jamais eu droit acquis à cet égard, au profit d'aucun successible.

3º Que dès lors les fixations déterminées par la loi du contrat sont toujours restées subordonnées à la condition que la loi postérieure ne changerait ni la qualité de successible ayant droit à la réserve, ni les quotités déterminées par la loi précédente. Qu'en conséquence, et si ce changement n'a pas eu lieu, une donation irrévocable ou institution contractuelle, a reçu, à l'instant même de sa confection, toutes les conditions d'un contrat définitif et parfait, implicitement soumis néanmoins à une clause résolutoire partielle, pour le cas où excédant la quotité disponible au temps du contrat, le disposant serait mort, sans laisser dans sa succession, le montant intégral des réserves ainsi fixées.

4º Que si la loi postérieure a changé soit la qualité de successible à réserve, soit la quotité disponible, on distingue : et d'abord, quant à la qualité de successible à réserve, ou elle l'attribue à un plus grand nombre d'individus, ou elle la restreint à un plus petit nombre ; dans le premier cas, c'est la loi de l'époque du contrat, celle qui a présidé au libre exercice du droit de

« runt imperatores quærelas inofficiosarum donationum, et dotium, usque « ad portionem constitutam, seu legitimam regulariter, idque ad similitu- « dinem, et exemplum quærelæ inofficiosi testamenti ».

propriété de la part du père de famille, qui doit l'emporter. La loi exceptionnelle qui vient plus tard donner de nouvelles limites à cet exercice, en déterminant d'une manière différente la qualité de successible à réserve, ne pourrait, sans rétroagir et sans violer la foi due à des contrats parfaits par essence, porter atteinte à ce qu'ils ont réglé (1); ou la loi postérieure restreint la qualité de successible à réserve à un plus petit nombre d'individus, et, dans ce cas, nul doute, à plus forte raison, que le donataire ou l'institué ne profite de cette disposition nouvelle pour repousser ceux auxquels la loi postérieure a refusé cette qualité; car il est, non-seulement fondé sur le principe tiré de la perfection du contrat qui l'a irrévocablement saisi, mais encore sur ce que la loi nouvelle dénie toute action à ceux auxquels l'ancienne loi l'eût accordée, si elle eût encore régi la matière à l'époque de l'ouverture de leurs droits.

Relativement à la quotité disponible; ou la loi du temps du décès l'élève au niveau de la disposition excessive du contrat antérieur, ou elle la laisse subsister telle que l'avait fixée l'ancienne loi, ou elle l'a diminue ou l'anéantit. Dans le premier cas, le donataire ou l'institué profite, sans diminution ni retranchement, de la détermination, bien qu'excessive fixée par son contrat; et ici l'on sent que je ne saurais m'arrêter à l'objection de M. Chabot, tirée de l'indivisibilité de la matière, puisque je procède d'après un autre ordre d'idée, savoir, la nature propre de chaque loi, et l'existence réelle et certaine des droits acquis. Le donataire ou l'institué est saisi par la force du droit de propriété existant dans les mains du donateur ou de l'instituant, à l'époque du contrat, par l'absence de tout droit acquis à cette époque, au successible à réserve, et en outre, par la raison que la loi exceptionnelle postérieure relative aux réserves, n'a pu régulièrement commencer à exercer son

(1) C'est ce qu'a jugé notamment la Cour de cassation, le 18 mai 1812 (aff. Wirion); et telle est l'opinion de MM. Chabot (*Quest. transit.*, § 9). Grenier (*Donations*, n° 441), et de M. Merlin (*Effet rétr.* p. 269), qui tire de ce principe la conclusion directe, que l'héritier collatéral d'un donateur entre vifs, par acte passé sous l'empire de la loi du 17 niv. an II, n'a pas de réserve à prétendre, si le donateur est mort sous l'empire du Code civil, bien que l'art. 16 de la loi du 17 niv. an II, ne permit de disposer que d'un sixième au préjudice d'un collatéral, attendu que le Code civil refuse aux collatéraux, la qualité de successibles à réserve.

action que sur les contrats qui se sont réalisés sous son empire. Dans le second cas , celui où la loi postérieure laisse subsister les quotités fixées par la loi précédente , les principes ordinaires reçoivent leur application naturelle (V. *suprà* , n° 3).
Dans le troisième cas enfin , celui où la loi postérieure diminue
ou anéantit la réserve fixée par l'ancienne loi ; il faut dire , en
raisonnant toujours d'après les mêmes principes , que le donataire ou l'institué reste irrévocablement saisi de l'objet de sa
donation ou de son institution , aux termes et dans les conditions
fixées par son contrat ; car la loi postérieure n'a pu ni changer
ni anéantir ce qui a été consommé sous l'empire de la loi précédente , et le seul cas où pouvait se réaliser la clause résolutoire
partielle doit il a été parlé *suprà* (p. 365, n° 3) , pour remplir
éventuellement les réserves , dans les conditions et les quotités
qui se trouvaient fixées au temps du contrat , ne s'est pas réalisé , puisque ces conditions et ces quotités toujours restées dans
le domaine souverain de la loi, se trouvent restreintes ou anéanties par elle au temps du décès. En conséquence , on doit dire ,
par exemple , que le fils unique d'un père mort sous l'empire du
Code civil , mais qui aurait fait une donation sous l'empire de la
loi du 17 niv. an II , dont l'art. 16 cité ne permettait de disposer
que d'un dixième au préjudice des descendans , ne pourrait prétendre de réserve sur cette donation , qu'autant qu'elle entame-
rait la portion à laquelle le Code civil fixe la réserve.

Ou conçoit maintenant comment s'évanouissent les objections
de l'opinion contraire ; comment il n'est pas exact de dire, avec
M. Chabot, qu'il impliquerait contradiction de décider que la
loi du contrat le régira , quant à la quotité disponible , et ne
le régira plus , quant à la quotité indisponible ; qu'on ne peut
séparer l'effet de sa cause pour les faire régir par des lois différentes ; que la donation , portant sur des biens indisponibles ,
est nécessairement nulle quant à ces biens , etc.; une telle argumentation n'est, comme on le voit, que le résultat d'une pure
confusion sur la nature et les effets réels des lois de la matière.

La loi du contrat a eu des effets généraux et absolus, du jour
de la confection de ce contrat ; elle a conféré des droits à des
tiers. Le père de famille a usé de son droit de propriété en
présence des lois qui en limitaient l'exercice dans de certaines
proportions et conditions, c'est-à-dire éventuellement et pour le
seul cas où il ne laisserait pas dans sa succession le montant des
réserves fixées par la loi du temps du contrat ; que s'il a excédé,

par ses libéralités, la quotité disponible au moment du contrat ;
il n'a encore violé aucune loi, il a usé de sa chose en propriétaire ;
la loi en vigueur au temps de son décès, époque à laquelle s'ouvrent les réserves, aura pu supprimer ou restreindre, soit la
qualité d'héritier à réserve, soit les réserves elles-mêmes ; et
voilà pourquoi si cette dernière loi étend les limites de disponibilité du père de famille, elle ne rétroagit pas, elle ne fait que
consacrer actuellement son droit de propriété dans des limites
plus étendues que la loi précédente ; mais dans un sens inverse,
si la loi postérieure restreint les limites de sa disponibilité, en
augmentant les réserves, elle ne peut, sans rétroactivité, se
reporter jusqu'aux donations antérieures qui ont été accomplies
en exécution des lois en vigueur à l'époque de leur confection.

Ainsi donc, dans la question qui nous occupe, il faut reconnaître que les lois dont il s'agit d'appliquer les dispositions ne
sont pas de la même nature, et qu'elles agissent à des époques
différentes ; l'une détermine actuellement d'une manière absolue
les effets d'un contrat ; l'autre pose éventuellement, et pour un
certain cas, des limites aux effets de ce contrat. Dès lors, plus de
contradiction dans leur application, puisque cette application a
lieu d'une manière distincte, savoir : l'une à titre de loi générale
sur l'exercice même du droit de propriété ; l'autre à titre de loi
d'exception ayant pour but de limiter pour de certaines causes
l'exercice de ce droit, et cette application a lieu dans des temps
différens.

Quant à l'argumentation tirée de ce que l'action en nullité
peut être dirigée contre une donation antérieure, elle me paraît
dénuée d'exactitude et ne pouvoir s'appliquer à la question.
Qui ne sent, en effet, que cette action n'a pas pour fondement un droit dérivant d'une réserve, mais bien celui que
donne la simple qualité d'héritier.

---

§ 6. — Suite. Application des principes précédens aux
secondes noces.

SOMMAIRE.

1. — *Les principes qui précèdent sont applicables aux*
secondes noces.

2. — *Caractère et progrès des quatre législations qui ont successivement régi cette matière.*

3. — *Droit romain.*

4. — *Édit des secondes noces sous François II.*

5. — *Loi du 17 niv. an II; ses divers effets sur la législation précédente.*

6. — *Code civil. Simplifications introduites par ce Code, quant à la distinctio n des biens. Ses dispositions embrassant toute la matière des secondes noces, emportent abrogation des dispositions précédentes sur la même matière.*

7. — *Questions de rétroactivité : 1° Les donations irrévocables antérieures au Code civil, faites par l'époux qui convole avec enfans du précédent mariage, à son second ou subséquent époux, doivent-elles, lorsque le donateur est décédé postérieurement à ce Code, être réduites, conformément à la loi existante du temps du contrat, ou dans les limites déterminées par l'art. 1098 du Code civil?*

8. — *2° Lorsque l'époux ayant des enfans d'un premier lit, convole sous l'empire du Code civil, peut-on dire que les libéralités qu'il tenait de son premier époux par actes irrévocables, sous l'empire de l'Édit de 1560 ou des lois romaines, restent toujours soumises aux dispositions de cet édit ou de ces lois, et que le Code civil ne leur est point applicable ?*

9. — *Exception aux principes qui précèdent.*

———

1. Les principes posés ci-dessus, et d'après lesquels la réduction des donations ou institutions contractuelles antérieures, pour la formation de la légitime ou de la réserve, doit s'opérer conformément aux lois existantes à l'époque du contrat, sont-ils applicables aux dispositions irrévocables faites par un époux ayant des enfans d'un précédent mariage en faveur d'un second ou subséquent époux, alors qu'il convole ou qu'il décède sous l'empire de lois nouvelles? L'affirmative n'est pas douteuse; mais

il est indispensable d'entrer dans quelques développemens à cet égard, car la jurisprudence offre encore des incertitudes, par l'unique raison que le principe fondamental tiré des *droits acquis* n'a pas été toujours suffisamment aperçu ou établi.

2. Et d'abord, marquons avec exactitude le caractère et les progrès des quatre législations qui ont successivement régi cette matière, savoir : le droit romain, l'édit des secondes noces, la loi du 17 niv. an II, et le Code civil.

3. On trouve dans le droit romain, véritable source de toutes les dispositions prohibitives ou pénales sur les secondes noces, des motifs généraux qu'il importe de ne jamais perdre de vue si l'on ne veut s'égarer en vaines argumentations sur les questions même les plus simples.

L'expérience ayant démontré que les secondes noces étaient funestes aux enfans du premier lit, soit parce que, comme le dit l'empereur Constantin (L. 22, *in fine Cod. de admin. tutor.*), les femmes qui convolent livrent ordinairement à leurs nouveaux maris, non-seulement la fortune de leurs enfans du premier lit, mais encore leur vie : « Cùm plerùmque novis maritis « non solùm res filiorum, sed etiam vitam addicunt » ; soit parce que, comme le dit Gaïus (L. 4, ff *de inoff. testam.*), les pères qui se remarient, cédant habituellement aux artifices, aux manœuvres de leurs nouvelles épouses, adoptent les plus funestes préventions contre leurs propres enfans : « Quod plerùmque « faciunt, malignè circa sanguinem suum inferentes judicium, « novercalibus deliniments instigationibusve corrupti ; » on a dû pourvoir aux intérêts des enfans du premier lit. De là les dispositions du droit romain sur cette matière.

Mais pour saisir leur véritable esprit, il importe d'embrasser d'un coup-d'œil l'ensemble même des lois romaines relatives au convol. Elles s'offrent à nous dans quatre ordres distincts :

1° Les lois pénales proprement dites, rendues contre les femmes qui convolaient dans l'an de deuil. Elles tendaient surtout à réprimer le scandale et les désordres qu'entraînaient habituellement les seconds mariages célébrés dans un temps uniquement consacré aux regrets d'un premier époux. Tel est le but propre des lois 1re (*Si qua mulier*), 2e (*Si qua ex fœminis*), de l'authentique, *sub eisdem pœnis*, au Code *de secund. nupt.* ; elles frappaient d'infamie les femmes qui convolaient dans l'an du deuil, les privaient de tous les droits, de tous les priviléges des personnes honnêtes ; leur défendaient de porter en dot à leurs seconds maris plus du tiers de leurs biens, les déclaraient incapables de recevoir de quelque personne que ce fût, par donation à cause de mort ou testament, aucun legs, fideicommis, succession, hérédité; même de recueillir, *ab intestat*, d'autres successions que celles de leurs ascendans, ou de leurs collatéraux, jusqu'au second degré ; et enfin, les dépouillaient de tous les avantages qui auraient pu leur être faits par leurs premiers époux.

2° Sans doute c'était dans le même esprit qu'avaient été conçues aussi les lois prohibitives des secondes noces en général. Il fallait avant tout maintenir les mœurs dans leur plus grande pureté, sans nuire aux moyens légitimes de favoriser la population; et l'on a remarqué que les lois des empereurs romains avaient été merveilleusement calculées pour ce dessein. Mais une nouvelle considération s'attache ici au besoin primitif de ces lois : c'est de veiller aux intérêts des enfans issus du premier mariage; car, dans l'effervescence des passions qui conduisent aux seconds mariages, ces intérêts sont facilement sacrifiés. Ainsi, le système de pénalité qui forme l'esprit des lois précédentes, s'étend sans doute à celles-ci ; mais un double but se découvre à nous dans l'application de ce système : le premier est d'honorer les mœurs et les souvenirs d'un premier lien; le second, de dépouiller la femme qui convole, de tout ce qui lui est parvenu à titre de libéralité, de la fortune de son premier mari. Car on est autorisé à supposer que ces libéralités n'auraient pas eu lieu, si le second mariage eût été prévu. Tel est le fondement des dispositions des lois 5ᵉ (*feminæ*).
« Quicquid ex facultatibus priorum maritorum sponsalium jure,
« quicquid etiam nuptiarum solennitate perceperint, aut quic-
« quid mortis causâ donationibus factis, aut testamento jure di-
« recto, aut fideicommissi, vel legati titulo, vel cujus libet mu-
« nificæ liberalitatis præmio ex bonis priorum maritorum fue-
« rint ad secutæ : id totum ita ut perceperint, integrum ad filios
« quos ex præcedente conjugio habuerint, transmittant. . . . . .».
Et 5ᵉ (*Generaliter*). . . . . . « Dominium autem rerum quæ liberis
« per hujus legis, vel præteritarum constitutionum auctoritatem
« servantur, ad liberos pertinere decernimus. Itaque defuncto
« eo qui eas liberis servabat, extantes ab omni possessore liberi
« vindicabunt, consumptas verò, ab heredibus ejus exigent,
« qui eas servare debuerant. Alienandi sanè, obligandi suo no-

24.

« mine eas res, quæ liberis servari præceptæ sunt, eis qui re-
« servaturi sunt, adempta licentia est ».

3° La prévision et la sagesse de ces lois se sont manifestées
encore sous d'autres rapports : elles ont pensé, d'une part,
que les enfans du premier lit avaient, par le fait même de leur
naissance, un droit dans la fortune de leurs parens ; et ce principe se retrouve, comme on l'a vu (*sup.*, p. 356 et suiv.) fréquemment consacré dans le droit romain. D'autre part, que le libre
exercice du droit de propriété, de la part de l'époux qui convole,
pouvait être, dans l'emportement des passions, marqué par les
plus graves abus, au détriment de ces mêmes enfans ; que dès
lors, la loi devait veiller pour eux, et contenir dans de justes limites les libéralités de l'époux qui convole en faveur de son second
époux. Tel est l'esprit des lois, *hac edictali, Cod. de second.
Nup.*, et de la Novelle 22, chap. 27, qui limitent ces libéralités
à la portion de l'enfant le moins prenant dans la succession du
donateur. « Quod si plures liberi fuerint : singulis æquas partes
« habentibus minimè plusquam ad unum quemque eorum per-
« venerit, ad eorum liceat vitricum novercamve transferri. Sin
« autem non æquis portionibus ad eosdem liberos memoratæ
« transierint facultates : tunc quoque non liceat plus eorum
« novercæ, vel vitrico testamento relinquere, vel donare, seu
« dotis, vel ante nuptias donationis titulo conferre, quam filius,
« vel filia habet, cui minor portio ultima, voluntate derelicta,
« vel data fuerit aut donata ». (L. 6 C. *ibid.*)

4° Un autre ordre de lois pénales se retrouve enfin dans les
dispositions relatives à la femme qui, au mépris de son serment
de ne pas se remarier, convole sans avoir préalablement fait
pourvoir de tuteurs, *non petitis tutoribus*, ses enfans mineurs du
premier lit, sans leur avoir rendu compte de son administration, et payé le reliquat de ce compte ; la loi 6, au Code, *ad
Senatus-consultum Tertyllianum*, décide, dans ce cas, qu'elle
ne pourra leur succéder, soit *ab intestat.*, soit même par droit
de succession, en cas qu'ils viennent à mourir avant l'âge de
puberté. Par sa Novelle 22, chap. 40, Justinien alla plus loin
encore : il voulut que la femme qui se parjurait en se rema-
riant, sans avoir rempli les conditions dont il vient d'être parlé,
fût assimilée à la veuve remariée dans l'année du deuil ; mais il
se relâcha plus tard de cette rigueur, quant au serment ; et par
sa Novelle 94, chap. 2, il dispensa les veuves qui accepteraient

la tutelle légitime de leurs enfans, de l'obligation de renoncer par serment à un nouveau mariage.

Cependant cette sévérité de législation sur les seconds mariages n'existait pas à beaucoup près au même degré, dans toutes les parties de la France. Indépendamment des modifications qu'avait introduites à cet égard la jurisprudence des anciens parlemens des pays de droit écrit, la plupart des coutumes n'offraient que des dispositions contraires ; beaucoup d'entre elles ne prononçaient même aucune peine contre les secondes noces ; et dans leur silence, celles du droit romain n'étaient point observées : *Frustrà disputatur de pœnis secundò nubentium*, dit Rebuffe sur les Ordonnances, *quia non servantur in hâc patria consuetudinariâ.*

4. C'est dans cet état que se fit sentir, sous François II, le besoin de fixer la législation générale du royaume sur les secondes noces ; et telle eût été sans aucun doute la tâche qu'eût exactement et dignement accomplie le chanchelier de l'Hopital, si les déchiremens affreux auxquels l'état était en proie le lui eussent permis. Obligé de restreindre ses travaux sur cette partie du droit civil, il se contenta de rassembler sous deux chefs distincts, dans l'édit connu sous le nom d'*Édit des secondes noces*, et publié en 1560, les principales dispositions du droit romain sur cet objet. Néanmoins il leur fit subir quelques modifications qu'il importe d'apprécier.

Premièrement, il n'a pas suivi l'ordre du droit romain, peut-être parce qu'il procédait d'après d'autre idées. On vient de voir dans quelle progression se sont succédées les lois romaines : réprimer d'abord et punir par l'infamie et les privations de toute libéralité, les désordres dont les convols étaient sa source ; priver ensuite par forme de peine, la veuve qui convolait dans l'an de deuil, et même postérieurement, des dons de toute nature qu'elle tenait de son premier mari ; restreindre enfin dans ses mains le droit de propriété sur ses biens, le limiter, à l'égard du second époux, à la portion de son enfant le moins prenant, attendu que l'époux qui se remarie ne doit pas, dans l'esprit de la loi, avoir plus d'affection pour son nouvel époux que pour aucun de ses enfans

Le législateur français ne se proposait pas cette route : la loi qu'il rendait était simplement l'expression d'un besoin plus vivement senti que tout autre sur cette matière, à l'époque où il vivait; c'était de prévenir et d'empêcher les donations immenses des veuves qui, entraînées par leurs passions et oubliant leurs devoirs de mères, convolaient en secondes noces (1); or, devant régulariser cette branche importante du droit civil, il ne pouvait naturellement que puiser dans les lois romaines les élémens de celle qu'il allait rendre; et on ne saurait disconvenir que le meilleur commentaire de l'édit, ne soit dans la source même où ont été puisées ses principales dispositions. Voici les termes du premier chef de cette loi générale tirée surtout de la loi *hac edictali*, 6. Code *de secund. nupt.*, « Ordonnons que les femmes veuves ayant enfant ou enfans, ou enfans de leurs enfans, si elles passent à nouvelles noces, ne pourront en quelque façon que ce soit, donner de leurs biens, meubles, acquêts, ou acquis par elles d'ailleurs que de leur premier mari, ni moins leurs propres, à leurs nouveaux maris, père, mère ou enfans des dits maris, ou autres personnes qu'on puisse présumer être par dol ou fraude interposées, plus qu'à l'un de leurs enfans ou enfans de leurs enfans; s'il se trouve division inégale de leurs biens faite entre leurs enfans, ou enfans de leurs enfans, les donations par elles faites à leurs nouveaux maris, seront reduites et mesurées à la raison de celui des enfans qui aura le moins ».

L'Hopital ayant pourvu par ce premier chef de l'édit au besoin le plus pressant, a songé ensuite à faire revivre accessoirement les dispositions du droit romain relatives aux libéralités du premier époux en faveur de l'époux qui convole; mais cette matière étant moins une nécessité de législation pour lui que la conséquence naturelle de la disposition qu'il venait de créer, il a pu la traiter avec plus d'indépendance, et s'écarter même de l'esprit des lois romaines sur ce point; c'est ainsi, qu'au lieu de voir, comme ces lois, une peine dans la privation infligée à la

---

(1) Pothier cite l'anecdote que l'on suppose avoir donné lieu à l'Édit des secondes noces : « Anne d'Alègre, veuve d'Antoine Duprat, fils du chancelier de ce nom, en avait eu huit enfans ; elle se remaria avec Georges de Clermont d'Amboise, marquis de Gallerande, et elle disposa à son profit, de tous ses biens, au préjudice de huit enfans de son premier mariage. Cette disposition, qui fit du bruit, excita l'attention et la prévoyance de l'Hopital, et ce fut sans doute, lorsque le procès qui eût lieu à ce sujet, fut terminé, que parut l'Édit qui est digne de figurer à côté des lois nombreuses et importantes qui font tant d'honneur à la mémoire de ce grand homme ». (*Contrat de mariage*, n° 532).

femme qui convole, de toutes les libéralités directes ou indirectes qu'elle tient de son premier mari, ce qui entraîne comme
conséquence, contre elle, la perte de la propriété des biens
donnés, dès le moment du convol, et réduit son droit à un
simple usufruit pendant sa vie, le législateur français a introduit dans sa disposition l'idée d'un fidéicommis légal, qui résulte des propres termes de l'édit : « Ains, elles seront tenues
les réserver aux enfans communs d'entre elles et leurs maris,
etc. ». De là la grave conséquence qui recevra plus tard son application, que la femme qui convole n'est pas, comme dans le
droit romain, dépouillée par le fait du convol, de la propriété
des biens qu'elle tient de son premier mari, mais bien que la
condition du fidéicommis s'accomplit par le fait de son second
mariage ; que dès ce moment, la propriété des biens donnés
est résolue dans ses mains, et que ses enfans du premier lit les
recueillent, non comme venant de leur mère, mais bien comme
venant de leur père, par la force du fidéicommis et en vertu
de la maxime : *accipiunt à gravante non à gravato*. Recueillant
donc ces biens *jure suo* ou en vertu de la loi, et la condition
accomplie remontant, quant à son effet, au jour même de la
stipulation (Art. 1179), nous en ferons résulter la conséquence
que c'est aussi de la loi en vigueur au jour de la donation, que
les enfans tirent tous leurs droits

Mais l'examen attentif de la matière révèle une autre vérité
qui paraît avoir échappé à Voët (*Comment. ad Pandect. de ritu
Nupt. n°* 110), et à l'auteur du Répertoire de jurisprudence
(v° *Secondes noces*, § 2, n° 6), c'est qu'il ne faut pas ranger
parmi les peines des secondes noces, la limitation donnée par
les lois aux dispositions de l'époux qui convole en faveur de son
second ou subséquent époux. Ce qui a pu donner lieu à cette erreur
de leur part c'est sans doute que la loi *si qua mulier,* rendue comme
je l'ai dit, en haine des seconds mariages, dans la vue d'infliger
des peines à la veuve, qui convole dans l'an de deuil, contient en
effet la défense de porter en dot à son second mari plus du tiers
de ses biens : « Præterea secundo viro ultra tertiam partem bo-
« norum in dotem non det, neque ei ex testamento plusquam
« tertiam partem relinquat. Disposition qui a quelque conformité avec celle de la loi *hac edictali*, qui réduit à la part de
l'enfant le moins prenant les libéralités que la veuve peut exercer envers son second ou subséquent mari. « Non sit ei licitum

« novercæ vel vitrico, testamento vel sine scriptura, seu codi-
« cillis, hereditatis jure, sive legati, sive fideicommissi titulo,
« plus relinquere, nec dotis, aut ante nuptias donationis no-
« mine, seu mortis causa habitâ donatione, conferre, nec inter
« vivos conscribendis donationibus (quæ esti constante matri-
« monio civili jure interdictæ sint morte tamen donatoris, ex
« certis causis confirmari solent) quam filio, vel filiæ, si unus,
« vel una extiterit ».

Mais, outre qu'il est douteux que selon l'exacte intelligence
de la loi *si qua mulier* et des deux lois qui la suivent, la prohibition faite à la veuve de donner à son nouvel époux plus du
tiers de ses biens, doive être entendue dans le sens réel d'une
peine, il est du moins constant que le motif de la loi *hac edictali*
est entièrement différent de celui de la loi *si qua mulier*, et
n'emporte aucunement en soi l'idée d'une peine ; et c'est sur la
certitude de cette distinction que Pothier argumente justement
pour soutenir (*Contrat de mariage*, nº 537), que le premier chef
de l'édit doit s'appliquer aux hommes qui se remarient, bien
qu'il ne s'en explique pas, aussi bien qu'aux femmes ; « la raison en est, dit ce jurisconsulte, qu'on ne doit pas regarder cet
édit comme un loi pénale et non susceptible d'extension, mais
au contraire comme une loi très favorable, suivant qu'il paraît
par les motifs qui sont expliqués dans le préambule de l'é-
dit, etc. ».

Ce sera donc à l'aide de ces distinctions, soit sous le rapport
des peines, soit sous le rapport du droit des enfans du premier
lit, qu'il faudra interpréter et appliquer la législation française
sur les effets du convol, jusqu'à la promulgation de la loi du
17 niv. an II. Mais cette loi apporta de graves changemens à la
matière, et il importe de les apprécier.

5. Par son art. 13, elle dispose : « Que les avantages singuliers ou réciproques, stipulés entre les époux encore existans,
soit par leur contrat de mariage, soit par des actes postérieurs,
ou qui se trouveraient établis dans certains lieux par les coutumes, statuts ou usages, auront leur plein et entier effet, nonobstant les dispositions de l'art. 1er, auquel il est fait exception
en ce point ; que néanmoins, s'il y a des enfans de leur union,
ou d'un précédent mariage, ces avantages, au cas qu'ils consistent en simple jouissance, ne pourront s'élever au delà de moitié du revenu des biens délaissés par l'époux décédé ; et s'ils

consistent en des dispositions de propriétés, soit mobilières, soit immobilières, seront restreints à l'usufruit des choses qui en seront l'objet, sans qu'ils puissent excéder la moitié du reveun de la totalité des biens ». L'art. 14 ajoute : « Que les avantages légalement stipulés entre époux, dont l'un est décédé avant le 14 juillet 1789, seront maintenus au profit du survivant. A l'égard de tous autres avantages échus et recueillis postérieurement, ou qui pourront avoir lieu à l'avenir, soit qu'ils résultent des dispositions matrimoniales, soit qu'ils proviennent d'institutions, dons entre vifs, ou legs faits par un mari à sa femme, ou par une femme à son mari, ils obtiendront également leur effet, sauf néanmoins leur conversion ou réduction en usufruit de moitié, dans le cas où il y aurait des enfans, conformément à l'art. 13 ci-dessus ».

Il résulte nettement de ces deux articles que le premier chef de l'édit des secondes noces est abrogé, que par conséquent les dons faits sous l'empire de la loi du 17 niv. an II par l'époux qui convole, ayant des enfans de son premier mariage, à son second ou subséquent époux, n'ont pas dû être réduits à une part d'enfant le moins prenant, aux termes de l'édit, mais bien à la quotité d'usufruit déterminée par l'art. 13 de cette loi. Il en résulte de plus que cette réduction doit s'appliquer rétroactivement aux dons faits antérieurement à la loi du 17 niv. an II, pourvu que les deux époux subsistent encore à l'époque de sa publication ; et c'est ce qu'ont formellement décidé deux arrêts, l'un de la Cour royale de Lyon du 21 août 1806, l'autre de la Cour de cassation du 8 juin 1808 (1), confirmatif de celui de la Cour de Lyon (aff. Moreau) : « Attendu, porte l'arrêt de la Cour de cassation, que l'arrêt attaqué, bien loin de contrevenir aux art. 13, 14 et 61 de la loi du 17 niv. an II, et à la réponse à la 10ᵉ question de la loi du 22 vent. suivant, en a fait une juste application *dans le cas de simple remariage dont il s'agit, rejette, etc.* ; »

Mais *quid* du second chef de l'édit ? Peut-on dire que la loi du 17 niv. an II a abrogé la disposition par laquelle les biens provenus des libéralités du premier époux doivent être *réservés* par l'époux qui convole aux enfans communs issus du premier mariage ? Il faut répondre que non ; mais on ne saurait s'appuyer, pour justifier cette opinion, de la doctrine professée par la Cour

(1) Sirey, t. VIII, 1, p. 440.

de cassation, le 2 mai 1808 (aff. Beaulieu). Il s'agissait dans l'espèce jugée par cette Cour, d'un legs universel fait en 1786, par la dame de Beaulieu à son mari. Celui-ci étant devenu veuf, convola en secondes noces en l'an VIII. En l'an XIII, le sieur de Beaulieu vendit un domaine dont le prix fut fixé à 50,000 livres, payables au vendeur ou à ses créanciers. Un ordre ayant été ouvert sur le prix, les maris des filles du vendeur, enfans du premier mariage, demandèrent entre autres à être colloqués, pour tout le résidu du prix de la vente, attendu que le sieur de Beaulieu avait perdu, par son convol, la nue propriété des avantages à lui faits par sa première femme ; qu'en outre, il en avait perdu l'usufruit pour n'avoir pas pris des précautions à l'effet de conserver les droits de ses filles mineures. Question de savoir si la loi du 17 niv. an II n'avait pas abrogé les dispositions anciennes relatives à la privation des libéralités faites par le premier époux à l'époux qui convolait avec enfans du premier mariage ? Voici les termes de l'arrêt: « Attendu que la loi du 17 niv., qui n'est relative qu'à la simple transmission des biens, n'a pas eu en vue l'abolition, soit expresse, soit tacite, des lois pénales rendues pour les cas éventuels des secondes noces; attendu que ces dernières lois tirent leur double fondement, et de la haine qu'elles manifestent contre les secondes noces, et de la faveur qu'elles accordent et entendent accorder aux enfans du premier lit; que la transmission des biens qui se fait à leur profit n'est que la conséquence et l'effet naturels et nécessaires des peines prononcées contre l'époux survivant qui se remarie, tandis que la loi du 17 niv. n'a eu pour objet direct et principal que l'introduction du mode de transmettre les biens par la voie légale des successions, etc. ».

Cet arrêt suppose évidemment que, soit l'édit des secondes noces, soit les lois romaines, privaient, *à titre de peine*, l'époux qui convolait ayant des enfans d'un premier mariage, des libéralités qu'il tenait de son premier époux; or, cette supposition est purement gratuite. Par l'édit des secondes noces, qui devait être considéré plutôt comme la loi du pays que les lois romaines (1), la femme n'était nullement dépouillée, en cas de

_____

(1) Cet Édit avait été enregistré dans toutes les Cours des provinces du royaume soumises à François II, excepté au parlement de Bordeaux, suivant Automne et Dupin. Il ne le fut pas non plus dans les provinces

convol avec enfans, des biens qu'elle tenait des libéralités de son premier mari. « L'édit ne dépouille pas la femme qui se remarie de la propriété de ces biens, dit Pothier (*Traité des donations*, art. 8, § 2); mais elle lui ordonne de les réserver à ses enfans du premier lit. C'est donc une espèce de fidéicommis légal dont elle est chargée envers ses enfans » ; et il en tire sur-le-champ ces deux conséquences naturelles : 1º que les enfans du premier lit ne peuvent disposer de ces biens du vivant de leur mère, ni les transmettre dans leur succession, s'ils meurent avant elle ; 2º que s'ils venaient tous à mourir avant elle, ce fidéicommis légal se trouvant éteint par leur mort, toutes les dispositions que la femme aurait faites de ces biens, et même les donations qu'elle en aurait faites à son second mari, seraient valables ». Serres (*Institutions au droit civil*, liv. 3, chap. 18) enseigne les mêmes principes : « Quoique les secondes noces soient permises, dit cet auteur, il y a néanmoins des peines établies contre les femmes qui se marient dans l'année du deuil ; mais à l'égard de ceux qui se remarient, ayant des enfans du premier lit, *la loi n'a pas voulu les punir*, elle a seulement voulu conserver aux enfans les biens de leur père ou mère prédécédé ».

Mais est-il bien vrai que même les lois 3 et 5 au Code *de secundi nuptiis*, doivent être considérées comme pénales sous ce rapport ? Je ne le pense pas. Outre que l'idée de *peine* ne se trouve explicitement prévue que dans l'authentique *eisdem pœnis*, et dans la loi *si qua mulier* qui la précède, il est dans l'esprit de ces lois 3, 5 et des autres du même titre, que les choses données soient plutôt la propriété des enfans du premier mariage que de l'époux donataire lui-même, attendu que le germe de cette propriété remonte au jour même du mariage (V. *suprà*, p. 357); et voilà pourquoi l'époux qui convole, trompant en quelque sorte le vœu de la loi, quant à la destinée de ces biens, en consolide, par le fait de son convol, la propriété sur la tête des enfans ; voilà pourquoi encore la loi lui impose l'obligation de les leur réserver, lui défend toute aliénation de ces biens, et borne son droit à un simple usufruit pendant sa vie : « Atque habeant potestatem possidendi tantùm « atque fruendi in diem vitæ , dit la loi *Fœminæ* , non etiam

réunies depuis à la couronne par Henri IV et ses descendans (Répert. de Jurisp., vº *Secondes noces*, § 1, p. 533).

« alienandi facultate concessâ. » — « Dominium autem rerum ,
« dit la loi, *Generaliter*, quæ liberis per hujus legis vel præ-
« teritarum constitutionum auctoritatem servantur, ad liberos
« pertinere decernimus. Itaque defuncto eo , qui eas liberis ser-
« vabat, extantes , ab omni possessore liberi vindicabunt: con-
« sumptas verò ab heredibus ejus exigent, qui eas servare de-
« buerant. Alienandi sanè , vel obligandi suo nomine eas res ,
« quæ liberis servare præceptæ sunt, adempta licentia est ».

Ce n'est donc pas réellement à titre de peine, mais bien par
un pur effet des lois de la matière , que l'époux qui convole avec
enfans de son premier mariage , se trouve privé des dons qu'il
tient de la libéralité de son premier époux ; et l'unique différence
qui existe à cet égard, entre le droit romain, et l'Édit des secondes
noces consiste en ce que , dans le droit romain, l'époux qui
convole est à l'instant même dépouillé, comme par l'effet d'une
clause résolutoire, de biens dont la propriété passe immédiatement sur la tête des enfans du premier lit, tandis que selon
l'Édit des secondes noces, l'époux donataire qui convole est
toujours demeuré propriétaire des biens donnés , même après
le convol; et les effets de cette propriété , en cas de prédécès
des enfans du premier lit, ont été définitifs (Pothier, *Contr.
de mariage* , n° 626). C'est donc sans exactitude, comme sans
utilité , que la Cour de cassation s'est appuyée de la considération : « Que la loi du 17 niv. an II n'avait pas eu en vue l'abolition, soit expresse , soit tacite des lois pénales rendues pour
les cas éventuels des secondes noces ; mais uniquement la transmission des biens ; » puisqu'il lui suffisait de poser le principe
qu'il y avait, même d'après le droit romain , *droit acquis aux
enfans* , sur les biens donnés à leur mère par leur père , du
jour même de la donation , pour le cas où se réaliserait la clause
résolutoire du convol; et qu'alors s'appliquait naturellement la
disposition de l'art. 1179 du Code civil , d'après laquelle la condition accomplie a un effet rétroactif au jour où l'engagement
a été contracté ; et celle de l'art. 1183 qui définit la clause résolutoire : « Celle qui , lorsqu'elle s'accomplit, opère la révocation de l'obligation , et qui remet les choses au même état
que si l'obligation n'avait pas existé ».

Quant à la loi du 17 niv. an II, son objet propre étant,
comme le dit très bien la Cour de cassation, uniquement la
transmission des biens, on ne saurait, sans en forcer les termes,

et surtout sans en méconnaître l'esprit, supposer qu'elle abroge les anciennes dispositions relatives au sort des biens donnés par un époux à l'autre, en cas de convol de celui-ci avec enfant. Voici un arrêt de la Cour royale de Grenoble du 13 mai 1824 (1), qui, tout en jugeant dans un sens conforme à l'arrêt de la Cour de cassation, me paraît avoir beaucoup mieux apprécié le point de droit : « Attendu qu'il était de principe dans l'ancien droit, que la femme remariée perdait à l'instant même du convol, la propriété de tous les dons qui lui avaient été faits par son mari, soit par donation à cause de mort, soit par testament, ce qui résulte clairement de la loi *Feminæ*, 3 *Cod. de secund. nupt.*, et de la Novelle 22, chap. 3 ; attendu que, suivant ces lois, bien que la femme remariée fût privée, par le convol, des avantages à elle faits, c'était principalement la faveur, l'intérêt qu'inspirent les enfans qu'elles avaient eu en vue, et qu'ainsi les peines des secondes noces étaient bien moins de véritables peines contre les femmes remariées, que des réserves établies en faveur des enfans du premier lit, lesquelles prenaient leur source dans la donation faite au profit de leur mère qui devenait soumise à une condition tacite de rendre aux enfans du premier lit, dans le cas où elle passerait à de secondes noces ; condition qui devait avoir son effet tout comme s'il y avait eu stipulation expresse à cet égard ; attendu que, dans ce cas, les enfans succèdent directement à leur père, *jure suo*, d'après cette stipulation tacite ; attendu que le Code civil, quoique la veuve Maguin se soit remariée depuis sa publication, ne peut atteindre un acte régi par les lois romaines, anéantir une réserve que celles-ci avaient consacrée, d'après un principe admis par le Code civil lui-même, qui décide (Art. 1179), que la condition accomplie a un effet rétroactif au jour où l'engagement a été contracté, etc. ».

Mais si l'on ne peut pas affirmer que la loi du 17 niv. an II, n'a pas abrogé les dispositions antérieures relatives aux libéralités d'un époux envers l'autre, en cas de convol avec enfans, à titre de dispositions pénales, et que c'est pour une toute autre raison qu'elle les a laissé subsister, du moins ne peut-on pas dire qu'elle a abrogé les dispositions réellement admises comme pénales en cette matière par l'ancienne législation ? Il

(1) Sirey, t. xxv, p. 311.

faut répondre que non ; et ici s'applique avec toute vérité le principe posé par la Cour de cassation : que cette loi n'a pas eu en vue les lois pénales rendues pour les cas éventuels des secondes noces , mais seulement la transmission des biens. C'est d'ailleurs ce qu'elle a formellement reconnu par son arrêt du 24 fruct. an XIII (1) : il s'agissait de prononcer sur la question de savoir si une mère qui avait convolé sans avoir fait nommer un tuteur à ses enfans mineurs , sans avoir rendu son compte de tutelle et payé son reliquat , était passible dans ce cas des peines prononcées par les lois romaines , savoir : d'être déclarée indigne et exclue de la succession de ses enfans du premier lit décédés en pupillarité ? Et voici comment la question a été résolue par l'arrêt : « Attendu 1° que les art. 61 et 69 de la loi du 17 niv. an II , qui règlent les différens ordres de transmission des biens à titre héréditaire , n'ont aboli , ni d'une manière expresse , ni tacitement , les lois particulières relatives aux exclusions de certaines personnes pour cause d'indignité prévue par les lois romaines , parce que les règles générales ayant pour objet les transmissions héréditaires , ne peuvent ni abroger ni détruire d'autres lois portant des exceptions particulières au préjudice de certaines personnes que la loi punit en certains cas par la privation de leurs droits ; que , conformément à ce principe , tout ainsi que la Novelle 118 , en appelant les ascendans à la succession de leurs descendans morts sans postérité , cet ordre de successibilité n'empêchait pas que les mères ne fussent privées de la succession de leurs enfans morts en pupillarité , lorsqu'étant leurs tutrice elles se remariaient sans avoir rendu compte préalable de leur administration , et sans les avoir fait pourvoir d'un nouveau tuteur , de même aussi lesdits art. 61 et 69 , en ne statuant , ainsi que ladite Novelle 118 , que sur les droits de transmission héréditaire , n'avaient pas eu la force d'abroger et d'abolir la loi 6 Cod. *ad Senatus-consultum Tertyllianum* , le chap. 40 de la Novelle 22 , et l'authentique *iisdem pœnis* , Cod. *de secund. nupt.* , qui prononcent l'exclusion desdites mères de la succession de leursdits enfans décédés en âge de pupillarité ,

---

(1) Répert. , v° *Secondes noces* , § 2 , n° 3. Cette Cour avait jugé différemment par deux arrêts précédens ; l'un du 22 vent. an VIII ; l'autre du . . . . Mais c'est à celui-ci qu'il faut s'en tenir , comme fixant en dernier lieu et avec développement les vrais principes de la matière.

dans les cas prévus par lesdites lois ; 2° que ces mêmes lois étaient encore en pleine vigueur dans les pays de l'ancien ressort du ci-devant tribunal de Toulouse, dans l'étendue duquel la demanderesse a toujours été domiciliée, soit à l'époque de son mariage, sans avoir fait préalablement pourvoir sa fille du premier lit dont elle avait été nommée tutrice, d'un nouveau tuteur, soit à la date du décès de celui-ci en âge de pupillarité ; d'où il suit que n'ayant pas été abrogées par lesdits art. 61 et 69, ni par aucun autre article de ladite loi du 17 niv., la Cour d'appel d'Agen a fait une juste application desdits lois à l'espèce, et qu'elle n'a également point contrevenu aux lois nouvelles, qui, à l'exemple de ladite Novelle 118, n'avaient statué que sur les transmissions héréditaires, sans s'expliquer, ni rien prononcer sur les exclusions fondées sur des causes particulières d'indignité prévues par les anciennes lois ; la Cour rejette ».

Enfin, pour compléter les notions relatives au caractère et aux effets de la loi du 17 niv. an II, quant aux libéralités entre époux, en cas de convol, et antérieurs à sa promulgation, je dois ajouter que la disposition rétroactive de l'art. 13 de cette loi, en ce qui concerne les avantages singuliers ou réciproques *stipulés entre époux encore existans*, a été jugée comme pour le cas indiqué (*suprà*, p. 345), n'avoir pas été comprise dans le rapport des dispositions rétroactives de la loi de nivôse, prononcé par les lois des 9 fruct. an III et 3 vend. an IV (Cour de cass., arrêt du 21 brum. an XIV) (1). D'après cette jurisprudence, les libéralités dont il s'agit, étaient, dans le cas prévu, réductibles à la moitié de l'usufruit. Mais il en est autrement depuis la publication du Code civil. Le principe qu'on n'avait pas jugé convenable de poser dans des lois intermédiaires, savoir : *que la loi ne dispose que pour l'avenir, et n'a point d'effet rétroactif*, a fait l'objet précis de l'art. 2 de ce Code, et l'art. 7 de la loi du 30 vent. an XII, ayant abrogé toutes les lois précédentes rendues sur les matières formant l'objet de ce Code, tout est, dès ce moment, rentré dans l'ordre naturel.

6. Le Code civil a évidemment simplifié la législation sur les effets des secondes noces, et il a été dans plusieurs cas introductifs d'un droit nouveau. C'est ainsi que l'art. 1098 bien compris, ramène comme à un centre unique et commun une foule

_____

(1) Chabot, Quest. trans., v° *Noces* (secondes).

de divergences législatives, de variétés de jurisprudence, et de laborieuses controverses.

Ainsi, 1° plus de distinction entre les biens propres de l'époux qui convole avec enfans et ceux qu'il tient de la libéralité de son premier époux, pour affirmer qu'il peut disposer d'une certaine quotité des premiers en faveur de son nouvel époux, tandis qu'il ne peut disposer des seconds. Les auteurs du premier projet du Code civil, ainsi que la section du conseil d'État, avaient bien eu l'idée de proposer un article à peu près conforme au second chef de l'édit des secondes noces; mais il fut rejeté, par la raison qu'il contenait une substitution au profit des enfans du premier lit des biens donnés par le premier époux, et que le système dominant à cette époque était l'abolition de toute espèce de substitution.

2° Plus de distinctions entre les biens advenus à l'époux qui convole par le décès des enfans du premier lit, par donations entre vifs ou par testament, et les biens résultant des stipulations matrimoniales, expresses ou tacites, comme douaires, gains de survie, etc.; les donations rémunératoires, simples ou onéreuses, mutuelles ou singulières, et les conquêts de la femme résultant de ses précédens mariages, etc. Tous ces biens, quelles que soient leur nature et leur source, une fois parvenus à l'époux, lui appartiennent au même titre, et ne sont soumis qu'au même genre de prohibition.

Mais il faut reconnaître qu'à la différence de la loi du 17 niv. an II, dont l'objet unique était, comme je l'ai dit, la transmission des biens, et qui dès lors laissait subsister dans toute son incertitude l'ancienne jurisprudence, quant aux effets des secondes noces, le Code civil a expressément réglé cet objet, et qu'il emporte par suite abrogation des dispositions antérieures sur la même matière. C'est ainsi que les peines prononcées par les anciennes lois, en cas de convol dans l'an de deuil, sont évidemment abrogées (Répert. de jurispr., v° *Secondes noces*, § 2, et *Deuil*, § 2); que l'art. 395 remplace par la perte de la tutelle de plein droit et de la solidarité de la mère avec le second mari pour les suites de la tutelle qu'elle aurait indûment conservée, les anciennes peines prononcées par les lois romaines dans le même cas, etc.

7. Après avoir tracé les caractères généraux et les effets des dispositions diverses qui ont régi la matière des secondes

noces, nous allons examiner quelques questions de rétroactivité.

1° Les donations irrévocables antérieures au Code civil faites
par l'époux qui convole avec enfans du précédent mariage, à
son second ou subséquent époux, doivent-elles, lorsque le donateur est décédé postérieurement à la publication du Code
civil, être réduites conformément à la loi existante du temps du
contrat, ou dans les limites déterminées par l'art. 1098 de ce
Code?

L'intérêt de la question consiste surtout en ce que, d'après
l'édit de 1560, par exemple, la donation devant, dans tous les
cas, être réduite à la portion de l'enfant le moins prenant, il en
résultait que, si le donateur n'avait pas autrement disposé, la
donation pouvait être du tiers des biens, s'il avait deux enfans
du premier lit, de la moitié s'il n'en avait qu'un, même de la
totalité s'il n'avait aucun enfant. Tandis qu'aux termes de l'art.
1098 du Code civil, cette donation *ne peut, dans aucun cas,
exceder le quart des biens.* D'un autre côté, il pouvait arriver
que la légitime de l'enfant le moins prenant, fixée par l'ancienne
loi, fût inférieure à celle que déterminent les art. 913 et 914 du
Code civil, et que dès lors l'époux donataire eût plus d'intérêt à
faire adopter cette dernière fixation que celle de la loi du contrat. Le même raisonnement s'applique aux fixations réglées par
la loi du 17 niv. an II. Par quels principes devra-t-on se prononcer?

La décision que nous venons d'adopter (*suprà*, p. 365),
pour le cas où la loi postérieure fixerait une quotité disponible
différente de la loi précédente, reçoit ici une application directe.
Ainsi, c'est par la loi existante à l'époque de la donation de l'é-
poux qui convole avec enfans, qu'est fixée la quotité disponible
en faveur de son nouvel époux; dès ce moment, il y a eu droit
acquis sur les objets donnés, et il importe peu que l'époux donateur décède sous l'empire d'une loi qui règle différemment
cette quotité. Ici s'appliquent dans toute leur force les principes
que j'ai précédemment développés sur l'efficacité actuelle de la
loi du contrat, sur l'irrévocabilité de ses effets (V. aussi
MM. Chabot, Quest. transit., v° *Retour, Noces* (*secondes*);
Grenier (*Donations*), t. II, n°s 599 et 717, 718). Décider le
contraire serait admettre en principe l'effet rétroactif; c'est ce
qui faisait dire à Ricard (*Traité des Donations,* n° 1185), « que

respectivement aux pays de coutume, dans lesquels, avant l'é-
dit de 1560, des époux qui se remariaient avaient pleine liberté
de s'avantager (sauf seulement la légitime des enfans), cet édit
ne pouvait pas avoir d'effet rétroactif; » et il se fondait entre
autres sur deux arrêts, l'un du 14 juillet 1587, dit arrêt des
Droulins, l'autre du 23 décembre 1599.

La conséquence de tout ce qui précède est que si la loi du
temps du décès du donateur élève la quotité de la réserve des
enfans, la portion disponible en faveur du nouvel époux n'en
restera pas moins fixée par la loi existante à l'époque de la donation. La raison en est que la loi qui élève la réserve des enfans,
est une loi d'exception qui ne saurait être étendue hors de ses
limites ; et réciproquement, la portion de l'enfant le moins prenant ou toute autre portion réglée par la loi du temps de la donation, restera telle que l'aura fixée cette loi, bien qu'elle soit
plus forte que celle que détermine la loi du temps du décès.

Mais à la différence de l'hypothèse rappelée (*suprà*, p 366 et
suiv.), où une donation qui excède la quotité déterminée par la loi
du contrat, peut être ramenée à cette quotité par l'héritier à réserve
seul, et exclusivement aux autres successibles, à l'effet de compléter sa réserve telle qu'elle est fixée par l'ancienne loi ; tous
les enfans indistinctement, alors qu'ils seraient remplis de leur
réserve, auront le droit de ramener à l'exécution pure et simple
de la loi existante au temps du contrat, une donation faite, dans
les conditions prévues, par un époux à son nouvel époux qui
s'écarte des limites précises de la loi en vigueur à l'époque de sa
confection ; et pourquoi cela ? ce n'est pas parce que l'art. 1098
porte : « que l'homme ou la femme qui, ayant des enfans d'un
autre lit, contractera un second ou subséquent mariage, ne
pourra donner à son nouvel époux qu'une part d'enfant légitime le moins prenant, et sans que, dans aucun cas, ces donations puissent excéder le quart des biens ». Une telle application pourrait être considérée comme rétroactive ; c'est parce
que, dans le cas dont il s'agit, une donation excessive est
nécessairement nulle pour toute la partie comprise dans la prohibition de la loi. Quel est, en effet, le but de la loi prohibitive des dispositions entre époux, en cas de convol ? C'est de
frapper de nullité *dans l'intérêt des enfans*, la donation de la
partie excessive ; c'est de leur attribuer directement et en leur
nom, a propriété de ces biens ; de là vient qu'ils les recueil-

lent, selon les docteurs, *jure suo* et non à titre de successibles, le droit de propriété de ces biens étant, du moment du convol, sorti des mains du donataire; qu'ils les recueillent libres de toutes charges, hypothèques, servitudes, etc , soit de la part du donataire, soit de la part des tiers. « Ce n'est pas de la loi des successions, dit Pothier (*Contrat de mariage*, part. 7, chap. 2, sect. 1ere, art. 4, n° 568), mais seulement de l'édit des secondes noces, qu'ils tiennent ce retranchement ». Et quels en sont les effets ? C'est de leur attribuer une action directe en retranchement. « Le second ou subséquent mari, ajoute Pothier (*ibid.*, art. 5, n° 573), en recevant à cette charge les biens compris dans la donation, contracte l'obligation de rendre aux enfans cet excédant dont l'édit ordonne le retranchement, s'il s'en trouve lors de la mort de la donatrice. C'est la loi qui forme cette obligation; et de cette obligation naît au profit des enfans envers qui elle est contractée, une action qu'on peut appeler *condictio ex lege*, pour se faire rendre cet excédant ». Il faut donc conclure que, dans tous les cas, les enfans, en vertu de leur simple qualité de successibles, peuvent faire prononcer la nullité de la donation, quant à la partie excédant la quotité déterminée par la loi du temps de sa confection.

Au reste, il faut appliquer ici l'observation générale faite déjà (*suprà*, p. 354 et suiv.) relativement au temps que l'on doit considérer pour la formation de la légitime; et dire avec les lois romaines, que si c'est au temps des donations irrévocables qu'il faut se reporter pour déterminer les quotités disponibles et les réserves, quelles que soient les variations des lois postérieures, attendu que ces quotités sont entrées comme élémens actuels dans un contrat dès lors parfait et consommé; c'est au temps de la mort du donateur qu'il faut s'arrêter pour la formation générale de la masse de ses biens, comme étant celle sur laquelle doivent définitivement s'exercer tous les droits, attendu que jusque-là ces biens sont restés soumis, dans les mains du donateur, aux chances d'accroissement ou de diminution inséparables du droit de propriété et dont la loi générale garantit au père de famille le libre exercice jusqu'à sa mort. « Quia verò « hactenus, dit la Novelle 22, chap. 28. Legibus indiscretum « est, quando conveniat quod plus est inspicere, utrum se- « cundum oblationis tempus, an secundum matrimonii solu- « tionem, optimum nobis visum est esse, mortis hiuubi pa-

25.

« rentis observari tempus. Scribunt itaque homines et horum
« quæ habent amplius, scribunt autem et minus : evenientes
« autem fortunæ contrarios eventus sæpius operantur. Unde ut
« non circa hoc erremus, tempus illud considerandum est,
« secundum quod binubus moritur, et portio indè sumenda :
« et secundum eam id quod plus est contemplantes, auferre
« quod transcendit oportet, et filiis applicare : in omnibus tali-
« bus non ab initio donatione, aut scriptura respicienda, sed
« qui vocatur eventus considerandus est ».

Ce sera donc d'après l'état des biens existans à cette époque
que seront fixées et la légitime des enfans, et la portion réelle
à laquelle devra être réduite la donation de l'époux qui convole
avec enfans, à son nouvel époux (Voët, *ad Pandect. de Ritu
nupt.*, n° 128; Pothier, *Contrat de mariage*, n° 576 et suiv.);
et de là vient que les auteurs comparent à quelques égards une
telle donation à une institution contractuelle (Chabot, Quest.
transit., v° *Noces* (*secondes*) et Pothier *passim*). Conformément à tous ces principes il faudra dire, que s'il a été assuré au
nouvel époux irrévocablement et sous l'empire de l'ancienne législation une part d'enfant, cette part sera réglée d'après la
quotité fixée par l'ancienne loi ; et il n'importe qu'elle soit plus
forte dans quelques cas ou plus faible dans d'autres, qu'elle ne
le serait d'après le Code civil, attendu qu'elle a reçu de l'ancienne loi sa fixation définitive ; et ce ne serait que par l'effet
d'une véritable rétroactivité, que l'on pourrait altérer des droits
ainsi formées et acquis. Mais cette portion calculée d'après cette
base, ne sera en réalité que ce que la fortune du père de famille
l'aura laissée à sa mort.

On trouve dans le Répertoire de jurisprudence de M. Merlin
(v° *Secondes noces*, art. 2, n° 4, et dans le *Traité des donations*
de M. Grenier, n° 695), un arrêt de la Cour de cassation du 2
mai 1808 (aff. Richard), qui paraîtrait avoir jugé qu'une stipulation matrimoniale antérieure au Code civil, qui défère au survivant la propriété de toute la communauté mobilière, doit être
régie par les art. 1525 et 1527 de ce Code, et ces deux auteurs,
pour concilier cette décision, qu'ils interprètent dans le sens de
la rétroactivité, avec les principes généraux, s'empressent de
dire que les deux parties étaient convenues, par une clause
expresse de leur contrat de mariage, *que la réduction se mesu-
rerait sur la loi en vigueur à l'époque du décès du premier mou-*

rant des époux. J'ai vainement cherché dans l'exposé des faits, cette clause qui rendrait en effet la question sans objet; j'ai seulement lu la clause suivante, rapportée par M. Merlin (*ibid*), et M. Grenier, *Donations*, n° 695 : « Dans le cas où, à la dissolution de la communauté, il y aurait des enfans du prédécédé, *les avantages ci-dessus demeureront restreints aux termes des lois.* » Or, il est impossible d'argumenter sérieusement de ces termes pour conclure que les époux entendent plutôt s'en rapporter, pour cette réduction, aux lois du temps du décès, qu'à celles existantes au temps du contrat; il paraîtrait même plus logique, et surtout plus conforme aux principes de la matière, de dire qu'elles ont entendu se soumettre aux lois qui les régissaient à l'époque où elles ont traité. Mais d'après les faits jugés, et sur lesquels la Cour de cassation avait été appelée à statuer : « Les deux parties reconnaissaient que la veuve ne pouvait recueillir les avantages qui lui avaient été faits par son mari que jusqu'à concurrence, soit de l'usufruit de la moitié des biens, *si l'on s'en rapporte à la loi du* 17 *niv. an* II, soit d'une part d'enfant, *si l'on s'en rapporte au Code civil* (ibid) ». Dès lors, la Cour de cassation n'avait plus à juger une question de rétroactivité, mais bien celle de savoir si la stipulation qui défère au survivant la propriété de toute la communauté mobilière, doit être mise au nombre des avantages sujets à réduction, ou bien si elle doit, comme ne formant qu'une convention matrimoniale ordinaire, avoir son plein effet. Et elle a très-bien pu, faisant application des art. 1525 et 1527 du Code civil, décider qu'une telle stipulation renfermait un avantage sujet à réduction.

8. 2° Lorsque l'époux ayant des enfans d'un premier lit, convole sous l'empire du Code civil, peut-on dire que les libéralités qu'il tenait de son premier époux par actes irrévocables, sous l'empire de l'édit de 1560 ou des lois romaines, restent toujours soumises aux dispositions de cet édit ou de ces lois, et que le Code civil ne saurait leur être appliqué?

Cette question reçoit presque directement sa solution des développemens qui précèdent. Le contrat de donation a reçu sa perfection sous l'empire des lois anciennes, il continue de subsister sous la loi nouvelle avec toutes les qualités, toutes les conditions attachées par ces anciennes lois à sa propre existence, et ce ne serait que par un véritable effet rétroactif, réprouvé par l'art. 2 du Code civil, que l'on pourrait altérer les unes ou les autres en les soumettant aux lois nouvelles. Mais il convient de justifier ce principe par l'exposé même des motifs généraux de la loi.

Et d'abord, pour être exact dans l'appréciation des dispositions de l'ancienne loi, il faut dire, 1° que le second chef de l'édit des secondes noces renfermait réellement une substitution légale dont l'effet était d'assurer la propriété des biens donnés à l'époux qui convolait, sur la tête des enfans du premier lit. C'est un principe posé par Pothier (*passim*) et par les meilleurs interprètes de l'édit; je l'ai déjà développé. Ils avaient donc, dès le moment de la donation, un droit acquis, quoique éventuel, sur ces biens; et nous avons déjà établi (*suprà*, p. 179) qu'il suffisait d'être né ou conçu pour avoir actuellement droit au résultat d'une substitution non encore ouverte; que les lois rétroactives de la révolution elles-mêmes avaient respecté ce principe. Qu'importe maintenant que ce droit, acquis aux enfans du jour de la stipulation, ne s'ouvre en leur faveur qu'au moment du convol, époque à laquelle leur auteur n'a plus qu'un simple droit d'usufruit? La loi postérieure ne saurait porter atteinte au droit résultant de cette substitution, bien que l'effet ne s'en réalise que sous son empire, si ce n'est en imitant la loi du 17 niv. an II dans sa monstrueuse rétroactivité. (V. *suprà*, p. 174, n° 9.)

2° Que les lois romaines, exactement appréciées, présentent moins l'idée d'une peine infligée à l'époux qui convole par la privation des biens qu'il tient des libéralités de son premier époux, qu'une véritable clause résolutoire de la donation, en cas de convol, en telle sorte que l'époux qui convole soit censé n'avoir jamais été donataire de ces biens, et que, dans ce cas, les enfans du premier lit aient le droit de les reprendre, soit des mains des tiers, soit des mains des héritiers de l'époux qui a convolé, même d'en faire rétablir la valeur sur ses propres biens, s'ils se trouvent consommés, attendu que la loi a dénié à ce dernier tout droit d'en disposer. Dès lors se réalise, aux termes de ces lois, une clause prévue au temps de la donation; et il n'est pas au pouvoir d'une loi postérieure d'influer en rien sur les effets d'une telle stipulation fondée sur l'intention présumée du donateur, de concentrer avant tout sur ses enfans l'objet des libéralités faites à son nouvel époux, et consommée, sinon réalisée, sous l'empire de la loi qui l'a vue se former.

3° Qu'à la différence de la loi *hac edictali*, qui prononce la

nullité de la donation faite par l'époux qui convole sur ses propres biens à son nouvel époux, quant à la partie qui excède la
quotité déterminée par la loi, et attribue directement aux enfans
cette partie excessive pour les dédommager de la perte que leur
fait éprouver la donation faite au nouvel époux, d'où résulte la
nécessité de fonder le droit des enfans sur la loi même qui
dépouille le donateur, et de leur accorder par suite une action
émanée d'elle, *condictio ex lege;* les lois FEMINÆ, GENERALITER,
et autres du même titre, relatives aux libéralités faites par un
premier époux à celui qui convole, prononcent qu'il n'a jamais
été propriétaire des biens donnés, attendu qu'il a trompé, comme
je l'ai déjà dit, le vœu de la loi, en s'écartant des intentions du
donateur. Que dès lors l'esprit de ces lois nous présenterait
plutôt l'idée d'une donation conditionnelle qui se résoudrait en
fidéicommis pur, en cas de convol du vivant des enfans du
premier lit.

4° Mais que, dans tous les cas, c'est évidemment ajouter
aux dispositions des lois romaines, comme aux dispositions de
l'édit des secondes noces, quant aux dons et aux libéralités
faits à l'occasion des convols, que de les classer parmi les dispositions pénales proprement dites, pour décider, que ces dernières peuvent être détachées de la disposition principale, être
considérées séparément et comme régies par la loi postérieure,
tandis que la stipulation principale serait soumise à la loi précédente.

On vient de voir que c'est par d'autres principes que les lois
caractérisent cette réserve; qu'elle est bien plutôt une condition
tacite, inhérente à la stipulation même dont elle est inséparable,
qu'une peine proprement dite; que dût-elle être considérée comme
une peine, elle n'en serait pas moins régie par la loi du contrat
dont elle fait partie, puisque étant dans ce cas une véritable clause
ou condition pénale, accessoire à la donation, elle ne saurait
être régie par une autre loi que celle qui régit la donation elle-
même (*suprà*, n° 6); et la Cour royale de Montpellier s'est dou-
blement méprise dans les motifs qu'elle a donnés à son arrêt du
19 déc. 1827 (aff. Suffre), tout en jugeant bien au fond (1),
lorsqu'elle pose en principe : « 1° Que, quoiqu'il soit vrai que
les contrats doivent être régis par la loi en vigueur à l'époque

(1) Sirey, t. XXVIII, 2, p. 111.

où ils ont été consentis, il ne peut en être ainsi que pour ce qui concerne les dispositions qu'ils renferment et celles qui tiennent essentiellement à leur nature; mais que les dispositions relatives aux peines des secondes noces ne peuvent être considérées comme une dépendance de la nature du contrat de mariage, et qu'elles appartiennent à une législation particulière et spéciale; que cette législation est nécessairement celle sous laquelle arrivent les faits qui peuvent motiver l'application de ces peines, c'est-à-dire la mort du mari, l'administration tutélaire de la veuve et son convol ». 2° « Que Pierre Lugagne étant mort le 30 avril 1812, et sa veuve remariée le 13 juin 1814, c'est par le Code civil que doivent être réglés, à cet égard, les droits des parties ».

Il est constant au contraire, que les faits qui motivent l'application de ces peines ne font que réaliser l'une des conditions de la stipulation primitive; que la distinction entre les dispositions qui tiennent essentiellement à la nature du contrat, et celles qui ne tiennent pas à sa nature, est sans fondement dès que les unes et les autres sont également à titre de *conditions pénales*, accessoires à la stipulation principale; et que dès lors cette condition accomplie remonte au jour de l'engagement et remet les choses au même état qu'auparavant (Art. 1179, 1183). Il n'est pas exact en outre d'ajouter que le Code civil soit applicable à une libéralité qui remonte à une époque antérieure à sa promulgation, parce que les faits qui en réalisent l'une des conditions se sont passés sous son empire. Il faut dire au contraire avec M. Chabot (Quest. transit. *Secondes noces*, p. 169) : « Que l'abrogation de la peine ne peut s'appliquer qu'aux donations faites postérieurement, *mais non pas aux donations antérieures faites dans le temps où la peine existait encore, et que ce n'est pas le moment du convol*, qu'il faut considérer pour savoir si la peine est ou non applicable ». Quant à l'arrêt de la Cour de cassation, du 24 fruct. an XIII, rapporté plus haut, il n'avait pas à juger une question de rétroactivité, mais bien une simple question d'abrogation. Il s'agissait de savoir si la loi du 17 nivôse an II, introductive d'un nouvel ordre de successibilité et de transmission des biens, avait en même temps abrogé explicitement ou implicitement les anciennes causes d'indignité de succéder. Et cette Cour reconnaît, comme l'avait fait celle d'Agen, dont elle confirme l'arrêt, que la loi du 17 nivôse an II a eu uniquement pour but de régler *un nouvel ordre de transmission de biens;* qu'elle a laissé subsister les dispositions pénales relatives à la capacité de succéder, déterminées par les anciennes lois, comme tout autre droit exceptionnel qu'elle n'avait pas pour objet; que dès lors, l'espèce qui lui était soumise, bien que née sous l'empire de la loi du 17 niv. an II, se trouvait par là même, quant à la question d'indignité de succéder, régie par les lois anciennes.

9. Néanmoins, quelque exact que soit le principe d'après lequel les donations par contrat de mariage de la part de l'époux qui convole avec enfans, à son nouvel époux, sont irrévocablement régies par la loi existante à l'époque du mariage; qu'on ne saurait, sans rétroactivité, appliquer la loi nouvelle à ces conventions, il est un cas où les meilleurs principes eux-mêmes commandent une exception; et cette exception n'est autre chose qu'une déduction naturelle de la doctrine que j'ai posée dans mon *Traité de l'interprétation des lois* (§§ 102 et 116), d'après laquelle le motif de la loi étendant ou restreignant son dispositif, étant la mesure réelle et invariable de sa prescription; dès que le motif de la loi aura cessé en tout ou en partie, la loi aura nécessairement cessé avec lui et dans la même proportion. Par exemple, aux termes de la coutume d'Asti (Piémont), la veuve qui se remariait avec enfans, perdait tout droit à la succession de ses enfans du premier lit; mais, d'un autre côté, cette loi municipale excluait de sa succession ses enfans du premier lit, et déférait sa dot en totalité à son second mari. A ne consulter que les principes précédemment posés, il paraîtrait qu'une telle donation faite par une veuve mariée avec enfans, sous l'empire de cette coutume, quoique décédée depuis la promulgation du Code civil, devrait obtenir tous ses effets, comme convention matrimoniale, constamment régie par la coutume sous l'empire de laquelle elle a eu lieu; qu'on ne pourrait, sans rétroagir, lui appliquer le Code civil; et c'est ainsi que l'avait pensé le tribunal de première instance d'Asti, dans l'espèce suivante :

Le 10 janvier 1784, mariage de Claire Campini, domiciliée dans la province d'Asti, avec Joseph-Antoine Piacenza. Le frère et la mère de la future lui constituent différentes sommes. De ce mariage naissent deux enfans, Joseph et Jean-Baptiste. Le mari meurt. Le 26 juin 1792, la veuve Piacenza épouse en secondes noces Quiricus Cagna. Le frère et la mère de la future lui reconstituent de nouveau en dot les mêmes sommes qu'ils lui avaient constituées lors de son premier mariage. Le contrat porte, comme le précédent, que les époux s'en rapportent, pour leurs avantages dotaux, à la coutume d'Asti. Pendant ce second mariage, la dot de la dame Cagna est payée entre les mains du père du mari. La dame Cagna meurt le 11 prair. an XI, après la promulgation du titre des successions et des donations du Code civil. Assignation de la part de Joseph et Jean-Baptiste Piacenza à Quiricus Cagna et à ses frères comme héritiers de Joseph Cagna père commun, en restitution de la dot par lui reçue de la dame Cagna leur mère. Les héritiers Cagna répondent que Claire Campini étant morte sans enfans de son second mariage, celui d'entre eux qui a été son mari a gagné sa dot, et qu'elle lui appartient aux termes du statut d'Asti, même à l'exclusion des enfans du premier lit. Joseph et Jean-Baptiste Piacenza répondent entre autres, que leur mère étant morte sous l'empire du Code civil, c'est ce Code et non la coutume d'Asti qui est la loi de la matière. Le 5 germ. an XI, jugement du tribunal de première instance d'Asti qui déboute Joseph et Jean-Baptiste Piacenza de leur demande : « Attendu... que le Code civil ne peut rétroagir au point de détruire des conventions antérieures à sa publication ». Mais la Cour d'appel de Turin, par son arrêt du 13 fruct. an XII, et la Cour de cassation, par son arrêt du 10 mars 1808, ont nettement consacré le principe contraire qui doit, sans aucun doute, prévaloir. Voici le texte de l'arrêt de la Cour de cassation : « Considérant qu'il est reconnu, par l'arrêt attaqué, que le statut d'Asti n'était observé, quant à l'exclusion des enfans du premier lit, du droit de légitime dans la succession de leur mère remariée, qu'à raison de la privation établie contre la mère, par réciprocité, de tous droits dans la succession des enfans; et que l'exclusion de la mère se trouvant abolie avant le décès de celle-ci, par les dispositions du Code Napoléon, l'arrêt attaqué s'est conformé à la jurisprudence des anciennes Cours de Piémont, en ne la maintenant plus contre les enfans, auxquels il n'a même adjugé qu'un simple droit de légitime, qui ne portera plus atteinte à la dot recueillie par le second mari, si les autres biens sont suffisans pour la légitime; la Cour rejette..... »

Il résulte de cet arrêt que les enfans du premier lit de la mère remariée n'étaient exclus du droit de légitime dans sa succession que par une sorte de réciprocité ou de compensation de l'exclusion de la mère dans leur succession; tel était le motif réel de la disposition statutaire. Or, ce motif se trouvant détruit par l'effet des dispositions du Code civil qui appellent la mère à la succession de ses enfans (Art. 746 et suiv.), et qui auraient reçu incontestablement leur application, si la mère eût survécu depuis ce Code à ses enfans du premier lit ou à l'un d'eux, il faut dire, par parité de raison, et attendu la disparition ou la cessation complète du motif statutaire, qu'ils doivent profiter des dispositions de ce Code, en ce qui concerne leur réserve.

—

§ 7. — Application des mêmes principes à l'hypothèse prévue, p. 337, n° 1, et spécialement au droit de retour légal ou conventionnel.

—

SOMMAIRE.

1. — *Application des principes précédens à l'hypothèse d'après laquelle la loi nouvelle supprime ou modifie les causes actuelles de résolution des contrats. Il y a droit acquis dans ce cas du jour du contrat ; et la loi postérieure est rigoureusement sans effet à leur égard. Résumé ; nouvelles preuves de cette doctrine.*

2. — *Application spéciale de ces principes au droit de retour légal, en matière de donation. Jurisprudence conforme, quant aux pays de droit écrit.*

3. — *Il en serait de même du cas où, en l'absence d'un texte précis de loi, la donation aurait lieu sous l'empire d'une simple jurisprudence.*

4. — *Cette solution serait-elle la même, quant aux pays coutumiers ? La négative est embrassée par MM. Chabot et Grenier.*

5. — *Raisons qui doivent faire pencher pour l'opinion contraire.*

6. — *Solution spéciale, quant aux coutumes de Bayonne et de Valenciennes.*

7. — Le droit de retour emporte-t-il substitution fidéi-
commissaire ?

———

1. Relativement à la seconde hypothèse (p. 337, n° 1), celle d'après laquelle la loi nouvelle supprime ou modifie les causes actuelles de résolution des contrats, on a déjà vu (*suprà* p. 329, n°s 2 et 4) qu'il fallait toujours appliquer le même principe; c'est-à-dire, qu'attendu la convention expresse ou tacite qui faisait la matière du contrat, il y avait droit acquis du jour de ce contrat; que ce droit acquis s'appliquait à toutes les parties essentielles de la convention, par conséquent aux conditions qui y étaient inhérentes; que dès lors la loi nouvelle ne pourrait, sans rétroagir, porter atteinte à ces conditions, non plus qu'aux stipulations principales auxquelles elles se rattachent; et qu'elles se trouvent les unes et les autres régies par la loi sous l'empire de laquelle elles sont intervenues.

On a vu que la Cour de cassation avait décidé, conformément à ce principe, que l'art. 959 du C. civil, qui prononce « que les donations en faveur de mariage ne seront pas révocables pour cause d'ingratitude », n'était pas applicable aux donations faites par contrat de mariage antérieurement à ce Code; que ces donations étaient révocables, dans ce cas, selon les principes de l'ancienne jurisprudence; et il faut ajouter que l'on ne saurait argumenter de l'art. 299 relatif au divorce, pour soutenir, que puisqu'aux termes de cet article : « L'époux contre lequel le divorce a été obtenu, perd tous les avantages que l'autre époux lui avait faits, soit par leur contrat de mariage, soit depuis le mariage contracté »; et qu'aux termes de l'art. 306, « Dans le cas où il y a lieu au divorce pour cause déterminée, il sera libre aux époux de former demande en séparation de corps »; il y a similitude entre les deux cas; que la perte des avantages faits par contrat de mariage est également encourue par la séparation de corps comme par le divorce; et que dès lors, l'art. 959 est inapplicable à de tels avantages qu'ils soient antérieurs ou postérieurs au Code civil.

Il faut dire, au contraire, que si, par les motifs déjà développés, les donations faites par contrat de mariage sous l'ancienne législation étaient révocables pour cause d'ingratitude, et si les faits d'ingratitude résultaient suffisamment des procédures en séparation de corps, il ne saurait en être de même sous l'empire du Code civil dont l'art. 959 exprime à cet égard un droit absolument nouveau; que cet article ne saurait rétroagir, et qu'il n'est pas permis d'argumenter du divorce à la séparation de corps pour appliquer la disposition pénale déterminée dans le premier cas, d'après des motifs qui lui sont propres, au second cas, dont les motifs tout différens, la repoussent d'une manière formelle (1).

2. Le retour légal, en matière de donation, est soumis aux mêmes principes; que l'on donne pour base à ce droit le motif exprimé dans la loi 6 ff *de jure dotium*, savoir : que la prévoyance de la loi a eu pour but d'empêcher que le père n'éprouve tout à la fois et la perte de sa fille et la privation des biens qu'il lui a donnés : *Jure secundum est patri, ut filia amissa solatii loco cederet; si redderetur ei dos ab ipso profecta : ne et filiæ amissæ, et pecuniæ damnum sentiret;* ou celui que nous lisons dans la loi 2, au Code *de bonis quæ liberis*, etc. « La crainte de refroidir, par cette double perte, la bienfaisance des parens envers leurs enfans » : *Prospiciendum est enim, ne hác injectá formidine, parentum circa liberos munificentia retardetur,* etc., toujours est-il qu'il est censé faire partie de la donation elle-même, puisqu'il en forme l'une des conditions essentielles; qu'il est dit *retour légal*, non pas tant pour indiquer qu'il tient de la loi seule son existence et

_____

(1) Ce principe a été trop nettement exposé par M. Merlin (Quest. de droit, v° *Séparation de corps*, p. 652) pour que je ne rapporte pas ici ses propres paroles :

« L'art. 299 a eu de très bons motifs pour établir que le divorce révoque de plein droit les donations dont il s'agit. Le mariage qui a été la cause finale de ces donations, n'existant plus, l'époux donateur et l'époux donataire devenant étranger l'un à l'autre, et ne pouvant plus se réunir, la loi a pu faire intervenir son autorité pour anéantir les avantages que l'époux donataire avait précédemment reçus de l'époux donateur. Mais quel motif la loi aurait-elle pu avoir pour établir la même chose relativement à la séparation de corps? On conçoit très bien qu'elle aurait pu, en se modelant sur l'ancienne jurisprudence, laisser à l'époux donateur une action pour faire révoquer sa donation; mais dans cette hypothèse, elle n'aurait pas pu, sans se mettre en opposition avec son propre vœu pour la réunion des époux séparés, elle n'aurait pas pu, sans se contredire elle-même, attribuer au simple jugement de séparation de corps, l'effet de révoquer *ipso facto* la donation; c'aurait été se priver elle-même de la puissante ressource qui lui serait restée, pour exciter l'époux donataire à réparer ses torts envers l'époux donateur, à reconquérir son affection, à le ramener dans le lit conjugal ».

qu'elle en peut faire cesser arbitrairement l'effet, comme de toute autre concession temporaire toujours restée dans son domaine souverain, que pour exprimer que la loi ou la jurisprudence fondée sur les causes que nous venons d'indiquer a été acceptée comme la *loi privée des parties*, est entrée à ce titre dans leurs stipulations, et leur a, dès ce moment, attribué des droits acquis, bien que la réalisation en soit subordonnée à la condition du prédécès du donataire sans enfans, droits qu'il n'a pu dépendre d'une loi postérieure de leur ravir. « Le retour légal, disait Furgole, Quest. 42 sur l'ordonnance de 1731, est fondé sur une stipulation tacite, *inhérente à la donation*..... Et les biens donnés reviennent de plein droit, *veluti quodam jure postliminii* ».

Ce principe a été disertement appliqué quant aux pays de droit écrit, par la Cour de cassation le 8 fév. 1814 (1). Voici les termes de son arrêt confirmatif d'un jugement du tribunal civil de Limoges : « Attendu que d'après les lois romaines et la jurisprudence du parlement de Bordeaux, qui régissaient les parties le 11 janv. 1787, époque de la donation contractuelle dont il s'agit, le retour légal produisait le même effet que le retour conventionnel ; que le droit qui en était acquis au donateur par la puissance de la loi, ne pouvait dès lors être considéré comme droit de succession, ni régi par l'art. 747 du Code civil, qui ne peut rétroagir ; qu'ainsi le tribunal civil de Limoges a fait une juste application de la loi et des principes ; rejette ». La Cour royale de Riom a consacré le même principe le 1er déc. 1818 (Aff. Menesloux). (2). « En ce qui touche le retour légal, porte son arrêt, quant aux biens situés dans le ressort de l'ancien parlement de Toulouse ; attendu qu'aux termes des lois romaines, qui étaient admises dans toute leur pureté par cette Cour, le retour légal des choses données *ante* ou *propter nuptias* par le père à son fils, s'opérait de plein droit et sans aucune stipulation lorsque le donataire mourait sans postérité avant le donateur, qu'ainsi ses biens sont rentrés dans le patrimoine d'Antoine Menesloux, et doivent servir à composer sa succession ».

3. Et il faut tirer de là les conséquences, 1° que si l'ancienne jurisprudence est constante sur cette matière elle tient lieu de loi et confère des droits acquis aux parties à l'égal de la loi elle-même.

(1) Sirey, t. XIV, 1, p. 169.
(2) *Ibid.*, t. XX, 2, p. 132.

Telle est l'opinion de M. Grenier (*Donations*, t. 2, p. 401), qui se fonde sur la loi 38 au Digeste, *de Legib. Nam rerum perpetuò judicatarum autoritas vim legis obtinere debet;* et de M. Chabot (Quest. transit., v° *Retour*, p. 317). 2° Que quelque diverse, quelque incertaine que soit l'ancienne jurisprudence sur cette matière, il n'est pas permis de s'aider des dispositions du Code civil, pour faire cesser cette diversité ou cette incertitude. C'est encore ce qu'a formellement jugé la Cour de cassation le 28 therm. an XI (aff. Delarivière (1)) en ces termes : « Attendu, que le droit romain n'est reçu dans les ci-devant provinces dites régies par le droit écrit, qu'avec les modifications qu'y ont apportées les coutumes et la jurisprudence ; que les différences de jurisprudence entre les tribunaux souverains qui se sont partagés ces provinces, et la variation de cette même jurisprudence, en différens temps, dans quelques uns de ces mêmes tribunaux, prouvent qu'il n'y a pas de loi précise sur la matière ; d'où il suit que le tribunal d'appel de Lyon n'a violé aucune loi, en déclarant que le droit de retour ne devait pas avoir lieu en faveur des demandeurs ».

4. Mais le même principe est-il applicable aux pays de coutume dans lesquels le retour légal ne s'exerçait qu'à titre de *succession*, et doit-on décider que dans ce cas, comme dans le cas qui précède, la donation faite par l'ascendant au descendant, alors que la succession du donataire s'ouvre sous l'empire du Code civil, doit être régie, quant au droit de retour, par la coutume ou la jurisprudence du temps de la donation, et non par la loi en vigueur au temps de l'ouverture de la succession ? (2) La question est délicate ; et j'ai long-temps hésité à prendre un parti. MM. Chabot (3) et Grenier (4) ne paraissent pas faire un doute sur la négative : selon le premier de ces

---

(1) Sirey, t. III, 2, p. 530.

(2) Voici les termes de l'art. 747 du Code civil : « Les ascendans succèdent, à l'exclusion de tous autres, aux choses par eux données à leurs enfans ou descendans décédés sans postérité, lorsque les objets donnés se retrouvent en nature dans la succession.

Si les objets ont été aliénés, les ascendans recueillent le prix qui peut en être dû. Ils succèdent aussi à l'action en reprise que pouvait avoir le donataire ».

(3) Quest. de droit, v° *Retour*, p. 343, et *Comment.* sur l'art. 747.

(4) *Donations*, t. II, p. 401.

auteur, il y a une grande différence entre le droit de retour en pays de droit écrit et le même droit en pays coutumier. Dans le premier cas, le droit de retour, « révoquant entièrement la donation, comme si elle n'avait jamais existé, remonte nécessairement dans ses effets au moment même de la donation, au lieu que le retour, *à titre de succession*, ne révoque pas la donation à laquelle il est attaché, il n'est qu'un *droit de succéder*, *un mode de succession particulière* ; en conséquence, ses effets ne remontent pas au moment de la donation, pour remettre les choses au même état où elles étaient, ils se bornent à un simple droit successif qui ne commence et ne se réalise qu'au moment où est ouverte la succession dans laquelle se trouvent encore les biens donnés ». D'où résulte la conséquence, selon lui, que dans les pays de coutume, le Code civil doit régir indistinctement les donations antérieures comme les donations postérieures à sa promulgation, quant au droit de retour, lorsque la succession du donataire s'est ouverte sous son empire. M. Grenier adopte les mêmes principes, « par rapport aux législations d'après lesquelles la réversion était admise seulement à titre de succession, dit cet auteur (*Donations*, t. II, p. 401), et qui variaient, soit sur la qualité des objets sur lesquels le droit de réversion s'exerçait, soit sur les conditions du droit de succéder (car le principe que le donateur venait à titre de succession, était assez général, mais ses effets n'étaient pas uniformes), il me paraît sans difficulté qu'il faut abandonner ces législations pour s'en tenir uniquement à la loi sous l'empire de laquelle le donataire décède. Je me fonde sur le principe certain, que toute loi qui établit un ordre de succéder, n'exerce son empire qu'au moment du décès, et que la loi postérieure, qui crée un nouvel ordre de succéder, règle seule la succession qui s'ouvre lorsqu'elle est en vigueur. Ainsi, la succession venant à s'ouvrir sous le Code civil, ce Code est la loi qu'il faut suivre ». Enfin, la Cour royale de Riom a consacré la même doctrine le 1er déc. 1818 (aff. Menesloux) (1). « En ce qui touche les biens du droit écrit situés dans le ressort du parlement de Paris ; attendu la jurisprudence constante de cette Cour, notamment depuis la réformation de la coutume de Paris, d'après laquelle le retour légal n'était pas admis, si ce n'est *par voie successive ;* attendu, en effet, que, suivant la

(1) Sirey, t. XX, 2, p. 132, arrêt déjà cité (*suprà*).

jurisprudence, les ascendans ne reprenaient ces mêmes biens qu'à titre de succession, et dans le cas seulement où le donataire n'en aurait pas disposé à titre onéreux ou autrement ; attendu, dans le fait, que Jean Menesloux a, par son testament dudit jour, 9 oct. 1792, transmis la propriété des mêmes biens à sa veuve, et qu'elle en a été irrévocablement saisie par la mort du testateur, sauf néanmoins tous retranchemens de droit, soit en faveur d'Antoine Menesloux, soit en faveur de la partie de Pagès, héritier du sang de celui-ci ; attendu que cette jurisprudence considérée comme loi dans le ressort de l'ancien parlement de Paris, a servi de base à l'art. 747 du Code civil ; attendu que les successions, tant de Jean Menesloux que d'Antoine Menesloux, son père, sont ouvertes sous l'empire de cette loi, etc. ».

5. Mais que de graves difficultés ne s'élèvent pas contre ce système !

1° L'art. 747 du Code civil a-t-il identiquement le même objet que la disposition des anciennes coutumes relative au droit successif de retour, et notamment de l'art. 313 de la coutume de Paris, que l'on considère comme formant sur ce point le droit commun de la France ? Nullement. Selon la plupart des auteurs qui ont écrit sur le Code civil, c'est une succession *anomale*, une succession *in re singulari*, et qu'on peut dire *privilégiée* (Toullier, Chabot, Delvincourt, *passìm*) ; mais aucun d'eux ne signale la cause efficiente de ce caractère particulier attribué à l'objet primitif de la donation ; or, il faut reconnaître que le droit successif déterminé par cet article est un droit nouveau, purement arbitraire, dont l'idée paraît bien empruntée de l'ancien droit coutumier, mais dont l'interprétation et les effets se coordonnent nécessairement avec les autres dispositions du Code civil sur les successions ou sur les donations.

Par exemple : les meilleures interprétations de cet article donnent pour résultats certains :

1° Que le droit de succéder qu'il détermine, s'exerce, quant aux objets donnés, alors même que le donateur serait exclu de la succession du donataire, par un héritier plus proche ;

2° Que le donateur peut renoncer à la succession ordinaire du donataire, et accepter la succession particulière relative aux objets donnés ;

3° Que ces expressions : « Lorsque les objets donnés se retrouvent *en nature dans la succession*», admettent, dans une foule

I. 26

de cas, un sens tel que leur valeur réelle se réduise au fait pur et simple de *non-aliénation*, de la part du donataire ;

4° Que, selon les cas, les biens acquis par le donataire, en échange des biens donnés, peuvent, comme biens subrogés, retourner au donateur ;

5° Que, selon que le donataire aura laissé, soit un enfant naturel légalement reconnu, soit un enfant adoptif, la réversion au profit de l'ascendant donateur, s'exercera d'après les distinctions, et dans les proportions déterminées par le Code civil.

Or, rien de semblable, sans doute, dans le droit coutumier. Que portait l'art. 313 de la coutume de Paris qui est en corrélation immédiate avec l'art. 312 qui le précède ? Celui-ci exprime la règle, savoir : « Qu'en succession en ligne directe, propre héritage ne remonte ; *et n'y succèdent les père et mère, aïeul ou aïeule* ». L'autre exprime l'exception (1) : « Toutefois, succèdent ès choses par eux données à leurs enfans, décédans sans enfans et descendans d'eux ». Ils ont donc pour objet de poser, l'un la règle, l'autre l'exception, dans une matière exceptionnelle elle-même relative aux biens propres ; c'est donc un droit spécial de succéder, dont l'origine et le caractère sont ainsi parfaitement tracés, et qui s'applique uniquement aux biens propres. Delaurrière avait même découvert une sorte d'analogie entre ce droit et le droit des fiefs : « Ces deux articles, dit ce jurisconsulte, sur l'art. 313, sont conformes au droit des fiefs ; car,

---

(1) Pothier (*Traité des Successions*, chap. 2, art. 3, § 2) s'efforce d'établir que l'art. 313 n'est point une exception à l'art. 312. « La particule toutefois, dit cet auteur, qui joint la présente disposition (l'art. 313) à la précédente, n'a pas été employée comme *exceptive*, mais comme *adversative;* c'est comme si la coutume avait dit : *mais succèdent*, etc. ». Je n'entends pas cette distinction qui, dans tous les cas, me paraît plus subtile que solide. Que signifie l'art. 312 ? Une chose que ses termes n'expriment pas directement, savoir: que le propre ne remonte pas d'une ligne à l'autre ; mais qu'il remonte très bien dans la même ligne ; et d'où résulte cette interprétation ? Précisément de l'exception contenue dans l'art. 313 ; car, pour que l'aïeul succède à la chose par lui donnée à son petit-fils, chose qui forme dès lors propre naissant dans sa personne, il faut bien la faire remonter. C'est ainsi que l'entend Delaurrière : « L'exception contenue dans cet article (313), dit cet auteur, est une preuve évidente que dans le précédent on a d'abord voulu donner pour règle générale que le propre ne remonte jamais en droite ligne, ce qui n'est plus vrai que dans le cas marqué sur ce même article », c'est-à-dire d'une ligne à l'autre.

quoique suivant ce droit, le fief ne remonte point, les père, mère, aïeul et aïeule, succèdent néanmoins aux héritages féodaux qu'ils ont donnés à leurs enfans, quand les enfans sont décédés sans hoirs légitimes de leurs corps ».

2° L'art. 747 ne fait aucune distinction, quant aux effets du droit qu'il consacre : « Les ascendans succèdent.... *aux choses par eux données à leurs enfans* ou descendans décédés sans postérité, etc. ». Ils succèdent donc aux meubles comme aux immeubles. Selon le droit coutumier, au contraire, les immeubles et les choses réputées telles par la loi, étaient bien soumises au droit de retour, mais la plus grande diversité de principes et de solutions régnait quant aux meubles ; car, dans la succession des meubles, dit Pothier (*Successions*, sect. 2, art. 3, § 2), *on ne considère point leur origine.*

3° Par la raison que ce droit exceptionnel avait pour résultat dans les pays coutumiers, de faire retourner, à titre de propre, le bien donné au donateur, il suffisait que le donateur eût survécu au donataire et à tous ses descendans, pour qu'il eût droit aux biens donnés, exclusivement aux autres parens du donataire. Des principes tout différens font résoudre la question dans un sens inverse sous l'empire du Code civil. Les ascendans succèdent seuls, porte l'art. 747, aux choses par eux données à leurs enfans ou descendans décédés sans postérité. Or, ces expressions, régulièrement entendues, ne permettent pas de douter qu'en cas de survie de la part de l'aïeul donateur à son petit-fils qui aurait survécu à son père donataire, les biens donnés ayant perdu, en passant par la succession du père, leur qualité propre de biens donnés, car *hereditas adita, jam non est hereditas, sed patrimonium heredis*, ne soient plus sujets au retour légal en faveur de l'aïeul.

Comment donc admettre, d'après cela, que l'on puisse, sans rétroactivité, appliquer des dispositions nouvelles, arbitraires, conçues pour un certain ordre de lois civiles, à des donations consommées en vertu d'autres principes, en exécution d'autres lois en vigueur à l'époque où elles ont eu lieu et dont elles ont reçu leur caractère irrévocable et définitif? Mais c'est ici qu'il importe de rechercher si *des droits acquis ne se sont pas réellement formés* à l'époque de la donation, même dans les pays coutumiers.

M. Merlin (Répertoire, v° *Retour*, sect. 2, § 2, art. 3, n° 8)

26.

examinant deux articles de la coutume de Valenciennes (108 et
109) dont le résultat est que « les biens donnés retournent et
doivent appartenir à l'héritier le plus prochain du donateur du
lez ou côté dont l'héritage ou rente est procédé » ; discute la
question de savoir si, pour décider auquel des parens du donateur doit retourner un immeuble dont le donataire n'a pas disposé, il faut considérer le temps de la mort du donateur, ou si
c'est à celui de la mort du donataire qu'il faut s'attacher, et voici
comment il s'exprime : « Le premier de ces deux partis est incontestablement le plus conforme aux principes. En effet, dans
l'hypothèse des textes cités, le donateur ne se dépouille pas entièrement de la chose donnée : il ne transporte au donataire que
le droit d'en jouir et de l'aliéner pendant sa vie ; mais il retient
celui de la reprendre dans sa succession, au cas qu'elle s'y trouve
encore ; s'il meurt avant le donataire, ce droit fait partie de son
hérédité, et passe conséquemment à celui de ses parens qui est,
à l'époque de son décès, dans le degré le plus proche d'habileté
à succéder. *Or, dès que ce parent en est une fois saisi, il doit
certainement transmettre son droit à ses propres héritiers, pourvu
qu'ils soient de la ligne;* car on ne voit pas de différence entre ce
droit et les autres biens du donateur. D'ailleurs, il est de maxime
que l'accessoire suit toujours le principal. Or, le droit de reprendre une chose dans la succession de celui à qui elle a été
donnée est certainement accessoire à la succession du donateur ;
il ne peut donc être exercé que par celui à qui cette succession est
dévolue. Aussi la coutume dit-elle positivement, art. 108, que
les biens dont le donataire n'a pas disposé *retournent et doivent
appartenir à l'héritier plus prochain du donateur du lez et côté
dont tel héritage ou rente serait procédé;* » et il faut ajouter que
cette conséquence était généralement applicable à tous les pays
de coutume ou régnait le principe posé par Delaurrière et Pothier, relatif à l'exclusion des lignes, en matière de propres.

Mais pour établir invinciblement cette opinion, il faut aller
jusqu'à prouver :

1º Qu'il y a eu effectivement *droit acquis* au profit du donateur du jour de la donation, soit que ce droit produise à certains
égards l'effet d'une institution contractuelle, soit comme l'établit
le même auteur (*Ibid.*) qu'il produise celui d'une substitution
volontaire ; 2º Que les lois qui régissaient les diverses natures
de biens à l'époque où a été faite la donation, ont bien pu être

supprimées ou modifiées par les lois postérieures, mais que celles-ci n'ont pu rétroagir pour anéantir les dispositions fondamentales d'actes consommés en vertu des lois ou de la jurisprudence anciennes, et en détourner ainsi l'application à d'autres vues politiques, à un autre système de lois civiles; qu'en un mot le principe invoqué par MM. Chabot (Quest. trans. v° *Retour*, p. 344 ; et Grenier, *Donation*, t. II, p. 401), savoir : « que tous droits de succéder, tous modes de succession, tous effets qui ne s'exercent qu'à *titre successif*, doivent être constamment régis par la loi existante au moment de l'ouverture de la succession dans laquelle ils s'exercent », ne saurait s'appliquer à une succession *anomale* et *irrégulière* comme la caractérisent ces auteurs , qui a toujours pour cause et pour fondement un véritable droit de retour, car, *ce n'est pas remonter*, dit Dumoulin sur l'art. 74 de la coutume d'Artois , *mais retourner*.

Or, il est évident, quelle que soit la différence que l'on remarque entre le droit de retour d'après les principes du droit écrit et ce même droit, d'après les principes du droit coutumier, qu'ils ont l'un et l'autre le même fondement, qu'ils supposent par conséquent l'un et l'autre la même stipulation tacite , lors de la donation, bien qu'avec des effets différens, puisque selon le droit écrit, la donation se trouve révoquée par le décès du donataire, même à l'égard des tiers, tandis que selon le droit coutumier, elle opère de simples exclusions de parens ; que ces exclusions, bien qu'éventuelles, opèrent définitivement leur effet du jour même de la donation ; qu'elles en sont une des conditions essentielles, autorisées par les lois du temps de la donation, et qu'elles forment, dès ce moment, un droit irrévocablement acquis au profit du donateur; qu'il importe peu que les lois postérieures aient supprimé ou modifié soit les qualifications et la nature de certains biens, soit l'ordre dans lequel ils sont recueillis par les parens, attendu que la donation a eu lieu sous la foi des lois existantes à l'époque de sa confection, et a produit dès ce moment un effet irrévocable par rapport aux parties, sauf sa réalisation éventuelle, selon sa nature; que cette donation intervenue sous l'empire des anciennes coutumes, ayant tacitement adopté ces mêmes coutumes, comme règle et principe de ses stipulations, a nécessairement conféré, sous leur autorité, tous les droits acquis qui pouvaient naître de la loi civile; que si des droits de cette nature ne pouvaient en résulter, quant à la distinction ou qualification des biens, des personnes, ou quant aux autres objets qui, par essence, restent toujours dans le domaine souverain de la loi, il n'en saurait être de même, des effets purement civils attachés aux conventions, et qui ne peuvent être considérés comme tenant directement ou indirectement à l'ordre public. Tels seraient ceux qui résultent du principe posé plus haut par M. Merlin : « Que le donateur ne se dépouille pas entièrement de la chose donnée ; qu'il ne transporte au donataire que le droit d'en jouir et de l'aliéner pendant sa vie ; qu'il retient celui de le reprendre dans sa succession, s'il s'y retrouve encore ; et que ce droit, faisant partie de son hérédité, passe à celui de ses parens qui est, à l'époque de son décès, le plus proche d'habileté à lui succéder. ».

Il faut ajouter que le mot *succède* employé par l'art. 747 ne saurait être pris que dans le sens impropre dans lequel le prenaient les coutumes elles-mêmes, c'est-à-dire, dans un sens tel qu'il n'exclut pas les effets actuels du droit de retour, dans les limites qu'elles avaient elles-mêmes tracées, ni par conséquent les droits acquis qui pouvaient en résulter. D'où il faut conclure que, déduire du mot *succède* comme le font MM. Grenier et Chabot, le principe, que le donateur venant, *à titre de succession*, reprendre les objets donnés, c'est la loi en vigueur, au temps du décès du donataire, qui doit seule régler tous les effets de la donation, attendu que toute loi qui établit un ordre de succéder, règle seule la succession qui s'ouvre lorsqu'elle est en vigueur, c'est prendre la succession *anomale, irrégulière, in re singulari*, déterminée par l'art. 747, dans le sens absolu et régulier de la succession ordinaire ; c'est anéantir radicalement tous les actes antérieurs renfermant des donations de cette nature, non-seulement quant aux stipulations incompatibles avec les dispositions de droit public fondées par les nouvelles lois, mais encore, quant aux effets civils résultant des lois précédentes, formant droit acquis à l'époque du contrat, et que la loi nouvelle n'a pu détruire sans rétroagir ; c'est donc donner à cette loi un véritable effet rétroactif. Telle est la rigueur des principes, quelque propension que témoigne la jurisprudence actuelle à s'en écarter (1).

(1) Témoin un arrêt de la Cour de cassation, du 17 déc. 1812, qui, du reste, n'est expositif d'aucune doctrine, et dont voici le texte : « Attendu

Au reste, je reconnais sans peine que l'opinion contraire peut trouver parfois de plausibles appuis dans les motifs tirés de l'équité, surtout dans l'inconvénient grave de replacer les parties sous les incertitudes ou l'incohérence de législations anciennes oubliées, ou de jurisprudences plus incertaines, plus ignorées encore.

6. Quant aux coutumes, comme celles de Bayonne et de Valenciennes, où le retour n'est autre chose que la résolution ou l'anéantissement de la donation, il est évident que les principes suivis dans les pays de droit écrit leur sont directement applicables.

7. Le droit de retour emporte-t-il substitution fideicommissaire ? V. *infrà*, v° *Substitutions*.

§ 8. — Confirmation ou ratification des contrats.

SOMMAIRE.

que le droit de retour légal appartenant aux ascendans donateurs sur les choses par eux données à leurs enfans ou descendans, ne doit être fixé, *ni par les lois romaines, ni par le texte des coutumes, ni par les anciens arrêts*, mais par les dispositions du Code civil, etc. ».

*d'une ratification donnée par un majeur à un acte
par lui fait en état de minorité.*

6. — *De là le principe consacré par l'art.* 1338 *du Code
civil : que la confirmation ou ratification ne saurait nuire aux droits des tiers.*

7. — *Réfutation d'une opinion de MM. Merlin et Toullier
à ce sujet.*

8. — *Conclusion. C'est la loi en vigueur au temps de la
ratification qui régit l'acte ou le fait ratifié.*

---

1. Quelle est la loi qui doit régir sous le rapport de sa validité
intrinsèque, de sa forme, ou même de ses effets, la confirmation
ou ratification dont l'objet, de la part de celui qui ratifie, est de
faire siens des actes précédens qui ne l'étaient pas, de réparer les
vices d'un contrat antérieur, ou de renoncer aux exceptions qu'il
pouvait y opposer? Grave question sur laquelle je veux dire
deux mots.

Il est évident en premier lieu, que la confirmation ou ratification
est complètement distincte du contrat primitif, qu'elle ne saurait
être considérée même comme un de ses effets éloignés. Lorsque
deux individus contractent, ce n'est jamais en vue d'une confirmation ou ratification ultérieure, et il est impossible de reconnaître dans cet acte subséquent aucune des conditions implicites
que j'ai décrites en donnant l'analyse du contrat (*suprà* Suites
extrinsèques, p. 329, n° 2). Il convient donc de rectifier sous
des rapports très-importans la doctrine généralement reçue sur
la rétroactivité de la ratification.

Cette rétroactivité est une pure fiction; mais quel rang occupe-
t-elle dans l'ordre des idées? Le consentement donné par la
personne qui ratifie est-il censé rétroagir et tellement se rattacher à l'acte primitif qu'il ne fasse que le compléter, et que dès
lors ce consentement postérieur ne laisse plus aucune trace, son
principal objet se trouvant rempli? D'excellens esprits se sont
trop laissés aller à cette idée, que je crois fausse.

Selon moi, l'acte primitif, celui que je considère comme la
source et la cause nécessaire de l'autre; c'est la ratification même.
Je sais que cela emporte quelque contradiction dans les termes;
je m'explique :

2. Avant de ratifier un acte qui en est susceptible, il est impossible que les parties intéressées ne se proposent pas une convention ; or, que cette convention consiste à fixer leur volonté sur un objet nouveau, sur un objet passé, ou à réparer les vices d'un contrat précédent, il est évident que, dans tous les cas, ce qu'ils ont actuellement en vue est la matière même de ces conventions. Ces conventions, qu'elles se rapportent à un fait précédent ou à un fait subséquent, auront donc pour résultat de donner pour la première fois à ce fait une existence civile qu'il n'avait pas encore. Dès lors, le fait ou l'acte ratifié, matière actuelle de la convention, se trouve virtuellement renfermé dans la ratification ; il lui est donc postérieur, et c'est ce que le docteur Décius exprimait en ces mots : *per ratihabitionem actus tribuitur ratum habenti*, *de Ratihab.*, n° 10.

Reprenons ces développemens :

En principe, la ratification s'applique, non à un contrat, puisque le contrat n'existe pas encore, mais à un fait antérieur, et, selon que ce fait sera autorisé ou prohibé par la loi sous l'empire de laquelle il se réalise, la rétroactivité aura lieu ou n'aura pas lieu ; mais dans les deux cas, la ratification, et par suite l'acte primitif et ratifié, recevra de la loi nouvelle toutes les conditions de son existence.

3. Ainsi, les contrats nuls, comme contraires à l'ordre public, aux bonnes mœurs, etc., ne sont pas susceptibles de ratification. Cette assertion est rigoureuse, quoiqu'en dise Décius (*ibid.*, n° 16), qui dénie la rétroactivité de la ratification dans ce cas, et ne fait commencer la validité de l'acte ratifié que du jour de la ratification. Il faut dire que si la loi nouvelle permet ce que la loi précédente déclarait contraire à l'ordre public ou aux bonnes mœurs, il n'y aura pas de ratification proprement dite, et ce que l'on aura faussement désigné de ce nom ne sera dans la réalité qu'une convention ordinaire dont la matière appartiendra à l'ordre des faits tolérés par la loi nouvelle.

Par exemple, les conventions sur les successions futures étaient nulles dans le droit romain, comme contraires aux bonnes mœurs (L. 30, ff *de pact.*); elles sont également prohibées dans notre droit et par le même motif (Art. 791 Cod. civ.); dès lors toute ratification en était impossible, comme elle l'est encore aujourd'hui. Je sais bien que M. Toullier (t. VIII, n° 516) cite un arrêt de la Cour de cassation, du 30 mess. an XI (aff.

Langkpaep), qui, selon lui, aurait jugé le contraire, par application du principe, que la ratification peut avoir lieu toutes les fois que les choses en sont venues au point où la convention peut prendre naissance (*suprà*,   ) ; mais M. Merlin, qui rapporte aussi cet arrêt dans ses Quest. de droit (v° *Succession future*, § 1), et qui avait donné des conclusions contraires en portant la parole dans cette affaire, ne manque pas de dire : « Que ses conclusions, *quoique fondées sur des principes avoués par tous les juges*, n'ont pas été suivies ; et que *l'esprit d'équité qui avait* déterminé la décision de la Cour d'appel de Bruxelles, *l'a emporté sur la rigueur du droit* ».

C'est dans ce même sens qu'il faut entendre la loi, 10 ff. *de Reb. eor. qui sub tutel.* La vente des biens du pupille (faite par le tuteur) en l'absence des formalités judiciaires, est radicalement nulle selon cette loi ; que si, dans le compte rendu à ce pupille après sa majorité, le prix de la vente a été employé et payé, *l'équité* veut, ajoute la loi, que l'acquéreur de cette immeuble ne soit pas inquiété. « Illicitè post senatus consultum « pupilli vel adolescentis prædio venumdato, si eo nomine « apud judicem tutelæ, vel utilis curæ actionis, æstimatio facta « est, eaque soluta, vindicatio prædii EX ÆQUITATE inhibetur ». Peut-on dire, dans ce cas, qu'il y ait rétroactivité et ratification proprement dite de l'acte de vente ? Nullement : *Vindicatio prædii ex æquitate inhibetur.* C'est par une raison de pure équité que l'acquéreur ne sera pas recherché, la vente étant radicalement nulle aux termes du droit. La Cour d'appel de Nîmes a fait une application directe des mêmes principes, le 8 frim. an XIII (aff. Roure) (1).

En ce qui concerne l'aliénation illégale du fonds dotal, matière d'ordre public, un arrêt de la Cour de cassation du 28 fév. 1825 (2), a jugé d'une manière précise : « Que de simples ratifications faites par la femme pendant le mariage, de l'aliénation illégale du fonds dotal, *sont nulles comme l'aliénation elle-même*, et ne peuvent par conséquent la rendre non recevable à attaquer l'aliénation.

Enfin cette solution s'applique au cas où la femme mariée aurait illégalement conféré une hypothèque sur ses biens do-

(1) Sirey, t. V, 2, p. 477.
(2) *Ibid.*, t. XXV, 1, p. 121.

taux (V. Grenier, *Hypothèque,* n° 43, et les auteurs qu'il cite).

Dans tous ces cas, il faut dire que la ratification n'existe pas faute de matière à laquelle elle puisse s'appliquer.

4. Que si la nullité est purement relative, la rétroactivité aura lieu sans doute, mais la solution restera la même ; c'est-à-dire que la loi en vigueur à l'époque de la ratification régira toujours l'acte ou le fait précédent devenu par l'effet de la rétroactivité, matière actuelle et dès lors conséquence de la convention ; car, la rétroactivité dans ce cas n'a d'autre objet, comme je l'ai déjà dit, que de rappeler aux conditions prescrites par la loi nouvelle, pour le faire valoir comme contrat, un acte ou fait antérieur, qui ne pouvait valoir en cette qualité, en maintenant néanmoins tous les effets généraux que la bonne foi, l'équité, ou les principes du droit des gens peuvent attribuer, sans dommage pour les tiers, à ce fait ou acte antérieur. J'ajoute que, soit que ce fait ou acte se trouve étranger aux parties intéressées à la ratification, soit que l'une d'elles y ait concouru, il importe peu, puisque par l'effet de la rétroactivité, le fait ancien deviendra nécessairement fait nouveau soumis aux prescriptions de la loi nouvelle.

Par exemple : la vente du bien d'autrui est nulle ; le propriétaire était étranger à cet acte ; or, nul ne pouvait, sans son consentement, disposer de sa propriété. Admettez qu'il ratifie la vente postérieurement. Cette vente sera-t-elle régie par la loi existante à l'époque où elle a eu lieu ? Nullement. Le propriétaire qui ratifie, déclare après coup faire sien et regarder comme son propre fait la vente antérieure consommée sans sa participation. La ratification qu'il en donne s'analysera donc ainsi : Je vends ma propriété à X......, et pour l'exécution ou l'accomplissement de cette vente, je déclare considérer comme valable et comme faite en mon nom la vente qui en a été consentie tel jour par V. . . . . On sent qu'une telle ratification équivaut au mandat, et de là le principe consacré par les lois romaines, *ratihabitio mandato æquiparatur* (L. 12, § 4; ff *de Solut.*, L. 1, § 14, *devi et vi armat.*) ; mais de là la preuve que c'est la loi nouvelle qui régit la convention.

Il faudra en dire autant de celui qui a hypothéqué le bien d'autrui à l'insu du propriétaire ; ce dernier, ratifiant plus tard cette hypothèque lui donnera toute sa validité ; or, la rétroac-

tivité est indispensable par le même motif, « Si nesciente do-
« mino (porte la loi 16, § 1er *de Pign.*, *et hypoth.*) res ejus hypo-
« thecæ data sit, deinde postea dominus ratum habuerit,
« dicendum est hoc ipsoquod ratum habet VOLUISSE EUM RETRO-
« CURRERE RATIHABITIONEM AD ILLUD TEMPUS QUO CONVENIT ».

Pareillement, les actes faits en notre nom deviennent nos propres actes par l'effet de la ratification; mais pour atteindre ce but,
la ratification doit se reporter nécessairement au fait ou à l'acte
ratifié : « Ratihabitiones negotiorum gestorum ad illa tempora
reduci opportet in quibus contracta sunt. » L. 25 *in fine*, *Cod.
de Donat. inter vir. et uxor.*

S'agit-il d'actes de la même nature, c'est-à-dire d'actes frappés de nullité relative, et auxquels nous avons personnellement
concouru? La solution restera encore la même.

Ainsi, les engagemens de la femme mariée, pris sans l'autorisation de son mari, seront susceptibles d'une confirmation ou
ratification postérieure, c'est-à-dire que la femme, autorisée
par son mari, ou même seule après la dissolution du mariage,
pourra, par l'effet de la ratification, renoncer aux moyens et
exceptions qu'elle pouvait opposer contre l'acte qui renfermait
son engagement (Art. 225).

Ainsi, le mineur devenu majeur pourra valablement ratifier un
acte qu'il aurait souscrit en minorité sans l'assistance de son tuteur. Dans tous ces cas la rétroactivité aura lieu. On pourra même
dire avec M. Toullier (t. VIII, n° 514), « qu'à l'égard de celui qui
ratifie, ce n'est point un contrat nouveau, mais bien l'ancien
qui conserve ou reprend sa force, et qui produit son effet du jour
de sa date, et non pas seulement du jour de la confirmation ».
Mais cette rétroactivité est purement intérieure, si je puis m'exprimer ainsi; elle n'a d'autre objet, comme je l'ai déjà dit,
que de donner la vie à un acte ou fait antérieur, devenu la matière actuelle de la convention, avec tous les effets que la bonne
foi, l'équité ou le droit des gens attachent naturellement à cet
acte, et toujours sous les conditions d'existence extrinsèques ou
intrinsèques déterminées par la loi nouvelle.

5. Les raisonnemens de Tulden (*in Cod. de reb. eor. qui
sub tutel.*, etc., n° 2), que paraissent adopter MM. Toullier,
t. VIII, n° 509, et Merlin (Quest. de droit, v° *Mineur*, § 3),
et à l'aide desquels ils arrivent à des conséquences que je vais apprécier, ne changent rien à ces solutions. Voici l'espèce discutée

par Tulden : Un mineur a vendu son bien pendant sa minorité·
Devenu majeur, il cède à un tiers le droit de réméré qu'il avait
sur ce bien, en l'absence de l'acquéreur. La cession sera-t-elle
valable, à l'égard de l'acquéreur absent ? Oui, répond Tulden ;
et pourquoi cela ? Parce que la vente primitive, quoique
nulle à l'égard du mineur, est valable à l'égard de l'acheteur , et
que celui-ci se trouve tellement lié par le contrat qu'il ne peut
plus s'en désister, sans le consentement du mineur. Lors donc
que le mineur, devenu majeur, ratifie la vente, même en l'absence de l'acheteur, il ne fait plus que joindre son consentement
à celui de l'acheteur qui subsiste toujours ; en sorte que ces
deux consentemens concourant, par l'effet de la rétroactivité ,
ne forment pas un nouveau contrat (c'est toujours l'ancien contrat
qui s'est irrévocablement consolidé). « Sed rectè affirmant ,
« quia ab una parte consistit obligatio, isque qui contraxerat
« cum minore , nisi eo consentiente, revocare consilium non
« potuit ; is igitur cum ratihabitione concurrit et conspirat :
« adeoque , quia eo hoc casu retrotrahitur, non est novus con-
« tractus ».

Que résulte-t-il de ces principes ? Qu'à l'époque de la ratification donnée par le mineur, après sa majorité, une vente imparfaite , même nulle aux yeux de la loi , a pris tous les caractères d'un acte solide et approuvé par elle. Mais comme cette
vente est devenue la matière actuelle du contrat implicitement
renfermé dans la ratification (car le majeur en traitant primi-
tivement avec le mineur est censé reporter l'effet de son consentement au jour où il plairait au mineur de donner, en qualité de majeur, sa ratification) , il est clair qu'il y aura rétroactivité en ce sens, que la vente , fait ancien, transformé aujour-
d'hui en contrat par le consentement des parties , produira , du
jour de sa date , tous les effets que la bonne foi , l'équité et les
principes du droit des gens peuvent régulièrement attacher à
ce fait. Or, cette rétroactivité que sera-t-elle en réalité, qu'une
conséquence même de la ratification ?

6. C'est de cette exacte analyse des effets de la ratification
que découle ce principe secondaire consacré par l'art. 1338 du
Code civil aussi bien que par l'ancien droit, que la confirmation
ou ratification ne saurait nuire aux droits des tiers.

7. Et l'on ne conçoit pas que MM. Merlin (v° *Hypothèque*,
§ 4), et Toullier (t. VII, n° 565, et t. VIII, n° 522 et 523),

perdant de vue ces sages principes, aient pu, non-seulement attribuer à des actes souscrits par des mineurs ou par des femmes mariées sans l'autorisation de leur mari, le droit de conférer hypothèque à des tiers, alors que la ratification s'en était suivie, mais encore affirmer que les tiers ne pouvaient se prévaloir des droits qu'ils avaient acquis contre eux avant la ratification. Une telle opinion était condamnée à juste titre dans l'ancien droit : *Quia actus medius interveniens*, disait Barthole (*L. si indebitum*, § *si Procurator*, ff *rem rat. hab.*), *impedit ratihabitionem trahi retro in prejudicium tertii, cui jus intermedio tempore quæsitum fuit. Distinctio tamen, et in scholá, et in foro, perpetua hæc est,* disait également Mornac (*L. 16,* ff *de Pignor. et hypoth.*), *ut nimirùm si agatur de præjudicio tertii, retro trahatur nunquam ratihabitio ; secus si d e solorificantis damno.* Et elle ne l'est pas moins dans le droit nouveau (V. Grenier, *Hypoth.*, t. 1, n° 43 ; Duranton, n° 1359 ; Rolland de Villargues, Répert. du Notariat, v° *Hypothèque*, n° 299, et les arrêts qu'ils citent).

En effet, tant que le contrat n'existe pas suffisamment aux yeux de la loi, comment en argumenter contre les tiers ? Et, dans un tel état, qu'est-il autre chose qu'un simple fait, personnel aux parties intéressées, uniquement susceptible de devenir plus tard l'objet de conventions réelles, mais qui, jusque-là, ne sausait être la source d'aucun droit consacré par la loi.

8. La conséquence de tout ce qui précède est que, puisque la ratification est dans la réalité, le contrat principal, puisque l'acte ou le fait ratifié n'est que la matière même de la convention, il faut dire que c'est la loi en vigueur au temps de la ratification qui régira tous les effets du contrat, ainsi déduits, au jour où elle a lieu.

Ainsi, la femme mariée qui ne pouvait, sous l'ancien droit, non-seulement s'engager, sans l'autorisation de son mari, mais même ratifier son engagement après la dissolution du mariage, à moins qu'elle n'eût renoncé formellement au bénéfice du sénatus-consulte Velléïen et de l'authentique *si qua mulier*, pourra, sous le Code civil, et dans la même hypothèse, ratifier son engagement, attendu que ce Code lui a rendu, sous ce rapport, une capacité que lui refusait l'ancienne loi, et que le Code civil est aujourd'hui la seule loi qui régisse tous ses actes. Cette opinion, que ne partageait pas M. Chabot (Quest. trans., v° *Sénatus-Consulte Velleïen*, n° 3), est très solidement établie par M. Merlin (Répert., *Effet rétroactif*, p. 270). M. Chabot cite un arrêt de la Cour d'appel de Toulouse, du 28 therm. an XII, qui paraîtrait favoriser son opinion; mais M. Merlin en cite un autre de la Cour d'appel de Turin, du 23 fév. 1807, qui lui est diamétralement contraire. Il faut donc ne tenir aucun compte de ces arrêts.

Ainsi, lorsqu'à une époque où le retrait successoral était prohibé, les droits d'un cohéritier ont été cédés à un tiers, par une personne qui n'en était pas propriétaire, et que cet acte n'a été ratifié qu'après la publication de l'art. 841 du Code civil qui rétablit ce droit; les cohéritiers ont pu, en vertu de ce même article, se faire subroger au lieu et place du cessionnaire; et c'est ce qu'a formellement jugé la Cour de cassation, le 12 déc. 1810 (aff. Gagnon (1), en maintenant un arrêt de la Cour royale de Riom qui avait consacré ce principe.

Mais réciproquement, une stipulation valable, aux termes de l'ancien droit, et nulle d'après la loi nouvelle, ne sera pas susceptible de ratification. Ainsi, admettez une vente, une concession, ou toute autre stipulation faite en mon nom sur des matières féodales, avant la suppression de la féodalité, je ne pourrai pas valablement ratifier aujourd'hui une telle stipulation réprouvée par les lois des 4 août 1789, 15 mars 1790, 9 oct. 1791, 17 juil. 1793, etc. Pareillement, un engagement pris en mon nom par un tiers, ne pourra être valablement ratifié par moi qu'autant qu'il se trouvera exactement conforme aux dispositions de l'art. 1325 du Code civil relatives aux doubles originaux, etc.

SECTION IIIe.

De l'effet de la loi nouvelle sur les quasi-contrats.

SOMMAIRE.

1. — *Principes généraux.*
2. — *Définition du quasi-contrat.*

(1) Sirey, t. XI, 1, p. 80.

3. — *Ses bases juridiques.*

4. — *Solution de plusieurs questions de rétroactivité qui peuvent s'offrir en cette matière ; et d'abord de celle que présente la tutelle.*

5. — *Application des principes précédens, à diverses autres espèces de quasi-contrats, notamment à la gestion spontanée des affaires d'autrui ; à l'administration de biens communs ; à l'acceptation de l'hérédité, de la communauté ; à la restitution de la chose non due et payée par erreur, etc. ; en général, à tous les faits qui peuvent, par leur nature, être considérés comme les conséquences ou les dépendances d'une chose principale. Exemples.*

QUASI-CONTRATS.

1. La théorie des quasi-contrats repose sur les mêmes principes que celle des contrats : dès que le fait constitutif du quasi-contrat est accompli, il donne lieu à des droits acquis non moins irrévocables que ceux qui naissent des contrats ; et à leur égard s'applique aussi bien qu'à ceux-ci le principe, que pour déterminer avec exactitude les effets du quasi-contrat, il faut toujours se reporter au fait primitif qui lui a donné naissance, à sa cause, *unius cujusque enim contractus initium spectandum et causam.* L. 8, *in fine, principio mandat.* ff.

2. Mais qu'entend-on précisément par quasi-contrat ?

La véritable définition *du quasi-contrat* tient à celle du contrat : celui-ci repose essentiellement sur le consentement de deux ou de plusieurs personnes, *duorum vel plurium in idem placitum consensus.* L. 1, § 2, ff *de Pact.* Or, le consentement, le plus fort des élémens que pût employer la loi pour régulariser les conditions sociales sous le rapport des conventions, puisqu'il repose sur la liberté, a dû fournir encore à la loi, par ses propres analogies, tous les moyens secondaires qu'elle ne voulait devoir qu'à cette source. Car, je veux le dire, et on ne doit jamais l'oublier, la loi sera d'autant plus parfaite, qu'elle se trouvera plus constamment en harmonie avec la véritable liberté de l'homme. De là, la théorie des quasi-contrats : tous les faits auxquels, par des motifs que la loi seule apprécie, les citoyens se trouveront intéressés, et à l'accomplissement desquels on doit raisonnablement supposer qu'ils eussent donné leur *consentement*, si cela eût été en leur pouvoir, seront des faits accomplis en vertu de ce consentement *présumé* (1), assimilés aux contrats véritables, pourvus de la même force, de la même autorité, d'où résulteront les mêmes effets civils, savoir : le lien juridique, la mutation de droit, et par là même des droits acquis.

3. Dès lors, la loi embrassant, dans sa vue générale, tous les faits de cette nature, a pu poser les bases suivantes :

Tout homme est présumé approuver le fait dont il retire un avantage.

Personne n'est présumé vouloir s'enrichir aux dépens d'autrui, car une telle pensée blesserait l'équité naturelle.

On n'est pas présumé vouloir adopter un principe sans en vouloir en même temps adopter les conséquences.

4. Il est bien facile maintenant de résoudre les questions de rétroactivité qui peuvent s'offrir sur cette matière : La tutelle autrefois était une fonction publique, *munus publicum* (*Instit. de excus. tutor. in ppio*) ; mais elle engendrait des obligations entre le tuteur et le pupille qui avaient pour cause un quasi-contrat ; le mineur était présumé donner son consentement à l'élection du tuteur, dans le but de gérer la tutelle. On demande si le Code civil qui a introduit de nouvelles règles sur la tutelle, a déchargé les anciens tuteurs de l'obligation de fournir caution, comme l'y astreignait le droit précédent ? Il est évident que non. Les obligations du tuteur subsistent, comme faits consommés sous l'empire de la loi précédente, jusqu'à l'expiration de la tu-

---

(1) Et non tacite. Le consentement tacite est un consentement vrai ; il est de même nature que le consentement exprimé. C'est celui qui sert de base au contrat (*suprà*, p. 165, n° 1). Le consentement présumé, au contraire, est un consentement feint ; il est fondé sur diverses causes civiles tirées de l'équité, de l'utilité commune ou particulière, de la loi ou du raisonnement (V. *hic*), et sert de base aux quasi-contrats. « Quemadmodum enim contractus nascuntur ex consensu vero : ita quasi contractus quasi ex consensu, id est, ex ficto, vel præsumpto. L. 3, ff *Comm. divid.* L. 1, ff *ex quib. caus. in possess.* ».

I.   27

telle ; et la loi postérieure ne saurait, sans rétroagir, l'affranchir de ces obligations. Un arrêt de la Cour d'appel de Turin du 5 mai 1810 (1), avait méconnu ce principe ; mais la Cour de cassation l'a rétabli dans toute sa force le 10 nov. 1813 (2) par un arrêt de rejet d'un pourvoi formé contre un arrêt de la Cour d'appel de Bruxelles qui l'avait consacré. Elle a déclaré que : « Sans altérer le principe que les dispositions du Code civil sur l'état des personnes, doivent recevoir leur application au moment de leur publication, la Cour de Bruxelles à dû maintenir les obligations contractées par le tuteur au moment de son élection, et conserver ainsi les droits acquis à l'interdite avant la promulgation du Code civil ». L'arrêt ajoute : « Que les dispositions de ce Code sur l'hypothèque légale des biens du tuteur, n'ont pas relevé les tuteurs des obligations par eux antérieurement contractées envers les mineurs et interdits, etc.

5. Le même raisonnement s'applique à la gestion spontanée des affaires d'autrui (*negotiorum gestio*), quasi-contrat fondé sur la volonté présumée de celui dont on gère les affaires, de consentir à une gestion utile à ses intérêts, et de la part du gérant, sur la volonté certaine de ne pas s'enrichir aux dépens d'autrui ; à l'administration de biens communs, quels que soient le titre ou la cause de cette communauté, quasi-contrat fondé sur les mêmes motifs que le précédent, et qui emporte obligation réciproque, d'une part, de ne pas enchaîner le co-associé ou le communiste à l'état d'indivision, d'autre part, de ne pas se refuser au paiement des impenses nécessaires pour la conservation de la chose commune ; à l'acceptation de l'hérédité (Art. 802 C. civ.), quasi-contrat fondé sur la volonté présumée de l'héritier de n'accepter l'hérédité qu'à la condition d'exécuter les volontés du défunt envers les légataires, à la différence des créanciers dont le titre primitif conserve toute sa force contre l'héritier, puisque celui-ci remplace exactement le défunt (L. 11, ff *de liber. et posth. hered.*);

A l'acceptation de la communauté de la part de la femme, quasi-contrat fondé sur le consentement présumé de la femme, d'assumer sur elle toutes les suites de l'administration commune, par conséquent de participer, dans des proportions égales, aux

(1) Sirey, t. II, part. 2, p. 37.
(2) *Ibid.*, t. XIV, tit. 1, p. 21.

dettes et charges de la communauté, aussi bien qu'à ses bénéfices.

Remarquez néanmoins, que quelles que soient les déterminations de la loi nouvelle, quant aux effets de ce quasi-contrat, elles n'iront pas jusqu'a détruire les effets de ce quasi-contrat, différemment déterminés par la loi précédente ; ainsi, l'art. 1483 du Code civil porte : « Que la femme n'est tenue des dettes de la communauté, soit à l'égard du mari, soit à l'égard des créanciers, *que jusqu'à concurrence de son émolument*, pourvu qu'il y ait eu bon et fidèle inventaire ». Cette disposition pourrait-elle changer la condition d'une femme mariée sous l'empire de la coutume de Bourgogne, par exemple, dont l'art. 9 soumettait, dans la même hypothèse, la femme acceptant la communauté, au paiement de toutes les dettes, *même au delà de son émolument*, bien qu'elle eût accepté depuis le Code civil ? Non sans doute ; il y aurait rétroactivité dans cette application de l'art. 1483 du Code civil. L'art. 9 de la coutume de Bourgogne est entré, avec tous ses effets, comme disposition implicite, dans les conventions matrimoniales ; ce serait donc déroger à ces conventions, qui sont toutes de pur droit civil, et qui forment *droit acquis* aux époux du jour de leur mariage, que de les soumettre à une loi postérieure qui n'a jamais dû les régir (V. M. Proudhon, *Cours de Droit français*, t. 1, p. 35);

A la restitution de la chose payée par erreur et non due (Art. 1376 C. civ.), quasi-contrat fondé sur ce que, nul ne doit s'enrichir aux dépens d'autrui. En un mot, à tous les faits qui pouvant être par leur nature considérés comme les conséquences ou les dépendances d'une chose principale, emportent avec eux le consentement nécessaire et présumé à cette conséquence ou dépendance, et forment, dès lors, le quasi-contrat. Par exemple, la garantie en matière de vente, quoique non stipulée, est de droit et suit, comme conséquence naturelle, la vente elle-même (Art. 1626); les intérêts du prix de la vente sont dus comme dépendance même du prix, jusqu'au paiement du capital, lorsque la chose vendue produit des fruits ou autres revenus (Art. 1652). Le droit de sous-louer et de céder son bail, appartient au preneur, comme dépendance propre de son droit, s'il n'y a pas renoncé (Art. 1717). Enfin, c'est encore sur ce principe, c'est-à-dire le quasi-contrat, que sont fondées les règles : que tout ce qu'ont dû vouloir les parties, d'après la nature du contrat, est censé entré dans leurs stipulations ; *nam in con-*

27.

trabendo quod agitur, pro cauto habendum est (L 3, ff *de reb dub.*) art. 1160 ; « Que les conventions obligent non-seulement à ce qui y est exprimé, mais encore à toutes les suites que l'équité, l'usage ou la loi donnent à l'obligation d'après sa nature ». « Que la clause résolutoire est sous-entendue dans les contrats synallagmatiques, pour le cas où l'une des deux parties ne satisfera point à son engagement ».

De tous ces faits sont résultés des droits irrévocablement acquis placés sous l'empire de la loi qui les a vus naître, et auxquels ne saurait porter atteinte la loi postérieure.

Quid des quasi-délits ? V. infrà, *Délits et Quasi-délits.*

———

Appendice nécessaire à la page 222, servant de développement au n° 8.

Le principe que j'ai posé n° 8 réclame quelques développemens.

Il n'est exact que tout autant que l'on ne pourrait pas considérer la loi statutaire, comme *convention expresse ou tacite du contrat de mariage*, soit parce que les époux y auraient formellement dérogé, soit parce qu'ils auraient adopté comme règle de leur union, une loi en vigueur autre que celle du lieu du contrat (comme, par exemple, dans l'affaire Sombret, *suprà*, même page). Dans ce cas, sans doute, le statut normand, se trouvant abrogé par l'art. 7 de la loi du 30 vent. an XII, il n'aura pu avoir pour effet de frapper les biens dotaux situés en Normandie, et échus à la femme depuis le Code civil, du caractère d'inaliénabilité qu'il leur aurait imprimé avant la promulgation de ce Code ; et la raison en est simple : quelque étendue que soit la puissance de l'ancien statut, elle ne saurait aller au-delà de la puissance d'une loi ordinaire. Il a donc été abrogé comme l'aurait été celle-ci. Mais si les époux ont adopté expressément ou tacitement, comme *conventions matrimoniales*, le statut en vigueur dans le lieu où ils se sont mariés, ce statut a perdu, dès ce moment, son caractère de loi générale, pour devenir en quelque sorte, la convention expresse des époux : *Tunc non tam agitur*, dit Dumoulin (sur la loi 1re, *Cod. de summa trinitate*) *ex consuetudine vel statuto*, QUAM EX TACITO PACTO

INEXISTENTI, VEL EX CONTRACTU INFORMATO A STATUTO VEL CON-
SUETUDINE (1) ; » et cette convention doit survivre à tous les changemens survenus plus tard dans la législation. « Rien de plus
généralement utile, dit le président Bouhier (sur l'art. 23 de la
coutume de Bourgogne), que de donner à l'acte important, qui
est *la loi des familles*, un effet général et perpétuel qui ne soit
restreint ni modifié, soit par les lieux, *soit par les temps* ».

Et que l'on ne s'arrête pas à cette objection que l'état des
personnes, la capacité des citoyens étant de droit public, on
ne saurait, selon mes principes, considérer comme définitivement entrés dans le domaine privé, cet état, cette capacité ;
que la loi générale a pu, dans tous les temps, faire cesser les
abus qu'entraînait la loi précédente ; que ces abus ont commencé,
quant à l'inaliénabilité des fonds dotaux de la femme normande,
ou la défense de les hypothéquer, le jour où la loi nouvelle, appelant sur toute l'étendue du territoire, les femmes à recueillir,
dans des proportions égales avec les mâles, les biens provenans
des successions, les fonds dotaux échus aux femmes normandes
depuis le Code civil, n'en sont pas moins restés frappés d'inaliénabilité, aux termes du statut normand, alors que ce statut
faisait reposer sur l'inégalité dans les partages de famille, sa
disposition relative à l'inaliénabilité des fonds dotaux ; que la
cause cessant, l'effet doit cesser avec elle ; que le caractère d'aliénabilité ou d'inaliénabilité attaché à certains biens est essentiellement de droit public, puisqu'il a directement pour objet de

---

(1) Dumoulin poussait si loin l'application de ce principe, qu'il faisait
régir par le statut normand, par exemple, sous lequel aurait été contracté
le mariage, et dont l'autorité et la juridiction étaient nécessairement renfermées dans les limites du territoire normand, même les biens situés sur
un autre territoire, et régis par un autre statut. « Non solùm inspiciatur
« statutum vel consuetudo primi illius domicilii, pro bonis sub illa sitis ;
« sed locum habebit ubique, etiam extra fines et territorium dicti statuti,
« etiam interim correpti, et hoc indistinctè, sive bona dotalia sint mo-
« bilia, sive immobilia, ubicumque sita, sive nomina. ». Mais c'était
abuser du principe ; c'était donner extension à une disposition restrictive
de sa nature ; les parties n'étaient pas censées avoir voulu autre chose que
ce que voulait et pouvait le statut lui-même, c'est-à-dire, comprendre
dans leurs conventions les seuls biens situés dans le territoire sur lequel
ce statut avait réellement force de loi. Aussi, la jurisprudence et les
auteurs s'étaient-ils écartés de l'opinion de Dumoulin. V. Basnage sur
l'art. 539 de la coutume de Normandie. Froland, p. 1094, et M. Merlin
(Conclusions dans l'aff. Levacher, arrêt du 27 août 1810).

soustraire ou de rendre aux transactions civiles, ces mêmes biens; qu'il n'appartient pas aux particuliers de déroger dans leurs conventions, même par anticipation, aux lois qui intéressent l'ordre public; et qu'il est toujours au pouvoir de la loi postérieure de faire cesser l'effet de telles stipulations.

Il faut répondre :

Qu'en principe, sans doute, l'état et la capacité des personnes est toujours resté dans le domaine souverain de la loi; mais il n'y est resté que comme *qualité, aptitude, expectative*, etc.; il a cessé d'y rester, dès qu'il est devenu fait consommé, *droit acquis*, par l'exercice régulier qui en a été fait. Or, comment est-il devenu *droit acquis* par l'effet des stipulations anciennes? En ce que ces stipulations expresses, ou tacites, ont nécessairement embrassé dans leurs dispositions, tout ce que le statut déterminait lui-même, comme biens frappés d'inaliénabilité, à titre de biens dotaux; que dès lors, la force de ces stipulations, qui n'était pas autre que celle du statut, y faisait nécessairement entrer, même les biens à venir, quelques changemens qu'apportât plus tard la législation, à la capacité relative à l'aliénation de ces biens; que si ce n'est pas en vertu du statut abrogé par la loi générale, que ces biens, échus depuis son abrogation, conservent leur qualité d'inaliénables, c'est en vertu de la convention qui a survécu à la loi abrogée; que si la loi postérieure abrogatoire a pu faire cesser la cause efficiente du statut, c'est bien une raison sans doute pour lui ôter tout effet comme statut, mais il ne saurait en être de même, sans une rétroactivité manisfeste, de la convention antérieure, consommée sous les auspices de la loi en vigueur, formant, dès ce moment, droit irrévocablement acquis aux parties, et dont les causes, quelles qu'elles fussent, ont dès lors échappé à l'action de la loi postérieure; qu'enfin, si la capacité relative à l'aliénation de certains biens tient au droit public, il suffit de poser en fait que les parties ont respecté les lois en vigueur, lors de leurs conventions, pour que ces conventions soient elles-mêmes respectées aujourd'hui dans tous leurs effets; que la capacité des parties s'est exercée dans les limites précises de ces lois; et que ce que la loi postérieure a réglé d'après de certaines vues générales, soit par rapport aux successions, soit par rapport à l'aliénabilité de certains biens, la loi précédente aussi puissante qu'elle, l'avait réglé dans d'autres vues, dont les particuliers ne sauraient jamais se rendre juges , mais à l'abri desquelles sont intervenues leurs conventions , et par suite , des *droits acquis* que la loi postérieure ne saurait leur ravir.

Ces principes ont été consacrés d'une manière plus ou moins expresse , entre autres , par les arrêts suivans de la Cour de cassation , 27 août 1810 (1) ; 19 déc. même année (2) ; 30 avril 1811 (3) ; 15 mars 1826 (4), confirmatif d'un arrêt de la Cour royale de Caen , du 8 juil. 1824, et par un arrêt de la Cour royale de Paris , du 19 mars 1823 (5) , etc.

(1) Sirey , t. XI , 1 , p. 40.
(2) *Ibid.* , p. 39.
(3) *Ibid.* , p. 233.
(4) *Ibid.* , t. XXVI , 1 , p. 397.
(5) *Ibid.* , t. XXV , 2 , p. 323.

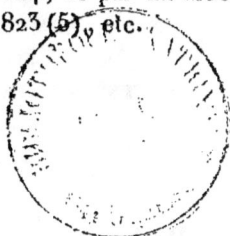

FIN DU TOME PREMIER.

TABLE

DES ARTICLES DU CODE CIVIL,

DES

CHAPITRES, SECTIONS, PARAGRAPHES ET ARTICLES DU COMMENTAIRE,

CONTENUS DANS CE VOLUME.

———

DOCTRINE ET JURISPRUDENCE.

FIN DE LA TABLE DU TOME PREMIER.

La Table générale des Matières comprises dans le Commentaire
des art. 1 et 2 est à la fin du volume suivant.

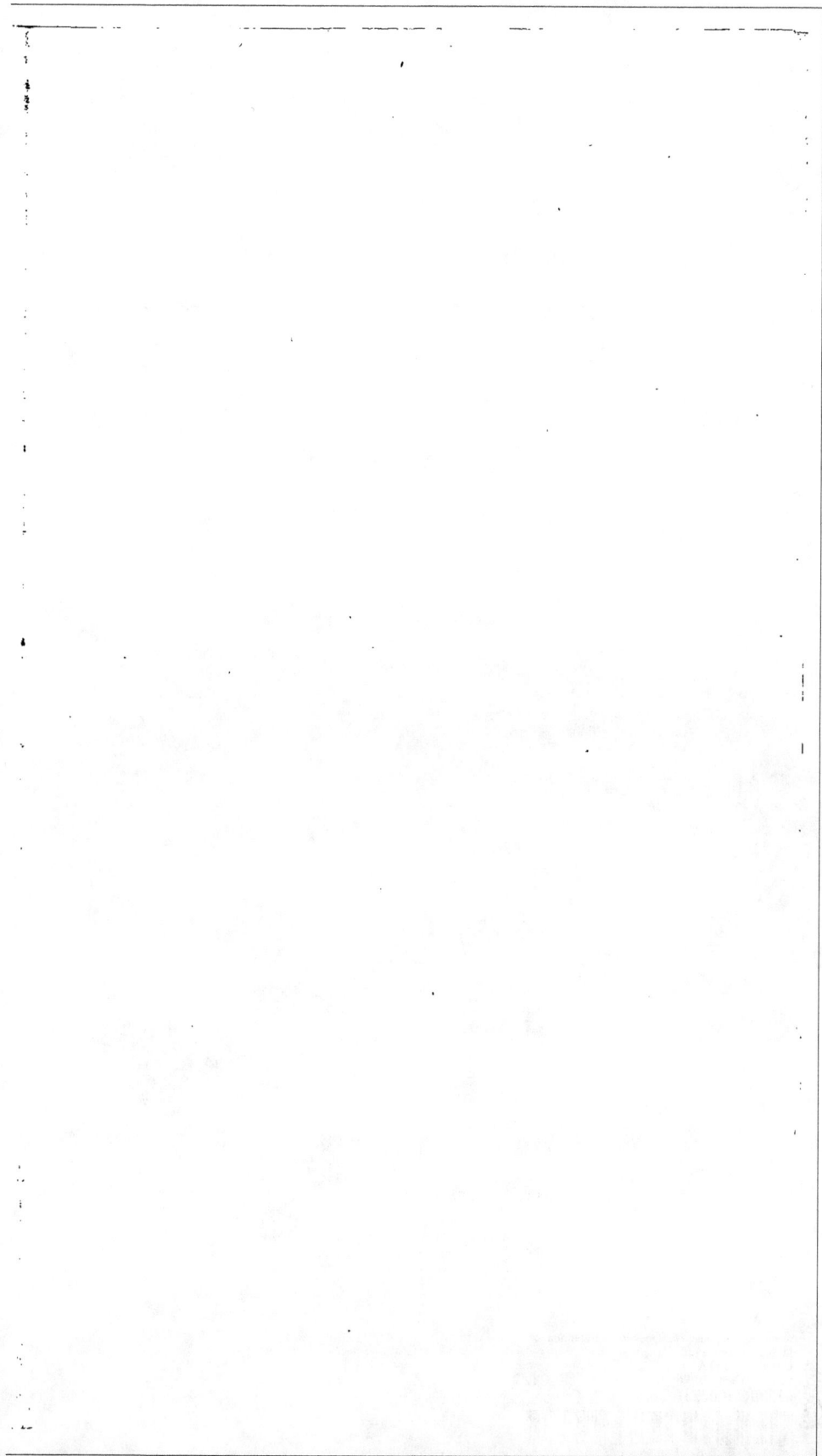

www.ingramcontent.com/pod-product-compliance
Lightning Source LLC
Chambersburg PA
CBHW060946220326

41599CB00023B/3604